화 두
話頭

지은이 박인성(朴仁成)

서울에서 태어나 연세대학교 영어영문학과, 동국대학교 대학원 불교학과를 졸업했다. 현재 동국대학교 불교대학 명예교수이다. 저서로『법상종 논사들의 유식사분의 해석』등이 있고, 역서로『유식삼십송석: 산스끄리뜨본과 티베트본의 교정·번역·주석』, 『중(中)과 변(邊)을 구별하기: 산스끄리뜨본·현장한역본』, 『중변분별론소』, 『유식삼십송 풀이: 유식불교란 무엇인가』, 『니야야빈두/니야야빈두띠까: 산스끄리뜨본』, 『불교인식론 연구: 다르마끼르띠의 쁘라마나바릇띠까 현량론』, 『아비달마구사론 계품: 산스끄리뜨본·진제한역본·현장한역본』, 『중론: 산스끄리뜨본·티베트본·한역본』, 『반야심경찬』 등과, 『들뢰즈와 재현의 발생』, 『생명 속의 마음: 생물학·현상학·심리과학』, 『현상학이란 무엇인가: 후설의 후기 사상을 중심으로』, 『현상학적 마음: 심리철학과 인지과학 입문』, 『유식사상과 현상학: 사상구조의 비교연구를 향해서』, 『현상학과 해석학』이 있다.

아이온총서 *01*

화두

© 박인성, 2022

1판 1쇄 인쇄_2022년 07월 01일
1판 1쇄 발행_2022년 07월 05일

지은이_박인성
펴낸이_양정섭

펴낸곳_경진출판
    등록_제2010-000004호
    이메일_mykyungjin@daum.net
    사업장주소_서울특별시 금천구 시흥대로 57길(시흥동) 영광빌딩 203호
    전화_070-7550-7776 팩스_02-806-7282

값 20,000원
ISBN 978-89-5996-998-2 93220

아이온총서
01

화 두
話頭

박인성 지음

경진
출판

일 러 두 기

1. 『선문염송집』과 『선문염송설화』의 번역은 월운 역 『선문염송·염송설화』를 그대로 취하거나 혹은 고쳐 다듬은 것이다.

2. 인용된 한문 문헌의 표점은 저자가 친 것이다.

3. 본칙 번호와 칭호, 가령 '1. 유주有主(406): 주인이 있는 사미입니다'에서 '1.'은 저자가 매긴 번호이고, '유주有主(406)'는 『선문염송집』의 칭호와 번호이고, '주인이 있는 사미입니다'는 저자가 붙인 공안 내의 문구이다.

4. 이 책에서 다룬 99칙의 화두 중 6칙은 각각 학술지에 실린 논문에서 일부를 따와 수정한 것이다.
   ① 남전의 화두 「제1칙 참묘斬猫(207)」
   　: 『선학』 제56호 「벽암록 남전참묘와 제64칙 조주재혜의 분석」.
   ② 조주의 화두 「제7칙 대산臺山(412)」
   　: 『선학』 제53호 「종용록 제10칙 대산파자의 분석」.
   ③ 조주의 화두 「제8칙 지도至道(413)」~제11칙 「위인爲人(416)」
   　: 『동아시아불교문화』 제39집 「벽암록 지도무난 공안의 분석」.

5. 보론 「들뢰즈와 무문관의 화두들」은 2017년 4월 15일 한국프랑스철학회와 동국대 불교문화연구원이 공동 주최한 학술대회에서 발표한 논문을 수정한 것이다. 이 논문은 대폭 축약되고 수정되어 『불교학보』 제79집에 수록된 바 있다.

책머리에

Sabbam atthīti kho Kaccāyana ayam eko anto // Sabbaṃ natthīti ayam dutiyo anto // Ete te Kaccāyana ubho ante anupagamma majjhena Tathāgato dhammam deseti [1]

불교는 초기, 아비달마, 중관, 유식, 인명, 밀교 등 인도불교와 삼론, 천태, 화엄, 선, 정토 등 중국불교로 나눌 수 있다. 인도불교와 중국불교는 사뭇 다르지만, 두 유형의 불교 모두 고따마 싯다르타 붓다가 있음과 없음의 양 극단을 벗어나 연기緣起를 보라고 말한 이후 대상의 동일성과 자아의 동일성을 타파하여 이러한 동일성이 구성되기까지 사물과 의식이 발생하는 연기의 과정을 탐구하려고 노력해 왔다. 이런 점에서 불교는 분명 철학이다. 하지만 인도불교는 다른 인도철학과 함께 칸트, 후설 등 철학의 언어로 해석되는 시도가 종종 있었던 데 반해, 중국불교, 특히 선불교는 서양의 주류를 이루는 철학과는 성격이 판이해서 철학의 언어로 올바르게 해석될 기회가 별로 없었다. 그러나 오늘날 프랑스의 철학자 질 들뢰즈Gilles Deleuze

---

1) PALI TEXT SOCIETY, *SAṂYUTTA-NIKĀYA* VOL. II, 1888, 17쪽. "깟짜야나여, 모든 것이 있다 하는 이것도 한 극단이요, 모든 것이 없다 하는 이것도 한 극단이다. 깟짜야나여, 여래는 이러한 양 극단에 의지하지 않고 중中에 의거하여 법을 설한다."

(1925~1995)의 '차이의 철학'이 찬연히 등장하면서 중국불교와 함께 할 수 있는 스피노자, 라이프니츠, 니체 등이 '차이의 철학'에 입각해서 새롭게 해석되고, 또 선사들의 사유가 스토아 학파의 철학자들과 함께 거론되면서 중국불교도 철학의 언어로 충분히 해석될 수 있는 길이 열리게 되었다.

선사들은 일상어를 통해 사유를 하며 화두를 제시해서 깨달음을 얻고자 하는 이들을 곧바로 깨달음으로 인도한다. 이런 점에서 선불교는 삼론, 천태, 화엄 등 다른 중국불교와도 다르다. 다른 중국불교들이 인도불교와는 다른 사유를 전개했더라도 여전히 기존의 불교어에 매여 있었다면, 선불교는 불교어에서 완전히 벗어나 불교를 새롭게 사유했다. 덕분에 불교어를 모르는 대중들도 자신들이 쓰는 말을 사용하며 가르치는 선사들을 통해 불교를 친근하게 접하며 깨달음을 얻을 수 있는 기회를 얻게 되었다. 또 선사들은 깨달음의 말이 곧 시詩가 될 수 있는 새로운 예술 영역을 펼쳐놓아, 오늘날 불교를 공부하는 우리들은 시를 비롯한 회화, 서예, 음악 등 예술 현상을 사유의 주제로 삼을 수 있게 되었다. 또, 무엇보다 선불교는 고타마 싯다르타 붓다가 인도철학사에서 최초로 언급한 이후 불교 논사들의 사유의 원동력이 되었던 차이 그 자체를 화두를 통해 밝히고자 했던 불교이다. 이 점에서 선불교는 다른 유형의 불교들과 일정한 차별을 이루며 성장해 왔다.

대중과 함께하면서 차이 그 자체를 드러내며 대중들을 깨달음으로 이끌고자 하는 선불교의 이런 탁월한 점을 발견하고 나는 모 학회에서 화두와 들뢰즈에 관한 글2)을 발표했고, 이후 더욱 화두에 매료

---

2) 이 책 끝의 「보론: 들뢰즈와 무문관의 화두들」.

되어 이른바 1,700 공안이라고 일컫는 모든 화두를 읽어보기로 마음을 먹었다. 그때 새롭게 만난 책이 고려의 혜심慧諶(1178~1234) 선사가 편찬한 『선문염송집禪門拈頌集』이다. 『선문염송집』은 당송대의 모든 선사의 화두가 잘 선정되어 수록되어 있는데다 화두에 대한 선사들의 수많은 송頌들과 염拈들이 담겨 있기도 하다. 나는 『선문염송집』의 화두, 송, 염을 읽는 동안 전보다 더 집중하여 선사들의 깊은 사유에 동참할 수 있게 되었다. 당시 『무문관』에 관한 책을 쓰는 작업을 병행하고 있었는데, 이 아름다운 공안집에 실린 44칙의 화두 중 「조주구자趙州狗子」, 「조주세발趙州洗鉢」, 「주감암주州勘庵主」, 「조주감파趙州勘婆」, 「정전백수庭前柏樹」 등 조주趙州(778~897)의 화두에 이끌려, 결국 『선문염송집』에 실려 있는 조주의 모든 화두 82칙을 한 점 한 점 참구하게 되었다. 이 책은 그 결과물이다.

화두는 짧다. 드물게 한 면 정도를 차지하는 긴 것도 있지만, 한 줄에 그치는 것이 있을 정도로 대체로 짧다. 그만큼 선사들의 사유가 화두에 농축되어 있다는 이야기여서 화두를 참구할 때는 한 자 한 자 집중해서 놓치지 않도록 유의해야 화두를 올바르게 해독할 수 있다. 그러므로 나와 함께 화두를 참구하고자 하는 분들은 내가 해독해 가는 과정의 한 문장 한 문장을 주목해서 읽어주었으면 한다. 해독 과정에 주목해야 선사들의 섬세하고 심원한 사유 과정에 나와 함께 동참할 수 있게 된다. 금시법金屎法이라는 말이 있다. 해독하기 전에 화두는 금이지만 해독하고 나면 똥이라는 뜻이다.[3] 필자의 해독 역시 똥 곧 사구死句이다. 필자의 해독을 읽으며 금을 얻고자 하는

---

[3] 천동정각 송고·만송행수 평창, 석지현 역주·해설, 『종용록 1』, 민족사, 2015, 202~203쪽. 이는 화두를 폄하하는 말이 아니다. 금과 똥은 모두 삶의 진리이기 때문이다. 좀 고급스런 용어로 표현해보면, 금과 똥은 각각 진제와 속제이다.

분들은 사구에 사로잡히지 않도록 해독 결과보다는 해독 과정을 눈여겨보아야 한다. 사구에 사로잡히게 되면 이는 선불교의 정신에도 어긋나는 일이기도 하거니와, 깨달음을 추구하는 이의 태도에도 어긋나는 일이다. 활구活句는 사구 속에 담겨 있으면서, 늘 새로이 일어나는 것이기 때문에 바짝 긴장해서 마음을 가다듬고 공안을 읽지 않으면 안 된다.

공안을 해독해 가는 과정에, 무의미, 의미, 비의어, 혼성어, 사건, 대사건, 유목적 분배, 정착적 분배, 사물 x, 말 x, 배제적 이접, 포괄적 이접 같은 주요한 들뢰즈의 용어들이 등장하지만, 들뢰즈 철학을 이해하고자 하는 것이 이 책의 목적이 아니다. 하지만 필자의 공안 해독을 충분히 따라온 분 중 들뢰즈를 읽어본 분이라면 들뢰즈 철학을 공안을 통해 이해하는 데 도움이 될 것이다. 또 설사 들뢰즈를 아직 읽지 않은 분이라 하더라도 필자의 공안 해독 자체가 공안에 소개된 들뢰즈 용어를 설명한 것이기에 들뢰즈 철학을 알아가는 데 도움이 될 것이다. 공안을 해독하는 과정에 언급된 들뢰즈의 용어에 대해 더 자세한 이해를 얻고 싶은 분들은 이 책 끝의 「보론: 들뢰즈와 무문관의 화두들」을 읽으면 된다. 이 보론을 먼저 꼼꼼히 읽는 것도 나와 함께 선사들을 만나는 즐거움을 향유하는 한 방법일 것이다.

요즈음은 퇴직한 덕분에 매일 아침 집 앞 호수 주변을 돌며 산책을 한다. 저녁에 나가 산책하던 때 하고는 풍경이 무척 달라 보였다. 이국적이다. 11년 전 머물던 스리랑카 그 집 베란다에 서 있다. 저 비탈길 너머 둥근 해가 서서히 올라오며 웅장하게 집 앞 길바닥을 비추며 스며들어 가고, 열대 나무의 커다란 푸른 잎들이 햇볕을 담아 내려 잔잔한 바람을 따라 평온하게 일렁인다. 열대의 크고 작은 새들이 열대의 풍요로움을 실어 지저귀고, 내 방 지붕 속에서 떠들어대던 다람쥐들이 바깥으로 나와 베란다 담과 전깃줄을 타고 힐끗힐끗 나를 보며 분주하게 오고 간다. 모든 풍경이 인도에서 인도음악을 공부하고 있는 딸이 시타르로 연주하는 은은한 아침 라가에 안겨 있다.

저녁이 오는 무렵에는 딸의 저녁 라가를 들으며 집 가까운 데 있는 고찰 광덕사로 아내와 산책을 간다. 탑, 석등, 종, 전각 등을 바라보며 이 조각물과 건축물을 만들어 온 유구한 전통의 장인들과 함께 법당 앞에 서 있다. 곱게 바래 가는 단청을 따라 법당 안으로 들어간다. 요즈음 탱화에 홀려 있어서인지, 탱화 속 무거움을 싣고 가만히 고여 있었던 부처와 보살들과 신중들이 서로 눈길을 나누며 경쾌하게 오고 가고 있다. 절을 드린다. 법당을 나와, 좌선하듯 앉아 있는 조선시대 선사 부도 4점이 있는 언덕으로 간다. 이 중 하나는 이름이 없는 선사의 부도이다. 가는 길가의 목련꽃. 잠시 활짝 피었다 바로 시들기에 목련꽃은 소담한 봉오리가 더욱 아름답게 보인다고 아내가 말한다. 보자마자 작년에 본 목련꽃, 내년에 볼 목련꽃을 떠올리는 것을 보면 목련꽃은 봄에 피는 어느 꽃보다 무상하다. 돌아오는 길, 광덕사 흰 목련꽃이 집 앞 굳굳히 피어 있는 붉은 동백꽃과 어울려 찬란한 무상함을 빚어내고 있다.

새로운 인연 양정섭 대표님께 감사의 말씀을 드린다. 국문학계의 훌륭한 책들을 간행해 오느라 애 많이 쓰셨는데, 내 책으로 짐을 안겨 드리게 되었다. 이 책이 여기저기서 좋은 책으로 평가받는다는 소식을 듣고 함께 환한 웃음을 지었으면 좋겠다.

2022년 4월
별꽃 피는 수조산에서

차례

글을 마치며 ___ 301

보론: 들뢰즈와 무문관의 화두들 ___ 315

글을 시작하며

　　당송대 선사들은 서양이나 인도의 철학자들 못지않게 훌륭한 철학적 사유를 하고 있었지만, 그들의 철학적 사유를 일정한 철학 체계에 담지 않고, 사구死句와 활구活句의 관계, 파주把住와 방행放行의 관계, 주인과 손님의 관계 등 속에서 전개되는 선문답을 통하여 담아내고 있었다. 오늘날 감각, 지각, 인식, 존재, 본질, 실존, 정신, 물질 등과 같은 수많은 우리의 일상어들은 서양에서 수입된 철학어의 번역어이고 여전히 이러한 철학어의 의미가 그 바탕을 이루고 있는데, 우리는 이러한 일상어로 다른 중국불교는 물론, 중관, 유식, 인명 같은 인도불교, 상키야, 와이쉐쉬까, 미망사 같은 다른 인도철학을 해석해가고 있으므로, 사구와 활구의 관계 등 속에서 전개되는 선불교의 공안 역시 철학적인 의미가 담긴 일상어에 의거하여 해독할 필요가 있다.

이 책 『화두』에서 나는 '구순피선口脣皮禪'으로 잘 알려진 조주趙州(778 ~897) 선의 공안들, 곧 화두들을 분석하며 조주의 철학적 사유를 이러한 일상어에 의거하여 해독하고 있다. 선문답 형식의 공안은, 논서를 읽을 때와는 달리 불교 용어를 이해해야 하는 부담감에 억눌리지 않게 하면서 우리를 깨달음으로 이끌어준다. 조주의 공안 역시 마찬가지다. 그러나 조주의 공안은 여기서 더 나아가 깨달음을 장애하는 언어를 언어로 해체시켜 언어를 통해 곧바로 깨달음을 얻게 해준다. 조주 공안의 언어가 이런 기능을 행할 수 있게 된 것은 조주가 언어의 본질에 대해 깊은 성찰을 하며 심원한 철학적 사유를 했기 때문이다.

이처럼 조주 공안의 가장 큰 특징은 문답 상대자의 말이 싣고 있는 육중한 무게를 깨면서 말을 통해 문답 상대자를 깨달음으로 인도하는 데 있기에, 덕산의 방이나 임제의 할 못지 않는 강렬한 힘이 있다. 우리는 깨달음을 얻고자 불교의 경전이나 논서 등을 읽지만, 깨달음을 얻는다는 것은 이 경전이나 논서 등에서 하는 말을 이해하는 데 있는 것이 아니라 수행하여 증득하는 데 있다. 깨달은 이한테 증득에 관한 말을 듣고서도 이 말을 이해하는 데 그친다면 말과 증득이 분리될 수 있는데, 조주의 '구순피선口脣皮禪'은 교학적 의미의 말, 일상적 의미의 말을 깨달음으로 이끄는 말로 전환시켜서 말과 증득을 일치시키고 있다.

공안을 해독하는 작업은 사구死句와 활구活句로 이루어진 공안에서 활구를 발견하여 이를 관찰하는 데 토대를 두고 있다. 그러므로 공안을 해독하는 작업을 하는 이는 사구들 가운데에서 활구를 발견해 가면서 이러한 활구가 사구와 어떤 관계를 맺으며 어떤 방식으로 출현하게 되는가를 분명하게 기술할 수 있어야 한다. 모든 화두가 '역설적 심급paradoxical instance'으로 향할지라도, 역설적 심급에 이르기까지의 과정을 한 말 한 말 있는 그대로 살펴보아야 한다. 화두는 이처럼 역설적 심급을 향하고 결국 이 역설적 심급을 드러내더라도, 향하고 드러내는 과정이 각각 다르기에 각각 다른 화두일 수 있는 것이다. 그러므로 화두를 본다[간화看話]는 것은 각각의 화두가 역설적 심급을 드러내는 과정을 있는 그대로 따라가며 본다[등수관等隨觀; samanupassanā]는 것이다. 이 책에서 나는『선문염송집』에 실린 공안들 중 마조 공안 7칙, 남전 공안 10칙, 조주 공안 82칙을 해독했다. 마조와 남전 공안은 조주 공안과 직접적으로 연계될 수 있는 것들을 골라 해독했지만, 조주 공안은 수록된 순서대로 전체를 모두 해독했다.

　우리나라 공안집 혜심慧諶(1178~1234)의『선문염송집』(이하『선문염송』)에는 선사들의 공안이 총 1,463칙이 수록돼 있는데, 이 중 조주편의 공안은 406 유주有主에서 487 불자拂子까지 총 82칙이 수록돼 있다. 주지하다시피, 혜심이 수집하여 편찬한『선문염송』은 선사들의 공안 본칙뿐만 아니라, 이에 대해 읊은 송頌, 염拈 등이 함께 수록돼 있어 선사들의 공안을 해독할 수 있는 안내 역할을 하고 있다. 송, 염 등은 공안에 대한 이해와 해석을 담은 운문과 산문 등이지만 또 다른 공안으로 볼 수 있어서 우리를 해독의 무한한 지평으로 이끌고 있다. 또 각운覺雲의『선문염송설화禪門拈頌說話』(이하『염송설화』)는 각 공안에 비평적 해설을 행하고 있을 뿐만 아니라, 송과 염을 하나하나 설명하고 있기도 하다. 각운의『염송설화』는『선문염송』에다 이처럼 해독하기 어려운 선사들의 공안, 염, 송 등에 해설을 병기하고 있어, 공안을 해독할 수 있는 길을 제공하고 있다. 하지만 각운은 최종적인 해석이 아닌 또 다른 해석의 여지를 남겨둔 해설을 하고 있어서 우리가 조주의 공안을 해독하자면 이를 참조하여 새롭게 해독하는 길을 걷지 않으면 안 된다.

마조의 화두

마조(馬祖道一, 709~788)에 관한 공안은 『선문염송』에 염장鹽醬(156)에서부터 일면日面(169)에 이르기까지 총 14칙이 실려 있다. 이 중 조주 공안을 해독하는 데 직접적으로 도움이 되는, 자주 회자되는 공안 7칙을 골라보았다. 그 7칙은 순서대로 완월玩月(157), 즉심卽心(159) 전수展手(160), 일구一口(161), 사구四句(164), 원상圓相(165), 일면日面(169)이다.

1. 완월玩月(157): 이럴 때에 어떻게 하면 좋을까?

마조가 달구경을 하던 차에 제자 두세 사람에게 물었다.
"이럴 때에 어떻게 하면 좋을까?"
지장智藏이 대답했다.

"공양을 하는 것이 가장 좋겠습니다."

회해懷海가 대답했다.

"수행을 하는 것이 가장 좋겠습니다."

보원普願은 소매를 떨치고 가버렸다.

이에 선사가 말했다.

"경經은 장藏으로 들어갔고, 선禪은 해海로 돌아갔는데, 오직 보원만이 홀로 물物 밖으로 넘어갔구나."4)

어떤 장면일까 상상해보자. 마조가 어둠이 짙은 밤에 제자 지장智藏, 회해懷海, 보원普願5)을 데리고 나와 보름달을 올려다보고 있다. 원만한 보름달이 네 선사를 내려다보며 환히 비추고 있다. 고요함 속에서 환히 빛나는 달…. 마조는 깨달음을 얻은 이답게 원만한 보름달을 적적寂寂하고 성성惺惺하게 바라보고 있다. 마조는 자신의 이런 경지를 제자들도 함께하고 있나 알아보기 위해 그들에게 "이럴 때에 어떻게 하면 좋을까?" 하고 묻는다. 자신이 직관하는 "이럴 때"를 제자들도 직관하고 있나 묻고 있는 것이다. 먼저 "지장이 공양을 하는 것이 좋겠다"고 대답하고, 이어서 회해가 "수행을 하는 것이 좋겠다"고 대답한다. 지장이 "공양을 하는 것이 좋겠다"고 할 때 공양은 법공양을 가리킨다.6) 지장은 "이럴 때"의 경지를 증득한 것이야말로, 아무런 상相이 없이 진리理를 직관하는 것이야말로 진정으로 부처님께 올리는 공양이라고 생각하고 있다. 그렇다면 지장은 수修[수행]와

---

4) 『한국불교전서』 제5책, 158쪽 중단. 馬祖翫月次, 謂二三子曰, "正當恁麽時如何?" 智藏曰, "正好供養". 懷海曰, "正好修行". 普願佛袖而去. 師曰, "經入藏, 禪歸海, 唯有普願獨超物外".

5) 조주의 스승 남전보원南泉普願이다.

6) 『선문염송·염송설화 2』, 211쪽.

증證[증득] 중 증證을 언급했다고 볼 수 있겠다. 회해가 "수행을 하는 것이 좋겠다"고 할 때 수행은 증득 후의 수행을 가리킨다.[7] "이럴 때에 어떻게 하면 좋을까?" 하는 마조의 물음에 지장과 회해는 각각 공양과 수행을 말하면서 증證과 수修 중 한 쪽을 빼내어 두드러지게 하고 있다. 마조의 달구경을 지장과 회해도 동참하고 있었지만, 즉 그들 모두 달이 그들을 바라보고 그들이 달을 바라보는 증득의 경지에 있었지만, 마조의 물음 한 마디에서 시작되어 각각 공양과 수행을 말하면서 증득의 경지에서 빠져나오고 있다. 그런데 보원은 소매를 떨치고 나가버린다. 달구경을 하면서 스승과 제자 간에 주고 받는 문답 바깥으로 나가버린 것이다. 보원의 이러한 행동은 마조의 한 마디 물음 "이럴 때에 어떻게 하면 좋을까?"에서 시작된 질문과 대답이 "이럴 때"에서 빠져나와 증證과 수修가 분리되어 가는 것을 막기 위해서이다.

애초에 질문을 던진 마조가 이 세 사람의 의중을 모를 리 없다. 질문을 던지는 선사는 대답하는 사람들의 의중을 알아보기 위해서 질문을 던지는 것이기도 하지만, 대답하는 사람들의 의중을 한 데 모아 애초의 자신의 의중을 드러내기 위해서 그렇게 하는 것이기도 하다. 그래서 마조는 "경經은 장藏으로 들어갔고, 선禪은 해海로 돌아갔는데, 오직 보원만이 홀로 물物 밖으로 넘어갔구나." 하고 말한다. 마조는 이름 지장智藏의 '장藏', 이름 회해懷海의 '해海'란 기표의 힘을 받아 경經은 장藏으로 들어갔고, 선禪은 해海로 돌아갔다고 말한다. 지장의 법 공양을 "경은 장으로 들어갔다"로 묘사하고, 회해의 수행을 "선은 해로 돌아갔다"로 묘사하고 있다. 그러면서 지장의 "증득이라

---

7) 『선문염송·염송설화 2』, 211쪽.

는 법 공양"을 깊숙이 품는 곳간의 장으로, 회해의 "수행"을 드넓은 바다로 묘사하고 있다. 그렇기에 "경은 장으로 들어갔다" 할 때 장藏은 깊숙이 품는 곳간의 장을 뜻하면서 동시에 지장을 가리키고, "선은 해로 돌아갔다" 할 때 해海는 모든 것을 아우르는 드넓은 바다를 뜻하면서 동시에 회해를 가리킨다. 지장은 깊숙이 모든 것을 품는 곳간이고, 회해는 모든 것을 아우르는 드넓은 바다이다.

마조는 끝에 가서 "오직 보원만이 홀로 물物 밖으로 넘어갔구나" 하고 말한다. 문답의 현장을 벗어난 보원을 물 밖으로 넘어간 사람으로 묘사하고 있다. 그렇다면 지장과 회해는 물내物內에 있는 사람들이고, 보원은 물외物外에 있는 사람이다. 여기서 물物은 사물이든 사람이든, 세간의 법法을 가리킨다. 과연 마조는 물외와 물내로 나누면서, 세간과 출세간으로 나누면서 지장과 회해는 낮추어 보고, 보원은 높게 여긴 것일까? 그렇지 않다. 지장과 회해가 물내에서 각각 증과 수를 말한 사람들이라면, 보원은 물외에서 증과 수가 분리되기 이전의 일을 말하는 사람이다. 보원이 물외로 넘어가지 않았다면 지장과 회해는 물내에서 증과 수를 말할 수 없었을 것이다. 또 지장과 회해가 물내에서 증과 수를 말하지 않았다면, 보원은 물외로 넘어갈 수 없었을 것이다. 마조의 "경經은 장藏으로 들어갔고, 선禪은 해海로 돌아갔는데, 오직 보원만이 홀로 물 밖으로 넘어갔구나." 하는 말은 지장, 회해, 보원, 그리고 자신을 한 가닥 실로 꿰고 있다. 여기에 달도 이미 꿰여 있는 것은 아닐까?

2. 즉심卽心(159): 마음도 아니요, 부처도 아니다

마조에게 한 스님이 물었다.

"화상은 어찌하여 '마음이 곧 부처이다'라고 하십니까?"

선사가 대답했다.

"어린애 울음을 그치게 하기 위해서이다."

스님이 물었다.

"울음이 그쳤을 때엔 어떠합니까?"

선사가 대답했다.

"마음도 아니요, 부처도 아니다."

스님이 물었다.

"이 두 가지를 제한 사람이 오면, 어떻게 가르치시겠습니까?"

선사가 대답했다.

"그에게 '물物도 아니다' 하고 말하겠다."

스님이 물었다.

"홀연히 그 안의 사람을 마주치면 어찌하겠습니까?"

선사가 대답했다.

"우선 그에게 대도大道를 체득하게 하겠다."8)

마조가 "마음이 곧 부처이다[즉심즉불卽心卽佛]"라는 말을 할 때, 마음
곧 심은 무엇을 가리키는가? 우리는 심心을 옥편에 나와 있는 대로
'마음'으로 읽게 되면서 "마음이 곧 부처이다"라는 마조의 교시에

---

8) 『한국불교전서』 제5책, 160쪽 중단. 馬祖因僧問, "和尙爲什麼說卽心卽佛?" 師云, "爲止小
兒啼". 僧云, "啼止時, 如何?" 師云, "非心非佛". 僧云, "除此二種人來, 如何指示?" 師云,
"向伊道不是物". 僧云, "忽遇其中人來時, 如何?" 師云, "且敎伊體會大道".

더 다가갈 수 없게 되었던 것 같다. 우리 말의 '마음'은 '마음씨가 곱다' 하는 문장에서처럼 정서적 성격을 많이 띠고 있기 때문이다. 그러나 심^{citta}은 원래 인식론적 성격을 띠는 용어이다. 아비달마불교에서 심은 안식, 이식, 비식, 설식, 신식, 의식을 가리킨다. 유식불교에서 심은 안식, 이식, 비식, 설식, 신식, 의식에다 말나식, 아뢰야식을 더한 것이며, 이 여덟 가지 식 중 특히 아뢰야식을 지칭하고자 할 때 심이라는 용어를 사용한다. 아비달마불교의 경우처럼 심을 6식으로 보든, 유식불교의 경우처럼 심을 8식으로 보든, 또 전6식의 경우처럼 추대麤大한 식이든, 제7식과 제8식의 경우처럼 미세微細한 식이든, 심은 기본적으로 "식" 곧 "알다"란 뜻을 담고 있다. 그런데 마조가 "심즉불" 곧 "마음이 곧 부처이다"를 말할 때 우리는 이 말이 유루有漏의 심을 무루無漏의 불佛"로 규정하는 뜻을 담고 있다고 보고, 그가 심을 아비달마불교나 유식불교에서와는 다른 의미로 사용하고 있다고 생각하는 경향이 있다. 그러나 마조는 아비달마불교나 유식불교에서 말하는 심과 같은 의미로 심을 사용하되 "마음이 곧 부처이다"라는 말로 심의 개념적 동일성과 불의 개념적 동일성을 해체하며 삭제하고 있다.

마조는 우는 애를 달래기 위해 "마음이 곧 부처이다"라고 말했고, 우는 애가 울음을 그치면 "마음도 아니요, 부처도 아니다"라고 말했다. 이 말 역시 묻는 스님을 위해 방편으로 한 말이기에 "마음이 곧 부처이다"와 "마음도 아니요, 부처도 아니다"를 다른 말로 보면 안 된다. 이 두 문장에서 쓰이는 '이다'와 '아니다'는 같은 말이다. 두 문장 모두에서 마음과 부처의 개념적 동일성이 삭제되었기 때문이다.

"이런 두 가지를 제한 사람이 오면, 어떻게 가르치시겠습니까?"

하는 스님의 물음에 마조는 "그에게 '물物도 아니다' 하고 말하겠다"고 대답했다. "이 두 가지를 제한 사람"이란 문맥상 마음과 부처를 제한 사람 곧 물物이다. 물物은, 앞 공안을 설명할 때도 밝혔지만, 사물이든 사람이든, 중생[유정有情]이든 기세간이든, 세간의 법을 가리킨다. 여기서는 중생을 가리킨다. 마조는 스님을 "마음이 곧 부처이다"라는 말로 마음과 부처가 해체되어 소멸된 깨달음의 자리로 인도했으므로, 이 자리는 "마음도 아니요, 부처도 아니다". 따라서 물物도 아니다.

그런데 마조의 이런 대답을 들은 스님은 "홀연히 그 안의 사람을 마주치면 어찌하겠습니까" 하고 다시 질문한다. "그 안의 사람"이란 '물物 안의 사람'을 가리킨다. 마조가 "물이 아니다" 하고 말할 때 '물이 물로 현현하는 일이 없다'는 것을 뜻하는 것은 아니다. 우리가 마음이니 부처이니 물이니 하며 개념적 동일성을 부여하는 것들이 해체되어 있는 자리를 보게 되면, 우리는 마음이니 부처이니 물이니 하는 말들이 다시 방편으로 현현하는 것을 보게 된다. 깨달음을 얻더라도 우리는 홀연히 사물들과 사람들을 마주치며 살아간다. 마조는 이 점을 잘 알고 있기에 스님의 질문에 "대도를 체득하게 하겠다"고 답한다. "체득하다"로 번역된 체회體會는 '진리에 부합한다'는 뜻이므로 "대도를 체득한다"란 큰 깨달음을 얻는다는 것을 뜻한다. 마조는 "심이 아니고, 불이 아니고, 물이 아니다"를 관觀할 때 이 사람은 큰 깨달음을 얻을 수 있다는 것을, 또 그렇게 되지 않을 수 없다는 것을 "대도를 체득하게 하겠다"는 말로 표현하고 있다. 마조는 이렇게 "그 안의 사람"으로 돌아나는 스님을 위해 이미 앞에서 "마음이 곧 부처이다", "마음도 아니요, 부처도 아니다" 하며 대도의 체득에 대해 충분히 말한 바 있다. 그런데도 마조는 이처럼 끝까지 친절하게 스님의 질문에 응하고 있다.

"마음이 곧 부처이다[심즉불]"에 대한 필자의 해독이 합당하다는 것을 보여주기 위해 "마음"의 의미를 달마까지 거슬러 올라가며 추적해볼 필요가 있다. 『선문염송』을 보면, 마조 이전에 '심즉불'이란 표현을 쓴 선사는 2조 혜가이다. 『선문염송』 105칙 「참죄懺罪」 공안에 혜가의 '심즉불'이 보인다.

2조 혜가慧可 대사에게 3조가 물었다.
"제자는 몸에 풍병이 걸렸으니, 화상께서 죄를 뉘우치게 해주십시오."
2조가 말했다.
"죄를 가져오너라. 그대의 죄를 뉘우치게 해주겠다."
3조가 양구良久9)하다가 말했다.
"죄를 찾아도 찾을 수 없습니다."
2조가 말했다.
"그대의 죄를 이미 뉘우치게 해주었으니, 불佛과 법法과 승僧에 의지해서 살라."

3조가 말했다.
"제가 지금 화상을 뵙고 이미 승은 알았습니다. 무엇이 불과 법입니까?"
2조가 대답했다.
"심이 곧 불이요[마음이 곧 부처요], 심이 곧 법이다. 불과 법이 둘이 아니니, 승도 그러하다."

---

9) '양구良久'란 잠시 말을 하지 않고 있는 것을 말한다.

3조가 말했다.

"오늘에야 비로소 죄의 본성이 안, 밖, 중간에 있지 않음을, 심이 그러하듯 불과 법도 둘이 아님을 알았습니다."

2조가 몹시 대견하게 여겼다.[10]

전반부는 바로 아래에서 보게 되는 달마와 혜가의 대화와 유사하다. 2조 혜가와 3조 승찬의 이 대화에서는 마음이 "죄"로 바뀌어 있을 뿐이다. 혜가는 달마와 나눈 대화를 승찬과 나누는 대화에 그대로 적용하고 있다. 혜가는 달마와 대화를 나누면서 심心을 생각이나 말로 얻을 수 없다고 보았기에 심을 불佛이나 법法이라고 말할 수 있었던 것 같다. 심이 불이요, 심이 곧 법이라 했으니 혜가는 불을 불성佛性, 법을 법성法性으로 본 것이다. 이어서 3조 승찬이 죄의 본성이 안과 밖이나, 중간에 있지 않음을, 혜가가 말한 대로 불과 법이 둘이 아님을 알았다고 했다. 불과 법이 둘이 아니고 이 불과 법이 심이며, 또 여기서 죄의 본성은 마음의 본성이니, 혜가가 말하는 심은 심체心體를 의미한다.

혜가가 달마와 나눈 대화를 읽으면 혜가가 "마음이 곧 부처이다"라고 말하는 이유가 분명해진다. 다음은 『선문염송』 100칙 「법인法印」 공안이다.

달마 대사에게 혜가가 물었다.

---

10) 위의 책, 113쪽 상단. 二祖可大師因三祖問, "弟子身纏風恙, 請和尙懺罪". 師曰, "將罪來. 與汝懺". 祖良久云, "覓罪了不可得". 師曰, "與汝懺罪竟, 宜依佛法僧住". 祖云, "某今見和尙, 已知是僧. 未審何名佛法?" 師曰, "是心是佛, 是心是法. 佛法無二. 僧寶亦然". 祖曰, "今日始知罪性 不在內外中間, 如其心然, 佛法無二". 師深器之.

"부처님의 법인(法印[11])을 들려주십시오."

달마가 대답했다.

"부처님의 법인은 남에게 들을 수 있는 것이 아니다."

혜가가 물었다.

"저의 마음이 편안하지 않으니 스님께서 편안하게 해주십시오."

달마가 대답했다.

"마음을 가져오너라. 편안하게 해주겠다."

혜가가 말했다.

"마음을 찾아도 끝내 얻을 수 없습니다."

달마가 말했다.

"그대의 마음을 이미 편안하게 해주었다."[12]

혜가는 달마한테 자신의 마음이 편안하지 않으니 편안하게 해달라고 했다. 혜가는 자신의 마음이 편안하지 않음을 알고 있다. 편안하지 않은 마음은 다른 사람의 마음이 아니라 나 혜가의 마음이고, 이 편안하지 않음을 나 혜가는 알고 있다. 편안하지 않은 마음도 마음이지만, 이런 마음을 알고 있음 역시 마음이다. 그렇다면 어떻게 해서 혜가는 자신의 마음이 편안하지 않음을 알게 되어, "저의 마음이 편안하지 않다"고 달마에게 말하게 되었는가? 여기에 이 공안을 풀 수 있는 열쇠가 있다. 왜 혜가는 마음이 편안하지 않은가? 달마에

---

11) '법인(法印'의 '법(法'은 진리를, '인(印'은 인장이니 승인, 인가를 뜻한다. 따라서 '부처님의 법인'은 부처님이 승인한 진리 혹은 부처님을 통해 드러난 진리를 뜻한다.

12) 위의 책, 103쪽 하단. 達磨大師因慧可問, "諸佛法印可得聞乎!" 師云, "諸佛法印匪從人得" 可曰, "我心未寧, 乞師與安". 師云, "將心來! 與汝安". 可曰, "覓心, 了不可得". 師云, "與汝安心竟".

게 부처님의 법인法印을 들려달라고 했을 때 달마가 부처님의 법인은 남에게 들을 수 있는 것이 아니라고 해서인가? 그렇지 않을 것이다. 이 대화는 뒤에 나오는 "마음을 찾아도 끝내 찾을 수 없다"는 것이 남에게 들을 수 없는 부처님의 법인이라는 점을 보여주기 위해 나온 것이기 때문이다.

동기야 무엇이든 마음이 편안하지 않다면 스스로 편안하게 할 수 있는 길을 찾아야 하거늘 혜가는 달마한테 자신의 마음을 편안하게 해달라고 청하고 있다. 달마는 "마음을 가져오라"고 하면서 혜가 스스로 마음을 편안하게 하는 길을 찾게 하고 있다. 그 길은 마음을 찾아도 끝내 찾을 수 없는 길이다. 마음을 찾아도 끝내 찾을 수 없음을 자각하는 것이야말로 마음을 진정으로 편안하게 하는 길이다. 그렇다면 '마음이 '편안하다', '편안하지 않다' 하고 말할 수 없다. 혜가가 마음이 편안하지 않다고 했을 때 이 마음은 마음 바깥의 사물처럼 동일성을 띠고 불변인 채 존재하는 마음이다. 반면에, 혜가가 달마의 "그대의 마음을 이미 편안하게 해주었다"는 말을 듣고 찾은 마음은 찾아도 끝내 찾을 수 없는 마음이고, 그래서 부처님의 법인이다.

이제 우리는 혜가와 승찬의 대화, 달마와 혜가의 대화에서 마조의 "마음이 곧 부처이다", 곧 "즉심즉불"을 이해할 수 있는 단서를 얻었다. 마조의 "즉심즉불"은 이처럼 긴 연원을 갖는다. 마음은 혜가가 찾고자 해도 찾을 수 없는 마음이고, 남에게 들을 수 없는 부처님의 법인이다. 또, 마음은 승찬이 죄를 뉘우치게 된 안, 밖, 중간에 있지 않은 마음이고, 불佛과 둘이 아니고 곧 불에 즉하고, 법法과 둘이 아닌 곧 법에 즉하는 그런 마음이다. "즉심즉불"의 심은 심체, 곧 심의 진여이다.

다시 마조 공안 전반부로 돌아가 위의 논의를 마무리해보자.

마조에게 한 스님이 물었다.

"화상은 어찌하여 '마음이 곧 부처이다'라고 하십니까?"

선사가 대답했다.

"어린애 울음을 그치게 하기 위해서이다."

스님이 물었다.

"울음이 그쳤을 때엔 어떠합니까?"

선사가 대답했다.

"마음도 아니요, 부처도 아니다."

"마음이 곧 부처이다"는 "마음도 아니요, 부처도 아니다"와 같은 말이다. 마음은 부처를 만나 해체되고, 부처는 마음을 만나 해체된다. 마음도 아니고 부처도 아닌 깨달음의 자리는 이처럼 마음은 마음의 동일성이, 부처는 부처의 동일성이 해체되어 소멸되어 있는 자리이다. 혹은, 마음이 되고 부처가 되기 위해 꿈틀거리는 자리이다.

3. 전수展手(160): 마음이 곧 부처이다

마조에게 한 스님이 물었다.

"무엇이 부처입니까?"

선사가 대답했다.

"마음[심心]이 곧 부처이다."

"무엇이 도입니까?"

선사가 대답했다.

"무심無心이 곧 도이다."

스님이 또 물었다.

"부처와 도의 거리는 얼마나 됩니까?"

선사가 대답했다.

"도는 손을 편 것 같고, 부처는 주먹을 쥔 것과 같다."[13]

마조는 스님의 "무엇이 부처입니까?" 하는 물음에는 "심이다"로, "무엇이 도입니까?" 하는 물음에는 "무심이다"로 대답한다. 심은 불성을, 도는 지혜를 가리킨다는 점으로 볼 때, 무심이 도라는 마조의 대답은 좀 의외이긴 하다. 심을 부처라 했기에 무심을 도라고 했을 것이다. 이 공안에서는 부처, 도 각각의 정의가 아니라 부처와 도의 불이不二가 문제가 되고 있다.

하여튼, 이 공안에서 스님은 묻고 각각의 물음에 대해서 답을 듣고 난 후, "부처와 도의 거리는 얼마나 됩니까?" 하고 묻는다. 마조의 대답대로 한다면, 부처와 도의 거리는 심과 무심의 거리이다. 무심은 심의 없음이기에 이 '없음'을 들뢰즈가 타파하고자 하는 제한, 대립, 모순 등 부정적인 것the negative으로 본다면, 이어지는 마조의 대답은 이해하기 어려운 것이 된다. 심과 무심이 불이不二라는 점을 마조는 "도는 손을 편 것과 같고 부처는 주먹을 쥔 것과 같다"로 표현한다. 손을 펼 때는 무심이고 손을 접을 때는 심이다. 마조는 부처와 도, 심과 무심의 관계를 아무 부정적 매개가 없는 펴고 접음으로 답할 따름이다.

---

13) 위의 책, 162쪽 중단. 馬祖因僧問"如何是佛?" 答云, "卽心是佛". 又問, "如何是道?" 答云, "無心是道". 又問, "佛與道相去多少?" 答云, "道如展手, 佛似握拳".

4. 일구一口(161)
: 한 입에 서강의 물을 다 마신 뒤에야 알려주겠다

마조에게 방 거사가 물었다.
"만법과 짝이 되지 않는 이는 어떤 사람입니까?"
선사가 대답했다.
"자네가 한 입에 서강의 물을 다 마시면 말해주겠다."
거사가 말이 끝나기가 무섭게 깨달았다.[14]

방 거사가 마조 선사에게 "만법과 짝이 되지 않는 이는 어떤 사람입니까?" 하고 물었을 때, 이 물음에는 이미 답이 암시되어 있다. 만법과 짝이 되지 않은 이는 만법을 넘어서 있는 사람이기 때문이다. 그러나 방 거사는 만법을 넘어서 있는 사람을 찾을 수는 없었다. 짝이 되지 않은 이라는 부정어가 담긴 말을 써서 만법을 넘어서 있는 사람을 찾았기 때문이다. 이제 마조는 방 거사에게 부정어를 쓰지 않고 만법을 넘어서 있는 사람에 대해 말을 해주어야 한다. 마조는 "한 입에 서강의 물을 다 마시면 말해주겠다"고 대답했다. 한 입에 마실 수 있는 물은 그야말로 한 입의 물일 뿐이므로, 한 입에 서강의 물을 마신다는 것은 절대 불가능하다. 하지만 "만법과 짝이 되지 않는 이는 어떤 사람입니까?" 하고 물었기에, 마조는 만법과 짝이 되지 않는 이를 적극적으로positively 찾아주기 위해 한 입에 다 마실 수 없는 서강의 물을 들었다. 서강의 물을 한 입에 다 마실 수 없듯이,

---

14) 위의 책, 162쪽 하단. 馬祖因龐居士問, "不與萬法爲侶者, 是什麽人?" 師云, "待汝一口吸盡西江水, 即向汝道". 居士言下領解.

만법과 짝이 되지 않는 이, 만법을 넘어서 있는 이는 말로 표현될 수 없다. 마조는 만법과 짝이 되지 않는 이가 어떤 사람인지 말해주 겠다고 했지만, 사실 말할 수 없는 것을 말해주겠다고 했으니, 아무 말도 해줄 수 없다는 것과 같다. 마조는 말로 표현될 수 없는 것을 "자네가 한 입에 서강의 물을 다 마신다면 말해주겠다"는 말로 표현 했다. 방 거사가 서강의 물을 다 마시는 일이 불가능하듯 말을 해주 는 일도 불가능하다는 뜻이다. "말해주겠다"는 말이 스스로 삭제되 어 소멸하고 있다. 혹은, 소멸한 말이 "말해주겠다"는 말로 잠시 되살 아나고 있다.

5. 사구四句(164): 지장의 머리는 희고, 회해의 머리는 검다

마조에게 한 스님이 물었다.

"사구四句를 여의고 백비百非를 끊어서, (조사가) 서쪽에서 온 뜻을 곧바로 가리켜 주십시오."

선사가 대답했다.

"내가 오늘 심기가 불편하니 그대는 지장에게 가서 물어보라."

스님이 지장에게 가서 물으니, 지장은 손으로 머리를 가리키면서 대답했다.

"나는 오늘 머리가 아파서 그대에게 말해줄 수가 없다. 회해 사형께 가서 물어보라."

스님이 회해에게 가서 물으니, 회해가 대답했다.

"나는 그것에 대해서 전혀 알지 못한다."

스님이 다시 돌아와서 있었던 일을 선사에게 이야기했다.

선사가 말했다.

"지장의 머리는 희고, 회해의 머리는 검다."15)

한 스님이 마조에게 찾아와 "사구四句를 여의고 백비百非를 끊어서, (조사가) 서쪽에서 온 뜻을 곧바로 가리켜 주십시오(離四句絶百非, 請師直指西來意)" 하고 청한다. 먼저 스님의 물음을 잘 살펴볼 필요가 있다. 스님의 질문 중 '사구四句'란 가령 유와 무에 의거해서 말하면, 제1구는 유有, 제2구는 무無, 제3구는 역유역무亦有亦無(있기도 하고 없기도 하다, 혹은 있으면서 없다), 제4구는 비유비무非有非無(있는 것도 아니고 없는 것도 아니다)인 것을 말하고, '백비百非'란 비유非有, 비무非無, 비일非一, 비이非異 등 하며 온갖 것[百句]을 모두 부정하는 것[非非]을 말한다. 사구든 백비든 모두 분별이다. 따라서 사구四句를 여의고 백비百非를 끊었다는 것은 모든 분별을 끊었기에 말로 표현할 수도 없고 사유할 수도 없다는 것을 뜻한다. 스님은 달마가 서쪽에서 온 뜻이 사구를 여의고 백비를 끊은 자리를 드러내려 하는 것임을 알고 있다. 그런데 스님은 "서쪽에서 온 뜻을 곧바로 가리켜주십시오" 하고 청한다. "직지直指"를 번역한 "곧바로 가리켜주십시오"는 우리가 선사들의 말씀을 공부할 때면 자주 접하는 "직지인심直指人心"의 "직지"이다. 그렇다면 스님은 앞 공안 「즉심卽心(159)」에서 본 "마음이 곧 부처이다"의 "마음"을 곧바로 가리켜주십시오 하고 청하고 있는 것이다.

말로 표현할 수 없고 사유할 수 없는 경지를 어떻게 곧바로 가리켜 보여줄 것인가? 이것이 이 공안에서 마조, 지장, 회해가 하고자 하는 일이다. 마조는 "내가 오늘 심기가 불편하니 그대는 지장에게 가서

---

15) 위의 책, 166쪽 하단. 馬祖因僧問, "離四句絶百非, 請師直指西來意". 師云, "我今日無心情. 汝去問取智藏". 僧乃問藏, 藏以手指頭云, "我今日頭痛, 不能爲汝說. 汝去問取海兄". 僧去問海, 海云, "我到者裏, 却不會". 僧迴擧似師. 師云, "藏頭白, 海頭黑".

물어보라" 하고 대답한다. 마조는 이 말로 스님의 청대로 달마가 서쪽에서 온 뜻을 곧바로 가리켜 보여주었다. 마조가 조사가 서쪽에서 온 뜻을 대답할 수 없는 이유는 오늘 심기가 불편하기 때문이다. 마조는 대답하지 않으면서 대답했다. "오늘 심기가 불편함"이 대답을 대답하지 않은 것으로 만들고 있다. 역설이다. 스님은 이처럼 자신의 질문에 적합한 대답을 들어놓고도 아무런 대답도 듣지 못했다고 생각했다. 그래서 마조가 지장에게 가서 물어보라고 지시하는 대로 지장에게 가서 똑같은 물음을 던진다. 마조의 "지장에게 가서 물어보라"는 말은 '대답과 대답하지 않음의 역설에서 빠져나가 보라'를 의미한다. 이 역시 스님의 "서쪽에서 온 뜻이 무엇인가?"에 대한 대답이다. 다시 말해, 마조는 "오늘 심기가 불편하다", "지장에게 가서 물어보라" 이 두 마디로 스님의 질문에 대답한 것이다. 스님은 이 점을 간취하지 못하고 마조의 말을 곧이곧대로 받아들여 지장에게 가서 똑같은 질문을 행하고 말았다.

스님이 지장에게 갔을 때 지장은 손으로 머리를 가리키면서 "나는 오늘 머리가 아파서 그대에게 말해줄 수가 없다. 회해 사형께 가서 물어보라" 하고 대답했다. 여기서 일단 주목해야 할 것은 지장이 손으로 머리를 가리키는 행동이다. 스님은 마조에게 조사가 "서쪽에서 온 뜻을 곧바로 가리켜 달라(直指西來意)" 하고 청했다. 지장은, 스님이 가리켜달라고 청했을 때, 자신이 머리를 가리키며 "오늘 머리가 아파서 그대에게 말해줄 수가 없다"고 하면서 '그 가리킴'이 무엇인지 곧바로 알려주고 있다. 이토록 친절하게 원하는 대로 말해주건만, 스님은 "오늘 머리가 아파서 말해줄 수가 없다"는 지장의 대답을 간파하지 못하고 있다. '말해줄 수가 없음'이 대답이고, 그 이유가 '오늘 머리가 아프기 때문'인데도 말이다. "오늘 머리가 아픔"

이 대답을 대답하지 않음으로 만들고 있다. 역설이다. 지장 역시 이 역설에서 빠져나가 보라는 뜻으로 "회해 사형께 가서 물어보라"고 말한다. 이 역시 마조의 대답과 마찬가지로 대답과 대답하지 않음 사이에서 발생하고 있는 역설과 발생하게 하는 역설에 대해 언급하는 것인데 스님은 이 점을 알아채지 못하고 곧이곧대로 회해에게 달려간다. 마조와 지장의 활구活句를 스님은 연달아 사구死句로 바꾸고 있다.

스님은 회해에게 가서 똑같은 질문을 던진다. 회해는 "나는 그것에 대해서 전혀 알지 못한다"고 대답했는데, 스님은 이 또한 훌륭한 답이라는 것을 알아차리지 못하고 마조에게 다시 돌아간다. 회해의 답이 왜 훌륭한 답인가? "알지 못한다"고 답했기 때문이다. "알지 못함"이는 우리가 공안을 접할 때면 자주 만나는 말이다. 조사가 서쪽에서 온 뜻은 교외불전教外別傳이고, 불립문자不立文字이고, 직지인심直指人心이다. 회해는 스님의 질문을 듣는 순간 바로 조사가 서쪽에서 온 뜻을 드러내고 있다. 책을 통해 배운 교학의 용어를 써서 달마의 뜻을 보여준다면, 문자를 세운 것이기에 문자를 세우지 않는다는 뜻의 '불립문자'가 아니고, 교학 용어 바깥에서 따로 전한다는 뜻의 '교외별전'이 아니다. 더구나 '견성성불見性成佛'이 이런 교학의 용어들에 의해 매개되어 있기에 '직지인심'이 아니다. 회해는 달마가 서쪽에서 온 뜻을 충분히 보여주고 있는 것이다. "알지 못함"이야말로 우리가 앞에서 본 "마음이 곧 부처이다", "마음도 아니요, 부처도 아니다"이기 때문이다. 방 거사의 물음에 마조가 대답한 대로, 우리는 서강의 물을 한 입에 다 마실 수 없다.

마조는 달마의 뜻을 좇아 깊은 깨달음을 얻은 사람이다. 마조가 스님에게 해준 말 "지장의 머리는 희고, 회해의 머리는 검도다"는 정말 놀라운 말이 아닐 수 없다. "희다"는 "희다"대로 아무것도 지시하지 않고, "검다"는 "검다"대로 아무것도 지시하지 않게 만들어놓은 문장이기 때문이다. 불교 수행자들은 머리카락이 없기에 "희다"고도 "검다"고도 할 만한 것이 없다. "희다"와 "검다"가 각각 지시하는 것이 있어야 대립하고 뜻meaning 혹은 함의signification를 형성할 텐데 아무것도 지시하지 않기에 공허하다. "희다"와 "검다"는 이 점에서 같은 말이다. "마음이 곧 부처이다"의 "이다", "마음도 아니요, 부처도 아니다"의 "아니다"가 같은 말이듯이. 마조는 "지장의 머리는 희고, 회해의 머리는 검도다."라는 참 놀라운 말로 "조사서래의"를 묻는 스님에게 친절하게 대답하며 자신, 지장, 회해의 말과 행동이 모두 평등한 일미一味를 보여주고 있다.

6. 원상圓相(165): 들어가도 때리고, 들어가지 않아도 때리겠다

한 스님이 뵈러 왔을 때, 마조가 일원상一圓相을 그리며 말했다.
"들어가도 때리고, 들어가지 않아도 때리겠다."
스님이 바로 들어가자 선사가 바로 때렸다.
스님이 말했다.
"화상은 저를 때릴 수 없습니다."
선사는 주장자를 등에 메고 그만두었다.[16]

---

16) 위의 책, 169쪽 상단. 馬祖因見僧叅, 畵一圓相云, "入也打, 不入也打". 僧便入, 師便打. 僧云, "和尙打某甲不得". 師靠却拄杖, 休去.

한 스님이 마조에게 가르침을 받으러 왔다. 마조는 스님을 보자마자 바닥에 일원상一圓相을 그리며 "들어가도 때리고, 들어가지 않아도 때리겠다."고 말하고서 스님이 어떻게 하나 시험하고 있다. 일원상一圓相 곧 한 개의 원은 안과 밖을 나눈다. 지금 마조와 스님은 원 바깥에 있다. 원 밖에 있어도 맞게 되고 원 안에 있어도 맞게 된다고 했으니, 스님이 그대로 바깥에 머물고 있다면 바로 주장자로 맞을 판국이다. 스님은 마조의 말을 듣자마자 머뭇거리지 않고 원 안으로 뛰어 들어간다. "원 바깥에 있어도 맞는다 하고 원 안에 있어도 맞는다" 하니 어떻게 할까 머뭇거릴 만도 한데 스님은 곧바로 원 안으로 뛰어든다. 스님이 이처럼 조금도 머뭇거리지 않고 곧바로 원 안으로 들어간 데서 원 바깥에 있으면 맞을까 봐 원 안으로 뛰어든 것이 아니라는 것을 알 수 있다.

마조는 원 안에 있는 스님을 주장자로 때린다. "스님 그대는 지금 원 안으로 들어갔으니 안과 밖의 경계를 만들고 있는 것이 아니냐?" 하며 때린 것일 터이다. 스님은 맞고 난 후 "화상은 저를 때릴 수 없습니다" 하고 말하는데, 이 말이 이 공안의 핵심어이다. 이 한 마디에 마조는 스님이 한 말의 뜻을 간취하고 스님에게 내리친 주장자를 자신한테 돌려놓는다. "주장자를 등에 메고 그만둔다"는 것은 스님의 이 말을 인정했다는 것이며, 일원상을 그리기 전으로 돌아가겠다는 뜻이다. 왜냐하면 "때린다"는 것은 안과 밖을 나누고 안이나 밖에 정착했을 때 때린다는 것인데, 스님의 말 "화상은 저를 때릴 수 없습니다"는 이러한 "때린다"를 무화하여, 일원상을 그어 안과 밖을 나누기 전으로 돌아가겠다는 뜻을 담고 있기 때문이다.

사실 "일원상"은 안과 밖을 나누기 전의 소식을 전하는 표현인데, 마조는 의도적으로 일원상을 그려 안과 밖을 나누어 스님을 시험했다. 그래서 스님의 말 "화상은 저를 때릴 수 없습니다"는 마조가 안과 밖을 나누기 위한 일원상 이전으로 돌아가겠다는 것을 뜻하기도 하지만, 안과 밖을 나누기 전의 일원상을 보존하겠다는 뜻이기도 하다. 또 일원상을 그대로 보존하면서 안과 밖도 그대로 보존하겠다는 뜻을 담고 있다고도 볼 수 있다.

우리는 여기서 만약 스님이 일원상의 안과 밖을 나누는 금을 밟았으면 마조가 어떻게 했을까 상상해볼 수 있다. 역시 때렸을 것이다. 안과 밖을 나누는 금은 안이면서 동시에 바깥이기도 하기 때문이다. 사구四句로 따져보자면, 바깥에 있는 것은 제1구, 안에 있는 것은 제2구로 볼 수 있으므로, 금을 밟은 것은 바깥에 있으면서 안에 있는 것인 제3구이다. 제1구와 2구가 타파되면 당연히 제3구도 타파된다.

7. 일면日面(169): 일면불, 월면불

> 마 대사가 몸이 편치 않자, 원주가 물었다.
> "화상이시여! 요즘 존위가 어떠하십니까?"
> 선사가 말했다.
> "일면불, 월면불."[17]

일면불과 월면불은 『월등경月燈經』에 나오는 월면보광불月面普光佛과 일면무비존불日面無比尊佛을 가리킨다. 월면불은 세상에 머무는 수명이 하루 낮 하룻밤으로 매우 짧고, 일면불은 세상에 머무는 수명이 일만

---

17) 위의 책, 170쪽 중단. 馬大師不安. 院主問, "和尚近日尊位如何?" 師云, "日面佛, 月面佛".

일천겁으로 매우 길다.[18] 월면불은 가장 짧은 수명을 가진 부처이고, 일면불은 가장 긴 수명을 가진 부처이다. 마조가 몸이 편치 않자 원주는 "요즈음 존위가 어떠하십니까?" 하고 묻고, 마조는 "일면불, 월면불" 하며 대답한다. 마조는 왜 뜬금없이 『월등경』에 나오는 두 부처 이름을 든 것일까? 자신이 일면불 같은, 혹은 월면불 같은 부처라고 말하는 것일까? 그렇다면 왜 굳이 "일면불, 월면불"이라 하며 일면불과 월면불을 나란히 들어 말하는 것일까?

우리는 몸이 안 좋을 때 문안 인사를 온 사람이 "요즈음 몸이 어떠십니까?" 하고 물으면 '여전히 안 좋다', '조금 좋아졌다', '더 나빠졌다' 등으로 대답할 것이다. 하지만 마조는 몸이 편치 않긴 했으나 이런 식으로 말하지 않고 "일면불, 월면불"이라고 대답했을 뿐이다. 이는, 원주의 "존위가 어떠하십니까?" 하는 물음이 "여전히 깨달음의 경지에 있으십니까?"를 뜻하는 것으로 보고, 자신은 몸이 좋지 않음에도 불구하고 깨닫는 자로서 의연히 깨달음의 경지에 있다는 것을 보여주려 한 것일 수도 있고, 이 참에 원주를 깨달음으로 인도하려 한 것일 수도 있다. 어느 경우든 마조의 "일면불, 월면불" 하는 대답은 원주가 깨달음을 얻기 위해 가야 할 길을 잘 보여주고 있다. 원주는 이 마조의 말을 듣고 "나는 몸의 상태를 물었는데 왜 선사는 '일면불, 월면불' 하고 말하는 것이지?" 하며 의문에 잠기게 될 것이다.

가장 긴 수명의 일면불, 가장 짧은 수명의 월면불은 서로 대립하고 있다. 그런데 마조는 이 서로 대립하는 불佛을 동등하게 놓고 있다. 어떤 철학자가 변증법을 논할 때 나오는 이른바 '대립물의 통일'을 보여주고 한 것일까? 대립물의 통일을 보여주려면 일면불과 월면불

---

18) 『선문염송·염송설화 2』, 280쪽.

이 먼저 각각 동일성으로 존재해야 한다. 하지만 일면불은 월면불을 만나, 월면불은 일면불을 만나 각각의 동일성이 해체된다. "일면불, 월면불"은 각각 실존하지도 않거니와, 상상 속에서 표상될 수도 없다. "일면불, 월면불"은 수명이 길면서 짧은 불佛이다. "일면불, 월면불"은 '길다', '짧다' 하는 규정들이 있지만 지칭 불가능하고, 표상 불가능하다. 불가능한 대상이다. 마치 '둥근 사각형'이 '둥글다', '사각형이다' 하는 규정들이 있지만 실존하는 대상도 아니거니와 표상해 볼 수도 없듯이. "일면불, 월면불"은 지칭작용의 무의미nonsense, 함의작용의 부조리absurdity이다.19)

---

19) 불가능한 대상, 지칭작용의 무의미, 함의작용의 부조리 등에 대해서는 질 들뢰즈 지음, 이정우 옮김, 『의미의 논리』, 한길사, 1999, 96~97쪽을 볼 것. 또, Deleuze, Gilles, *the Logic of Sense*, translated by Mark Lester with Charles Stivale, New York: Columbia University Press, 1990, 35쪽을 볼 것. 이 책 끝의 「보론: 들뢰즈와 무문관의 화두들」(344~345쪽)에서도 이에 대해 논급하고 있다.

남전의 화두

남전(南泉普願, 748~834)의 공안은 『선문염송』에 참묘斬猫(207)에서 순세順世(246)까지 40칙이 실려 있다. 이 중 조주 공안을 이해하는 데 직접적으로 도움이 되는 공안 참묘斬猫(207), 물외物外(210), 가중家中(212), 호풍好風(222), 즉심卽心(226), 양아養鵝(238), 예모刈茅(240), 정병淨瓶(242), 심불心不(243), 견호見虎(244) 이렇게 10칙을 뽑아보았다.

1. 참묘斬猫(207): 고양이를 베다

남전은 어느 날 동서 양 당의 스님들이 고양이를 두고 다투자
이를 보고서 마침내 고양이를 집어들면서 말했다.
"대중들이여, 말하면 살릴 것이요, 말하지 않으면 베겠노라".

대중들이 아무 대답이 없었다. (법진일이 대신 말했다. "도둑이 도둑의 물건을 훔치는구나 하면서 뺨을 한 대 때렸어야 했다.")[20]

이에 선사는 고양이를 베어 두 동강 냈다.

선사가 다시 앞의 이야기를 들며 조주에게 묻자,

조주는 곧바로 짚신을 벗어 머리에 이고는 바깥으로 나갔다.

선사가 말했다.

"자네가 만일 있었더라면 고양이를 살릴 수 있었을 텐데."[21]

이 공안은 전반부와 후반부로 나뉠 수 있다. 전반부는 "남전은 어느 날 …… 두 동강 냈다"이고, 후반부는 "선사가 다시 …… 살릴 수 있었을 텐데"이다. 전반부는 남전과 양당의 스님들과 있었던 일을, 후반부는 남전과 조주 사이에 있었던 일을 이야기하고 있다. 전반부에서 우리가 해결해야 할 문제는 다음과 같은 남전의 말과 행동으로 요약될 수 있다.

1) 남전의 말: "말하면 살릴 것이요, 말하지 않으면 베겠다"
2) 남전의 행동: 고양이를 베어 두 동강 냈다.

---

20) 삽입된 법진일의 말 "도둑이 도둑의 물건을 훔치는구나"는 양 당의 스님들이 설왕설래하는 고양이를 남전이 집어든 것을 두고 하는 말이다. "뺨을 한 대 때렸어야 했다"는 말은 이후 남전의 말이 진행되지 않도록 했어야 했다는 뜻이다.

21) 『한국불교전서』 제5책, 208쪽 하단. 南泉一日因東西堂爭猫兒, 師遂提起云, "大衆! 道得則救取, 道不得即斬却也". 衆無對(法眞一代云, "賊偸賊物, 便與一掌".) 師斬爲兩段. 復擧前話問趙州, 州便脫草鞋, 於頭上戴出. 師云, "子若在, 怡救得猫兒."

1) 남전의 말 "말하면 살릴 것이요, 말하지 않으면 베겠다"

먼저 첫째 "말하면 살릴 것이요, 말하지 않으면 베겠다"는 남전의 말을 분석해보도록 하겠다. 동당과 서당의 스님들이 고양이를 두고 다투고 있다 했는데 고양이의 무엇을 두고 다투고 있는지 화제話題가 나와 있지 않다. 하지만 유추해 볼 수 있다. 가령 동당의 스님들이 "고양이에게 우리가 밥을 주었으니 우리 고양이다"라고 했다면, 서당의 스님들은 "아니다. 우리가 밥을 주었으니 우리 고양이다." 하는 식으로, 아니면 서당의 스님들이 "고양이가 우리 쪽으로 자주 와 있으니 우리 고양이다"라고 했다면 동당의 스님들은 "아니다. 고양이가 우리 쪽에 더 자주 와 있으니 우리 고양이다" 하는 식으로, 아니면 교리를 논하다가 동당의 스님들이 "고양이는 불성이 있다"고 했다면 서당의 스님들이 "아니다. 불성이 없다."[22] 하는 식으로 말다툼을 벌였을 것이다. 화제가 무엇이든 서로 다투고 있다면, 동당은 동당대로 서당은 서당대로 '이다[是시]', '아니다[非비]', 혹은 '있다[有유]', '없다[無무]' 하며 주장을 펼치고 있는 셈이다. 다툼의 본질은 이처럼 긍정과 부정의 대립에 있다.

남전이 고양이를 집어들며 "말하면 살릴 것이요, 말하지 않으면 베겠다"고 선언하는 순간 동당과 서당의 스님들은 고양이를 살리자면 무슨 말인가 했어야 했건만 아무 말도 할 수 없었다. 고양이를 두고 '이다' 혹은 '아니다'라고 주장하며 다투고 있던 스님들은 남전이 집어든 고양이를 두고는 아무런 결정도 내리지 못한 채 머뭇거리고 있었던 것이다. 동당과 서당 스님들의 말다툼 바깥에 있었던 남전

---

22) 만송행수 편저, 혜원 역해, 『한 권을 읽는 종용록』, 김영사, 2018, 48쪽.

이 집어든 고양이는 그들이 다투던 고양이가 아니었기 때문이다. 고양이는 같은 고양이이면서 다른 고양이이다. 서당과 동당의 스님들이 다투던 고양이라는 면에서는 같은 고양이지만, 남전이 집어든 고양이라는 면에서는 다른 고양이이다. 스님들은 같음에 매여 있다가 이제 다름에 매여 있게 되었다. 같음이 있기에 다름이 있게 된 것이다.

이처럼 고양이는 스님들이 말다툼을 벌이던 고양이에서 남전이 집어든 고양이로 변화를 겪었다. 고양이는 물론 이러한 상황이 전개되는 동안 다른 사물들과 마찬가지로 생물학적 변화를 겪었을 것이며, 이러한 생물학적 변화는 마음의 변전 속에서 나타나므로 또한 인식론적인 변화도 겪었을 것이다. 하지만 이 공안은 그러한 생물학적 변화나 인식론적 변화를 말하고자 하는 것이 아니다. 고양이라는 말과 고양이라는 사물의 관계 속에서 변화를 말하고자 하는 것이기 때문이다. 그러므로 우리는 고양이가 생물학적으로 동일한 고양이일 뿐만 아니라 인식론적으로도 동일한 고양이라는 점은 논외로 해야 한다.

고양이란 말은 양당 스님들이 다투던 고양이를 지칭하기도 하고, 남전이 집어든 고양이를 지칭하기도 한다. 하지만 고양이라는 말은 남전이 고양이를 집어든 순간 양당 스님들의 고양이를 표현하지 않게 된다. 고양이라는 말이 새롭게 남전이 집어든 고양이를 표현하게 되면서 스님들이 지칭하던 고양이의 의미sense는 소멸하게 되었다. 스님들에 의해 고양이의 의미는 '이다', '아니다'로 규정되었지만, 새롭게 출현하는 고양이의 의미는 '이다', '아니다'로 규정될 수 없었다. 단지 남전이 집어든 고양이의 의미sense가 무엇일까 하고 의문을 일으켰을 뿐이다. 스님들은 자신들이 '이다', '아니다'로 규정한 고양이의 의미를 떠나긴 했지만, 새롭게 출현하는 고양이의 의미를 맞이할 수는 없었던 것이다.

남전이 "말하면 살릴 것이요, 말하지 않으면 베겠다"고 선언했을 때 스님들에게 무엇을 말하라고 하는 것이었을까? 두 경우를 생각해 볼 수 있다. 첫째로, 제3자인 남전이 서당과 동당의 스님들 중 어느 승당의 스님들이 옳은지 판정해주겠다는 것이 아닐까 하는 경우이다. 판정을 해주겠다고 한다면 굳이 고양이를 집어들고 "말하면 살릴 것이요, 말하지 않으면 베겠다"고 외칠 필요가 없다. 각 승당의 스님들이 주장하는 바를 들으며 옳고 그름을 판별해주면 되기 때문이다. 하지만 그렇게 한다면 판정을 해주는 남전 역시 스님들처럼 '이다', '아니다'를 결정할 수밖에 없게 되며, 따라서 설사 양 승당의 스님들이 모두 옳다고 판정을 내리게 된다 하더라도, '이다', '아니다'에 매이게 된다. 둘째로, 이렇게 '이다', '아니다' 하며 분별하면 안 되니 논쟁을 중단하라고 하는 것이 아닐까 하는 경우이다. 그러나 논쟁을 중단하라고 명령하고 싶으면 "말하면 살릴 것이요, 말하지 않으면 베겠다"고 외쳐서는 안 된다. "말하면 베겠다"라고 외쳐야 한다. 고양이를 두고 너희들이 '이다', '아니다' 하고 분별한다면 고양이를 베겠다고 외쳐야 하는 것이다. 하지만 이렇게 말하는 경우 스님들은 '이다', '아니다' 하고 분별하면 안 되겠구나 하며 잠시 논쟁을 중단하게 될지는 몰라도, '이다', '아니다'라는 긍정과 부정에서 완전히 벗어나게 되는 것은 아니다. 바깥으로부터 가해진, '이다', '아니다' 하고 분별하지 말라는 압력에 잠깐 굴복하는 것일 뿐이지 스스로 '이다', '아니다' 하는 분별에서 벗어나는 길을 마련하게 되는 것은 아니다.

남전이 "말하면 살릴 것이요, 말하지 않으면 베겠다"고 외친 것은 누가 옳은가 판정을 해주고자 한 말이 아니다. 그렇다고 논쟁을 중단하기 위해 할 수 있는 말 '말하면 베겠다'가 분별을 벗어나게 해줄 수 있는 것도 아니다. 그러므로 "말하면 살릴 것이요" 곧 "말하라, 그러면 살릴 것이요"의 "말하라"는 '베겠다', '베지 않겠다'와 아무 관련이 없는 말이다. "말하라"는 스님들의 말함을 지시하지 않는다. 이런 점에서 무의미[nonsense]의 말이다. 물음[의정疑情]을 일으키는 문제가 되는 말 활구活句이다.

2) 남전의 행동 "고양이를 베다"

이제 둘째로 남전의 행동 "고양이를 베다"를 분석해보도록 하겠다. "말하면 살릴 것이요, 말하지 않으면 베겠다"는 말을 듣고 스님들이 의문에 휩싸여 아무 말도 하지 못하고 있을 때 남전은 고양이를 베어 두 동강 냈다. 과연 남전은 스님들이 아무 말도 없었기에 고양이를 벤 것일까? 앞에서 보았듯이 "말하라"는 '말하다'라는 사태를 지시하지 않는다. 그러므로 스님들이 말을 하지 않아서 고양이를 벤 것이 아니라 남전이 "말하라" 했을 때 스님들이 '말하다', 혹은 '말하지 않다'에 걸려들었기 때문에 이 '하다', '하지 않다'를 삭제하기 위하여 고양이를 벤 것이다. "말하라"라는 말이 고양이를 두고 '이다', '아니다'라고 주장하는 스님들을 '이다', '아니다' 양 극단을 떠난 자리로 들어가게 하기 위한 것이라면, 고양이를 벤 행동은 '말하다', '말하지 않다'는 양 극단을 벗어난 자리로 들어가게 하기 위한 것이다. 그렇기에 "말하라"가 무의미의 말이듯이, 고양이를 베어버린 행동 역시 무의미의 행동이다. 이 행동 역시 활구이다.

"말하면 살릴 것이요, 말하지 않으면 베겠다", 즉 "말하라, 그러면 베지 않겠다"는 말이 무의미의 말이고, 고양이를 베어버린 행동이 무의미의 행동이라면, 이 남전의 말과 행동은 어떤 관계에 있는 것일까? "말하라, 그러면 베지 않겠다"는 말은 동당과 서당의 스님들이 고양이를 두고 '이다', '아니다' 하며 말다툼하고 있었기에 한 말이고, 고양이를 벤 행동은 동당의 스님들이든 서당의 스님들이든 아무 말도 없었기에 한 행동이다. 전자는 스님들에게 말이나 행동의 기회를 주었기 때문에 방행放行 곧 활인검이고, 후자는 그 기회를 빼앗았기 때문에 파주把住 곧 살인도이다.

다음은 후반부다. 다시 적어보겠다.

> 선사가 다시 앞의 이야기를 들며 조주에게 묻자,
> 조주는 곧바로 짚신을 벗어 머리에 이고는 바깥으로 나갔다.
> 선사가 말했다.
> "자네가 만일 있었더라면 고양이를 살릴 수 있었을 텐데."[23]

앞의 이야기란 바로 앞에 나오는, 동당과 서당의 스님들이 고양이를 두고 다투고 있을 때 남전이 고양이를 집어들고 "말하라, 그러면 베지 않겠다"고 명했을 때 대응하는 스님이 아무도 없었기에 남전이 고양이를 벤 이야기를 가리킨다. 남전은 이렇게 스님들과 자신 사이에 있었던 이야기를 조주에게 들려주며 조주 같으면 어떻게 대응하겠는가 하고 묻고 있다. 조주는 남전이 묻자마자 곧바로 짚신을 벗어

---

23) "자네가 만일 있었더라면 고양이를 살릴 수 있었을 텐데." 후반부 조주의 행동에 주목하기 위해 따로 다루지 않았지만, 이 말은 조주를 칭찬하거나 고양이를 죽인 것을 후회하는 말이 아니다. 짚신을 벗어 머리에 이고 나간 조주의 행동에 호응하는 말로, 고양이를 벤 행동과 같은 의미를 지닌다.

머리에 이고 바깥으로 나갔다. 그러므로 우리가 해결해야 할 문제는 다음의 두 가지이다.

1) 조주의 행동: "짚신을 벗어 머리에 이다"
2) 조주의 행동: "바깥으로 나가다"

1) 조주의 행동 "짚신을 벗어 머리에 이다"

먼저 첫째 문제를 해결해보도록 하자. 짚신을 벗어 머리에 이고 나간 조주의 행동은 세 동작으로 이루어져 있다.

① 짚신을 벗다
② 짚신을 머리에 이다
③ 바깥으로 나가다

①과 ②는 ③과 달리 안에서 일어난 일이기에 한데 묶어 고찰해야 한다. 남전의 말을 듣자마자 조주는 왜 짚신을 벗어 머리에 이었을까? 짚신을 벗어 머리에 인 행동은 남전의 "말하라, 그러면 베지 않겠다"는 물음에 대한 대답이다. 고양이를 두고 다투어 왔던 서당과 동당의 스님들은 아무런 말과 행동을 취하지 못했지만, 조주는 짚신을 벗어 머리에 이는 행동을 하며 남전의 질문에 대답을 했다. 그런데 조주의 이런 행동을 보고 우리는 남전이 "말하라, 그러면 베지 않겠다"고 말했을 때 그러했던 것처럼 의문을 일으키게 된다. 남전의 질문에 대한 답이라면 더 이상 의문을 일으키지 않아야 하는데, 우리는 남전의 "말하라, 그러면 베지 않겠다"는 말을 듣고 조주는

'왜 짚신을 벗어 머리에 이고 나갔을까' 하며 계속 의문을 일으키게 된다. 따라서 조주의 행동은 남전의 질문에 대한 답이 아닌 답이어서 스님들에게 한 남전의 말처럼 해결해야 할 문제가 된다.

'짚신'이라는 말은 짚신이라는 사물을 지칭한다. 사물-짚신은 본래 발에 신는 데 사용되지만 이 경우 조주가 벗어서 머리에 이었기 때문에 머리에 쓰는 데도 사용되는 것은 아닐까 하고 짐작해볼 수 있다. 아니면, 머리에 이기는 했지만 머리에 쓰는 데 사용되는 것이 아니라 단순히 발에 신는 데 사용되는 것이 아니다 하는 점을 보여주는 것이라고 생각해볼 수도 있겠다. 전자에서는 사물-짚신의 용도가 전제되고, 후자에서는 사물-짚신의 용도가 폐기된다. 후자처럼 사물-짚신의 용도가 폐기된다면 사물-짚신에서 우리는 무엇을 발견할 수 있을까? 사용되는 사물이 아니라면 그것은 아마도 지각되는 사물일 것이다. 사물의 사물다움이 사용이 아니라 지각에서 발견된다고 말하고자 하는 것이라면, 후자에서 말하는 사물-짚신은 남전의 "말하라, 그러면 베지 않겠다"에 대응하여 사물 x를 두고 하는 말이겠다. 하지만 조주가 짚신을 벗었다고 하니 이 공안에서는 사물-짚신을 지각이 아니라 용도에 의거해서 보았다고 이해해야 할 것 같다.

사물-짚신은 발에 신는 데 사용되기도 하고 머리에 쓰는 데 사용되기도 한다는 전자의 해석을 검토해보도록 하겠다. 사물-짚신은 발에 신도록 제작되기에 발에 신는 데 적합한 것으로 제한돼 나타날 따름이지, 여러 용도로 사용될 수 있다. 즉, 사물-짚신이 사물-옷이 아니란 점에서 일정한 제한이 가해지긴 하지만 사물-짚신은 일정한 제한 내에서 여러 용도로 사용될 수 있다. 사물-짚신이 발에 착용하는 데 사용되는 것으로 한정된다면, 이는 용수(Nāgārjuna, 150~250)가 『중론』에서 논파하고자 하는 자성을 가지는 것이다.[24] 그러나 사물

-짚신은 다른 상황에서는 다르게 사용될 수 있다는 점에서 자성이 없다. 무자성이다. 사물 x이다.

이렇게 보면 사물은 용도로 보나 지각으로 보나 사물 x로 귀착된다. 조주는 이런 사물 x를 말하고자 하는 것일까? 사물-짚신을 두고 우리는 짚신이라고 명명한다. 그러므로 이제 우리는 말-짚신으로 시선을 돌려볼 수 있다. 말-짚신은 사물-짚신을 지칭한다. 이런 점에서 말-짚신은 발에 신는 데 사용되는 사물-짚신을 지칭하기도 하고 머리에 쓰는 데 사용되는 사물-짚신을 지칭하기도 한다. 이처럼 말-짚신이 사물-짚신을 지칭하는 경우에는 사물-짚신의 동일성으로 향하기 때문에 발에 착용하는 경우와 머리에 착용하는 경우의 차이를 구별해낼 수 없다. 하지만 말-짚신은 발에 신는 의미를 표현할 수도 있고, 머리에 이는 의미를 표현할 수도 있다. 말-짚신은 발에 착용하는 사물과 머리에 착용하는 짚신을 각각 구별지어 표현할 수 있다. 그러니까 말-짚신은 지칭되는 사물-짚신을 벗어나 있는 것이다.

조주의 '짚신'은 이와 같이 사물-짚신이 발에 착용하는 신발로 사용되든, 머리에 착용하는 우산 같은 용도로 사용되든 사물-짚신을 벗어나 있다. 조주가 발에 착용하는 짚신을 머리에 이는 순간 말-짚신은 머리에 이는 물건을 표현하지만, 이렇게 머리에 이는 물건의 의미로 발현하자면 먼저 발에 착용하는 신발의 의미가 삭제되어야 한다. 신발의 의미를 삭제하고 새로운 의미를 출현할 수 있는 부단히 선행하는 의미를 삭제하면서 새로운 의미를 창조하는 무의미의 기능이 있기 때문이다.[25] 그렇다면 조주의 '짚신'은 사물 x이자 말 x인

---

24) 용수는 자성自性을 논파하는 「관유무품」을 비롯해서 『중론』 모든 품에서 무자성無自性 곧 공성空性을 밝히고 있다.

역설적 요소이다.[26]

2) 조주의 행동 "바깥으로 나가다"

이제 ③ '바깥으로 나가다'를 고찰해보자. '바깥으로 나가다'에서 '바깥으로'는 필자가 임의로 보충해 넣은 말이다. '나가다'를 이처럼 '바깥으로 나가다'로 이해해보면, 남전과 조주 사이에 있었던 일은 안에서 벌어진 일이다. 안에서는 남전의 "말하라, 그러면 베지 않겠다"는 말이 있었고, 이에 대응하여 조주의 짚신을 벗어 머리에 이는 행동이 있었다. 공안에는 남전이 조주에게 "물었다"로 나와 있지만, 두 사람의 말과 행동은 실제로는 질문과 대답이 아니다. 남전의 말이든 조주의 행동이든 모두 공안을 읽는 우리들이 해결해야 할 문제이다. 이 문제를 두고 우리들은 부단히 묻고 부단히 대답해 간다. 안에서는 이처럼 남전의 질문과 조주의 대답, 정확히는 남전과 조주가 우리더러 해결하라고 던지는 문제들이 있다. 이제 문제가 하나 더 제기된다. 왜 조주는 바깥으로 나갔을까 하는 문제이다. 조주는 짚신을 머리에 이고 나갔다. 그렇다면 짚신을 머리에 계속 이었기 때문에 나갔더라도 나간 것이 아니다. 그럴진대 조주는 왜 짚신을 이고 바깥으로 나갔을까? 발에 신는 짚신의 의미에서 머리에 이는 짚신의 의미로 전환되는 과정에 나감이란 사건이 있다는 것을 보여주기 위해

---

25) 무의미는 의미의 결여를 뜻하지 않는다. 무의미는 의미를 생성해낸다. 이에 대해서는 질 들뢰즈 지음, 앞의 책, 143~146쪽, 혹은 Gilles Deleuze, 앞의 책, 66~69쪽을 볼 것. 필자는 들뢰즈의 저서 『차이와 반복』과 『의미의 논리』에서 서술되는 '무의미nonsense의 말'과 '부조리absurdity의 말'을 활구活句로 보고 있다.

26) 질 들뢰즈 지음, 위의 책, 141쪽; Gilles Deleuze, 위의 책, 66쪽.

서이다. 안에서 바깥으로 나감은 발에 신는 짚신에서 머리에 이는 짚신으로 전환함을 확연히 보여주는 것이다. 그것은 안과 바깥의 경계선 곧 변곡점이다. 이러한 경계선이 있기에 짚신은 발에 신는 짚신으로 머물지 않고, 머리에 이는 짚신으로 전환될 수 있었다.

공안을 분석하는 과정은 공안을 읽어갈 때 일어나고 사라지는 우리 마음의 변화를 관찰하는 과정이다. 공안을 이렇게 관찰해 갈 때 둘 이상의 지점들을 통과하게 되는데, 이 공안 '참묘'를 분석할 때 우리는 전반부든 후반부든 세 지점을 통과하게 된다. 첫째 지점은 서당과 동당의 스님들의 말다툼을 따라 우리들의 마음도 '이다', '아니다' 혹은 '있다', '없다' 양 극단으로 치닫는 지점이다. 둘째 지점은 남전의 "말하라, 그러면 베지 않겠다"는 말을 듣고 '이다', '아니다'로 내린 결정을 보류하고 스님들이 의문을 품는 지점이다. 남전이 "말하라"고 다그쳤을 때 무슨 말을 하라고 하는 것이지, 하던 대로 말을 하라는 것은 아닐 텐데 하며 의문을 품는 단계이다. 하던 대로 말을 하라는 것이라면, 남전이 "말하라, 그러면 고양이를 베겠다"고 외치는 것이 더 합당하기 때문이다. 셋째 지점은 스님들이 아무 말도 못하자 남전이 고양이를 칼로 두 동강 내는 지점이다. 남전의 이러한 행동은 스님들이 '이다', '아니다' 하며 다투던 고양이를 두고 하는 행동이 아니므로, '이다', '아니다'라는 양 극단을 타파하고자 하는 행동으로 볼 수 없다. 양 극단을 타파하고자 하는 행동이라면 이는 '이다', '아니다'를 종식시키는 것일 뿐 더 이상 아무런 의문도 생성시킬 수 없기 때문이다. 그러므로 둘째 지점에서 남전이 한 말은 '이다', '아니다' 하는 양 극단으로 향한 논쟁을 중단하게 하며 의문을 생성하게 하고, 셋째 지점에서 남전이 한 행동은 '말하다', '말하지 않다'

는 양 극단에 치우치지 않게 하며 의문을 생성하게 한다.

후반부 역시 세 지점으로 나눌 수 있다. 첫째 지점은 "말하라, 그러면 베지 않겠다"는 남전의 물음에 짚신을 벗는 지점이다. 발에 착용하는 짚신의 의미를 벗어나는 지점이다. 둘째 지점은 벗은 짚신을 머리에 이는 지점이다. 짚신이 새로운 의미를 얻게 되는 지점이다. 첫째 지점에서 둘째 지점으로 넘어가자면 짚신이란 말이 발에 착용하는 짚신이란 사물을 더 이상 지칭하지 않아야 한다. 짚신이란 말은 둘째 지점으로 넘어가면서 머리에 착용하는 짚신이란 의미를 표현하게 된다. 우리는 이 과정에서 무의미가 활동해 오고 있음을 관찰할 수 있다. 의미는 무의미의 의미이기 때문이다.[27] 셋째 지점은 짚신을 이고 바깥으로 나가는 지점이다. 안에서 남전의 물음에 조주가 짚신을 벗는 사건과, 머리에 이는 사건이 있었다. 그렇기에 우리는 조주가 짚신을 이고 바깥으로 나간 데에서, 짚신을 머리에 이는 사건과 짚신을 벗는 사건이 무의미를 통해 분획되고 또한 작동하며 의문을 생성하고 있었음을 관찰할 수 있다.

---

[27] "의미의 논리학은 무의미와 의미 사이의 내재적 관계, 즉 같이 나타남/공현존coprésence이라는 본래적 유형을 정립할 수밖에 없다." 질 들뢰즈, 위의 책, 146쪽; Gilles Deleuze, 위의 책, 68쪽.

2. 물외物外(210): 무엇이 물物 바깥에 있는 도입니까?

남전이 시중 법문[28]을 했다.

"도는 물物 바깥에 있는 것이 아니요, 물 바깥에 있는 것은 도가 아니다."

조주가 물었다.

"무엇이 물 바깥에 있는 도입니까?"

그러자 선사가 때렸다. 조주가 말했다.

"화상은 저를 때리지 마십시오. 향후 다른 사람을 잘못 때리게 될 것입니다."

선사가 말했다.

"용과 뱀은 구별하기 쉽지만, 납자衲子[29]는 속이기가 어렵다."[30]

이 공안에서 처음에 남전이 "도는 물物 바깥에 있는 것이 아니요, 물 바깥에 있는 것은 도가 아니다."라고 말할 때, 일견 이 말은 도를 물과 관련하여 새롭게 규정하는 것 같아 보인다. 그러나 남전은 실은 마조의 "마음이 곧 부처이다"를 따라 "도가 곧 물이다"라고 말하고 있을 뿐이다. "마음이 곧 부처이다"가 마음과 부처의 개념적 차이를 삭제하는 것처럼 "도가 곧 물이다"도 도와 물의 개념적 차이를 삭제

---

28) '시중示衆'은 '대중들에게 보이다, 대중들을 위하여 가르치다'는 뜻이다. 상당上堂 법문이 반드시 높은 법상에 올라가서 하는, 극치의 법을 드러내어 드날리는 격이 높은 법문이라면, 시중示衆 법문은 앞에 책상을 놓고 의자에 앉아 대중들이 알아들을 수 있게 친절하고 자세하게 풀어서 하는 법문이다. 무비 스님, 『임제록 강설』, 불광출판사, 2005, 69쪽.

29) '납자衲子'는 납의衲衣, 즉 사람들이 버린 낡은 헝겊으로 기워 만든 누더기 옷을 입은 선승.

30) 『한국불교전서』 제5책, 214쪽 상중단. 南泉示衆云, "道非物外, 物外非道". 趙州問, "如何是物外道?" 師便打. 州云, "和尙莫打某甲. 向後錯打人去在". 師云, "龍蛇易辨, 衲子難瞞".

한다. 물 바깥에 있는 것이란 표현을 썼으므로, 대구가 되는 '물 안에 있는 것'을 생각해볼 수 있겠지만, 물의 안과 바깥을 나누는 것은 남전이 의도하는 바가 아니다.

남전의 이 말에 조주는 "무엇이 물 바깥에 있는 도입니까?" 하고 묻는다. "도가 곧 물이다"를 의미하는 남전의 말에 부합하며 응수하고 있다. 왜냐하면 "무엇이 물 바깥에 있는 도입니까?"라는 조주의 물음은 남전의 말과는 아무 관련이 없는 무의미의 말이기 때문이다. 남전은 "도는 물 바깥에 있지 않다", "물 바깥에 있는 것은 도가 아니다"라고 말했을 뿐 "물 바깥에 도가 있다"고 말하지는 않았다. 남전이 언급하지 않은, 물 바깥에 있지 않은 도를 어떻게 무엇이라고 규정할 수 있겠는가? 그런데 조주는 이 도가 무엇인가 하고 묻고 있는 것이다.

이에 남전이 조주를 때렸다. 이는 조주가 자신이 한 말의 뜻을 올바르게 파악하지 못했다고 하며 꾸짖는 행동이 아니다. 조주의 말이 자신의 말과 부합한다는 것을 인정하는 행동이다. 남전 자신의 말 "도는 물物 바깥에 있는 것이 아니요, 물 바깥에 있는 것은 도가 아니다."와 이에 응수하는 조주의 말 "무엇이 물 바깥에 있는 도입니까?"는 둘 다 무의미를 드러낸다는 점에서 일치하기 때문이다.

남전이 때리자 조주는 "화상은 저를 때리지 마십시오. 향후 다른 사람을 잘못 때리게 될 것입니다."라고 말했다. 자신이 잘못 말했기에 남전이 자신을 때렸다고 짐짓 규정하면서 다시 한번 남전에게 도전한다. 자신의 의중을 남전이 진정으로 알아차렸나 확인하고 있는 것이다. 이에 남전은 조주의 이 말에 "용과 뱀은 구별하기 쉽지만, 납자는 속이기가 어렵다"라는 말로 응수한다. "납자는 속이기가 어렵다"에서 '납자'는 조주가 아니라 남전이다. 조주가 "화상은 저를 때리지 마십시오. 향후 다른 사람을 잘못 때리게 될 것입니다." 하는 말로 속이려 하고 있기 때문에 이렇게 말한 것이다. 남전은 조주의 말에 속아 넘어가지 않았다. "용과 뱀은 구별하기 쉽다"는 말은 조주가 "무엇이 물 바깥에 있는 도입니까?"라고 물은 것은 어려운 일이 아니라는 뜻을 담고 있다. 남전은 조주는 물 바깥과 물 안을 구별해서 이 물음을 내놓은 것에 지나지 않는다고 하며, 당당하게 맞서는 조주를 낮추어 보고 있다. 이렇게 하여 우리는 남전과 조주가 끝까지 팽팽하게 주인 대 주인으로 맞서 있음을 보게 된다.

3. 가중家中(212): 어떤 때는 앉고, 어떤 때는 눕습니다

남전에게 육긍 대부가 물었다.

"제자 집에 돌 한 조각이 있는데, 어떤 때는 앉고, 어떤 때는 눕습니다. 부처를 새기고자 하는데 되겠는지요?"

선사가 말했다.

"된다."

대부가 다시 말했다.

"안 되겠지요?"

"안 된다."

운암雲嵓이 말했다.

"앉으면 부처요, 앉지 않으면 부처가 아니다."

동산洞山이 말했다.

"앉지 않으면 부처요, 앉으면 부처가 아니다."[31]

이 공안에 부가된 운암과 동산의 말을 먼저 살펴보자. 운암은 "앉으면 부처이다"라 했고, 동산은 "앉지 않으면 부처이다"라고 했으니, 부처를 놓고 서로 대립된 규정을 내리고 있지만, 두 선사의 말을 듣는 우리는 둘 중의 한 견해를 선택하지 못하고 아무런 결정도 내리지 못한 채 둘 사이를 오고 가게 된다. 운암의 "앉으면 부처이다"라는 규정으로 가는 순간 "동산의 앉지 않으면 부처이다"라는 규정으로 오게 되고, 동산의 "앉지 않으면 부처이다"라는 규정으로 가는 순간 운암의 "앉으면 부처이다"라는 규정으로 오게 된다. 어느 한 규정에 정착하지 않는다. "부처임"은 "앉음"과 "앉지 않음"이라는 대립되는 긍정과 부정의 관계를 넘어서 있다. 또, 운암은 "앉지 않으면 부처가 아니다"라고 했고, 동산은 "앉으면 부처가 아니다"라고 했으니 앉지 않거나 앉거나 부처가 아니다. "부처가 아님" 역시 "앉지 않음"과 "앉음"의 긍정과 부정의 대립 관계를 넘어서 있다. 그러므로 "부처임"은 "부처가 아님"이다.

운암과 동산의 말을 간직하고 앞으로 돌아가보자. 남전의 속가 제자인 육긍 대부는 "제자 집에 돌 한 조각이 있는데, 어떤 때는 앉고, 어떤 때는 눕습니다. 부처를 새기고자 하는데 되겠는지요?" 하고 남전에게 묻는다. 돌에 부처를 새기고자 한다면, 돌이 앉거나 아니면 누워 있어야 한다. 그런데 이 돌은 어떤 때는 앉고, 어떤 때는 눕는다고 했다. 그러니 부처를 돌에 새기려고 해도 새길 수 없다. 육긍 대부의 물음 속에는 이처럼 답이 담겨 있다. 그러면서도 물은 것을 보면 스승인 남전의 도력을 시험하거나 남전을 통해 자신의

---

31) 위의 책, 216쪽 중단. 南泉因陸亘大夫問, "弟子家中有一片石, 有時坐, 有時臥. 欲鑴作佛得否?" 師云, "得". 大夫云, "莫不得否?" 師云, "不得". 雲嵓云, "坐則佛, 不坐則非佛". 洞山云, "不坐則佛, 坐則非佛".

답을 확인하고 싶어하는 것일 터이다. 남전은 이를 알아차리고, 육궁 대부가 "되겠는지요?" 하고 물었을 때는 "된다"고 답하고, "안 되겠지요?" 하고 물었을 때는 "안 된다"고 답한다. 남전이 육궁 대부의 물음이 둘 중의 하나를 선택하라는 물음이 아니라는 것을 간파한 덕택에, 우리는 "되겠지요?"가 "된다", "안 된다"로 답할 수 없는 물음이듯이, "안 되겠지요?"가 "된다", "안 된다" 둘 중의 하나를 골라 대답할 수 없는 물음이라는 것을 알게 된다. 육궁 대부가 돌에 새기고자 했지만 새길 수 없는 부처의 자리는 "된다"와 "안 된다"의 경계를 이루는 자리이지만, 이 경계는 "된다"와 "안 된다"라는 긍정과 부정의 대립관계를 이루는 경계가 아니라, "된다"와 "안 된다"를 "된다"와 "안 된다"로 결정할 수 없는 자리로 부단히 수렴하면서 동시에 부단히 "된다"와 "안 된다"로까지 발산하는 자리이다.

4. 호풍好風(222): 하나는 얻었고, 하나는 잃었구나

남전이 한 스님에게 물었다.

"밤새도록 바람이 좋았지?"

스님이 대답했다.

"밤새도록 바람이 좋았습니다."

선사가 다시 물었다.

"문 앞의 외가지 소나무가 부러졌지?"

스님이 대답했다.

"문 앞의 외가지 소나무가 부러졌습니다."

선사가 다시 다른 스님에게 물었다.

"밤새도록 바람이 좋았지?"

스님이 대답했다.

"무슨 바람이오?"

선사가 다시 물었다.

"문 앞의 외가지 소나무가 부러졌지?"

스님이 대답했다.

"무슨 소나무요?"

이에 선사가 말했다.

"한 사람은 얻었고, 한 사람을 잃었구나."[32]

앞 스님은 남전의 말을 따라가며 수긍하기에 얻은 것 같아 보이고, 뒤 스님은 남전이 말하면 말하는 대로 반문하기에 잃은 것 같아 보인다. 두 스님의 말이 대립하고 그 중 한 스님의 말이 다른 한 스님의 말을 배제하는 것처럼 보인다. 그러나 남전이 똑같은 물음을 두 스님에게 던지고 난 후, 끝에 가서 "한 사람은 얻었고, 한 사람은 잃었다"고 말했기에 두 스님 중 어느 스님이 얻었고 어느 스님이 잃었는지 특정할 수 없다. 얻었다면 두 스님 모두 얻었고, 잃었다면 두 스님 모두 잃었다. 각운은 이 점을 다음과 같이 말한다.

이에 선사가 말했다. "하나는 얻었고 하나는 잃었구나" 한 것은, 앞 스님은 선사와 뜻이 같으므로 얻었다 했고, 뒤 스님은 선사의 뜻과 다르므로 잃었다 했을까? 앞 스님은 남전의 함정에 빠졌으므로 잃었다 했고,

---

32) 위의 책, 223쪽 상단. 南泉問僧, "夜來好風?". 僧云, "夜來好風". 師云, "吹折門前一枝松?". 僧云, "吹折門前一枝松". 又問僧, "夜來好風?" 僧云, "是什麼風?" 師云, "吹折門前一枝松". 僧云, "是什麼松?" 師云, "一得一失".

뒤 스님은 남전의 함정에 빠지지 않았으므로 얻었다 했을까? 이렇게 헤아린다면, 얻으면 모두 얻고 잃으면 모두 잃는다고 한 옛사람의 뜻을 어찌 꿈엔들 보겠는가?[33]

남전의 말 "한 사람은 얻었고 한 사람은 잃었구나"를 각운은 옛사람의 말을 인용해 "얻으면 모두 얻고 잃으면 모두 잃는다"로 읽었다. 이로부터 우리는 얻음 또는 잃음을 두 스님 중 어느 한 스님에게 배당할 수 없다는 것을 알 수 있다. 얻은 사람과 잃은 사람이 일견 대립하는 것처럼 보이지만, 사실 둘 사이에는 아무런 차별이 없다. 평등하다. "얻음 또는 잃음"의 선언적 '또는'이 배제적 이접exclusive disjunction이 아니라 포괄적 이접inclusive disjuntion이기 때문이다. 그렇기에 얻은 사람이라고 하는 순간 잃은 사람이 되고, 잃은 사람이라 하는 순간 얻은 사람이 된다. 이 화두는 바로 앞 공안 가중家中(212)과 유사하다.

5. 즉심卽心(226): 마음도 아니요, 부처도 아니요, 물도 아니다

남전이 시중 법문을 했다.

"강서의 마 대사는 '마음이 곧 부처이다'라고 말하는데, 나는 그렇지 않고 '마음도 아니요, 부처도 아니요, 물物도 아니다'라고 말한다. 이렇게 말한다면 오히려 허물이 있게 되는가?"

---

33) 위의 책, 223쪽 중단. 師云, "'一得一失'者, 前頭僧與師意同故得, 後頭僧與師意別故失耶? 前頭僧落他南泉圈圍故失, 後頭僧不落南泉圈圍故得耶? 若伊麼商量, 何曾夢見古人得則摠得, 失則摠失?

이때 조주가 나와서 절을 하고 돌아갔다.

한 스님이 조주에게 물었다.

"상좌께서 절을 하고 돌아간 뜻이 무엇입니까?"

조주가 대답했다.

"그대는 돌아가서 화상께 여쭈어보라."

스님이 마침내 선사에게 물었다.

"아까 심諗 상좌의 뜻이 무엇입니까?"

선사가 대답했다.

"그가 도리어 이 노승의 의중을 알아냈구나."[34]

심 상좌의 심諗은 조주종심趙州從諗의 심이니 조주를 가리킨다. 강서의 마 대사는 마조 선사를 가리킨다.

앞에서 보았듯이, 마조 선사는 "마음이 곧 부처이다"라고 말한 뒤에, "마음도 아니요, 부처도 아니다"라고 말했다. 이 공안에서 남전은 마조의 이 말에 "물도 아니다"를 부가하고 있다. 하지만 이 부가도 사실은 마조로부터 이어받은 것이다. 앞에서 마조는 "마음도 아니요, 부처도 아니다"에 이어서

스님이 물었다.

"이런 두 가지를 제한 사람이 오면, 어떻게 가르치시겠습니까?"

선사가 대답했다.

"그에게 '물物도 아니다' 하고 말하겠다."

<hr>

34) 위의 책, 225쪽 상단. 南泉示衆云, "江西馬大師說, '卽心卽佛'. 王老師不恁麼, 不是心, 不是佛, 不是物. 恁麼道還有過無?" 時趙州出禮拜了去. 有僧問州云, "上座禮拜了去意作麼生?" 州云, "汝却問取和尙". 僧遂問師, "適來, 諗上座意作麼生?" 師云, "他却領得老僧意旨".

라고 말하고 있으니, "마음도 아니요, 부처도 아니요, 물物도 아니다"라고 언명한 셈이다.

아무튼, 남전은 "마음도 아니요, 부처도 아니요, 물도 아니다"라고 말하고 나서 "이렇게 말한다면 오히려 허물이 있게 되는가?"라고 묻는다. 우리라면 어떻게 대답해야 할까? 허물이 있다고 해야 할까, 허물이 없다고 해야 할까? 말로 표현할 수 없는 깨달음의 자리를 "마음도 아니요, 부처도 아니요, 물도 아니다" 하며 말로 표현했으니 허물이 있다. 이 문구는 또 마음, 부처, 물 등 모든 것을 부정하는 "아니다"를 담아 깨달음의 자리를 표현한 것이기에 허물이 있는 것도 아니다. 그러므로 답을 해야 하는 우리는 '허물이 있다'는 증익增益, '허물이 없다'는 손감損減에 머물러서 허물을 범해서는 안 되는 처지에 놓이게 되었다. 우리가 어찌해야 할지 모르고 있을 때 조주는 아무 말 없이 절을 하고 돌아갔다. 각운은 조주의 이 모습을 두고 "숲에 들어가되 풀을 움직이지 않고, 물에 들어가도 물결을 일으키지 않는 도리이다"[35]라고 기술하고 있다. 절을 하고 돌아가는 조주의 모습은 허물이 있다, 없다 양변에 놓여 동요하지 않고, 초연해 있는 모습이다.

한 스님이 조주가 절을 하고 돌아간 뜻을 묻는다. 아무런 뜻이 담겨 있지 않은 행동을 두고, 뜻을 묻고 있는 것이다. 절을 하는 행동으로 이미 대답을 했는데, 즉 남전의 "허물이 있게 되는가?" 하는 물음에 절을 하는 행동으로 이미 호응을 했는데, 스님은 조주가 절한 뜻을 묻고 있는 것이다. 스님이 이렇게 출세간의 일을 세간적으로 물으니 조주 역시 세간적으로 "그대는 돌아가서 화상께 여쭈어보라"

---

35) 위의 책, 225쪽 중단. 入林不動草, 入水不揚波也.

하며 대답한다. 그러나 조주의 이 말은 의미심장하다. 이 말은 조주 자신의 당당한 태도, 즉 "화상 당신의 물음에 내가 이렇게 호응해 대답했으니 이제는 당신이 절을 하고 돌아간 내 행동의 의미를 밝히시오. 화상의 말에 조주 나는 딱 들어맞는 행동을 했는데 당신은 과연 그럴 만한 물음을 던졌는가?"를 담고 있다.

스님이 남전에게 와서 조주의 뜻을 물었을 때 남전은 "그가 도리어 이 노승의 의중을 알아냈구나" 하고 답한다. 남전의 말을 들었을 때 스님은 '이 노승의 의중'이 "…… 이렇게 말한다면 오히려 허물이 있게 되는가?"라는 말의 의중을 가리킨다는 것을 알아차렸어야 한다. 이후의 대화가 전개되지 않아 스님이 알아차렸는지 어땠는지는 모르지만, 이제 공안은 우리를 향해 있다고 볼 수 있다. 이 공안을 읽는 분들은 남전의 의중을 알아차렸는지? 필자의 글을 따라왔으니 알아차렸을 것이다. 허물이 없다, 허물이 있다 하고 언명할 수 없는 "마음도 아니요, 부처도 아니요, 물도 아니다"를 두고 "허물이 있게 되는가?" 하고 물었을 때의 남전의 의중. 이 물음에는 아무런 대답도 할 수 없다는 것을 알고 있는 남전의 의중. 이처럼 남전은 조주의 말을 되받아 조주에 호응하고 있다.

6. 양아養鵝(238): 어찌해야 거위를 꺼내겠습니까?

남전에게 육긍 대부가 물었다.

"옛사람이 병 속에다 거위 한 마리를 길렀는데, 거위가 점점 자라서 병에서 나올 수 없게 되었습니다. 지금 병을 깨뜨릴 수도 없고, 거위를 죽일 수도 없으니, 어찌해야 거위를 꺼내겠습니까?"

선사가 불렀다.

"대부!"

대부가 응답하자, 선사가 말했다.

"나왔다."[36]

　육긍 대부가 남전에게 문제를 냈다. 남전이 자신이 낸 문제를 어떻게 푸는가 보려 하고 있다. 점점 자라서 커지고 있는, 병 안의 거위를 병을 깨지 않고 어떻게 살릴 수 있느냐 하는 것이다. 거위를 살리자니 병을 깨야 하고, 병을 깨지 않자니 거위를 죽이게 된다. 사실 이 문제에는 해답이 없다. 거위를 살리는 길과 병을 깨는 길 이 두 길이 팽팽하게 줄다리기를 하고 있을 뿐, 어느 한 길로 결정될 수 없다. 문제 일반의 본질을 잘 보여주고 있다.

　그런데 남전은 "대부!" 하고 부르고, 대부는 "예!" 하고 응답한다. 대부가 응답하자마자 남전은 "나왔다" 하고 말한다. 무엇이 나왔다는 것일까? 거위가 나왔다는 것일까? 그럴 리가 없다. 거위는 지금 점점 커져 가며 병 안에 있다. 남전의 말 "나왔다"는 병 안의 거위라는 문제를 내는 육긍 대부가 문제의 상황으로부터 빠져나왔다는 것을 뜻한다. 거위가 처해 있는 공간과, 병 안의 거위라는 문제를 내는 육긍 대부의 공간은 다르다. 거위가 처해 있는 잠재적인 공간은 육긍 대부가 남전의 부름에 대답함으로써 육긍 대부의 현실적인 공간이 된다. 육긍 대부와 남전이 놓여 있는 현실적인 공간은 거위가 처해 있는 잠재적인 공간의 일시적인 해결일 뿐이다. 각운은 이렇게 해석

---

36) 위의 책, 230쪽 하단. 南泉因陸亘大夫問云, "古人瓶中養一鵝, 鵝漸長大, 出瓶不得. 如今不得毁瓶, 不得損鵝 作麼生出得?" 師召曰, "大夫!" 大夫應諾, 師曰, "出也".

한다.

　"병 속에다 거위를 길렀다"란, 법신法身이 형상의 껍데기 속에 숨겨져 있고, 진지眞智가 연려심 속에 감추어져 있다는 뜻이다. ……. "병을 깨뜨릴 수도 없고, 거위를 죽일 수도 없으니, 어찌해야 거위를 꺼내겠습니까?"란, 이는 의심을 내되 풀어주지 못하고 믿되 깨닫지 못한 물음이다. "나왔다"란, 온 마음과 온 몸 전체가 그대로 부처임을 뜻한다.[37]

　각운은 병 속에 갇힌 거위를 '형상의 껍데기形殼' 속에 숨겨져 있는 법신, 연려심緣慮心 속에 감추어져 있는 진지로 보았다. '연려심'이란 대상을 연려하는 심, 즉 대상을 인식하는 의식을 뜻한다. '형상의 껍데기'란 인식하는 의식에 나타나는 대상을 가리킨다. 진지와 법신은 인식하는 의식과 인식되는 대상을 초월해 있기에 각운은 이렇게 표현한 것이다. 또, 각운은 대부가 문제 상황으로부터 나왔을 때를 온 마음과 온 몸 전체가 그대로 부처로 나타나는 때라고 했으니 이때 진지가 연려심에서 빠져나오고, 법신이 형상의 껍데기에서 벗어나온 것이 된다. 필자와 정반대의 해석을 하고 있으니, 읽는 독자분들의 판단에 맡기겠다. 각운은 이 공안에 대해서뿐만 아니라 전반적으로 은유적 해석을 선호하는 것 같다.

---

37) 위의 책, 231쪽 상단. "瓶中養鵝"者, 法身隱於形殼之中, 眞智匿於緣慮之內, 是養鵝也. … 若不毀瓶損鵝, 作麼生出得者, 此乃疑而未決, 信而未悟之間也. "出也"者, 全心全身全體是佛也.

7. 예모刈茅(240): 이 낫을 신나게 쓴다

남전이 띠를 베고 있는데, 한 스님이 물었다.

"남전으로 가는 길이 어느 쪽입니까?"

선사가 낫을 들어올리면서 대답했다.

"나는 이 낫을 30전에 샀다."

스님이 물었다.

"나는 낫을 묻지 않았습니다. 남전으로 가는 길이 어딘가를 물었습니다."

선사가 대답했다.

"나는 이 낫을 신나게 쓴다."[38]

스님의 물음 "남전으로 가는 길이 어느 쪽입니까?"는 "무엇이 조사가 서쪽에서 온 뜻입니까?"라는 물음과 같다. 남전을 찾아가는 스님은 남전을 뵙고 깨달음을 얻고자 하는 사람이기 때문이다. 뒤에 가서 보겠지만, 조주는 "무엇이 조사가 서쪽에서 온 뜻입니까?" 하고 조사서래의祖師西來意를 묻는 질문에 "뜰 앞의 잣나무", "앞니에 돋은 털" 등으로 답하고, 이와 유사한 물음 "모든 법이 하나로 돌아가는데 이 하나는 어디로 돌아갑니까?"에 조주는 "내가 청주에서 베 장삼 한 벌을 지었는데 무게가 일곱근이더라"라고 답한다. 조주의 이 답을 떠올리면서 남전의 말을 보면 이해하기 어렵지 않을 것이다.

남전은 스님의 물음에 낫을 들어올리면서 "이 낫을 30전에 샀다"고 말한다. 남전은 이 말로, 진지하게 물으며 '상층'으로 상승해 가는

---

38) 위의 책, 232쪽 상단. 南泉刈茅次, 僧問, "南泉路向什麼處去?" 師拈起鎌子云, "我者鎌子三十錢買". 僧云, "我不問鎌子. 南泉路向什麼處去?" 師云, "我者鎌子用得快".

스님을 "이 낫"이란 구체적 사물을 가리키며, '표면'으로 하강시키고 있다. 스님이 이 남전의 대답에 의문을 품는 순간, "이 낫을 30전에 샀다"는 말은 구체적 사태를 지시하는 말에서 빈 말을 지시하는 말로 바뀌게 된다. 그런데 스님은 남전의 "낫"이 눈 앞에 보이는 남전이 쥐고 있는 구체적 사물을 지시한다고 생각하고는 다시 "나는 낫을 묻지 않았습니다. 남전으로 가는 길이 어딘가를 물었습니다." 하고 말한다. 이에 남전은 "이 낫을 신나게 쓴다"고 대답하며, 구체적 사물을 지시하는 "이 낫"으로부터 완전히 벗어나 있는 '그 무엇'을 보여주고 있다.

8. 정병淨瓶(242): 경계를 건드리지 말고 물을 가져오너라

남전은 등은봉이 오는 것을 보고, 정병을 가리키면서 말했다.
"정병淨瓶39)은 경계이다. 그대는 경계를 건드리지 말고 나에게 물을 가져오너라."
정은봉이 정병을 갖다가 선사의 면전에 물을 쏟아부었다. 선사가 그만두었다.
귀종이 말했다.
"등은봉이 함부로 쏟아부었구나."40)

원문의 "경境은 범어 'viṣaya'의 역어로 '대상'을 뜻한다고 볼 수

---

39) '정병淨瓶'은 수행자들이 지니고 다니는, 맑은 물을 담는 물병이다.
40) 위의 책, 232쪽 하단. 南泉見鄧隱峯來, 指淨瓶云, "淨缾是境. 你不得動着境, 與我將水來". 峯將淨缾, 傾水於師面前. 師便休. 歸宗云, "鄧隱峯也是亂瀉".

있다. '경계境界'로도 한역되기도 하는데, 이때 경계가 경계선의 경계가 아님에 유의해야 한다.

남전은 다가오는 등은봉을 보며 정병을 가리키면서 "정병은 경계이다. 경계를 건드리지 말고 물을 가져오너라" 하고 말한다. 대상인 정병을 보지 말고 정병 속에 담긴 물을 보라는 뜻이다. 마음 바깥에 있는 대상인 정병을 보지 말고, 또 마음에 나타나는 대상을 보지 말고, 물인 진여를 보라는 뜻이다. 정은봉은 이 말을 듣자 남전의 면전에 병을 기울여 물을 쏟아붓는다. 이렇게 해서 물은 정병 속에 담긴 물이 아니라 정병을 벗어난 물이 된다. 마음은 대상에 매여 있는 마음이 아니라 대상에서 벗어난 마음이 된다. 이에 남전이 그만두었다. 등은봉을 인정했다는 뜻이기도 하지만, 문답의 상황에서 벗어났다는 뜻이기도 하다. 남전은 등은봉이 물을 부은 행동에 호응하되 자신의 자리를 지켰다.

귀종이 끝에 등장해 "등은봉이 함부로 쏟아부었구나." 하고 말한다. 왜 "함부로亂"란 말을 썼을까? 물은 정병을 떠나서는 물이 아니기 때문이다. 즉, 진여는 언제나 구체적 사물에 현현해 있기 때문이다.

9. 심불心不(243): 마음은 부처가 아니요, 지혜는 도가 아니다

남전이 시중 법문을 했다.
"마음은 부처가 아니요, 지혜는 도가 아니다."[41]

---

41) 위의 책, 233쪽 상단. 南泉示衆云, "心不是佛, 智不是道".

우리는 앞에서 마조 공안을 읽을 때 "마음은 곧 부처이다", "마음도 아니요, 부처도 아니다"라는 말을 만난 적이 있다. 그때 우리는 이 말이 마음과 부처가 모두 해체되어 소멸되는 경지를 뜻한다고 이해했다. 이 공안에서 남전도 마조를 따라 ('이다'와 '아니다'는 같은 말이기에) "마음은 부처가 아니요"라는 말을 하면서 "지혜는 도가 아니다"라는 말을 추가하고 있다. "지혜는 도가 아니다"라는 말이 추가되었으니, "마음은 부처가 아니다"라는 말은 마조와 다른 뜻을 지니게 될까? 그렇지 않다. 같은 말이다. 이 또한 마음도 부처도 해체하고 삭제해서 무의미의 공성을 드러내고자 하는 말이기 때문이다. 이 점은 각운의 평에서도 확인할 수 있다. 길지만 그대로 인용해 가면서 살펴보겠다. 먼저 각운은 다음과 같이 말한다.

마음은 범부의 마음이요, 지혜는 성자의 지혜이다. "마음은 부처가 아니요, 지혜는 도가 아니다"란, 범부의 망정과 성자의 지해智解를 모두 건립하지 않는다는 뜻이다. 또, 부처와 지혜는 증득하는 인人이요, 마음과 도는 증득되는 법法이다. "마음은 부처가 아니다"란, 진여 바깥의 지혜가 진여를 증득하는 일이 없다는 뜻이요, "지혜는 도가 아니다"란, 지혜 바깥의 진여가 지혜에 의해 증득되는 일이 없다는 뜻인가? 모두 아니다.[42]

우리가 서술해 온 대로 각운도 마음은 범부의 마음, 지혜는 성자의 지혜로 올바르게 읽고 있다. 이어서 범부의 마음을 범부의 망정으로, 성자의 지혜를 성자의 지해로 바꾸고 있지만, 마음과 망정, 지혜와

---

42) 위의 책, 233쪽 중단. 心則凡心, 智則聖智也. "心不是佛云云"者, 凡情聖解 俱不立也. 又佛與智能證之人, 心與道所證之法也. "心不是佛"者, 無如外智能證於如也; "智不是道"者, 無智外如所證於智耶? 皆非也.

지해는 동일한 용어이다. 범부의 마음인 6식 혹은 8식은 번뇌와 함께 하기 때문에 망정이고, 지혜는 진여를 증득하면서 사물을 인식하고 이해하는 작용이기 때문에 지해이다. 또, 각운은 부처와 지혜를 한데 모아 증득하는[능증能證] 인ㅅ이라고 했고, 마음과 도를 한데 모아 증득 되는[소증所證] 법法이라고 했다. 인무아ㅅ無我, 법무아法無我 할 때의 인ㅅ과 법法을 염두에 두고 이렇게 한 말일 터이니, 증득되는 마음인데 마음 이 왜 범부의 망정인가 의구심을 가질 필요가 없을 것이다.

이어서 각운은 매우 중요한 충고를 건네고 있다. 우리가 "마음은 부처가 아니요, 지혜는 도가 아니다"라는 말을 들을 때면, 이 말이 마음, 부처, 지혜, 도를 실체적으로 존재한다고 생각하고는 마음과 부처를 분리하고 지혜와 도를 분리하는데, 실상은 그렇지 않다는 것을 보여주는 말로 이해하는 경향이 있다는 것이다. 마음과 도 바깥 의 부처와 지혜가 마음과 도를 증득하는 것을 뜻한다고 단정하기에, 이러한 경향과 습벽을 타파하기 위해서 마음은 "부처가 아니요, 지 혜는 도가 아니다"라는 말을 한다는 것이다. 이렇게 사유하는 것을, 각운은 지혜와 진여의 관계를 끌어와서 "마음은 부처가 아니다"라는 것은 진여 바깥의 지혜가 진여를 증득하는 일이 없다는 뜻이요, "지 혜는 도가 아니다"라는 것은 지혜 바깥의 진여가 지혜에 의해 증득 되는 일이 없다는 뜻이다라고 사유하는 것과 다르지 않은 것으로 본다. 그리고 이를 전면적으로 부인한다.

각운은 이어서 『전등록』을 인용하여 자신의 견해를 보강한다.

『전등록』에서 이렇게 말하고 있다. 호남 지방 동사東寺의 여회如會 선사 가 이르기를 "대적大寂(=마조)이 세상을 떠난 뒤에 문도들이 즉심즉불即 心即佛이라는 말을 끊임없이 외우는 것을 보니 걱정이 된다" 하고는 그들에게 이르기를 "부처가 어디에 머무르기에 '마음에 즉한다' 하는가? 마음은 화사畫師와 같아서 '부처에 즉한다' 하는구나"라고 했다. 마침내 대중들에게 말하기를, "마음은 부처가 아니요, 지혜는 도가 아니다. '검을 잃은 지 오래되었거늘 이제야 배에 검을 잃어버린 곳을 새기는가?'라고 했다."43)

마조의 "즉심즉불卽心卽佛", 곧 "마음이 곧 부처이다"를 마조가 세상을 떠난 뒤에 사람들이 끊임없이 외우면서, '부처가 마음에 즉한다'든가, '마음이 부처에 즉한다'로 생각했던 모양이다. 그렇기에 여회 선사는 이들의 생각을 바로잡아주고자 마조를 따라서 "마음은 부처가 아니요, 지혜는 도가 아니다"라고 말했다. 여회 선사는 "검을 잃은 지 오래되거늘 이제야 배에 검을 잃어버린 곳을 새기는가?" 하며 '각주구검刻舟求劍'의 설화를 끌어와서, 사람들이 '즉심즉불'을 '마음이 부처에 즉한다', '부처가 마음이 즉한다'로 이해하는 것은 마음도 부처도 없는 자리를 보고 난 후의 일이라는 점을 밝히고 있다.
각운은 명쾌하게 다음과 같은 결론을 내린다.

그러니 "마음이다, 부처다" 하는 것은 "마음이 그대로 부처[즉심즉불]"란 뜻이다. 도는 깨달은 후의 수행이고, 지혜는 증득하는 지혜이다. 그렇다면 "마음은 부처가 아니다"란 마음과 부처를 모두 부정하는[비非] 것이요, "지혜는 도가 아니다"란 지혜와 도를 모두 부정하는[견遣] 것이다.44)

---

43) 위의 책, 233쪽 중하단. 傳燈錄云: "湖南東寺如會禪師云, '自大寂去世, 師常患, 門徒以卽心卽佛之談誦憶不已'. 且謂曰, '佛於何住而曰卽心, 心如畫師而云卽佛'. 遂示衆曰, '心不是佛, 智不是道. 劍去久矣, 爾方刻舟'.

44) 위의 책, 233쪽 하단. 則心佛者 卽心卽佛. 道悟後修行也, 智能證之智也. 然則 "心不是佛"者,

도는 깨달은 후의 수행이고 지혜는 증득하는 지혜이기에 이 둘은 분리될 수 없는 것을, 애초에 분리될 수 없다고조차 말할 수 없는 것을 "즉심즉불"이라 한다는 것이다. 그러므로 남전의 말 "마음은 부처가 아니다"란, 마음과 부처를 모두 부정하는 것이요, "지혜는 도가 아니다"란, 지혜와 도를 모두 부정한다는 것이다. 우리가 마조의 공안을 다룰 때 내린 결론을 여기서 각운의 말로 다시 확인할 수 있다.

마지막으로, 이 공안을 노래하는 멋진 시가 있어 적어놓는다. 묘지곽妙智廓의 송이다.

> 조각조각 지는 꽃이 긴 강을 따라가고
> 멀리 안개 낀 숲에 석양빛이 드리웠네.
> 돌 위에 지팡이 누가 버렸나?
> 원숭이 휘파람이 하늘가에 퍼지네.45)

10. 견호見虎(244): 그것은 호랑이오

남전이 귀종, 삼산과 함께 행각을 할 때, 길에서 범 한 마리를 만나 각자가 범 곁을 지나가게 되었다.

선사가 귀종에게 물었다.

"아까 범[호虎]을 봤는데 무엇을 닮았소?"

心佛俱非也, "智不是道"者, 智道俱遣也.

45) 위의 책, 233쪽 중단. 片片殘紅隨遠水 依依煙樹帶斜陽 橫笻石上誰相委 猿嘯一聲天外長.

귀종이 대답했다.

"고양이를 닮았소."

귀종이 다시 삼산에게 묻자, 삼산이 대답했다.

"개를 닮았소."

귀종이 다시 선사에게 묻자, 선사가 대답했다.

"내가 보기에, 그것은 호랑이[대충^{大蟲}]오."46)

이 공안의 장면을 떠올려보자. 남전, 귀종, 삼산 세 분의 선사가 길을 가다가 각자가 그들 곁을 지나가는 범을 보았다. 범은 우리가 범접할 수 없는 동물이라 화들짝 놀랄 만도 한데 그들은 담담하게 법담을 나누기 시작한다. 법담의 불을 먼저 지핀 선사는 남전이다. 남전이 귀종에게 묻는다. "아까 범[호^虎]을 봤는데 무엇을 닮았소?" "아까"라는 단어를 쓰고 있는 보아, 남전은 방금 전에 겪은 스쳐지나가는 범을 본 일을 두고 법에 대해 이야기하고 싶어한다는 것을 알 수 있다.47) 선사들은 늘 가까이에서 일어나는 일을 두고 법을 전개하지만, 이번에는 그것이 예사로운 일이 아니다. 범을 본 것이다. 두려움의 대상인 범을 떠날 수 있어야 이러한 법담이 가능할 텐데, 그들은 방금 전에 본 무서운 범을 이미 떠나 있다. 그렇다면 이제 범은 세 선사가 실제로 경험한 특정한 범을 가리키는 것이 아니다. 남전이 묻는 주체가 되어 범이란 말을 써서 귀종한테 "범이 어떻게 생겼느냐?" 하고 물었다. 방금 스쳐지난 것이 범이라는 것을 알았으나 어떻

---

46) 위의 책, 233쪽 하단. 南泉與歸宗杉山, 同行腕時, 路逢一虎, 各從虎邊過了. 師問歸宗, "適來見虎, 似箇什麼?" 宗云, "似箇猫兒". 宗却問杉山. 山云, "似箇狗子". 宗又問師. 師云, "我見, 是箇大蟲".

47) 위의 책, 234쪽 상단. 因事現法也. 『선문염송·염송설화 3』, 132쪽.

게 생겼는지 분명히 모르기에 던진 물음일 수도 있지만, 지금 남전은 범 자체에 대해 법담을 나누고 싶어하기에, 범의 모양이 어떻게 생겼는지는 그에게는 사실 중요하지 않다. 귀종은 "고양이처럼 생겼다"고 대답했다. 남전의 물음에 대답했으니 여기서 가만히 있을 만도 한데, 귀종은 남전처럼 묻는 주체가 되어 삼산에게 "범이 어떻게 생겼느냐?" 하고 물었다. 역시 범이란 용어를 써서 범의 생김새를 물은 것이다. 자신이 본 범의 모습이 고양이처럼 생기긴 했으나 단정할 수 없으므로, 정확히 말해, 단정한다고 해서 범 자체가 규명된 것이 아니므로, 이 점에서 귀종도 남전과 같이 범 자체를 두고 생각하면서 심산에게 물은 것이리라. 삼산은 "개처럼 생겼다"고 답했다. 귀종의 물음에 삼산 또한 아직 생김새에 대해 말하지 않은 남전에게 물을 만도 한데, 또 귀종이 남전에게 "범이 어떻게 생겼소?" 하고 물었다. 똑같은 내용을 남전이 귀종에게 묻고, 귀종이 삼산에게 묻고 다시 귀종이 남전에게 묻는다. 이는 남전이 아직 범의 생김새에 대해 대답하지 않았기 때문이기도 하겠지만, 그보다는 남전과 귀종 두 선사가 품고 있는 범 자체를 삼산을 포함한 세 명의 선사가 나누어 갖기 위해서일 것이다. 동일한 물음이 이제 애초에 "아까 우리가 본 범은 어떻게 생겼소?"라고 물은 사람에게 되돌아왔다. 남전은 앞의 두 사람들과는 달리 "그것은 호랑이[대충大蟲]다"라고 답한다. 호랑이로 번역된 "대충"은 범의 다른 이름이다. 우리말의 "호랑이"와 "범"이 모두 사물 범을 지칭하듯이, 한자 호虎나 대충大蟲도 모두 사물 범을 지칭한다. 그러므로 호랑이나 범이란 말에 구애받을 필요는 없다. 중요한 것은 이런 말들로 지칭되는 '범 자체'이다. 범 자체는 눈에 보이는 것이 아니다. 귀종과 삼산은 눈에 보이는 이미지들인 고양이나 개로 "무엇을 닮았는가?", "어떻게 생겼는가?" 하는 남전의 물음에 충실히 답하기는 했지만, 방금 전에 경험한 '범 자체'를 말한 것은 아니다. 오히려 "고양이를 닮았다", "개를 닮았다" 하는 그들의 대답은 '범 자체'에서 오는 것이다. 고양이나 개를 닮았다고 말하기 전에 그들에게 먼저 다가온 그 무엇!

법진일法眞一의 염拈을 읽으며 이 점을 다시 생각해보도록 하자.

속절 없는 귀종과 삼산은 겨우 비슷한 것만을 이야기했고, 남전은 그렇게 말하기는 했으나 손톱과 어금니가 갖추어지지 않았다. 어찌하여 꼬리 타는 범을 놓아버리지 못했는가? 여러분은 보기를 원하는가?

그러고는 주장자를 들어 올리면서 말했다.

"물러서라, 물러서라."

그러자 대중들이 흩어져 달아나거늘 주장자로 한 번 찌르는 시늉을 하고 곧 방장으로 돌아갔다.[48]

법진일은 그들 곁을 스쳐 지나간 범을 두고 귀종과 삼산이 각각 "고양이 같다", "개 같다"고 비슷한 것만을 이야기했다고 말한다. 남전은 그 범을 두고 "호랑이다"고 말하긴 했으나, 귀종과 삼산이 그린 동물처럼 손톱과 어금니는 갖추어지지 않았다고 말한다. "꼬리 타는 범"은, 아마도 무엇인가 식별할 수 없는 눈 깜짝할 사이에 지나 간 범을 두고 하는 말일 것이다. 꼬리에 불이 붙어 화들짝 달려가는 범, 이 눈 깜짝할 사이에 지나간 그 무엇을 두고 "고양이다", "개다", "호랑이다" 하며 말하는 세 명의 선사를 두고 꼬리 타는 범을 놓아버

---

48) 위의 책, 233쪽 하단~234쪽 상단. 大小歸宗杉山只說得箇相似底, 直饒南泉恁麼道也未具爪牙在. 何不放出箇焦尾底? 汝等諸人要見麼? 乃拈拄杖云, "退後! 退後!" 大衆走散, 師以拄杖一攛, 便歸方丈.

리지 못했다고 법진일은 말한다. 그렇듯이 우리에게 마주쳐 오는 것은 순식간에 왔다가 사라져 간다. 이런 사물의 모습을 두고 우리는 우리의 관심에 부합해서 여러 가지로 규정을 가하지만 그것이 사물의 본모습이라 할 수 있을까? 이런 우리를 염두에 둔 듯 법진일은 주장자를 들고 대중들에게 "물러서라, 물러서라" 하고 소리치고 있다. 꼬리에 불이 붙은 범이 화들짝 놀라 달려가듯이, 이런 모습의 범을 보고 화들짝 놀라는 우리들의 모습을 이렇게 표현하고 있는 것이다. 나아가 법진일은 대중들이 달아나자 주장자로 한번 찌르는 시늉을 했다. 법진일은 범을 주장자로 바꾸어, 우리에게 마주치는 것들을 우리를 찔러대는 모습으로 표현하고 있다.

조주의 화두

1. 유주有主(406): 주인이 있는 사미입니다

조주종심 선사는 사미가 되었을 때 남전을 찾아갔다.

남전이 누워 있다가 선사가 찾아오는 것을 보고 물었다.

"요즘 어디서 떠나왔는가?"

선사가 대답했다.

"서상원瑞像院입니다."

남전이 물었다.

"서상瑞像을 보았는가?"

선사가 대답했다.

"서상은 보지 못했고, 누워 있는 여래를 보았을 따름입니다."

남전이 물었다.

"그대는 주인 있는 사미인가, 주인 없는 사미인가?"

선사가 대답했다.

"주인이 있는 사미입니다."

남전이 물었다.

"어느 분이 그대의 주인인가?"

선사가 대답했다.

"초봄이 아직 추우니, 바라옵건대 화상께서는 존체 만강하십시오."[49]

다가오는 조주를 보며 남전이 하는 말 "요즘 어디서 떠나왔는가?"
는 다른 공안들에서도 자주 볼 수 있는 표현이다. 남전이 조주의
지력을 탐색하며 물은 말이므로, 이 표현은 "그대 조주의 근원은
어디인가?", "그대 조주는 느끼고 생각하고 말하는데 그러한 조주는
어디에서 생겨난 것인가?"를 의미한다. "어디"는 이처럼 현실적 장
소를 지칭하는 데 그치는 것이 아니다. 남전의 물음에 조주는 현실적
장소인 서상원에서 떠나왔기에 "서상원에서 떠나왔다"고 대답한다.
남전의 "어디서 떠나왔는가?" 하는 물음의 "어디"가 그렇듯이 조주
가 "서상원에서 떠나왔다" 하는 대답의 "서상원" 역시 현실적 장소
를 지칭하는 데에 그치는 것이 아니다. 조주의 대답을 듣자마자 남전
이 "서상은 보았는가?" 하고 물은 데에서도 서상원이 현실적 장소를
지칭하지 않는다는 것을 알 수 있다. "서상瑞像"은 '상서로운 상'이란
뜻으로, 여기서는 부처의 상을 가리킨다.

---

49) 위의 책, 329쪽 하단~330쪽 상단. 趙州從諗禪師作沙彌時, 到南泉. 泉臥次見師來叅, 便問,
"近離甚麼處?" 師云, "瑞像院". 泉云, "還見瑞像麼?" 師云, "瑞像即不見, 秖見臥如來". 泉問,
"你是有主沙彌, 無主沙彌?" 師曰, "有主沙彌". 泉云, "那箇你主?" 師云, "孟春猶寒, 伏惟和尙
尊體起居萬福".

"서상은 보았는가?" 하는 남전의 물음에 조주는 "서상은 보지 못했고 누워 있는 여래를 보았습니다" 하고 답한다. 조주는 서상원에서 실제로 누워 있는 여래를 보았기에 이렇게 대답한 것일까? 서상원이라는 절에 누워 있는 여래가 실제로 존재했는지는 알 수 없다. 조주가 "서상원에서 왔습니다" 하고 대답했을 때 남전이 "서상을 보았는가?" 하고 물은 것처럼, 다시 말해 조주의 말 "서상원"에서 곧바로 "서상"이란 말을 끄집어낸 것처럼, 누워서 자기를 응접하는 남전의 모습을 보며 "누워 있는 여래를 보았습니다" 하고 말했을 것이다. 남전과 조주 모두 마주쳐 오는 것들에서 곧바로 대화의 전환을 이루어내는 중이기 때문이다. 조주는 남전을 두고 여래라고 말하지 않았을 수도 있겠지만, 남전에게서 "누워 있음"을 읽어내고 있는 것은 분명하다. 아마도 조주는 서상원에서 본 여래와 지금 자신의 눈에 보이는 누워 있는 남전을 결합하여 "누워 있는 여래"라고 말했을 것이다. "서상원"이 조주 자신의 신체가 머물렀던 구체적인 장소이었듯이, 조주가 여기에서 만나는 남전은 누워 있는 구체적인 신체이다. 남전은 "어디서 떠나왔는가?"의 "어디", 서상원의 "서상"이라 하면서, 구체적인 신체가 놓이는 장소를 지칭하는 말들을 깨달음과 연결지어 언급하면서 격상시키고 있지만, 조주는 신체가 놓이는 특정한 장소인 "서상원", "누워 있는 여래"를 말하면서, 남전이 격상시킨 "어디", "서상"을 아래로 끌어내리고 있다. 들뢰즈의 용어로 표현해보면, 남전은 "상층"으로 올라가려 하지만 조주는 "표면"으로 내려오려 하고 있다.

남전은 조주의 "누워 있는 여래를 보았다"는 말을 듣고서는 이 말의 깊이를 파고들며 "그대는 주인이 있는 사미인가, 주인이 없는 사미인가?" 하고 묻는다. 여기서는 원문의 "주主"가 "주인"으로 번역돼 있지만, 이 단어는 "주인공"으로도 번역될 수 있는 말이다. "주인이 있는가, 없는가?" 하는 물음은 "주인공 곧 주재자가 있는가, 없는가?"[50] 하는 물음과 같다. 조주의 말 "누워 있는 여래"가 남전 자신을 가리킨다고 읽는 사람에게는 물음이 "주인 있는 사미인가, 주인 없는 사미인가"이었기에 분명히 주인인 남전을 가리킨다고 생각할 것이다. 그러나 누워 있는 여래는, 남전이 조주가 서상원에 머물렀다 왔다는 걸 듣고 "서상을 보았는가?" 하고 물었듯이, 즉 서상원에서 "서상"을 떼어내었듯이, 조주가 남전이 누워 있는 모습을 보고 "누워 있는 여래"라는 말을 했던 것뿐이므로, 남전으로부터 "누워 있는 여래"를 떼어내야 한다. 다시 말해, "서상"이 서상원의 서상을 지칭하지 않듯이, "누워 있는 여래"는 남전을 지칭하지 않는다. 이 점을 간과한다면 조주가 "주인이 있는 사미입니다" 하고 대답했을 때 '주인이 있는 사미'의 주인이 남전을 지칭한다고 단정하게 될 것이다. 남전은 조주의 "누워 있는 여래"란 말에 짐짓 넘어가는 척하며 "주인이 있는 사미인가, 주인이 없는 사미인가?" 하고 묻고 있을 뿐이다. 이어 남전이 "어느 분이 그대의 주인인가?" 하고 물었는데, 얼핏 보면 남전 자신이 조주의 주인이라는 것을 조주에게 확인하려고 하는 것처럼 보인다. 그러나 이 말은 파주把住 곧 살인도이다. 조주를 향해 질문을 하여 주인이 누구인지 확인하려는 말이 아니다. 남전이 "주인이 있는가, 없는가?" 하고 물음을 던졌을 때 조주가 "주인이 있는 사미이다" 하며 파주를 행했기에 동시에 파주를 행한 것이다. 주인은 어느 누구의 주인이 아니기 때문이다. 이처럼 조주와 남전은 서로에게 귀속되지 않고 팽팽하게 맞서고 있다.

---

50) 위의 책, 330쪽 상단. 有主者, 有主宰也.

팽팽하게 맞서 있는 긴장을 조주는 "초봄이 아직 추우니, 바라옵건대 화상께서는 존체 만강하십시오"로 풀어주며 그 누구의 주인도 아닌 주인을 보여주고 있다. 스승인 남전에게 한 대답이기에 "봄이라 할지라도 아직 추우니 건강에 유의하시기 바랍니다"라는 의미도 담고 있지만 이는 부차적인 것이다. 문맥상 이 말은 기본적으로 아무런 의미를 갖지 않는다. 여태까지 있었던 남전과 조주 사이의 의미를 태동시키는 무의미의 자리로 회귀하는 말이다.

2. 평상平常(407): 평상심이 도이다

① 조주가 남전에게 물었다.

"무엇이 도입니까?"

남전이 대답했다.

"평상심이 도이다."

② 선사가 물었다.

"향하여 나아가려 해도 되겠습니까?"

남전이 대답했다.

"향하여 나아가려 한다면 바로 어긋난다."

③ 선사가 물었다.

"하려 하지 않는다면 그것이 도인 줄 어떻게 알겠습니까?"

남전이 대답했다.

"도는 알고 모르는 데 속하지 않는다. 안다면 허망한 깨달음이요, 모른다면 무기이다. 만일 하려 하지 않는 도를 진정으로 통달한다면, 이는 마치 태허太虛처럼 텅 비어 탁 트여 있는 것이다. 그럴진대 억지로 '이다', '아니다' 할 수 있겠는가?"

　선사는 이 말이 떨어지기가 무섭게 크게 깨달았다.[51]

　이 공안은 위 번역문에 표시된 바와 같이 남전과 조주의 ①, ②, ③ 세 문답으로 구성되어 있다. 첫째 문답에 나오는 "평상심平常心"이 둘째 문답을 거쳐 셋째 문답에서 밝혀지고 있다.

　먼저 첫째 문답에서, 조주의 "무엇이 도입니까?" 하는 질문에서 "도道"는 '보리菩提' 곧 '깨달음'을 가리키므로, 이 질문은 "무엇이 깨달음입니까?"로 바꾸어 이해해도 된다. 이 질문은 공안에서 흔하게 보이는 "무엇이 부처입니까?" 하는 질문과 다르지 않다. 조주의 질문에 남전은 "평상심이 도이다" 하고 답한다. "평상심이 도이다" 하는 말은 본래 남전의 스승 마조가 한 말이다. "평상심"은 평상시의 마음을 뜻한다. 하지만 마조는 "평상심이 도이다" 하고 선언함으로써, 깨달음을 얻고자 수행하는 사람들이 평상시의 마음에서 성자의 마음으로 향하여 나아가려 하는 것을 막고 있다. 성자의 마음으로 향해 나아가려 하는 수행자들이 부정negation을 통해 성자의 마음으로 나아가고 있기 때문이리라.

　마조가 "평상심이 도이다"라고 말한다고 해서 평상시의 마음을 있는 그대로 인정하라고 말하는 것은 결코 아니다. 마조가 정의하는 평상심을 보면, 수행자들이 그리는 성자의 마음과 다를 바 없다. 각운은 "평상심이 도이다[평상심시도平常心是道]'에서 '평平'은 높고 낮음이 없다는 뜻이요, '상常'은 끊임이 없다는 뜻이다"라고 해설한다. 이어서

---

51) 위의 책, 330쪽 상중단. 趙州問南泉, "如何是道?" 泉云, "平常心是道". 師云, "還假趣向否?" 泉云, "擬向即乖". 師云, "不擬如何知是道?" 泉云, "道不屬知不知. 知是妄覺, 不知是無記. 若是眞達不擬之道, 猶如大虛, 廓然虛豁, 豈可强是非耶?" 師於言下大悟.

각운은 마조의 말씀 "만일 도를 알고자 한다면 평상심이 바로 도이다. 어찌하여 평상심을 도라고 하는가? 조작造作이 없고 시비是非가 없고, 취함과 버림[취사取捨]이 없고, 단멸함과 상주함[단상斷常]이 없기 때문이다"52)를 인용한다. 이 마조의 말씀 중 "조작造作이 없다"란 이 공안의 주제인 "하려 함[不擬]이 없다"와 뜻이 통하는 말이다. "조작"이란 어떤 목적을 성취하기 위해 의지를 낸다는 뜻이기 때문이다.53) 또, "시비가 없다"란 '이다', '아니다' 하며 긍정하거나 부정하는 일이 없다는 뜻이고, "취함과 버림이 없다"란 '있다' 하면 증익增益하는 것이고 '없다' 하면 손감損減하는 것이기에 증익하여 취하지도 않고 손감하여 버리지도 않는다는 뜻이다. 또, "단멸함과 상주함이 없다"란 가령 우리가 어떤 물건이나 사람을 좋아할 때 이 물건이나 사람이 영원히 존재하길 바라고 또 결국 그것은 불변하지 않고 영원히 존재한다[상常]고 집착하게 되고, 반면에 좋아하는 사람이나 사물의 다른 면이 존재하지 않길 바라고 결국 그런 면은 영구히 존재하지 않는다[단斷]고 집착하게 되는데, 이런 상과 단의 집착이 없다는 뜻이다. 마조는 네 맞짝 개념을 들고 있지만, 이 공안과 관련해 볼 때 맨 앞에 나오는 "조작이 없음"이 중심을 이루고 있다는 것을 알 수 있다.

둘째 문답에서, "평상심이 도이다" 하는 남전의 답에 조주는 "향하여 나아가려 해도 되겠습니까?" 하고 다시 묻는다. 이때 "향하여 나아가려 한다"는 남전이 말하는 평상심을 향하여 나아가려 한다는 뜻이다. 조주는 성자의 마음으로 향하지 않게 하고자 마조가 한 말을

---

52) 위의 책, 331쪽 하단. 平常心是道者, 平無高下, 常無間斷也. 馬祖云, "若欲直會其道, 平常心是道. 何謂平常心是道? 無造作, 無是非, 無取捨, 無斷常也.
53) 이런 점에서 "조작造作"을 '조작操作'으로 읽지 않도록 유의해야 한다.

이와 어긋나게 "평상심을 향하여 나아가려 해도 되겠습니까?"라고 묻고 있는 것이다. 남전은 조주의 질문을 받자마자 곧바로 "향하려 하면 바로 어긋난다"고 대답한다. 향하려고 한다면, 평상심이 곧 향하고자 하는 대상이나 목적이 되고 말기에 본래의 평상심과 어긋나게 되기 때문이다.

셋째 문답에서, 조주는 "향하려고 하지 않는다면 어떻게 (그것이) 도일 줄 알겠습니까?" 하고 질문한다. 둘째 문답에서 남전은 조주의 '향하려고 함'을 지적했다면, 이 셋째 문답에서는 조주의 '안다'는 것을 지적한다. 조주는 도를 향하여 나아가려 해야 도를 안다고 생각하고 있다. 조주에게 "향한다"는 것과 "안다"는 것은 동일한 것이다. 조주는 도를 눈 앞에 있는 사물처럼 의식이 대상화할 수 있는 것으로 생각하고 있다. 이에 대해 남전은 "도는 안다든가 알지 못한다든가 하는 것에 속하지 않는다. 안다는 것은 망각妄覺이요, 알지 못한다는 것은 무기無記이다."라고 답한다. 남전의 대답은 마조의 평상심을 또 다른 관점에서 보여주고 있다. 이렇게 평상심에 대해 언급할 수 있는 것은 조주의 두 질문을 받으며 대답해 왔기 때문이다. 조주는 남전의 답을 들으며 깨달음을 얻어가고 있지만, 남전 역시 조주의 물음을 듣고 답해 가는 과정에서 스스로 의심을 풀어주며 깨달음을 더욱 심화해 가고 있는 중이다. "도는 안다든가 알지 못한다든가 하는 것에 속하지 않는다"라는 말은 안다는 긍정과 알지 못한다는 부정을 넘어선다는 것을 뜻한다.

남전은 이어서 "안다는 것은 망각妄覺이요, 알지 못한다는 것은 무기無記이다." 하고 말하는데, 여기서 "망각"과 "무기" 이 두 용어를 잘 살펴볼 필요가 있다. 먼저 망각. "각覺"은 여러 의미로 사용된다. 첫째, 우리가 가장 많이 접하는 뜻인 '깨달음bodhi'이다. 둘째 '각혜覺慧

buddhi'의 줄임말로 사용된다. 이 용어는 철학에서 논하는 '지성知性 understanding'으로 번역될 수 있다. 셋째 '느끼다'의 뜻이다. 유식학에서 아뢰야식의 '능생각수能生覺受, 즉 '능히 각수를 생한다'를 논급할 때의 '각覺'이 바로 이 뜻이다. '각수覺受'란 기세간器世間 곧 세계 안에 있는 유근신有根身 곧 신체를 느끼는 작용을 말한다. 넷째 구역어 '각覺vitarka'. 이 용어는 현장의 신역에서는 '심구尋求'로 한역되는데, 사찰伺察vicāra 과 짝을 이루는 용어로, 자극해 오는 대상을 찾아가는 마음을 뜻한 다. 사찰은 심구심이 찾아낸 대상을 규정하려고 관찰하는 마음이다. 가령 들숨과 날숨을 관하는 아나빠나사띠ānāpānasati 수행을 할 때 코 끝을 찾아가는 마음은 심구요, 코 끝에서 숨이 들어오고 나가는 것을 관찰하는 마음은 사찰이다. 남전이 도를 안다는 것은 망각이라 했으 므로, 이 각은 '깨달음'으로 번역되는 게 좋을 것이다. 그렇다면 망각 은 '거짓 깨달음'으로 번역된다. "알지 못한다는 것은 무기이다"에서 '무기'는 선善, 불선不善, 무기無記 이른바 3성性 중의 무기이지만, 여기서 는 탐貪, 진瞋, 치癡 3독毒의 '치'로 이해될 필요가 있다. 선, 불선, 무기 할 때의 무기는 선으로도, 불선으로도 기별記別할 수 없는 성性을 두고 하는 용어이다. 무기는 무루지無漏智의 현행을 장애하는 제7식의 유부 무기有覆無記, 아뢰야식 등의 무부무기無覆無記로 나뉘는데, 어느 경우든 선이나 불선처럼 명료하지 않다. 이 명료하지 않음을 거짓 깨달음에 대비하고 있으므로 탐이나 진 같은 마음의 현상을 있는 그대로 명료 하게 보지 못하는 '치'로 이해하는 게 좋겠다. '치'는 무명無明, 무지無知 와 동의어로 이해되는 데서 알 수 있듯이 '지혜 곧 반야가 없음'이다.

"만일 하려 하지 않는 도를 진정으로 통달한다면, 이는 마치 태허 처럼 텅 비어 탁 트여 있는 것이다. 그럴진대 억지로 '이다', '아니다' 할 수 있겠는가?" 하는 남전의 말에서 "하려 하지 않는 도"[불의지도不

擬之道]라는 말에 주목할 필요가 있다. 이 표현에서 도가 '무루지無漏智'라는 것을 알 수 있다. 지혜의 한 특징은 작위적으로 하려 하지 않음이고 이를 얻는 것을 '통달'이라고 한다. 그렇다면 "평상심이 도이다"고 할 때 도가 무루지라면 평상심의 심은 지혜를 가리킨다는 것을 알 수 있다. "그럴진대 억지로 '이다', '아니다' 할 수 있겠는가?(豈可强是非也?)"에서 "시비"는 앞에서도 보았지만, 우리의 일상어 '시비를 건다' 할 때 시비로 이해하기보다는 '이다', '아니다'로 이해하는 게 좋다. '안다', '알지 못한다'처럼 긍정과 부정에 걸리지 말라 하는 것을 이렇게 표현한 것이기 때문이다.

3. 만법萬法(408)
: 만법은 하나로 돌아가는데 하나는 어디로 돌아갑니까?

조주에게 한 스님이 물었다.
"만법은 하나로 돌아가는데 하나는 어디로 돌아갑니까?"
선사가 대답했다.
"내가 청주에서 베 장삼 한 벌을 지었는데, 무게가 일곱 근이더라."54)

먼저 한 스님의 물음 "만법은 하나로 돌아가는데, 하나는 어디로 돌아갑니까?"를 잘 들여다볼 필요가 있다. "만법"은 '일체법'이다. 유위법과 무위법이 일체법을 이룬다. 유위법은 원어 'saṃskṛta'55)에

---

54) 『한국불교전서』 제5책, 332쪽 상단. 趙州因僧問, "萬法歸一, 一歸何處?" 師云, "我在靑州, 作一領布衫, 重七斤".

서 볼 수 있듯, '함께 모여 만든 법', 인과 연들이 모여 함께 만든 법이다. 그래서 '공소작법共所作法'으로 한역되기도 했다. 모였다 흩어지는 법이기에 인연화합법이고, 찰나간에 일어났다 사라지기에 찰나생멸법이다. 가령, 번개가 치는 것을 본다. 구름 등 여러 인과 연들이 모여 번개가 치고, 일어난 번개는 다시 돌아오지 않는다. 이에 반해 무위법은 원어 'a-saṃskṛta'에서 볼 수 있듯, 함께 모여 만든 법이 아니다. 유위법이 무상법이니까 이 무위법은 상주법이다.

만법은 하나로 돌아간다 했으니, 유위법이든 무위법이든 하나로 돌아간다. 유위법이나 무위법이 아닌 이 하나는 무엇일까? 물어본 스님이 "이 하나는 어디로 돌아갑니까?" 하고 의문을 가질 만하다. 스님은 그래도 만법이 돌아가는 이 하나에 매이지 않았기에 "이 하나가 어디로 돌아갑니까?" 하고 물어볼 수 있었던 것이다. 만법이 돌아가는 하나에 매여 있는 사람은 이 하나를 굳게 지키고 있기에 그런 식으로 마음이 편안할지는 모르겠다. 또 "이 하나는 어디로 돌아갑니까?" 하고 묻는 스님 같은 사람에게 이 하나를 모른다고 하면서 비웃을지도 모르는 일이다. 그러나 스님은 의심을 내어 과감하게 이 하나에서 벗어나려 하고 있다.

이 스님의 물음이 장하다는 듯, 조주는 "내가 청주에서 베 장삼 하나를 지었는데, 무게가 일곱 근이더라." 하고 화답한다. "하나는 어디로 돌아갑니까?" 하는 물음이 없었다면 나올 수 없는 답이다. 스님은 하나에서 빠져나왔지만, 여전히 돌아가는 어디가 있다고 생각했는지도 모른다. 조주는 만법이 하나로 돌아가듯 이 하나가 어디

---

55) 'saṃskṛta'의 접두사 'sam(s)'은 '함께', 동사 'kṛ'는 '만들다'를 뜻한다. "-ta"는 과거수동분 사이다.

로 돌아간다고 생각한다면, 여전히 '만법으로 돌아가는 하나'에 매여 있다고 보고, 이를 해체할 필요가 있었다. '만법', '하나', '돌아감'에 초연하다는 것을 스님에게 보여줄 필요가 있었다. "내가 청주에서 베 장삼 한 벌을 지었는데, 무게가 일곱 근이더라." 하는 조주의 대답을 들었을 때 스님은 과연 그 하나에서 완전히 빠져나왔을까? 먼저 "이게 무슨 말이지? '하나가 어디로 돌아가는가?' 하고 물었는데 뜬금없이 왜 이런 말을?" 하며 이런 의문을 내었을 것이다. 이 공안을 읽는 우리들도 이 스님과 마찬가지로 이런 의문을 내었을 것이다. 하지만 조주의 대답을 듣고 자연스럽게 일어나는 이런 의문이야말로 조주의 대답을 해결할 수 있는 실마리이다.

조주는 지난 날 어느 때 청주에서 베 장삼 한 벌을 지었다고 말한다. 구체적인 시공간 속에서 일어난 일을 말하고 있다. 거기에다 베 장삼 한 벌의 무게가 일곱 근이더라 하는 말을 덧붙이고 있다. 내가 어느 때 어디에서 무엇을 했다 했으니 통사와 시제를 갖춘 문장으로 말하고 있는 셈이다. 그런데 이 대답을 읽는 순간 무언가 담담해지는 것이 느껴지지 않는가? 조주는 담담하고 초연하게 말하고 있을 뿐이다. 이미 지나간 날을 회상하며 후회하는 것도 아니고, 다시 욕망하고 증오하는 것도 아니다. 보통 우리 마음에 과거의 일이 일어날 때 순수하게 일어나지 않는다. "왜 그때 그렇게 하지 않았지? 좀 더 잘 했어야 하는데", "내가 그렇게 불쾌한 일을 그 사람에게 당했으니 꼭 갚아주고 말거야", "그때 그 사람과 같이 있을 때 느낌이 좋았지, 다시 그때 기분이 되었으면" 등. 조주는 과거에 자신이 한 일을 말하지만 어떤 감정도 여기에 묻히지 않는다. 조주는 통사와 시제를 갖춘 문장으로 표현하면서도, 그런 통사와 시제를 넘어서 있는 초연한 자리를 드러내고 있다. 이 초연한 자리는, 들뢰즈의 용어로 말하면, 질문하는 스님과 대답하는 조주, 그리고 이 공안을 읽는 우리들 모두를 출렁이게 하는, 전-개체적$^{pre-individual}$이고, 비-인격적인$^{non-personal}$ 장의 대사건^{Event}이다.

4. 나복蘿蔔(409): 진주에서 큰 나복蘿蔔이 난다

조주에게 한 스님이 물었다.

"화상께서는 남전을 친히 뵈었다고 하는데 그렇습니까?"

선사가 대답했다.

"진주에서 큰 나복蘿蔔이 난다"[56]

남전은 조주의 스승이다. 조주는 스승 남전을 40여 년 동안 모셨다. 조주에게 묻는 스님도 남한테서 들어(承聞) 이 점을 잘 알고 있었지만, 짐짓 남전을 친히 뵈었느냐 하고 묻고 있다. 조주가 남전을 모셨다는 것은 세상 사람들이 다 알고 있는 사실인데, 지금 이 스님은 친히 뵈었느냐고 물으며, 조주가 어떻게 대답하는지 조주의 역량을 시험하는 중이다. 자, 여러분이 이런 상황에 있다면 어떻게 대답하겠는가? 오랜 세월 스승 남전을 모셨고 이 사실을 누구나 잘 알고 있고 묻고 있는 스님도 알고 있는데 물으니 어처구니없다고 생각할 것이다. "이 사람 지금 뭐 하는 거지?" 하고 속으로 짜증을 낼지도 모르겠다. "그래, 친히 뵈었다. 나야말로 남전을 오랜 세월 모셔 사람이다" 하고 우쭐거리면서 말이다. 아니면 "아니 도대체 남들도 아는

---

56) 위의 책, 334쪽 하단. 趙州因僧問, "承聞和尙親見南泉是否?" 師云, "鎭州出大蘿蔔頭".

사실을 당신도 알 터인데 왜 묻는 거요?" 하고 따질지도 모른다. 그런데 우리는 지금 화두를 읽고 있는 중이다. 조주가 스님과 법거량을 하며 스님을 맞이하여 깨달음으로 이끌어주어야 하는 상황이다. 화두를 읽는 우리들은 묻는 스님이 되기도 하고 답하는 조주가 되기도 하며 두 사람의 법거량을 통해 깨달음으로 이끌려야 한다. 조주가 스님을 인도하듯이 말이다. 그러므로 짜증을 가라앉히고 또 우쭐대지도 말며 이 화두를 읽는 내 마음을 잘 관찰해 가야 한다.

"그렇다, 친히 뵈었다"고 하면 친히 뵈었다는 엄연한 사실을 긍정하는 것이다. 그러나 이러한 긍정은 남전을 친히 뵈었다는 사실과 일치하긴 하지만, "남전을 뵘"이라는 사건^event^을 드러낼 수 없다. "남전을 뵘"을 "그렇다, 남전을 친히 뵈었다"고 긍정하며 지난 과거의 사실로 만들어버리기 때문이다. 또, "그렇지 않다, 친히 뵙지 않았다"고 하면 친히 뵈었다는 사실에 반하게 된다. 조주는 이런 점을 알고 있었기에 친히 뵈었다고 긍정도 하지 않고, 친히 뵙지 않았다고 부정도 하지 않는다. 각운은 이 점을 이렇게 해설한다.

> 만일 남전을 이었다고 하면 자기의 도도함을 저버리는 것이 되고, 만일 남전을 잇지 않았다고 하면 스승의 막대한 은혜를 저버리는 것이 된다.[57]

남전을 친히 뵙고 뵙지 않음은 "친히 뵘"이라는 사건 후에 나오는 것이기 때문에, 그래서 조주는 "진주에서 큰 나복이 나온다"고 대답한다. 나복은 무의 일종이라고 한다. 이 문맥에서 중요한 것은 나복

---

57) 위의 책, 335쪽 중단. 若道嗣南泉, 辜負自己壁立千仞; 若道不嗣南泉, 辜負先師莫大之恩也.

이 무의 일종이냐 아니냐가 아니라 진주에서 나복이 나온다는 점이다. 뵙다, 뵙지 않다라는 긍정과 부정을 떠난 자리를 드러내려면, 뵈었다거나, 뵙지 않았다고 말할 수 없다. 의미를 드러내기 위해서는 일단 선험적으로 무의미로 들어가야 한다.

5. 조주趙州(410): 동문, 남문, 서문, 북문이다

> 조주에게 한 스님이 물었다.
> "무엇이 조주입니까?"
> 조주가 대답했다.
> "동문, 남문, 서문, 북문이다."
> 스님이 말했다.
> "그런 것을 물은 것이 아닙니다."
> 선사가 말했다.
> "그대가 조주를 물었느냐?"
> 그러고 나서 말했다.
> "니聻!"58)

조주 선사는 하북성 서쪽에 있는 조주성 관음원에 머물고 있었는데 조주성의 조주를 따서 조주라고 불리었다. 조주를 찾아온 한 스님이 조주에게 "무엇이 조주입니까?" 하고 묻는다. 조주가 머물고 있는

---

58) 위의 책, 336쪽 상단. 趙州因僧問, "如何是趙州?" 師云, "東門, 南門, 西門, 北門." 僧云, "不問者个". 師云, "你問趙州? 聻!"

조주성을 묻는 것인지, 조주 선사를 묻는 것인지 대답하고자 하는 사람은 알 길이 없다. 만약 조주성을 묻는 것으로 알고서 대답한다면 조주 선사를 묻는 것이라고 할지 모르고, 만약 조주 선사를 묻는 것으로 알고서 대답한다면 조주성을 묻는 것이라고 할지도 모른다. 스님은 조주가 어떻게 대답을 하는지 조주의 도력을 시험하고 있는 중이다. 이 질문에 대해서 조주는 깨달은 사람으로서 경지를 보여주는 한 마디, 곧 일전어―轉語를 해야 하는 처지에 놓여 있다. 그렇게 함으로써 묻는 스님이 만약 아직 깨닫지 못한 사람이라면 깨달음으로 이끌어주어야 하고, 만약 이미 깨달은 사람이라면 묻는 스님이 조주와 함께 깨달음의 자리에 있다는 것을 확인해주어야 하는 상황에 놓여 있는 것이다.

조주는 묻는 스님의 의중을 알아차렸으므로, 즉 조주성을 물은 것인지, 조주 선사 자신을 물은 것인지 어느 한 쪽으로 결정할 수 없다는 것을 알아차렸으므로, 어느 한 쪽으로 결정하여 대답하면 안 되었다. 이 공안을 읽는 우리가 조주와 함께 이런 스님의 의중을 알아차렸다면, 스님이 질문한 방식대로 대답하는 모습을 조주에게서 발견해야 한다. 둘 중의 어느 하나를 결정하여 대답한다면, 가령 조주성 쪽으로 결정하여 조주성은 어떠어떠하다라든가, 조주 선사 쪽으로 결정하여 조주 선사는 어떠어떠하다고 대답한다면, 한 쪽에 정착하는, 들뢰즈가 말하는 "정착적 분배the sedentary distribution"를 행하게 된다. 그렇게 되면, "무엇이 조주입니까?"라는 질문으로 조주의 깨달음의 경지를 시험하려는 스님의 의중을 간과하게 되고, 나아가 이 스님의 도력을 간파하지 않은 것이 된다.

조주는 "동문, 남문, 서문, 북문이다." 하며 대답했다. 이 대답은 성에는 동문, 남문, 서문, 북문 네 개의 문이 있듯 조주성에도 네 개의 문이 있다고 대답한 것처럼 보인다. 그러나 조주는 스님의 질문의 성격을 알아차리고 스님의 질문과 동일한 방식으로 대답한 것이다. 즉, 조주성에도 동문, 남문, 서문, 북문이 있지만, 나 조주에게도 동문, 남문, 서문, 북문이 있다고 대답한 것이다. 그러니까 조주성을 물은 것이라면, 동문, 남문, 서문, 북문은 조주 선사의 문이 되고, 조주 선사를 물은 것이라면 동문, 남문, 서문, 북문은 조주성의 문이 된다. 조주의 답 동문, 남문, 서문, 북문은 조주성과 조주 선사 양쪽으로 출렁이고 있다. 이쪽을 말하자마자 저쪽이 되고, 저쪽을 말하자마자 이쪽이 된다. 어느 한 쪽으로 결정되지 않는다. 아마도 들뢰즈가 말하는 '포괄적 이접inclusive disjunction'은 바로 이런 것을 두고 하는 말이리라.

그런데 어떻게 동문, 남문, 서문, 북문이 양쪽으로 출렁일 수 있는 것일까? 조주성도 성이니까 네 개의 문이 있다는 것을 짐작할 수 있지만, 조주 선사는 어떻게 네 개의 문이 될 수 있는 것일까? 이 공안은 『벽암록』 제9칙에도 나오는데, 『벽암록』에서는 여기에서 끝나지만, 『선문염송』에는 앞에서 본 대로 다음과 같은 문답이 이어진다.

"그런 것을 물은 것이 아닙니다"
"그대가 조주를 물었느냐?" "니!"

"그런 것을 묻는 것이 아닙니다"라는 말을 보면, 스님은 조주의 동문, 남문, 서문, 북문을 조주성의 네 개의 문으로 이해하고, 자기가 물은 것은 조주 선사를 물은 것이지 조주성을 물은 것이 아님을 암시하고 있다. 스님은 자신의 물음이 어느 한 쪽으로 결정될 수 없다는 것을 강력하게 시사하고 있는 것이다. 이 말에 조주는 "그대가 조주를 물었느냐?" 하고 스님에게 묻는다. 이 물음 속의 조주는 조주 선사를 가리킨다. 동문, 남문, 서문, 북문을 조주성에 대한 대답으로 보고 "그런 것을 묻는 것이 아닙니다" 하며 조주를 힐책한 스님한테 "조주성을 물었느냐?" 할 수는 없기 때문이다. "그대가 조주를 물었느냐?" 하는 조주의 질문에 스님이 대답했다면 어떻게 대답했을까? "맞습니다, 조주를 물은 것입니다" 하고 대답할까? 스님은 조주성과 조주 선사 양쪽에 물음을 걸어놓았다. 조주성을 물은 것이냐 하면 조주 선사를 물은 것이라 할 것이고, 조주 선사를 물은 것이냐 하면 조주성을 물은 것이라 할 것이다. 그래서 또한 스님은 "그런 것을 물은 것이 아닙니다" 하고 대답했을 것이다. 조주는 스님을 "그런 것을 물은 것이 아닙니다"로 돌아가게 하고 있다. "그런 것을 물은 것이 아닙니다"가 진정으로 무엇을 뜻하는지 알아차리게 하고 있다. 그러고 나서 바로 "니聻!" 하고 외친다. "니"란 말은 '이嗄', '허嘘' 등과 같이 상대방의 입을 다물게 하거나, 다른 뜻을 찾아보라고 할 때 쓰이는 말이다.[59] "니"라는 말은 "그런 것을 물은 것이 아닙니다" 하는 스님의 말을 깊게 파고들어 그 진정한 뜻을 드러낸 말이다. "그런 것을 물은 것이 아닙니다"는 부정을 담고 있는 소극적 표현이지만, "니"는 조주성을 묻는 것과 조주 선사를 묻는 것을 넘어서 있으며 조주성과 조주 선사 양쪽으로 발산하게 하는, 들뢰즈의 "적극적인(=순수긍정적인) 역설적 심급positve paradoxical instance"이다. 조주 선사의 네 개의 문은 이처럼 동문, 남문, 서문, 북문 사방으로 개방되어 있다.

---

59) 『선문염송·염송설화 4』, 166쪽, 각주10.

6. 끽다喫茶(411): 차를 마시게나

조주가 한 스님에게 물었다.

"여기에 온 적이 있는가?"

스님이 대답했다.

"온 적이 있습니다."

선사가 말했다.

"차를 마시게나."

또, 다른 스님에게 물었다.

"여기에 온 적이 있는가?"

스님이 대답했다.

"온 적이 없습니다."

선사가 말했다.

"차를 마시게나."

원주院主가 물었다.

"어찌하여 온 적이 있다고 하는 이에게도 차를 마시라 하고, 온 적이 없다고 하는 이에게도 차를 마시라 하십니까?"

선사가 "원주!" 하고 불렀다.

원주가 "예" 하고 대답했다.

선사가 말했다.

"차를 마시게나."60)

---

60) 『한국불교전서』 제5책, 337쪽 중단. 趙州問僧, "曾到此間否?" 僧云, "曾到". 師云, "喫茶去. 又問僧, "曾到此間否?" 僧云, "不曾到". 師云, "喫茶去". 院主問, "爲什麼曾到也敎伊喫茶去, 不曾到也敎伊喫茶去?" 師召院主. 主"應喏!". 師云, "喫茶去".

조주는 여기에 와 있는 스님들에게 "여기에 온 적이 있는가?" 하고 묻는다. 이 물음에 한 스님은 "여기에 온 적이 있다"고 답하고, 다른 한 스님은 "여기에 온 적이 없다"고 답한다. 여기에 와 있지만 온 적이 있기에 온 적이 있다고 말하고, 여기에 와 있지만 온 적이 없기에 온 적이 없다고 답한다. 그럴 수 있다. 하지만 '여기'를 어떻게 규정하는가에 따라 이 공안에 대한 해석은 다르게 전개될 수 있다. '여기'가 단순히 조주의 육신이 머물고 있는 곳이라면, 스님들이 비록 여기에 와 있더라도, 온 적이 없다면 온 적이 없다고 답할 수 있고, 온 적이 있다면 온 적이 있다고 답할 수 있다. 실제로 있었던 일이기 때문이다. 하지만 스님들은 깨달음을 구하러 깨달음을 얻은 조주 선사가 머무는 곳에 와 있다. 조주 선사는 지금 깨달음의 자리에 있다. 그렇기에 조주 선사는 스님들에게 단순히 선사의 육신이 거주하는 곳에 온 적이 있는가 하고 묻는 것이 아니라, 깨달음의 자리에 온 적이 있는가 하고 묻고 있다. '여기' 곧 '깨달음의 자리'에 한 스님은 온 적이 있다고 답하고, 다른 한 스님은 온 적이 없다고 답한다. '여기'에 와 있으면서 온 적이 있다고 말하는 스님은 와 있으면서 왔다고 하는 중복에 처하게 되고, 여기에 와 있으면서 온 적이 없다고 말하는 스님은 상반에 처하게 된다.

조주는 온 적이 있다고 답하는 스님에게도, 온 적이 없다고 답하는 스님에게도 "차를 마시게나" 하고 말한다. 온 적 있음과 온 적이 없음의 충돌이 "차를 마시게나" 이 한 마디에 해소된다. 와 있으면서 온 적이 없다고 하는 스님이나 와 있으면서 온 적이 있다고 하는 스님 모두 이미 조주 선사가 머무는 곳, 즉 깨달음의 자리에 놓여 있음을 깨닫게 해주는 말이다. 사실 두 스님은 각각의 동일성에 놓여 있었다. 여기에 와 있는 여기에 온 적이 있는 스님과, 여기에 와 있는 여기에 온 적이 없는 스님으로서 말이다. 동일성을 전제하면서 여기에 와 있는 여기에 온 적이 없는 스님으로, 여기에 와 있는 여기에 온 적이 없는 스님으로 분리되고 있다. 조주는 "차를 마시게나" 하고 말함으로써 이러한 각 스님의 동일성을 깨고 스님들이 모두 깨달음의 자리에 놓여 있다는 것을 보여준다. 이렇듯 조주의 "차를 마시게나"는, 조주, 한 스님, 다른 한 스님이 놓여 있는 깨달음의 자리를 보여주는 말이다.

"차를 마시게나"란 말을 듣고 스님들이 차를 마셨는지, 마시지 않았는지, 어떻게 했는지 아무 말이 없기에 이후의 일은 알 수 없지만, 조주의 "차를 마시게나"라는 말을 문자 그대로 받아들이고 차를 마셨다면 스님들은 조주의 말을 알아듣지 못한 것이다. "차를 마시게나"라는 말은 앞에서 말한 의미를 가지는 것이기에 활구活句이기 때문이다. 조주의 "차를 마시게나"라는 말의 의미를 알아차리고 마셨다면, 스님들의 차 마시는 행위는 각자 고요하게 차 마시는 행위가 될 것이다. 각자 고요하게 차 마시는 행위를 상상해 보자. 이만큼 평등한 행위가 있을까? 서로를 수용하며 자신의 일에 몰두하는 이 평등한 행위! 깨달음의 자리는 중생 모두가 평등한 자리이다.

여기에서 공안이 끝날 수 있는데, 이후의 일이 부가돼 있다. 이 대화를 현장에서 보고 들은 원주 스님은 조주 선사에게 왜 여기에 온 적이 있다고 하는 스님에게도 차를 마시라 하고, 여기에 온 적이 없다고 하는 스님에게도 차를 마시라고 하는가 묻는다. 이런 물음을 받을 때 여러분 같으면 어떻게 대응하겠는가? 역시 원주 스님에게도 조주가 앞의 두 스님에게 그렇게 했듯이 바로 "차를 마시게나"라고 하지 않겠는지? 아니면 덕산처럼 방을 휘두르거나 임제처럼 할을 외치지 않겠는지? 이런 것들도 모두 답이 될 수 있겠지만, 조주는 그렇게 하지 않았다. 조주는 배우는 사람들에게 언어 아닌 언어로, 말 없는 말로 법문을 하기로 이름난 분이다. 앞의 두 스님을 깨달음으로 이미 인도했기에 이제 조주는 원주 스님을 따로 깨달음으로 인도한다. "원주!" 하고 선사가 부르고 원주 스님은 이에 "예" 하고 응답한다. 앞에서 우리는 "여기에 온 적이 있는가?" 하는 조주의 물음에 한 스님은 온 적이 있다고 대답하고, 다른 한 스님은 온 적이 없다고 대답한 것을 보았다. 조주는 묻고 스님들은 대답했다. 그리고 이 두 대답이 깨달음의 자리에서 일치하고 있음을 보았다. 조주는 이제 이 물음과 대답을 부름과 응답으로 바꾸고 있다. 두 스님들에게 한 조주의 물음 "여기에 온 적이 있는가?"는 "원주!" 하는 부름으로, 스님들의 대답 "온 적이 있다"와 "온 적이 없다"는 원주의 "예!" 하는 응답으로 바꾸고 있다. 물음과 대답이 부름과 응답으로 바뀔 수 있는 것은 물음과 대답을 통해 이 자리에 참여하고 있는 사람들이 모두 깨달음의 자리에 놓이게 되었기 때문이다.

조주의 부름과 원주의 응답 후에 조주는 예의 "차를 마시게나"라고 말한다. 부르고 응답하는 것으로 끝날 수도 있었겠지만, 원주의 질문이 "각 스님의 경우에 왜 모두 '차를 마시게나'라고 합니까?"였기에 조주는 "차를 마시게나"라고 말함으로써 원주 스님이 두 스님이 놓여 있는 깨달음의 자리에 이미 놓여 있다는 것을 다시 확인시켜주고 있다.

7. 대산臺山(412): 오대산 가는 길이 어디요?

오대산 가는 길목에 한 노파가 있었다.

스님들이 종종 물었다.

"오대산 가는 길이 어디요"

노파가 대답했다.

"곧장 가시오."

스님이 몇 걸음 채 가지도 않아 노파가 말했다.

"멀쩡하게 생긴 스님이 또 저렇게 가는군."

후에 한 스님이 이 일을 이야기했더니, 선사가 말했다.

"노승이 그를 감파해주겠다."

선사가 이튿날 그 노파에게 가서 그렇게 물으니, 노파는 역시 그렇게 대답했다.

선사는 돌아와서 대중들에게 말했다.

"내가 그대들을 위해 노파를 감파해냈다."61)

공안을 해독하는 과정은 공안을 한 글자 한 글자 놓치지 않고 읽어
가며 활구活句를 발견하여, 이를 사구死句와 관련지어 풀어가는 과정이
다. 활구는 평이하게 등장하는 사구들로부터 불현듯 돌출하기도 하
고, 또 어떤 상황에서는 활기 없는 사구가 되어 불현듯 침하하기도
하므로 우리는 바짝 긴장해서 활구와 사구의 관계를 살펴보아야 한
다. 이 공안은 이 점에서 고도의 집중과 사색을 요구하는 화두이다.
이 공안은 후반부의 사건이 전반부의 사건에 은폐된 채로 중첩되어

---

61) 위의 책, 339쪽 하단. 趙州因臺山路有一婆子. 凡有僧問, "臺山路向什處去?" 婆云, "驀直去!"
僧纔行三五步, 婆云, "好箇阿師又伊麼去也". 後僧擧似師, 師云, "待老僧去勘破". 師明日便去
如是問, 婆亦如是對. 師歸謂衆云, "我爲汝勘破婆子了也".

있기 때문에, 활구를 발견하기가 쉽지 않다.

먼저 스님과 노파가 문답하는 전반부에서 활구를 찾아보고, 이어서 스님과 조주, 조주와 노파가 문답하는 후반부에서 활구를 찾아보겠다. 공안을 읽는 우리들은 깨달음을 얻은 선사와 문답을 나누는, 공안에 등장하는 수행자들과 더불어 깨달음을 얻고자 노력하는 자들이다. 깨달음을 얻고자 한다면 사구와 활구의 차이를 간별하여 활구를 곧바로 간파할 수 있어야 하는데, 그렇게 하기 위해서 먼저 본칙을 한 줄 한 줄 한 단어 한 단어 꼼꼼히 읽으며 활구를 찾고 이 과정을 분석해보도록 하겠다. 이 공안은 스님이 노파에게 길을 묻고 노파가 답하는 전반부(오대산 가는 길목에 …… 또 저렇게 가는군)와, 스님이 문제를 해결하고자 노파와 있었던 일을 조주에게 전하고 조주가 노파를 감정하는 후반부(후에 한 스님이 …… 노파를 감파해냈다)로 구성돼 있다.

이렇게 전반부와 후반부 두 부분으로 구성돼 있지만, 무게가 후반부 쪽으로 기울어 있다. 전반부에서는 스님과 노파의 대화가 겉에 노출돼 있지만 후반부에서는 스님이 한 대로 물었다고 되어 있을 뿐 조주와 노파의 대화가 노출돼 있지 않고, 스님과 조주 사이에 있었던 "감파해주겠다", "감파해냈다"라는 말만이 돋아나 있을 뿐이기 때문이다. "감파해주겠다"고 하면서 무엇을 어떻게 감파해냈다는 것인지 겉에 노출돼 있지 않아 문제를 해결하고자 하는 욕구가 후반부에서 더 강렬하게 일어난다. 조주도 스님이 한 대로 물었다고 했으니 이를 겉으로 노출시켜 전반부와 후반부를 보여주면 다음과 같을 것이다.

　스님: 오대산 가는 길이 어디요?

노파: 곧장 가시오.

(스님이 몇 걸음 곧장 간다.)

노파: 멀쩡하게 생긴 스님이 또 저렇게 가는군.

조주: 오대산 가는 길이 어디요?

노파: 곧장 가시오.

(조주가 몇 걸음 곧장 간다.)

노파: 멀쩡하게 생긴 스님이 또 저렇게 가는군.

보다시피, 후반부는 전반부가 노파에게 가서 감파해주겠다와 노파한테서 돌아와 감파해냈다 사이에 포개져 들어가 있기 때문에, 조주가 무엇을 어떻게 감파해냈다고 하는 것인지 더 의문을 가지게 된다. 또 후반부에서는 이 공안을 읽는 우리들이 스님과 더불어 조주의 말과 행동을 지켜보게 되므로, 후반부를 해독할 때는 이렇게 복잡하게 중첩되어 있는 것들을 펼쳐 보일 수 있어야 한다.

먼저 전반부에서 활구를 찾아보도록 하자. 스님의 "오대산 가는 길이 어디요"는 깨달음을 구하러 문수 보살이 있는 오대산으로 가고자 하며 묻는 것이기에 사구死句이다. 스님의 이 물음에 노파는 "곧장 가시오" 하고 답하는데, 이 또한 스님의 물음을 받아 단순히 답하는 것이기에 사구이다. 하지만 이 사구는 잠시 사구로 위장하고 있을 뿐 곧 활구로 나타나게 된다. 스님은 노파의 말대로 오대산 쪽으로 곧장 가는데, 그러자 마자 노파는 "멀쩡하게 생긴 스님이 또 저렇게 가는군" 하며 핀잔을 준다. 이 말을 들은 스님은 노파와 있었던 일을 해결해야 할 문제로 인지하여 조주에게 알리게 되는데, 여기서 우리들은 노파의 "곧장 가시오"가 오대산 쪽으로 "곧장 가시오"라는 말이 아니겠는데 하며 아무런 결정도 내리지 못한 채 긴가민가하는 스님의 모습을 그려볼 수 있겠다. 그렇다고 해서 "곧장 가시오"가 '오대산 가는 길로 곧장 가시오'를 뜻하는 것이 아니라 '깨달음을 얻으려면 바로 지금 이 자리에서 구하시오'를 뜻한다고 하며 중의적으로 이해해서는 안 된다. 왜냐하면 '간다', '가지 않는다' 중 어느 한 쪽으로 결정하지 못하긴 하지만, 노파의 말 "곧장 가시오"를 해결해야 할 문제로 인지하여 의문이 시작되었기 때문이다. 스님한테 이 노파의 말 "곧장 가시오"가 활구가 되어 가고 있다는 것은, 이 공안의 작자가 문제를 놓고 거론한다는 뜻의 '거사擧似'라는 용어를 써서 스님이 조주에게 노파와 있었던 일을 전하는 표현으로 삼았다는 데서도 알 수 있다. 그러나 스님은 노파와 있었던 일을 조주에게 전하고 무슨 뜻인가 알려고 했기에 말의 세속적 의미에 매여 있다. 노파의 "곧장 가시오"가 활구임을 아직 모르고 있는 것이다.

이처럼 "곧장 가시오"는 이어지는 노파의 "또 저렇게 가는군"이라는 말로 인하여 활구가 된다. 정확히 말하면, 스님과 노파 사이의 대화에 끼어들어 노파의 의도를 온전히 간파한 사람한테만 활구가 된다. 스님은 의문을 내지만 여전히 세속적으로 의심을 해결하려 하는데, 이 "곧장 가시오"가 스님한테 진정한 활구가 되려면 후반부에 나오는 조주의 활구를 간파할 수 있어야 한다.

전반부의 활구는 노파의 말 "곧장 가시오"였다. 그렇다면 후반부의 활구는 무엇일까? 스님이 노파와 자신 사이에 있었던 일을 조주에게 알리는 바로 그 순간 조주는 이미 노파의 "곧장 가시오"가 활구임을 알아차렸다. 스님에게 한 말 "감파해주겠다"가 감파할 수 있는 능력이 있는 자만이 할 수 있는 말이기 때문이기도 하고, 또 돌아와서는 감파할 수 있는 능력을 실현했음을 "그대들을 위하여 감파해냈다"는 법어로 스님들에게 선언했기 때문이기도 하다. 그렇지만 우리들은 우리들의 깨달음을 위하여 노파의 활구를 찾아냈듯이, 또 우리의 깨달음을 위하여 조주가 감파한 곳이 어디인가를 스님과 더불어 알아보지 않으면 안 된다. 조주가 감파한 곳은 어느 곳일까? 그곳은 바로 스님이 묻고 행동한 곳이다. 스님은 "오대산 가는 길이 어디요" 하고 묻고, 노파의 말을 따라 오대산 쪽으로 곧장 간다. 말과 행동이 모두 사구死句이다. 하지만 비록 스님이 한 대로 묻고 걸어가긴 했지만, 조주의 이런 말과 행동은 사구가 아니라 활구이다. 왜냐하면 스님과 달리 조주는 "오대산 가는 길이 어디요" 하고 노파를 감파해보려고 물었을 따름이지, 오대산으로 가려고 한 것은 아니었기 때문이다. "오대산 가는 길이 어디요"라는 말은 '오대산 가는 길이 어디요'라는 의미를 담지 않는다. 아무 의미가 없는 말이다. 그렇다고 아무 의미가 없는 말이 아무런 지시를 가지지 않는 말인 것은 아니다. 무의미한 말은 빈 말을 지시하고, 이러한 빈 말은 빈 사물과 서로 엮여져 있다. 임자 없는 자리와 자리 없는 임자로서 역동적으로 엮여 있기에 일정한 기능을 수행한다. 이 공안에서 "곧장 가시오"라는 활구는 문제를 해결하고자 하는 스님이 조주에게 자신과 노파 사이에 있었던 일을 전달하는 기능을 수행한다.62)

조주의 "오대산 가는 길이 어디요"라는 물음에 노파는 스님에게 했듯이 "곧장 가시오" 하고 대답한다. 스님이 물었듯이 조주 또한 그렇게 물었다고 생각했기 때문이다. 노파가 스님한테 하는 이 말은 전에는 활구이었지만 이제 사구가 되고 만다. 조주의 말과 행동이 활구가 되는 그만큼, 노파의 말은 사구가 된다. 노파가 이어서 "또

---

62) 질 들뢰즈, 앞의 책, 143~146쪽; Gill Deleuze, 앞의 책, 66~69쪽.

저렇게 가는군" 하고 말했지만, 이 역시 "곧장 가시오"와 마찬가지로 조주에게도 이 공안을 읽는 우리들에게도 활구가 되지 못한다.

노파는 이처럼 조주에게 완전히 감파당한 것이다. 노파를 감당할 수 있었던 스님이 없었다는 것은 노파의 "또 저렇게 가는군"의 "또"라는 바로 이 한 단어에서 읽어낼 수 있다. 조주는 노파에게 노파가 감파당했다는 사실을 알리지 않았고 알릴 필요도 없었다. 노파를 감당할 수 있는 스님이 없었기에 노파가 늘상 "곧장 가시오"라는 말을 한 것일 뿐 노파가 스스로 깨달음의 능력을 접은 것은 아니기 때문이다.

조주는 돌아와서 "그대들을 위하여 노파를 감파해냈다"고 스님들에게 선언한다. 스님들은 이 조주의 말에 "어떻게 무엇을 감파해냈다는 것인가?" 하며 의문을 품기 시작할 것이다. 왜냐하면 조주가 한 스님이 했듯이 노파에게 물었다는 말은 스님들한테 하지 않았기 때문이다. 따라서 스님들은 저 한 스님과 노파 사이에 있었던 일에 주목하게 될 것이다. 조주의 "감파해냈다"는 말에 노파의 "곧장 가시오"가 왜 활구가 되는지 참구하게 될 것이다. 전반부보다 후반부에 무게가 실리는 한 이유다.

조주가 돌아와서 노파와 있었던 일들을 보고하지 않았어도 이 일을 겪은 스님들 역시 어떻게 일이 진행되었을지 짐작하고 있다. 자신들한테 일어난 일이 그대로 조주에게도 일어났으리라 짐작하고 있다. 만약 조주가 이 스님들한테 일어난 일이 자신한테도 그대로 일어났다고 드러내놓고 말했다면, 노파와 조주 사이에 있었던 일의 현장성을 잃게 되기 때문에 스님들을 깨달음으로 인도할 수 있는 길을 열어주지 못했을 것이다. 조주는 이 공안의 작자와 공모하며 "감파해주겠다"와 "감파해냈다" 사이 일정한 시간 동안 벌어진 일을 교묘

하게 감추고 있다. 이런 점에서 조주의 "내가 그대들을 위하여 감파해냈다"는 매우 의미심장한 말이라고 할 수 있다. "그대들을 위하여"에 방점이 찍으며 이 말을 들어야 할 터인데, 까닭인즉 이 말은 현장에서 조주의 말을 듣는 스님들뿐만 아니라 공안을 읽는 우리들에게도 해당하는 말이기 때문이다. 노파, 조주, 스님, 공안의 작자, 공안의 독자 모두 숨겨져 있다가 돌연 드러나게 되는 활구에 동참하고 있는 것이다.

8. 지도至道(413): 지극한 도는 어렵지 않다

조주가 시중 법문을 했다.

"지극한 도는 어렵지 않으니 오직 간택을 꺼릴 뿐이다. 말하자마자 간택이거나 명백이다. 노승은 명백에 머물지 않거늘 그래도 그대들은 소중히 간직하겠는가?"

그때 한 스님이 물었다.

"명백에 머물지 않거늘 무엇을 소중히 간직합니까?"

조주가 대답했다.

"나도 알지 못한다."

스님이 말했다.

"스님께서 알지 못하거늘 어찌하여 명백에 머물지 않는다고 하십니까?"

조주가 대답했다.

"묻는 일이 끝났으면 절 올리고 물러가게나."[63]

---

63) 『한국불교전서』 제5책, 344쪽 중단. 趙州示衆云, "至道無難, 唯嫌揀擇. 纔有語言, 是揀擇是

『선문염송』에는 조주의 "지도무난 유혐간택至道無難 唯嫌簡擇" 즉 "지극한 도는 어렵지 않으니 오직 간택을 꺼릴 뿐이다"와 관련된 공안이 제413 지도至道, 제414 천상天上, 제415 과굴窠窟, 제416 위인爲人 이렇게 4칙이 있다. 『벽암록』에도 이 순서대로 제2칙, 제57칙, 제58칙, 제59칙 이렇게 4칙이 있다. 모두 "지극한 도는 어렵지 않으니 오직 간택을 꺼릴 뿐이다"로 시작되는데, 제413칙에는 조주의 말로 되어 있고, 다른 나머지 3개의 칙에는 한 스님의 말로 되어 있다. "지도무난 유혐간택"은 삼조승찬三祖僧璨(?~606)의 『신심명信心銘』 초두에 나오는 말로, 조주가 이 말을 인용하는 이유는, 우리가 지극한 도를 얻기 위해서 『신심명』 같은 책들을 읽지만, 지극한 도를 얻는다는 것 즉 깨달음을 얻는다는 것은 이 책들에서 하는 말을 이해하는 데 있는 것이 아니라 수행하여 증득證得하는 데 있다고 생각했기 때문이다. 그런데 우리가 깨달은 이한테서 증득에 관한 말을 듣고 이 말을 이해하는 데 그친다면, 말과 증득이 분리될 수 있다. 말을 증득과 분리하지 않기 위해서는 증득에 관한 말이 바로 증득이 되게끔 하지 않으면 안 된다.

　그래서 조주는 말을 통해 깨달음을 얻게 하기 위해 깨달음을 언급하는 승찬의 『신심명』에서 '지도', '간택' 등의 말들을 따오지만, 조주의 이 말들은 교학적 의미에 터잡고 있는 것이 아니다. 말을 통해 깨달음을 얻게 하고자 하는 것이기에, 조주는 이 교학적 의미의 말들을 곧바로 깨달음으로 이끄는 말로 전환시키고 있다. 조주는 일상의 말들은 물론 불교 경전의 모든 말씀도 활구가 될 수 있다는 것을

明白. 老僧不在明白裏, 是汝還護惜也無?" 時有僧問, "旣不在明白裏, 護惜箇什麼?" 州云, "我亦不知". 僧云, "和尙旣不知, 爲什麼却道不在明白裏?" 州云, "問事卽得, 禮拜了退".

잘 알고 있었다. 이 본칙들에서 조주는 방편상 승찬의 말을 끌어온 것일 따름이다.

말이 활구가 되는 과정은 항상 사구와의 관계 속에서 이루어지기 때문에 우리가 이 공안들을 읽을 때 문답 상대자인 스님의 말 곧 사구에 조주가 어떻게 대응하나 보면서 활구를 발견해 가야 한다. 공안 속에서 활구를 발견해 가는 과정은 활구를 참구하는 과정이기도 한다.

조주는 승찬의 『신심명』 초두에 나오는 말을 인용하며 법문을 하고 있는데 이 부분을 온전하게 제시하면,

지극한 도는 어렵지 않으니 오직 간택을 꺼릴 뿐이다.
미워하고 사랑하지만 않으면 확연히 명백하다.

이다. 승찬은 간택의 예로 미워하고 사랑하는 일을 들고 이러한 간택을 하지 않으면 지극한 도가 확연히 명백하게 나타난다고 표명한다. '지도至道', '간택揀擇', 증애憎愛', '명백明白'이라는 낱말들이 순서대로 나오고, '지도'와 '명백', '간택'과 '증애'가 짝을 이루고 있다. 하지만 조주는 앞의 두 구를 인용하며 '지도'와 '간택'을 언급할 뿐이다. 마지막 구의 '명백'이라는 낱말을 인용하지만 "말하자마자 간택이거나 명백이다" 하는, 자신이 만든 새로운 문장 속에 넣고 있을 따름이다. 조주는 이처럼 승찬의 '간택'이나 '명백'과 같은 낱말을 사용하여 새로운 문장을 만들어냈는데, 이는 사람들이 이 낱말들을 지성에 의거해서 이해하는 데 그치지 않고 이 말들을 통해 깨달음으로 인도되길 바라는 마음에서이다.

그러므로 조주가 비록 승찬의 말을 인용할지라도 한 낱말 한 낱말

유의해서 살펴볼 필요가 있다. 먼저, 조주가 "말하자마자 간택이거나 명백이다"라고 했을 때 이 '말하자마자'가 '무엇을 말하자마자'라는 것일까 하고 물음을 던져볼 수 있다. 문맥으로 보아 '무엇'은 바로 앞에서 인용한 승찬의 말 "지극한 도는 어렵지 않으니 오직 간택을 꺼릴 뿐이다" 안의 지극한 도 곧 지도를 가리킨다. '어렵지 않다', '간택을 꺼린다'는 지도至道에 관한 언명이기 때문이다. 그렇다면 조주의 "말하자마자 간택이거나 명백이다"는 "지도를 말하자마자 간택이거나 명백이다"로 바꾸어 읽을 수 있겠다.

그렇다면, 지도至道를 말하자마자 왜 간택이 되는 것일까? 표현할 수 없는 지도를 '지도'라고 규정하며 말했기 때문이다. 지도至道를 말하자마자 왜 명백이 되는 것일까? 지도를 표현하는 '지도'는 무의미를 지시하는 비의어秘義語64)이기 때문이다. 그런데 "말하자마자 간택이거나 명백이다"라고 말할 때 조주는 '명백'을 무의미의 비의어로서가 아니라 간택과 대비되는 말로 사용한다. 바로 이어서 "노승은 명백에 머물지 않거늘 그런데도 그대들은 소중히 간직하겠는가?" 하고 말한 데에서 이 점을 간취할 수 있다.

조주는 지도至道를 말하는 순간 간택이 되거나 명백이 된다고 말한 직후, 자신은 간택에도 있지 않지만 명백에도 있지 않다고 말한다.

"노승은 명백에 머물지 않거늘 그런데도 그대들은 소중히 간직하겠는가?"

---

64) 가령 '진여眞如'로 번역되는 'tathāta'(그러함)나 '진실眞實'로 번역되는 'tattva'(그것임)는 비의어秘儀語, esoteric words로, 특정한 상태나 특정한 사물을 지시하는 말이 아니다. 이런 비의어에 대해서는 보론 346~349쪽을 볼 것.

그런데 조주는 여기서 "소중히 간직하겠는가" 하고 물었지 "무엇을 소중히 간직하겠는가" 하고 물은 것은 아니었다. 간택의 부정인 명백에 머물고 있었던 것이 아니기에 조주는 의도적으로 '무엇'을 구체적으로 지시하지 않고 공백으로 두었다. 조주가 "명백에 머물지 않는다", 즉 "명백 속에 있지 않다"고 말했을 때 스님은 '있지 않다'를 '있다'의 부정으로 보았기 때문에, 명백 속에 있지 않다면 소중히 간직할 것도 없으며, 명백 속에 있어야 소중히 간직할 것이 있다고 생각했다. 조주의 공백은 명백 속에 있지 않음의 다른 표현인데도 이 공백을 발견하지 못한 것이다.

그때 한 스님이 물었다. "명백에 머물지 않거늘 무엇을 소중히 간직합니까?"
조주가 말했다. "나도 알지 못한다."

조주는, "명백 속에 있지 않다"를 "명백 속에 있다"와 반대되는 의미를 담은 문장으로 이해하고, "소중히 간직하겠는가"를, "무엇을 소중히 간직하겠는가"로 이해하는 스님을 배움[65]으로 인도하기 위해 "나도 알지 못한다"고 답한다. 이렇게 질문하는 것을 보면 소중히 간직하는 것이 무엇인지를 모르니까 알려고 하는 것이지만, 조주가 "알지 못한다"고 했을 때는 네가 알지 못하듯이 나 역시 알지 못한다고 하는 뜻이 아니다. 스님의 '알지 못하다'와 조주의 '알지 못하다'는 뜻이 다르다. 스님의 '알지 못하다'는 사구死句이지만 조주의 '알지

---

65) 여기서 '배움learning'은 '앎knowledge'과 대비되는 말이다. '배움'에 대해서는 질 들뢰즈 지음, 김상환 옮김, 『차이와 반복』, 한길사, 2008, 362~366쪽을 볼 것.

못하다'는 활구活句이다. 스님과 똑같은 말을 취하지만, 알지 못해 나온 스님의 질문은 사구이지만 "알지 못한다"는 조주의 답은 의정疑情을 일게 하기에 활구이다. 다시 말해, 조주의 "알지 못한다"를 스님의 질문과 같은 사구로 읽지 않게 되는 것은 이 말이 "알지 못한다"라는 사구에 바탕을 두고 있는 스님의 질문에 대한 답이기 때문이다. 만약 공안을 읽는 우리들이 조주의 이 말을 활구로 읽지 않는다면, 이는 조주의 말을 스님의 사구에 대한 답으로서 받아들이지 않았기 때문일 것이다.

조주는 "말을 하자마자 간택이거나 명백이다"에서 "명백에 머물지 않는다"를 거쳐 "무엇을 소중히 간직하는지 알지 못한다"에 이르고 있다. 애초에 간택이거나 명백이다 하며 양 극단의 가지 둘을 쳐놓고 명백에 머물지 않는다고 했기 때문에 조주의 "알지 못한다"는 "명백에 머물지 않는다"와 "소중히 간직하지 않는다"가 그렇듯이 활구이다.

스님이 말했다. "스님께서 알지 못하거늘 어찌하여 명백에 머물지 않는다고 말씀하십니까?"
조주가 말했다. "묻는 일이 끝났으면 절 올리고 물러가게나."

명백 속에 있지 않음을 말하려면 명백 속에 있음을 알아야 한다. 조주는 명백 속에 있지 않다고 말했으니 무엇을 소중히 간직하는지를 알아야 한다. 이것은 스님의 생각이다. 스님은 여전히 조주의 "명백 속에 있지 않다", "소중히 간직하다"를 사구로 이해하듯 "알지 못하다"는 말을 사구로 이해하고 있다.

조주는 스님의 마지막 질문에 문답이 있고 나면 통상적으로 하는 행동을 "묻는 일이 끝났으면 절 올리고 물러가게나" 하는 말로 표현함으로써 마무리를 짓고 있다. 질문에 통상적인 행동을 표현하는 말로 대답함으로써, 즉 여태까지 해 왔던 직접적인 대답과 달리 아무런 답도 하지 않음으로써 질문하는 자의 질문만 남게 하고 있다. 그러므로 이 말 역시 활구이다. 조주의 이 답은 이처럼 공백이므로, 스님의 질문은 아무런 규정적인 답을 얻지 못함으로써 의문으로 남게 되는 것이다. 스님은 이후 이러한 공백 속에서 자신이 던진 질문을 반복하게 될 것이며, 그렇게 하면서 "알지 못하다", "명백 속에 있지 않다" 등 부정적인 것$^{the\ negative}$[66]이 담긴 말로부터 해방되는 힘을 얻게 될 것이다.

9. 천상天上(414): 천상천하 유아독존!

한 스님이 조주에게 물었다.

"지극한 도는 어렵지 않으니 오직 간택을 꺼릴 뿐입니다. 어떠한 것이 간택하지 않는 것입니까?"

조주가 대답했다.

"천상천하 유아독존!"

스님이 말했다.

"이 말 역시 간택입니다."

조주가 말했다.

---

66) '부정적인 것'이란 제한, 대립, 모순을 말한다. 이에 대해서는 질 들뢰즈 지음, 김상환 옮김, 위의 책, 158~161쪽을 볼 것.

"이 멍청한 놈아, 어디가 간택이냐?"

스님은 아무 말이 없었다.[67]

스님은 조주의 말을 그대로 따라하고 나서 "간택하지 않는다는 것은 어떠한 것입니까?" 하고 조주에게 묻고 있다. 즉, 지도至道를 얻으려면 간택하지 않아야 하는데 이렇게 간택하지 않는다는 것은 어떠한 것입니까 하고 묻고 있다. 스님은 간택하지 않음을 정의하려 하고 있고, 이를 어떻게 정의하면 되는가 하고 묻고 있는 것이다. 정의한다는 것은 개념적인 규정을 행한다는 것이다. '간택하지 않음'을 두고 가령 『신심명』에서 말하듯 '미움과 사랑을 하지 않는 것이다' 하고 정의할 수도 있겠다. 그러나 이는 '간택하지 않음' 곧 '지도를 얻음'은 아니다. 간택함이 무엇인가 알면 '간택하지 않음'은 간택함의 부정이므로 '간택하지 않음'을 이해할 수는 있다. 그러나 지도로서의 간택하지 않음이란 이처럼 간택함의 부정인 것은 아니다. 긍정이든 부정이든 '간택하지 않음'은 그러한 명제를 통해 얻어지는 이해를 떠나 있기 때문이다.

스님은 간택하지 않음과 간택함 양 극단[양변兩邊]에 걸려 있다. 간택하지 않음을 보여주려고 조주가 "천상천하 유아독존天上天下唯我獨尊"을 말했지만, 스님은 "이 말 역시 간택입니다" 하며 '간택하지 않음'에 규정을 가했다. "천상천하 유아독존"은 하늘 위에서도 하늘 아래에서도 오직 나만이 존귀하다는 뜻이니, 스님은 아마도 이 '나'를 어떤 특정한 나 즉 석가모니가 아니라 생명이 있는 모든 것 즉 '중생'

---

67) 앞의 책, 346쪽 중단. 趙州因僧問, "至道無難, 唯嫌揀擇. 如何是不揀擇?" 州云, "天上天下唯我獨尊!" 僧云, "此猶是揀擇". 州云, "田庫奴! 什麼處是揀擇?" 僧無語.

을 지시한다고 생각했을지 모른다. 석가모니에 특정되는 '나'가 간택이라면 모든 중생을 지시하는 '나'는 그렇게 특정되는 '나'가 아니기에 '간택되지 않음'일 것이라고 생각했을 것이다. 조주는 "천상천하 유아독존"을 스님이 이런 식으로 읽으리라 예상하고, 이를 '간택하지 않음'의 한 예로서 제시했을 것이다. 그러한 의미가 모든 규정들에서 벗어난 무의미의 활구 즉 "천상천하 유아독존"이라는 '간택하지 않음'에서 생성한다는 점을 보여주어야 했기 때문이다.

조주가 바로 앞 칙에서 "지도는 어렵지 않으니 오직 간택을 꺼릴 뿐이다" 하며 승찬의 말을 인용한 후 바로 "말하자마자 간택이거나 명백이다"라고 말한 바 있다. 조주는 말을 어떻게 사용하느냐에 따라 간택이 될 수도 있고 명백이 될 수도 있다고 생각하고 있는 셈이다. 조주에게 '간택하지 않음'은 지도至道이고 명백이니까 말이다.

"천상천하 유아독존"이 간택이라는 스님의 말에 조주는 "어디가 간택이냐?" 하며 꾸짖는다. 어떻게 보면 조주의 이 말 앞에서, 즉 "천상천하 유아독존"이라는 말로써 이 공안을 끝낼 수 있지 않은가 생각해볼 수도 있겠다. 스님이 "간택하지 않는 것이란 어떤 것입니까" 하고 물었기 때문이다. 스님은 간택하지 않음은 '…이다' 하는 식으로 어떠한 규정을 요구하고 있다. 만약 이런 요구에 응답하고자 한다면, 가령 『신심명』의 말을 다시 인용하여 보여준다면, '간택하지 않는 것'이란 '미움과 사랑을 하지 않는 것이다', '미움과 사랑을 하지만 않으면 명백히 나타나는 것이다' 등등으로 대답하면 될 것이다. 그러나 스님의 질문은 '간택하지 않음'에 대한 것이었다. '간택하지 않음'은 우리가 조주의 말을 따라온 이상 간택함의 부정이 아니다. "천상천하 유아독존"은 '간택하지 않음'을 정의하는 말이 아니라, '간택하지 않음'의 한 예일 뿐이다. '간택하지 않음'의 한 예이므로

"천상천하 유아독존"은 말 그대로의 의미를 지닐 수 있지만 그렇다고 해서 이 말이 '간택하지 않음' 그 자체가 되는 것은 아니다. '간택하지 않음'은 무의미이기 때문이다. 조주는 사구로서의 이 말 곧 "천상천하 유아독존"의 의미를 보존하면서 동시에 폐기하고 있다.

이후 조주는 스님에게 "이 멍청한 놈아! 어디가 간택이냐?" 하고 말함으로써, 또 스님이 이 말에 아무 대꾸도 하지 않음으로써, 스님의 있을 수 있는 단정적 사구死句로 자칫 흩어질 수 있는 활구活句의 힘을 다시 보존하게 하면서, "천상천하 유아독존"을 반복해서 보여주고 있다.

10. 과굴窠窟(415): 이 말에 둥지를 틀고 있는 것은 아닙니까?

한 스님이 조주에게 물었다.

"지극한 도는 어렵지 않으니 오직 간택을 꺼릴 뿐입니다. 당시 사람68)이 이 말에 둥지를 틀고 있는 것은 아닙니까?"

조주가 대답했다.

"일찍이 어떤 사람이 내게 물은 적이 있었지만 5년이 지나도록 분간해서 말할 수가 없었다."69)

조주는 법문을 할 때 "지극한 도는 어렵지 않으니 오직 간택을

---

68) '時人'은 보통 '당시 사람들', '요즈음 사람들'이라는 복수적인 의미로 많이 쓰이지만, 여기서는 문맥상 '그 당시 사람' 곧 조주를 가리키는 것으로 보아야 한다.

69) 『한국불교전서』 제5책, 346쪽 중단. 趙州因僧問, "至道無難唯嫌揀擇. 是時人窠窟否?" 州云, "曾有人問我, 直得五年分疏不下".

꺼릴 뿐이다"라는 승찬의 『신심명』의 말을 자주 했던 모양이다. 『선문염송』나 『벽암록』에 이 '지도무난' 공안이 네 개나 들어 있는 것으로 보아도 알 수 있다. 이렇게 자주 똑같은 이야기를 하는 모습을 보면 이 이야기에 집착하는 것처럼 보일 수 있다. 집착을 버리라고 하며 법문을 하는 이가 똑같은 이야기를 자주 하면 집착하는 것처럼 보이기 때문에 이런 질문을 던진 것이겠다. '과굴窠窟'이란 '둥지를 틀다'는 뜻이다. 똑같은 말을 반복하는 조주의 태도를 집착하는 모습으로 보고 이런 말로 표현했다.

그런데 이런 질문을 던지는 이가 이 스님 한 사람뿐은 아니었던 것 같다. 조주가 답하면서 다른 어떤 사람이 이렇게 물었고, 5년이 지나도록 아무런 해명도 할 수 없었다고 말하는 것을 보면 여러 명의 스님이 이 스님처럼 물었던 것 같다. "일찍이 어떤 사람이 내게 물은 적이 있었지만 5년이 지나도록"이라는 말에서 우리는 그 후에도 조주는 똑같은 '지도무난' 이야기를 해 왔고 이를 5년이라는 세월의 단위로 표현했다는 것을 알 수 있다. 조주가 '지도무난' 법문을 집착하듯 자주 한다는 생각을 하는 사람은 조주의 이 법문이 동일하다고 단정하는 사람이다. 그러나 조주는 '분간해서 말할 수 없었다'고, 즉 '분소分疏할 수 없었다'고 말한다. '지도무난' 이야기에 집착한다고 말하는 사람은 '지도무난' 이야기들을 분리하고 이를 동일한 하나로 통일하는 사람이다. 그러나 조주에게 실제로 있었던 '지도무난' 이야기들은 서로 다른 이야기로 발산하고 서로 같은 이야기로 수렴하는 이야기이다. 질문을 던진 스님은 조주의 이야기들을 분리시키고 이를 동일한 하나의 이야기로 통합해서 각각의 이야기들의 차이를 삭제하고 있다.

이 경우 '5년'이란, 한정된 세월을 지시하는 것이 아니다. 전에도 이런 질문이 있었고 5년이 지난 지금에도 스님의 질문이 있듯이 조주는 세월에 얽매이지 않고 '지도무난' 이야기를 해 왔다. 이는 '당시 사람'이라든가, '일찍이'라든가, '5년'이라든가 하는 객관적 시간을 표시하는 용어들이 아무런 쓸모가 없다는 것을 나타낸다. '지도무난' 이야기는 시간을 넘어서는 이야기이다. 말의 지시적 의미에 사로잡히는 사람들은 5년이라 시간 단위에 걸려들어 여기에서 빠져나오기 어렵다. '일찍이', '5년' 모두 활구 속에 있는 용어들이다. 조주의 대답은 '분간해서 말하다'는 의미의 '분소分疏'라는 말 덕분에 문장 전체가 활구가 되고, 문자 내에 있는 단어들 역시 활구가 된다. 이는 마치 특정한 시간에 말한 '지도무난' 이야기가 활구가 되기에 설령 반복해서 말한다 했을지라도 모두 활구가 되는 것처럼 말이다. 그렇기 때문에 이 '지도무난' 이야기들을 한 데 묶어서 조주가 동일한 이야기에 집착해 왔다고 말해서는 안 된다.

11. 위인爲人(416): 어찌 이 문구를 다 인용하지 않는가?

한 스님이 조주에게 물었다.

"지극한 도는 어렵지 않으니 오직 간택을 꺼릴 뿐입니다. 말을 하자마자 이는 간택입니다. 스님은 어떻게 사람들을 위하겠습니까?

조주가 대답했다.

"어찌 이 문구를 다 인용하지 않는가?"

스님이 말했다.

"저는 단지 여기까지만 생각했을 뿐입니다."

조주가 말했다.

"바로 이것이니 '지극한 도는 어렵지 않으니 오직 간택을 꺼릴 뿐이다'."[70]

사람들로 하여금 지극한 도를 얻게 하려면 승찬이 『신심명』에서 표명한 대로 간택을 하지 않게 하면 된다. 그렇게 하자면 말을 하며 지도해야 하는데, 말을 하자마자 간택이 되고 만다. 사람들을 깨달음으로 인도하자니 말을 해야 하고, 말을 하면 간택이 되니 깨달음으로 인도할 수 없게 된다. 조주는 지금 스님의 질문에 말을 해서도 안 되고 말을 해도 안 되는 상황에 처하게 되었다. "말을 하자마자 간택이다"란, 말을 하자마자 '이다', '아니다' 하는 개념적 규정 곧 분별을 행하게 된다는 것을 뜻한다. 그런데 조주를 비롯한 선사들이 사람들을 깨달음으로 이끌기 위해 하는 말은 사구가 아니라 활구이다. 활구는 간택이 되지 않는 말, 즉 개념적 규정으로 이해되는 말이 아니다.

조주는 스님의 질문대로라면 어떤 방식으로 사람들을 위할 수 있는지, 즉 자신이 얻은 깨달음을 어떤 방식으로 사람들에게 전해주고 사람들을 깨달음으로 인도할 수 있는지 스님에게 이해시키고 설명해야 하는 상황에 처하게 된다. 그러나 질문에 대한 답이 이해시키고 설명하는 방식으로 행해진다면, 조주는 스님이 말한 대로 말하자마자 간택에 걸려들게 된다. 간택하는 성격을 띤 질문에 간택하는 성격을 띤 대답을 하게 되는 것이다. 답을 하더라도 간택이 되고 마니 사람들을 위한 것이 아니다.

조주는 "어찌 이 문구를 다 인용하지 않는가?"라는 말로 대답한다. 우리들이 만일 이 말을 "다 인용하지 않았으니 너의 질문은 바르지

---

70) 위의 책, 347쪽 상단. 趙州因僧問, "至道無難, 唯嫌揀擇. 纔有語言是揀擇. 和尙如何爲人?" 州云, "何不引盡這語?" 僧云, "某甲只念到這裏". 州云, "只這至道無難唯嫌揀擇".

않다"라는 단정이라든가, "마저 다 인용하여 질문하라"라는 요청으로 이해한다면 질문하는 스님이 염려하듯 간택에 걸려들게 된다. 승찬이 『신심명』에서 한 말은 "지극한 도는 어렵지 않으니 단지 간택을 꺼릴 뿐이다. 미워하고 사랑하지만 않으면 확연히 명백하다."이다. 조주의 "어찌 이 문구를 다 인용하지 않는가?"는 뒤의 문장 "미워하고 사랑하지만 않으면 확연히 명백하다"를 마저 알아야 한다는 뜻일까? 아니면 뒤에 이어지는 조주의 "말하자마자 간택이거나 명백이다. 노승은 명백 속에 있지 않거늘 이런데도 그대들은 소중히 간직하겠는가?"를 마저 알아야 한다는 뜻일까? 그렇다면 승찬도 조주도 명백에 대해 말했으니 이 명백을 알면 된다는 뜻일까?

조주는 "어찌 이 문구를 다 인용하는 않는가?"라는 말로 스님의 "어떻게 사람들을 위하겠습니까?"에 답하고 있다. 지금 조주는 사람들 중의 한 사람인 스님을 위하여, 그리고 이 공안을 읽는 우리들을 위하여 말을 하고 있다. 그러므로 조주의 이 말은 문구를 다 인용한다든가 인용하지 않는다든가 하는 데 놓여 있지 않다. 인용한다면 승찬이나 조주의 말을 인용하는 것이 되며, 그렇다면 스님의 질문에 규정적 개념이 담긴 언어를 사용하여 대답한 것이 되기 때문이다. 이는 분별이고 간택이며, 따라서 사람들을 위하는 것이 될 수 없다. 자신의 깨달음과 사람들의 깨달음을 동등한 수준에 올려놓자면, 이러한 간택의 말을 사용해서는 안 된다. 질문에 대한 답이 되지도 않거니와 질문하는 자들을 더욱 깊은 개념적 규정들의 늪으로 빠지게 하기 때문이다.

다시 말해, 조주의 "어찌 이 문구를 다 인용하지 않는가?" 하는 이 말은 인용한다든가 인용하지 않다든가 하는 사구死句가 아니라, 의정疑情을 생성하게 하는, 무의미의 활구이다. 이 활구에 스님은 "저는 단지 여기까지만 생각했을 뿐이다."로 답한다. 조주의 이 말은 "왜 다 인용하지 않았는가?"에 대해 스님의 답을 요구하는 물음이 아닌데도, 스님은 이를 알아차리지 못하고 "왜 인용하지 않았느냐?"는 이유를 대라는 물음으로 알고 답을 하고 말았다. "어떻게 사람들을 위하겠습니까?"라는 자신의 질문에 대한 대답으로 인지하지 못했던 것이다.

조주는 스님의 이 대답에 "바로 이것이니 '지극한 도는 어렵지 않으니 오직 간택을 꺼릴 뿐이다'" 하고 말했다. 스님은 조주의 말을 사구로 받아들여 인용을 다 하지 않았다는 것을 인정했다. 조주의 말을 인용했느냐 혹은 인용하지 않았느냐로, '하다' 혹은 '하지 않다'로 이해했던 것이다. 조주는 인용하느냐, 인용하지 않느냐에 놓여 있지 않은 자신의 말을 깨달음으로 이끌기 위한 활구로 스님이 받아들이지 않았음을 바로 알아차리고 다시 또 한 번 스님을 깨달음으로 인도하기 위해, 또 자신의 활구가 스님의 대답으로 혼탁해지지 않도록 활구를 그대로 보존하기 위해, 뒷부분의 말을 인용하지 않고 스님이 한 말을 다시 반복했다. '하다', '하지 않다'를 오가는 스님의 간택을 끊어준 것이다. 최초에 스님이 "지극한 도는 어렵지 않으니 간택을 꺼릴 뿐이다"고 했을 때 이 말은 사구이었지만, 조주가 반복함으로써 이제 활구가 되었다. 조주는 사구마저 활구로 되살려놓은 것이다. 혹은, 자신의 활구를 원래대로 되돌려놓은 것이겠다.

이제 지도무난에 관한 지도(413), 천상(416), 과굴(417), 위인(418) 네 공안을 한데 모아 정리해보겠다. "지도무난 유혐간택", 즉 "지극한 도는 어렵지 않으니 오직 간택을 꺼릴 뿐이다"는 조주가 평소에 법문을 할 때면 자주 거론하던 말이라고 한다. 그래서인지 『선문염송』과 『벽암록』에는 이 말로 시작되는 공안 4칙이 실려 있다. 맨 앞의 칙은 조주의 말로, 다른 세 칙은 스님의 말로 되어 있다. 조주의 말로 시작되든, 스님의 말로 시작되든 이 공안들의 공통된 특징은 문답의 끝에 가서 "지도무난 유혐간택"이 활구로 드러난다는 점이다. "지도무난 유혐간택"을 활구로 드러내는 조주의 다양한 대답은 사구에 매여 있는 스님들의 다양한 질문 덕분이다. 스님들의 질문을 일목요연하게 보여주면,

"지극한 도는 어렵지 않으니 오직 간택을 꺼릴 뿐이다. 말하자마자 간택이거나 명백이다. 노승은 명백에 머물지 않거늘 그래도 그대들은 소중히 간직하겠는가?"

그때 한 스님이 물었다. "명백에 머물지 않거늘 무엇을 소중히 간직합니까?"

—제413 지도至道

한 스님이 조주에게 물었다. "지극한 도는 어렵지 않으니 오직 간택을 꺼릴 뿐입니다. 어떠한 것이 간택하지 않는 것입니까?"

—제414 천상天上

한 스님이 조주에게 물었다. "지극한 도는 어렵지 않으니 오직 간택을 꺼릴 뿐입니다. 당시 사람(=조주)이 이 말에 둥지를 틀고 있는 것은 아닙니까?"

—제415 과굴窠窟

한 스님이 조주에게 물었다. "지극한 도는 어렵지 않으니 오직 간택을

꺼릴 뿐입니다. 말을 하자마자 이는 간택입니다. 화상은 어떻게 사람들을 위하겠습니까?"

—제416 위인爲人

이다. 이 중 제414칙의 질문에 대해서는 "천상천하 유아독존"이라고 답함으로써, 제415칙의 질문에 대해서는 "'지도무난 유혐간택'을 말할 때마다 분간해서 말한 적이 없다"고 답함으로써, 제416칙의 질문에 대해서는 "지도무난 유혐간택"을 반복함으로써 "지도무난 유혐간택"이 활구로 드러나게 된다. 특히 마지막 제416칙에 와서 우리는 "지도무난 유혐간택"이 활구로 가장 명백히 드러나고 있어서, 이 본칙을 통해 "지도무난 유혐간택"으로 시작되는 다른 세 공안도 또한 이 활구로 끝을 맺게 된다는 점을 확인할 수 있다. 다양한 질문에 다양하게 대답했지만 결국 무의미의 한 활구로 향하고 있는 것이다.

공안을 읽는 우리들은 질문을 하는 스님들과 같이 "지도무난 유혐간택"을 이해하는 데 머물고 있다가, 조주와 스님 간의 문답을 따라가며 이 이해를 뚫고 나와 "지도무난 유혐간택"이라는 깨달음의 경지로 오르는 길에 즉각적으로 놓이게 된다. "지도무난 유혐간택"이 사구에서 활구로 전환되면서, 이해하고 말하기 전에 이미 우리는 활구 속에 있었다는 엄연한 진리眞理를 깨닫게 된다.

12. 불성佛性(417): 개에게도 불성이 있습니까?

한 스님이 조주에게 물었다.

"개에게도 불성이 있습니까?"

선사가 대답했다.

"있다[유有]."

스님이 물었다.

"있다면 무엇 때문에 이 가죽부대 안으로 들어왔습니까?"

선사가 대답했다.

"개가 알면서도 고의로 범했기 때문이다."

또, 한 스님이 물었다.

"개에게도 불성이 있습니까?"

선사가 대답했다.

"없다[무無]."

스님이 물었다.

"모든 중생이 다 불성이 있는데 무엇 때문에 개는 없습니까?"

선사가 대답했다.

"개는 업식業識이 있기 때문이다."71)

이 공안은 전반부와 후반부로 나뉜다. 전반부와 후반부가 모두 "개에게도 불성이 있습니까?"라는 스님들의 질문으로 시작하지만, 똑같은 질문에 대해 조주는 전반부에서는 "있다[유有]"라고 대답하고 후반부에서는 "없다[무無]"라고 대답한다. 이처럼 유有와 무無는 모두 "개에게도 불성이 있습니까?"라는 똑같은 질문에 대한 대답들이다. 똑같은 질문에 대한 대답들이기에 유와 무는 똑같은 말이 된다. 이로부터 우리는 유는 무와 상대되는 유로 정착하지 않고, 무는 유와

---

71) 위의 책, 347쪽 중단. 趙州因僧問"狗子還有佛性也無?"師云, "有". 僧云"旣有爲什麼却撞入者个皮袋?"師云, "爲他知而故犯". 又有僧問, "狗子還有佛性也無?"師云, "無". 僧云, "一切衆生皆有佛性. 狗子爲什麼却無?"師云, "爲伊有業識在".

상대되는 무로 정착하지 않는다는 것을 알 수 있다. 즉, 유와 무를 사구死句로 보자면 유는 무의 부정으로 정립되고 무는 유의 부정으로 정립되지만, 유와 무를 활구活句로 보자면 유는 무를 만나 해체되고 무는 유를 만나 해체되어 밑 모를 심연으로 함몰한다. 이 공안 전반 부의 유와 후반부의 무는 모두 이러한 활구活句이다.

먼저 전반부의 유有가 활구가 되는 과정을 살펴보도록 하자. "개에 게도 불성이 있습니까?" 하는 스님의 질문에 '있다[유有]'라는 조주의 대답을 담고 있는 전반부로 끝났다면, 이 '있다'는 얼핏 '없다'와 상대 되는 말로 이해될 수 있다. 그러나 후반부에서 다른 스님의 똑같은 질문과 이에 대한 조주의 대답 '없다[무無]'가 나오기에 이 '있다'는 단순히 '없다'의 상대되는 말로 이해될 수 없다. 전반부의 '있다'는 후반부의 '없다'를 만남으로써 활구임이 드러난다.

전반부에서 스님은 조주의 '있다'를 '없다'와 상대되는 '있다'로 이해하고는 "개에게 불성이 있다면 왜 이 가죽부대 속으로 들어왔습 니까?" 하고 다시 질문한다. 스님은 개로부터 분리되어 있는 불성이 개의 가죽부대 곧 개의 육신 바깥에 있다가 개의 육신 안으로 들어온 다고 생각하고 있다. 조주는 스님의 이런 생각을 읽어내고 "개가 알면서도 고의로 범했기 때문이다" 하고 대답한다. 조주의 이 대답 은 스님의 생각을 짐짓 따라주며 대답하는 방행放行이다. 조주는 이렇 게 대답하면서, 만일 스님 그대가 내가 말한 '있다'를 그런 식으로 이해한다면, 불성의 안과 바깥이 있게 되며 그 경우 바깥에 있던 불성이 육신 안으로 들어오려면 작위적으로 그렇게 할 수밖에 없다 는 것을 보여주고 있다.

후반부에서 다른 한 스님 또한 "개에게도 불성이 있습니까?" 하고 묻고 조주는 "없다[무無]"라고 대답한다. 전반부의 '있다'가 이 '없다'

를 만나 활구가 되었듯이, 이 '없다' 역시 전반부의 '있다'를 만나 활구가 된다. 그런데 이 '없다'는 이어지는 두 번째 문답 덕분에 활구의 성격이 강화된다. 이 점을 드러내 보도록 하자. "모든 중생들에게 불성이 있다"고 믿고 있는 당대에 한 스님은 이 언명에 의심을 품고서 조주에게 "개에게도 불성이 있습니까?" 하고 질문하고, 이에 조주는 '무無' 하고 대답한다. 『무문관』 제1칙 「조주구자趙州狗子」 공안은 여기에서 끝난다. 『무문관』의 '무無'는 "모든 중생한테 불성이 있다고 하는데 왜 없다고 할까?" 하는 의정疑情을 우리들에게 곧바로 일으키고, 이 의정을 반복해서 잡아가며 사색해 가게 한다.[72] 그러나 『선문염송』의 이 공안에는 이어서, "모든 중생이 다 불성이 있는데 무엇 때문에 개는 없습니까?" 하는 스님의 질문, 그리고 "개에게는 업식이 있기 때문이다" 하는 조주의 대답이 나온다. "모든 중생이 다 불성이 있는데 무엇 때문에 개는 없습니까?" 하고 묻는 스님은 '유'와 '무' 둘 중에서 하나를 잡으려 하고 있다. 여전히 '유'에 매여 있으면서 "왜 없습니까?" 하고 질문하는 것이기에 이 '무'는 '유'에 매여 있다. 스님은 모든 중생에게 불성이 있다고 하는데 왜 개에게는 없는가 하는 의문을 내긴 하지만, 이 의문은 있음을 전제로 하는 의문이다. 그러나 참다운 의문은, 유를 전제로 한 후 무를 묻는 것이 아니라, 전제된 유 자체를 해체시키는 의문이어야 한다. 조주는 짐짓 "개에게는 업식이 있기 때문이다"—업식이 있기 때문에 개에게는 불성이 없다[방행放行]—하고 답하여, 스님이 "이건 나도 잘 알고 사실인데 어떻게 이 사실이 개에게는 불성이 없다는 이유가 되지?" 하며 의문을 더욱 깊게 하여 참다운 의문으로 돌아오도록 유도하고 있다. 후반

---

72) 보론에서 『무문관』 제1칙 「조주구자趙州狗子」 공안을 다루고 있다.

부의 무는 이처럼 두 번째 문답이 있기에 활구의 성격이 강화된다.

13. 해자孩子(418): 급히 흐르는 물 위에서 공을 친다

조주에게 한 스님이 물었다.

"갓난애도 6식을 갖추고 있습니까?"

선사가 대답했다.

"급히 흐르는 물 위에서 공을 친다."

스님이 다시 투자에게 물었다.

"급히 흐르는 물 위에서 공을 친다는 뜻이 무엇입니까?"

투자가 대답했다.

"찰나찰나 머물지 않고 흐른다."[73]

한 스님이 조주 선사에게 "갓난애도 6식을 갖추고 있습니까?" 곧 "이제 갓 태어난 애에게도 6식이 있습니까?" 하고 묻는다. 6식은 안식, 이식, 비식, 설식, 신식, 의식이다. 안식은 보는 작용, 이식은 듣는 작용, 비식은 냄새를 맡는 작용, 설식은 맛을 보는 작용, 신식은 감촉하는 작용이다. 의식은 인식하는 작용, 상상하는 작용, 기억하는 작용, 사유하는 작용 등이다. "6식이 있습니까?" 하는 물음은 "6식이 작용합니까?", "다 큰 애들처럼 6식이 작용합니까?" 하는 물음으로 바꾸어볼 수 있다.

---

73) 위의 책, 349쪽 중단. 趙州因僧問, 初生孩子還具六識也無? 師云, 急水上打毬子. 僧復問投子, "急水上打毬子意旨如何?" 子云, "念念不停流".

이 물음은 존재 여부를 묻는다는 점에서 "개에게도 불성이 있습니까?" 하는 물음과 같다. 차이는 불성의 존재 여부가 6식의 존재 여부로 바뀌어 있다는 점이다. 6식의 존재 여부를 묻는 것이기에 불성의 존재 여부를 물을 때처럼 '있다'나 '없다'고 답해 스님을 깨달음으로 인도하면 될 터인데, 조주는 그렇게 하지 않고, "급히 흐르는 물 위에서 공을 친다"고 답한다. 급히 흐르는 물 위에서 공을 치려면 일단 물 위에 공을 놓아야 하는데 물은 끊임없이 흐르고 유동적이기 때문에 그렇게 할 수 없다. 공을 치려면 평평한 땅 위에 공을 올려놓고 쳐야지, 흐르는 물 위에서는 칠 수 없다. 더구나 급히 흐르는 물 위에서 어떻게 공을 칠 수 있겠는가? "갓난애에게 6식이 있습니까?", "6식이 작용합니까?" 하는 스님의 물음을 조주는 평평한 땅 위에서 공을 치듯 흐르는 물 위에서 공을 치려고 하는 일에 빗대고 있다. '있다'거나 '작용한다'고 답하려면 갓난애의 6식을 6식이라는 말로 가두어야 하는데 그렇게 할 수 없다. 갓난애가 눈, 귀, 코 등이 있고, 울고 움직이는 것을 보면 6식이 작용한다는 것을 알 수 있지만, 다 큰 애들이나 어른과 같이 6식이 작용하는 것은 아니기 때문이다.

스님은 6식이라는 용어를 전제하고 이를 갓난애에게 적용하려 하고 있다. 가령 스님은 안식이라는 용어를 사용해서, 갓난애에게도 눈이 있긴 하지만, 다 큰 애나 어른처럼 볼 수 있는 것이 아니다 하며 갓난애의 눈을 정의하려 한다. 혹은, 갓난애에게는 애愛와 증憎 같은 분별은 없지만 고苦와 락樂 같은 느낌은 있으니 안식이라는 말을 적용할 수 있다고 생각했을지도 모른다. 하지만 갓난애의 눈 또는 눈의 작용을 안식이라는 용어로 정의하기 시작하면 갓난애는 자신의 고유한 눈을 상실하고 만다. 이를 조주는 "급히 흐르는 물 위에서 공을 친다"로 묘사하고 있다.

스님은 투자에게 가서 조주가 한 말의 뜻을 묻는다. 투자 선사는 "찰나찰나 멈추지 않고 흐른다"고 답한다. 투자는 조주의 의도를 알아 차리고 "급히 흐르는 물 위에서 공을 친다"를 "찰나찰나 멈추지 않고 흐른다"로 바꿔놓고 있다. 이 말 역시 갓난애의 6식은 6식이라는 용어로 정의할 수 없다는 것을 보여주는 말이지만, 위장을 더 깊게 하면서 스님을 깨달음의 자리에서 더 멀리 떨어져 있는 곳으로 유인하고 있다. 조주는 잡을 수 없는 것을 시각적인 언어를 써서 표현하고 있지만, 투자는 이를 관념적인 언어로 표현하고 있다. 만약 스님이 이말의 겉으로 드러난 뜻에 사로잡힌다면 "갓난애도 6식을 갖추고 있습니까?" 하는 자신의 물음을 벗어나게 된다. 묻고 나서 물음을 잊게 되는 셈이다. 투자는 조주와 짝이 되어 "찰나간에도 멈추지 않고 흐르는 것을 그대는 멈춰 세워서 안식 등 6식이라 부르는구나" 하고 말하고 있다. "6식이라 부를 수 없는 것을 6식이라 불러 갓난애 자체를 6식에 가두고 있구나" 하고 말하고 있는 것이다. 선사들은 이렇게 우리를 겉으로 드러난 뜻으로 유혹한다. 화두를 풀려면 자꾸 격이 높은 의미로, 관념적인 의미로 해석하려는, 이러한 유혹을 이겨내야 한다.

이 스님은 무슨 뜻인지 몰라 다시 투자를 찾아가 알아보려고 한 것이겠지만, 두 선사 중 한 사람이 패배하는 모습을 보고자 했을지도 모른다. 하지만 이 화두는 이 스님을 통해 두 선사가 대등하다는 것을 보여주려고 했다. 실제로 투자는 조주와 유사한 표현을 사용하지만 조주의 말에 휩쓸리지는 않는다. 조주의 의중을 알아차리고 교감하면서도 조주의 시각적인 언어와는 다른, 자신만의 관념적인 언어를 구사하고 있기 때문이다.

14. 간전^{看箭}(419): 화살을 보라!

> 조주가 수유를 찾아가서 법당으로 올라가자마자, 수유가 말했다.
>
> "화살을 보라!"
>
> 선사도 말했다.
>
> "화살을 보라!"
>
> 수유가 말했다.
>
> "지나갔다!"
>
> 선사가 말했다.
>
> "맞았다!"74)

조주와 수유^{茱萸} 두 선사가 법거량하는 장면을 상상해보자. 수유를 찾아와 법당에 들어선 선사는 조주이다. 조주가 법당에 들어섰으니 수유는 조주에게 대응하지 않을 수 없다. 법당은 법을 논하는 장소이기 때문이다. 수유는 도전해 오는 조주에게 "화살을 보라" 하며 대응했다. 조주 역시 "화살을 보라" 하며 맞대응한다. 지금 허공에 두 화살이 서로를 향해 날아가는 중이다. 한 사람은 주인이고 한 사람은 손님이지만 대등하다. 팽팽히 맞서 있다. 먼저 수유가 "지나갔다"고 말하고 이에 맞서 조주가 "맞았다"고 말한다. 누가 쏜 화살이 누구를 지나갔다고 말하는 것일까? 수유가 조주를 향해 쏜 화살이 조주를 맞추지 못하고 "지나갔다"고 한다면 조주 또한 "지나갔다"고 말해야 하지 "맞았다"고 말해서는 안 된다. 또, 만약 조주가 수유를 향해

---

74) 위의 책, 350쪽 상단. 趙州訪茱萸, 才上法堂, 萸云"看箭!" 師亦云"看箭!" 萸云"過"也 師云 "中"也.

쏜 화살이 수유를 맞추지 못하고 지나갔기에 수유가 "지나갔다"고 말했다면, 조주 또한 "지나갔다"고 말해야 하지 "맞았다"고 말해서는 안 된다. 이로부터 우리는 이 공안이 "지나갔다", "맞았다"에 초점을 두는 것이지 화살을 쏜 주체는 문제로 삼지 않는다는 점을 알 수 있다.

수유의 "지나갔다"는 말을 자신을 향해 쏜 조주의 화살이 자신을 맞추지 못하고 지나갔다는 말로 이해해보자. 수유는 "지나갔다"고 말하지만 조주는 "맞았다"고 말한다. 조주가 쏜 동일한 하나의 화살을 두고 한 사람은 "지나갔다"고 말하고 다른 한 사람은 "맞았다"고 말한다. 이 점을 동일한 하나의 사태를 두고 서로 다른 인식을 했다는 것으로 받아들여야 할까? 지나갔으면 지나갔고, 맞았으면 맞았지 동일한 사태를 두고 한 사람은 지나갔다고 말하고 다른 한 사람은 맞았다고 말할 수는 없다. 그렇기 때문에 한 사람의 말은 참이고 다른 한 사람의 말은 거짓이라고 단정할 수도 없다. 법거량하는 조주와 수유 두 선사는 판단의 진리가 아니라 이 진리가 발생되어 나오는 진리 혹은 진실眞實; tattva을 전하고자 하기 때문이다.

그렇다면 이 공안은 눈에 보이게 표상할 수 없다. 처음에 우리는 조주와 수유의 법거량하는 장면을 눈에 보이게 표상해보았지만, 이제는 수유의 "지나갔다", 조주의 "맞았다"는 말로 인해 표상할 수 없게 되었다. 눈에 보이게 표상할 수 있다면 표상되는 장면은 날아가는 도중에 두 화살이 허공에서 맞부딪혀 떨어지는 장면이거나, 서로를 향해 날아간 화살이 서로를 맞추거나 둘 중 한 사람을 맞추거나 맞추지 않거나 하는 장면일 것이다. 허공에서 맞부딪혀 떨어지는 경우는 서로에게 빗나가는 경우와 같다. 수유의 화살이 조주를 맞추거나 맞추지 못하는 경우는 조주의 화살이 수유를 맞추거나 맞추지 못하는 경우이다. 결국, 수유와 조주가 모두 상대의 화살에 맞는 경우, 둘 다 상대의 화살에 맞지 않는 경우, 둘 중의 한 사람이 맞는 경우이다. 이른바 4구인 것이다. 그런데 수유가 "지나갔다"고 말하고 조주가 "맞았다"고 말했기 때문에 우리가 이렇게 눈에 그리도록 상상한 장면은 완전히 삭제되고 만다. 동일한 하나의 화살을 두고 한 사람은 지나갔다고 말하고 다른 한 사람은 맞았다고 말했기 때문에, 날아간 동일한 화살을 눈에 그려볼 수 없다. 그렇다면 우리는 이 공안에서 무엇을 배울 수 있는가? 맞았다, 맞지 않았다 하기 전에 맞았다, 맞지 않았다 하고 판단하는 것을 가능하게 하는 영역, 깨달음의 자리가 있다는 것이다.

15. 상추相推(420): 향을 고여 오라

조주의 회상에서 두 스님이 서로 미루면서 수좌가 되지 않으려 했다.
지사知事가 이를 선사에게 아뢰니, 선사가 말했다.
"모두를 제2좌로 삼으라."
지사가 물었다.
"누구를 제1좌로 삼아야 하겠습니까?"
선사가 대답했다.
"향을 고여 오라."
지사가 향을 고여 오니, 선사가 말했다.
"계향, 정향, 혜향이로다."[75]

---

75) 위의 책, 350쪽 하단. 趙州會中, 兩僧相推不肯作首座. 知事白師. 師云, "惣敎作第二座". 知

두 스님이 서로 미루면서 수좌가 되지 않으려 하기에 선사는 두 스님을 모두 제2좌로 삼으라고, 절의 일을 맡아보는 책임자인 지사知事에게 명한다. 제2좌는 수좌 다음 가는 자리이다. 조주는 두 스님을 따라 제1좌, 제2좌 등 좌의 등급을 매기면서, 일단 두 스님을 두 스님이 하고자 하는 대로 살려두고 있다. 방행放行을 하고 있다. 이렇게 되면 수좌 자리가 비게 될 것이다. 그래서 지사知事가 "누구를 제1좌로 삼아야 하겠습니까?" 하고 조주에게 묻자, 조주는 "향을 고여오라"고 명한다. 예불을 할 때 향을 고여와 부처님 앞에 모신다. 이때의 향은 우리의 코[비근鼻根]로 냄새를 맡을 수 있는 향이다. 지사가 이렇게 향을 고여오자 조주는 느닷없이 "계향, 정향, 혜향"이라고 말한다. 예불을 할 때 이 3향이 들어간 5분향分香[76]을 암송하지만 지금은 예불을 하고 있을 때가 아니라 제1좌를 정하려 하고 있을 때이다. 우리의 감관 중 하나인 비근鼻根에 포착될 수 있는 향이 조주의 말로 인해 비근에 포착될 수 없는 향으로 바뀌고 있다.

계향, 정향, 혜향의 계, 정, 혜는 3학學이라 해서 불교의 수행자라 하면 꼭 배워야 할 배움들을 의미한다. 계戒는 정과 혜를 수행하기 위해서 꼭 지켜야 할 것들이다. 가령 재가자의 5계 중 하나에 술을 마시지 말라는 것이 있다. 술을 마시면 마음이 산란해져서 정을 닦기가 어렵기 때문이다. 마음을 한 대상을 집중하는 것이 정定인데 이런 정을 잘 유지할 수 있어야 혜가 흔들리지 않을 수 있다. 호수의 물결이 바람에 흔들리지 않을 때[정定] 얼굴을 잘 비추어볼[혜慧] 수 있는

事云, "不知敎甚人作第一座." 師云, "裝香來". 知事裝香了. 師云, "戒香, 定香, 慧香".

76) 5분향分香은 5분법신分法身을 향에 비유한 것으로 계향, 정향, 혜향, 해탈향, 해탈지견향을 말한다. 5분법신은 부처와 아라한이 갖추고 있는 5종의 공덕으로 계신戒身, 정신定身, 혜신慧身, 해탈신解脫身, 해탈지견신解脫知見身을 말한다.

것과 같다. 혜慧는 반야이다.77) 혜는 가려본다는 뜻의 간택簡擇으로 정의된다. 간택은 분별과 다르다. 가령 무상한 것을 상주하는 것(영원한 것)으로 본다면 분별이지만, 무상한 것을 무상한 것으로 있는 그대로 본다면 간택이다. 우리는 늘상 상주하는 것을 집착해 왔고 상주하는 것을 그리기에 이 상주하는 것이 실제로는 무상한 것임을 알지 못한다. 무지이고 분별이다. 우리가 화두를 해독하여 얻고자 하는 깨달음[각覺] 곧 보리菩提78)는 이런 무지와 분별을 궁극적으로 타파하는 무루無漏의 반야 곧 반야바라밀다79)이다. 정과 혜를 잘 닦으려면 계를 잘 지켜야 하듯이, 역으로 계를 잘 지켜야 정과 혜를 잘 닦을 수 있다. 이렇듯 계, 정, 혜는 서로 영향을 미치며 대등한 관계를 형성하고 있다.

지사가 고여온 향은, 조주가 "계향, 정향, 혜향"이라고 말함으로써, 냄새를 맡을 수 있는 향을 지시하지 않게 된다. 향은 무의미의 의미가 된다. 그리하여 계향, 정향, 혜향은 서로 평등하게 교섭하면서 수렴하고 발산하게 된다. 조주가 이렇게 "계향, 정향, 혜향"이라 말하며 전하고자 하는 것은, 그대 스님들은, 동기가 겸양이든 무엇이든, 제1좌를 높은 것으로 제2좌를 낮은 것으로 등급을 매겨 평등하게 보지

---

77) '혜慧'는 범어 'prajñā'의 의역어, '반야'는 음역어일 뿐 이 둘은 똑같은 말이다.

78) '각覺(깨달음)'은 범어 'bodhi'의 의역어, '보리菩提'는 음역어일 뿐 이 둘은 똑같은 말이다.

79) '반야'와 '반야바라밀다'는 구별되어야 한다. 우리는 보통 『반야바라밀다심경』을 『반야심경』으로 줄여 부름으로써 '반야'와 '반야바라밀다'를 혼동하는 경우가 있다. 반야는 세간의 반야(유루의 혜)와 출세간의 반야(무루의 혜)로 나눌 수 있는데, 이 중 세간의 반야는 우리가 깨달음을 얻기 위해 형성하는 문혜(들어서 얻는 지혜), 사혜(생각해서 얻는 지혜), 수혜(사마타와 위빠사나를 닦아서 얻는 지혜)이고, 출세간의 반야는 바로 '반야바라밀다', '완전하게 성취된 반야'이다. 필자가 쓴 글을 읽고 나름대로 이해했다면 여러분은 문혜와 사혜를 얻은 것이다. 출세간의 깨달음을 얻고자 한다면, 먼저 세간의 3혜를 얻지 않으면 안 된다.

않으면서 수용해야 할 것, 수용하지 말아야 할 것 등으로 나누어서 보고 있는데, 계향, 정향, 혜향이 향으로서 모두 평등하듯이 그대들이 앉는 자리 역시 조주로서 모두 평등하다는 점이다. 조주가 앞에서 두 스님을 제2좌, 제3좌로 삼지 않고 모두 제2좌로 삼으라고 명한 것은, 그들이 직책에 따라 구분된 자리를 제1좌와 제2좌를 구분해서 평등하지 않게 보았기 때문에 그들을 모두 2좌라는 평등한 자리에 앉히기 위해서이다. 그러나 이는 1, 2, 3좌 등을 평등하지 않게 여기는 사람들로 하여금 평등을 이해하게 하기 위한 방편일 따름이다. 제1좌는 제1좌로서 해야 할 일이, 제2좌와 제3좌는 각각 또 해야 할 일이 있지만, 이 좌들은 계향, 정향, 혜향이 그렇듯이 모두 평등하다.

16. 백수栢樹(421): 뜰 앞의 잣나무

조주에게 한 스님이 물었다.
"무엇이 조사께서 서쪽에서 오신 뜻입니까?"
선사가 대답했다.
"뜰 앞의 잣나무이다."
스님이 말했다.
"화상께서는 경계를 사람들에게 보이지 마십시오."
선사가 말했다.
"나는 경계를 사람들에게 보이지 않는다."
스님이 다시 물었다.
"무엇이 조사께서 서쪽에서 오신 뜻입니까?"
선사가 대답했다.

"뜰 앞의 잣나무이다."

법안이 각철취에게 물었다.

"조주 선사에게 뜰 앞의 잣나무 이야기가 있다고 하는데 그런가?"

각철취가 대답했다.

"선사께서는 그런 말씀이 없었소."

법안이 다시 물었다.

"지금 천하의 모든 이가 한 스님이 조주 선사에게 '무엇이 조사께서 서쪽에서 오신 뜻입니까?' 하니, 조주 선사가 대답하되 '뜰 앞의 잣나무이다'라 했다고 전하는데, 어째서 없다 하시오?"

각철취가 대답했다.

"선사를 비방하지 않는 게 좋겠소. 선사께서는 그런 말씀이 없었소."[80]

　조주의 "뜰 앞의 잣나무"는 조사서래의, 곧 "무엇이 조사께서 서쪽에서 오신 뜻입니까?" 하는 한 스님의 물음에 대한 대답이다. 『선문염송』 조주 편에는 조사서래의를 묻는 공안이 이 공안 외에도 세 칙이 더 있다. 이 세 칙과 비교할 때[81] 이 공안의 특징이 더 잘 드러나겠지만, 우선은 이 공안을 이 공안대로 해석할 수 있어야 하겠다.

　달마 대사가 인도에서 중국으로 들어온 이유를 선불교에서는 교외별전, 불립문자, 직지인심, 견성성불이라는 선언적인 말로 정리하고 있다. 이에 대해서는 마조 공안을 다룰 때 언급한 바 있다. 이

---

80) 위의 책, 351쪽 상단. 趙州因僧問, "如何是祖師西來意?" 師云, "庭前栢樹子". 僧云, "和尙莫將境示人". 師云, "我不將境示人". 僧云, "如何是祖師西來意?" 師云, "庭前栢樹子". (法眼問覺鐵嘴, "承聞趙州有栢樹子話是否?" 覺云, "先師無". 眼云, "而今天下盡傳僧問趙州, '如何是祖師西來意?' 州云, '庭前栢樹子'. 如何言無?" 覺云, "莫謗先師好. 先師無此語".)

81) 「글을 마치며」에서 이 네 공안을 비교하며 설명하고 있다.

중 교외별전과 직지인심의 관계에 대해 조금 더 살펴보고 조주의 "뜰 앞의 잣나무"를 해독해보겠다. '교외별전'에는 사람들을 깨달음으로 이끌기 위해 이른바 교敎를 사용하지는 않겠다는 뜻이 담겨 있다. 깨달음이란 무엇인가, 깨달음을 얻기 위해서는 어떻게 해야 하는가 등의 질문에 대답하려 할 때 우리는 고따마 싯다르타의 말씀이든, 이 말씀을 주석하면서 새롭게 등장한 아비달마와 대승의 말씀이든, 그 동안 배워 온 여러 불교 지식을 떠올리게 된다. 하지만 직지인심 하려면, 기왕에 우리가 배워 온 불교 용어의 의미를 삭제하는 언어를 사용해야 한다. 직지인심의 언어가 즉흥성, 현장성을 가질 수밖에 없는 이유이다. 직지인심의 언어는 문답을 나누는 현장에서 새롭게 창출된, 언어 아닌 언어이다. "조주의 뜰 앞의 잣나무" 역시 그런 언어이다. 수많은 선사들이 이후 "뜰 앞의 잣나무"에 대한 수많은 송과 염을 짓고 이에 대해 이야기를 했지만, 교학적인 체계를 형성하지는 않았다.

스님과 조주 이 두 사람이 대화를 나누는 장소를 상상해보자. 방 안에 들어와 대화를 나누고 있고, 방 바깥 뜰에는 잣나무가 있다. 스님이 조사서래의를 묻자 조주는 "뜰 앞의 잣나무"라고 말한다. 스님은 대화를 나누는 곳 바깥 뜰에 있는 잣나무를 조주가 가리킨다고 생각했을 것이다. 그래서 "화상께서는 경계를 사람들에게 보이지 마십시오" 하고 말한다. 원문의 '경境'은 범어 viṣaya를 한역한 용어로, 경계境界로 한역되기도 했다. 그러므로 이 '경계'는 오늘날에 우리가 쓰고 있는 경계선의 '경계'가 아니다. '대상'으로 번역될 수 있는 말이다. 불교 공부를 해본 분들이라면, 6근根, 6경境, 6식識이란 용어를 자주 들어보았을 것이다. 6근은 안, 이, 비, 설, 신, 의근이다. 근根은 보통 감관으로 번역되니까 가령 안근은 안이라는 근 즉 보는 작용을 행하는 눈을 뜻한다. 이러한 눈은 색깔이라는 대상을 본다. 이 색깔이라는 대상이 색경色境이다. 그런데 이 경우 스님이 가리키는 '뜰 앞의 잣나무'는 안식의 대상인 색경이기도 하지만, 의식의 대상인 법경法境이기도 하다. 눈에 보이는 색깔이 '뜰 앞의 잣나무'의 색깔로 통각되기 때문이다.

그런데 스님이 뜰 앞에 실제로 존재하는 잣나무를 조주가 가리킨다고 생각했기에 경계를 사람들에게 보이지 말라고 말한다. 만약 조주가 실제로 존재하는 잣나무를 조사서래의에 대한 대답으로 가리켰다면 스님의 지적은 옳다. (설사 이 잣나무가 상상 속에서, 기억 속에서 존재한다고 해도 마찬가지이다. 후설Husserl의 현상학에 의하면, 기억과 상상은 지각에 기대고 있기 때문이다.) 하지만 조주는 단호하게 "나는 경계를 남에게 보이지 않는다" 하고 말한다. 지금 눈 앞에 보이는 '뜰 앞의 잣나무'는 경계로서 한 스님과 조주에게 나타나 있다. 하지만 조주는 조사서래의의 답으로 제시한 "뜰 안의 잣나무"가 그렇게 스님과 조주에게 나타나 있는 '뜰 앞의 잣나무'가 아니라고 말한다. 아니라고 말했으므로 "뜰 앞의 잣나무"는 눈 앞에 보이는 '뜰 앞의 잣나무'를 지칭하지 않는다. 조주는 지칭되는 '뜰 앞의 잣나무'를 넘어 이 지칭되기 전의 사건으로 넘어갔다.

눈에 보이는 뜰 앞의 잣나무를 뜰 앞의 잣나무로 표현하려면 뜰 앞의 잣나무의 의미가 미리 형성되고 있어야 한다. 그런데 이러한 의미는 뜰 앞의 잣나무가 있다고 할 때도 뜰 앞의 잣나무가 없다고 할 때도 성립할 수 없다. 스님이 "뜰 앞의 잣나무"라는 말을 들었을 때 "남에게 경계를 보이지 마십시오" 한 걸 보면, 스님은 "뜰 앞의 잣나무"라는 말이 지칭할 수 있는 바깥의 사물을 찾고 있는 중이다. 뜰 앞의 잣나무라는 말이 지칭할 대상을 찾고, 있다고 하면 있다고 할 것이요, 없다고 하면 없다고 할 것이다. 하지만 있다는 것도, 없다는 것도 뜰 앞의 잣나무란 말이 지칭하는 대상을 찾기 때문에 나오는 것이다. 이런 점을 살펴보면, 조주의 "뜰 앞의 잣나무"는 눈 앞에 실제로 존재하는 어떤 대상을 찾기 위한 말이 아니다. 오히려 그런 대상의 존재를 넘어서기 위한 말이다.

이 공안은 뒤에 다시 한번 이 대화를 반복함으로써 대상으로 향하는 우리의 마음을 본래의 마음으로 돌려놓는다. 조주는 스님의 조사서래의를 묻는 동일한 물음에 단호하게 대답한다. "뜰 앞의 잣나무이다."

이 공안에는 이 공안에 대한 법안과 각절취의 대화가 덧붙여 있다. 다시 적어보겠다.

법안이 각절취에게 물었다.
"조주 선사에게 뜰 앞의 잣나무 이야기가 있다고 하는데 그런가?"
각절취가 대답했다.
"선사께서는 그런 말씀이 없었소."
법안이 다시 물었다.
"지금 천하의 모든 이가 한 스님이 조주 선사에게 '무엇이 조사께서 서쪽에서 오신 뜻입니까' 하니, 조주 선사가 대답하되 '뜰 앞의 잣나무이다'라 했다고 전하는데 어째서 없다 하시오?"
그러나 각절취가 대답했다.
"선사를 비방하지 않는 게 좋겠소. 선사께서는 그런 말씀이 없었소."

우리는 이 대화에서 조주의 "뜰 앞의 잣나무"가 빈 말을 지시하는 말이라는 점을 확인할 수 있다. 법안이 조주가 뜰 앞의 잣나무를 말하지 않았는가 하는 거듭되는 질문에, 각절취가 거듭해서 그런 말을 한 적이 없다고 말하고 있기 때문이다.

17. 구화救火(422): 불이야! 불이야!

> 조주가 남전의 회상에 있을 때 노두 소임을 보고 있었다. 어느 날 대중들이 운력을 나간 사이에 선사가 선당 안에서 불을 피워놓고 "불이야! 불이야!" 하고 외쳤다. 대중들이 선당 앞으로 몰려오자 선사는 문을 잠그고 들어가버렸다. 대중들은 아무 말이 없었다. 남전이 와서 드디어 열쇠를 가져다가 창틈으로 던져주니 선사가 문을 열었다.[82]

이 시절 조주는 불을 지키고 불을 피우는 노두爐頭 소임을 맡고 있었다.

선을 하는 선당에서 불을 피워놓고 "불이야! 불이야!" 하고 소리를 질렀으니 바깥에서 일을 하고 있던 스님 대중들이 선당으로 와보지 않을 수 없었을 것이다. 불이 났으면 당연히 그 안에 있는 사람을 구해야 할 테니까. 대중들이 몰려왔을 때 조주는 문을 잠가버렸다. 이상한 일이다. 선당에 불이 났으면 불을 피해 바깥으로 달려나와야 할 텐데 도리어 문을 잠그다니. 애초에 불을 피워놓고 "불이야! 불이야!" 하고 외친 것 자체가 실제로 불이 났으니 구해달라는 말이 아니라는 걸 알 수 있다. 불을 피워놓고 불이 났으니 구해달라고 외쳤을

---

82) 『한국불교전서』 제5책, 350쪽 중단. 趙州在南泉, 作爐頭. 一日大衆普請, 師在堂中燒火, 酒叫云, "救火! 救火!" 大衆走到堂前, 師便閉却門. 大衆無語. 南泉遂將鑰匙, 抛從窓裏入, 師便開門.

때 대중들이 몰려오자 조주는 그들이 들어오지 못하도록 문을 잠가
버렸다. 대중들이 무슨 말을 하는가, 어떻게 하는가 보고자 함이었을
것이다. 조주 스스로 문을 잠가버렸으니 대중들은 조주더러 나오라
고 할 수도 없고 그렇다고 문을 따고 들어갈 수도 없는 노릇이다.
스스로 문을 잠근 사람은 바깥에서 열쇠로 문을 따고 들어간다 한들
다시 문을 잠글 게 분명하기 때문이다. 지금 조주는 법거량을 하는
중이다. 이러한 조주의 말과 행동에 대중들은 아무 말이 없었다. 대
응을 못한 것이다.

　그러나 스승인 남전은 달랐다. 열쇠를 창틈으로 던져주었다. 이
화두는 이 지점에 해결의 단서가 있다. 남전이 열쇠를 건네자 조주는
문을 열고 나왔다. 조주가 이 열쇠를 받아 들었다는 말이 없는데,
하지만 열쇠를 받아 들었다고 해도 결과는 마찬가지이다. 열쇠는
바깥에서 문을 따고 들어올 때 필요한 물건이기에, 안에서는 열쇠로
문을 따고 나올 필요가 없기 때문이다. 남전은 조주를 구하러 바깥에
서 문을 따고 들어갔어야 한다. 하지만 남전은 그렇게 하지 않고
창틈으로 열쇠를 던져주었을 뿐이다. 안에서 스스로 문을 잠근 사람
을 구하려 바깥에서 문을 따고 들어갈 필요는 없다. 스스로 문을
잠근 사람에게는 스스로 문을 열고 나오게 해야 한다. 남전은 조주가
스스로 문을 열고 나오게 하기 위해 열쇠를 던져주었고 조주는 이에
호응하여 스스로 문을 열고 나왔다. 왜 그랬을까? 남전이 건네준
열쇠는 문을 여는 열쇠가 아니기 때문이다. 열쇠는 문을 여는 열쇠인
데 문을 여는 열쇠가 아니라니? 바로 이게 해답이다. 열쇠는 조주와
남전의 문답을 통하여 문을 여는 열쇠에서 문을 열지 않은 열쇠로
바뀐다. 정확히 말해 열쇠는 문을 여는 열쇠를 지칭하지 않는다. 열
쇠는 빈 말이다. 열쇠는 텅 비어 있다. 그렇기에 열쇠를 건네주는

즉시 "선당 안에 갇히다"와 "선당 바깥으로 나오다"로 이렇게 안과 밖을 분리하는 경계선이 파괴된다.

조주는 선당에서 불을 피워놓고 살려달라고 외치면서도 대중들이 몰려왔을 때 문을 잠근다. 이런 조주의 모습은 우리 모두의 모습이기도 하다. 스스로 번뇌라는 불을 피워놓고 번뇌의 불로부터 벗어나고자 하면서도 스스로 번뇌의 불 안에 갇힌다. 이러한 갇힘에서 벗어나기 위해서는 지칭에서 벗어난 자유로운 세계로 넘어갈 수 있어야 한다. 우리는 사물을 지칭하면서 욕심을 내고 증오를 하기 때문이다.

18. 상구相救(423): 살려주오! 살려주오!

조주가 남전의 회상에 있었을 때의 일이다. 어느 날 우물에서 물을 긷고 있는데, 남전이 지나가는 것을 보자 우물 기둥을 안고, 한 쪽 다리를 걸고서 외쳤다.

"살려주오! 살려주오!"

남전이 우물 사다리에 오르면서(어떤 본에는 '우물 난간을 치면서'로 되어 있다) 말했다.

"하나, 둘, 셋, 넷, 다섯!"

저녁이 되자 선사가 위의를 갖추고 방장에 올라가서 말했다.

"오늘 화상께서 (저를) 구해주셔서 감사합니다."[83]

---

83) 위의 책, 355쪽 하단~356쪽 상단. 趙州在南泉會裏, 一日在井樓上打水次, 見泉過, 乃抱定柱, 懸一脚云, "相救! 相救!" 泉上楜梯(一本, 打井欄)云, "一二三四五". 師至晩, 具威儀上方丈, 謝云, "今日, 謝和尙相救".

조주는 "살려주오, 살려주오" 하면서, 지나가는 남전에게 물음을 던지며 이 물음에 어떻게 스승인 남전이 답하는지 보고자 하고 있다. 남전은 우물 사다리를 오르면서 "하나, 둘, 셋, 넷, 다섯" 하며 답한다. 필자가 조주의 "살려주오, 살려주오"를 물음으로, 남전의 "하나, 둘, 셋, 넷, 다섯"을 답으로, 이렇게 물음과 답으로 명기한 것은 우물에 빠질지도 모르는 조주를 남전이 구하러 올라가는 모습, 이런 모습을 표상하는 여러분을 이런 표상에 빠져나오게 하기 위해서이다. 조주와 남전은 여기서도 진리를 향해 가는 문답을 하고 있는 중이다. 아니, 진리를 증득한 분들이 서로의 증득을 확인하며 다지고 있는 중이다.

남전이 우물에 빠질지도 모르는 조주를 구하러 올라가는 것이라면 굳이 "하나, 둘, 셋, 넷, 다섯" 하며 수를 셀 필요가 없다. 언제 우물 안으로 떨어질지도 모르는 조주를 황급히 올라가서 조주를 부둥켜안아야 할 것이다. 그러나 만약 이렇게 했다면 조주를 구한 게 아니다. 조주는 지금 스스로 기둥을 잡고 "살려주오, 살려주오" 하며 진리를 구하고자 하는 것이기 때문이다. 선사들은 어떤 상황, 어떤 말, 어떤 행동에서든 진리를 구할 수 있어야 하고, 또 진리를 구하는 사람에게 진리로 향하는 길을 제시할 수 있어야 한다. 즉, 직지인심할 수 있어야 한다. 이 점이야말로 선불교가 이전의 다른 불교와 다른 점이다. 이렇게 직지인심할 수 있으려면 물음을 내는 사람이 언제, 어느 곳에서든 물음을 낼 수 있어야 한다. 조주는 이번에는 기둥을 잡고 물음을 내고 있는 중이다.

남전의 "하나, 둘, 셋, 넷, 다섯"은 조주더러 당황하지 말고 침착하게 수를 세며 안정하라는 뜻일까? 혹은 수식관을 하는 분이라면 아나빠나사띠 하면서 들어오는 숨과 나가는 숨에 맞춰서 숨을 세며 마음을 안정시키라는 뜻으로 받아들일지도 모르겠다. 그러나 남전은 조주를 구하러 올라가면서 한 층 한 층 올라가면서 수를 매기고 있다. 첫 번째 층을 오르면서 하나, 두 번째 층을 오르면서 둘, 하는 식으로 말이다. 구하러 올라가는 남전이 층을 오르면서 하나, 둘, 하며 수를 매기는 중이다. 이렇게 매긴 수가 어떻게 조주를 구할 수 있었을까?

저녁이 되자 선사가 위의를 갖추고 방장에 올라가서 절을 하며 말했다. "오늘 화상께서 구해주셔서 감사합니다"라고 했으니, 조주는 남전의 "하나, 둘, 셋, 넷, 다섯"이 자신을 구해주었다고 생각한 것이다. 자신을 구해준 수 "하나, 둘, 셋, 넷, 다섯"은 한 층 한 층에 매긴 수이니 기수이다. 조주를 구하러 한 층 한 층 올라감과 "하나, 둘, 셋, 넷, 다섯"은 서로 어긋나고 있다. 왜냐하면, "하나, 둘, 셋, 넷, 다섯"은 조주를 구하려고 남전이 밟고 올라가는 한 층, 한 층을 지시하지 않기 때문이다. 다시 말해, "하나, 둘, 셋, 넷, 다섯"은 매달려 있는 조주를 구하러 올라감과 무관하기 때문이다. 도대체 "하나, 둘, 셋, 넷, 다섯"이 조주를 구하는 데 무슨 도움이 되겠는가? 조주는 바야흐로 우물 안으로 떨어질지도 모르는데 말이다.

"하나, 둘, 셋, 넷, 다섯"은 조주를 구하러 올라가는 남전이 밟는 한 층, 한 층을 지시하지 않는다. "하나, 둘, 셋, 넷, 다섯" 역시 제17칙 구화救火(422) "불이야! 불이야!"의 '열쇠'와 마찬가지로 빈 말을 지시하는 말이다. 구하러 올라감을 해체함으로써 "구해달라"도 해체한다. "하나, 둘, 셋, 넷, 다섯"에는 구해달라는 사람도, 구하러 가는 사람도 없다. 이리하여 조주는 살게 되는 것이다.

열쇠가 문을 여는 열쇠에서 문을 열지도 문을 열지 않지도 않는 열쇠가 됨으로써 증득으로 가는 열쇠가 되었듯이, "하나, 둘, 셋, 넷,

다섯"은 구하러 올라가는 계단을 세는 수가 되지 않음으로써 증득으로 가는 수가 된다.

19. 탐수探水(424): 물 깊이를 더듬습니다

조주가 수유의 방에 올라가서 주장자를 짚고 왔다갔다 했다.

수유가 물었다.

"무엇을 하오?"

선사가 대답했다.

"물 깊이를 더듬습니다."

수유가 말했다.

"여기에는 한 방울의 물도 없거늘 무엇을 더듬는단 말이오?"

이에 선사는 주장자를 벽에 기대 세우고 내려가버렸다.[84]

조주가 수유의 방에 올라가서 주장자를 짚고 왔다갔다 하자, 수유가 "무엇을 하는가?" 하고 묻는다. 이에 조주가 "물 깊이를 더듬습니다" 하고 답하자 수유는 "여기에는 한 방울의 물도 없거늘 무엇을 더듬는단 말이오?" 하고 다시 묻는다. 각운이 해설하는 대로, 조주의 "물 깊이를 더듬는다"는 것은 조주가 수유의 저간의 경지를 엿본다는 뜻이요, 수유의 "여기에는 한 방울의 물도 없거늘"은 조주 그대가 탐색할 곳이 없다는 뜻이다.[85] 이 점은 공안을 읽는 우리도 쉽게

---

84) 위의 책, 356쪽 중단. 趙州到茱萸堂上, 逐步策杖而行. 萸云, "作麼?". 師云, "探水". 萸云, "者裏一滴也無. 探个什麼?" 師以拄杖靠壁, 便下去.

파악할 수 있는 바이다. 문제는 조주가 수유의 말을 듣고 방 바깥으로 나가면서 벽에 기대어 세워놓은 주장자이다.

주장자는 조주가 들어서기 전의 방, 들어서서 물 깊이를 재는 방, 물 한 방울도 없는 방을 거치면서 벽에 기대어 있게 된다. 이 중 "한 방울의 물도 없는 방"은 물이 있던 방이 아니다. 수유의 방은 조주가 주장자로 물 깊이를 잼으로써 잠시 물이 있는 방으로 화했지만, 조주가 "여기에는 한 방울의 물도 없거늘 무엇을 더듬는단 말이오?"라는 수유의 말을 듣고 나가면서 주장자를 벽에 기대어 세워놓는 순간 다시 한 방울의 물도 없는 방으로 드러나게 된다. 이 과정은, 들뢰즈의 용어로 표현해보면, 잠재적인 공간이 현실적인 공간으로 잠시 화하고, 다시 잠재적인 공간으로 드러나게 되는 과정이다.

벽에 기대어 세워놓은 주장자는 수유의 방의 물 깊이를 재던 주장자와 같은 주장자이면서 다른 주장자이다. 그러나 벽에 기대어 놓은 주장자는 "여기에는 한 방울의 물도 없거늘 무엇을 더듬는단 말이오?"라는 수유의 물음에 대한 화답이기에, 물 깊이를 재던 주장자와 같은 주장자도 아니요 다른 주장자도 아니다. 방의 물 깊이를 재던 주장자는 조주의 주장자이지만, 벽에 기대어 세워놓은 주장자는 그 누구의 주장자도 아니다. 주장자는 조주라는 인격을 떠나 인격에 앞서 존재하기에, 조주의 주장자가 될 수 있었다. 주장자는, 들뢰즈의 용어로 말하면, 대사건Event이다.

---

85) 『선문염송·염송설화 4』, 288쪽.

20. 용심用心(425): 12시진 속에서 어떻게 마음을 쓰리까?

조주에게 한 스님이 물었다.

"12시진 속에서 어떻게 마음을 쓰리까?"

선사가 말했다.

"그대들은 12시진의 부림을 받거니와 노승은 12시진을 부린다. 그대들은 어떤 시진을 묻는가?"[86]

2022년 신정과 구정은 모든 사람들이 맞이하는 새해의 첫날이지만, 명리학命理學에 의하면, 24절기 중 입춘立春이 우리들 각자가 맞이하는 새해의 첫날이다. 정확히 말해, 같은 날 같은 시에 태어난 사람들이 맞이하는 새해의 첫날이다. 명리학의 시간론을 따른다면, 우리 각자의 운은 어떤 해는 좋고 어떤 해는 나쁘다. 어떤 달은 좋고 어떤 달은 나쁘며, 좋은 달 중에서도 어떤 날은 좋고 어떤 날은 나쁘다. 하루에도 어떤 때도 좋고 어떤 때는 나쁘다. 똑같이 2022년을 맞이하고 살아가지만, 사람마다 이처럼 운세가 달라서 어떤 사람에게는 이 해가 좋은 대운大運에 좋은 세운歲運을 탈 수 있지만, 어떤 사람에게는 나쁜 대운에 나쁜 세운을 탈 수 있다. 연월일시가 이처럼 우리 각자의 운에 큰 영향을 미친다.

한 스님이 "12시진 가운데 어떻게 마음을 쓰리까?" 하고 묻자, 조주는 "그대들은 12시진의 부림을 받거니와 노승은 12시진을 부린다. 그대들은 어떤 시진을 묻는가?" 하고 되묻는다. 12시진이란 하루

---

[86] 『한국불교전서』 제5책, 357쪽 상단. 趙州因僧問, "十二時中如何用心?" 師云, "你被十二時使, 老僧使得十二時. 你問那箇時?"

를 2시간씩 묶어 12지지地支로 나눈 시간이다. 자시, 축시, 인시, 묘시, 진시, 사시, 오시, 미시, 신시, 유시, 술시, 해시이다. 이 중 어느 시진을 맞이하느냐에 따라 운세가 달라지는데, 운세가 달라지는 대로 일희일비한다면 12시진의 부림을 받는 것이다. 그러나 역으로 12시진을 부린다는 것은, 좋은 운이 오면 좋은 운이 오는 대로, 나쁜 운이 오면 나쁜 운이 오는 대로 무심히 수용하며 산다는 것이다. 조주는 우리에게 묻는다. "혹시 그대들은 12시진의 부림을 받는 시간만 알고 있는 것은 아닌가? 길과 흉, 화와 복에 시달리면서 사는 것은 아닌가? 혹시 시간이 길과 흉이라 하더라도, 걷는 시간, 앉아 있는 시간, 밥 먹은 시간, 양치질하는 시간 등에서 길과 흉에 적극적으로 positively 빠져 나와야 하는 것은 아닌가?" 니체를 따라 들뢰즈가 말하는 '영원회귀'를 적극적으로 맞이해야 하는 것은 아닌가? 조주는 지금 '자유'를 외치고 있는 중이다.

21. 이팔二八(426): 동쪽은 동쪽이고, 서쪽은 서쪽이다

조주에게 한 스님이 물었다.
"2와 8을 만났을 때엔 어찌해야 합니까?"
선사가 대답했다.
"동쪽은 동쪽이고, 서쪽은 서쪽이다."
스님이 물었다.
"무엇이 동쪽은 동쪽이고, 서쪽은 서쪽입니까?"
선사가 대답했다.
"찾아도 찾을 수 없다."[87]

한 스님의 물음 "2와 8을 만났을 때엔 어찌해야 합니까?"에서 2와 8은 모두 음수陰數로서 흉함을 나타내는 괘이다.88) 이 물음에 조주는 "동쪽은 동쪽이고 서쪽은 서쪽이다" 하고 대답했는데, 이를 A=A라는 동일성 명제를 뜻하는 것으로 보아서는 안 된다. 동일성 명제에서 A는 동일성을 유지하고 있지만, "동쪽은 동쪽이고 서쪽은 서쪽이다" 이 대답에서는 고착된 동쪽의 동일성, 서쪽의 동일성이 삭제되면서, 개념의 동일성이 형성되기 이전으로 되돌아간다. "동쪽은 서쪽이다" 하면서 동쪽과 서쪽의 동일성을 삭제하는 경우와 같다. 이렇게 동일성이 삭제되기에 동쪽은 동쪽대로 있고 서쪽은 서쪽대로 있지만, 동쪽과 서쪽은 서로 대립하지 않는다. 다시 말해, 동쪽은 동쪽대로 서쪽의 장애를 받지 않으며 형성되어 가는 과정에 있고, 서쪽은 서쪽대로 동쪽의 장애를 받지 않으며 형성되어 가는 과정에 있다. 조주는 동쪽과 서쪽의 대립에 초연해 있기에 이렇게 말할 수 있었다. 바로 앞 공안 제20칙 용심用心(425)에서 보았듯이, 조주는 운세를 좌지우지하는 시간의 부림을 받지 않고 살아가듯이, 흉을 불러오는 2와 8이라는 공간의 부림을 받지 않고 자유자재하게 살아간다.

스님은 조주의 "동쪽은 동쪽이고, 서쪽은 서쪽이다." 하는 대답을 듣고 동쪽은 동쪽을 지시하고 서쪽은 서쪽을 지시한다고 생각했기 때문에, "무엇이 동쪽은 동쪽이고 서쪽은 서쪽인가?" 하고 다시 묻는다. 조주는 동쪽은 동쪽대로 서쪽은 서쪽대로 해체되고 함몰해서 찾을 수 없는 것을 담담하게 "동쪽이 동쪽이고 서쪽이 서쪽이다"

---

87) 위의 책, 357쪽 중단. 趙州因僧問, "正當二八時如何?" 師云, "東東, 西西". 僧云, "如何是東東西西?" 師云, "覓不着".

88) 『선문염송·염송설화 4』, 각주90.

하고 표명했기 때문에, 다시 "찾아도 찾을 수 없다"고 바로 대답할 수 있었다. 해체되어 함몰했기에 찾아도 찾을 수 없지만, 또한 동쪽과 서쪽이 생성하여 가는 과정에 있기에 이를 고정시켜서 개념적인 규정을 가할 수 없다고 대답한 것이기도 하다.

22. 호리毫釐(427): 하늘과 땅의 간격만큼 벌어져 있다

조주에게 한 스님이 물었다.

"털끝만큼의 격차가 있을 때는 어떠합니까?"

선사가 대답했다.

"하늘과 땅의 간격만큼 벌어져 있다."

스님이 다시 물었다.

"털끝만큼의 격차가 없을 때는 어떠합니까?"

선사가 대답했다.

"하늘과 땅의 간격만큼 벌어져 있다.89)"90)

조주는 털끝만큼의 격차가 있을 때이든, 털끝만큼의 격차가 없을 때이든 모두 하늘과 땅의 간격만큼 벌어져 있다고 말한다. 각운은 털끝만큼의 격차가 있을 때를 미혹한 때로, 털끝만큼의 격차가 없을 때를 깨달은 때로 규정하고 있으므로,91) 우리는 각운을 따라 털끝만

---

89) "호리유차毫釐有差" 혹은 "호리무차毫釐無差"의 '차差'와 "천지현격天地懸隔"의 '격隔'은 격차나 간격을 뜻하는 동의어로 볼 수 있다.

90) 『한국불교전서』 제5책, 357쪽 하단. 趙州因僧問, "毫釐有差時如何?" 師云, "天地懸隔". 進云, "毫釐無差時如何?" 師云, "天地懸隔".

큼의 격차가 있을 때와 털끝만큼의 격차가 없을 때를 각각 범부였을 때와 성자가 되었을 때로 생각해볼 수 있다. 어떤 사람이 완전한 깨달음을 얻어 성자가 되었다고 하자. 깨달음을 얻겠다는 이상을 세우고 고된 수행을 한 결과 이제 성자가 되었다. 이상과 현실 사이에는 털끝만큼의 격차가 없다. 그렇다면 이상은 현실이고 현실은 이상이다. 이상과 현실 사이에는 아무런 구별이 없다. 이상과 현실 사이에 아무런 구별이 없는 이런 성자는 어떤 모습을 띠고 있을까? 역으로, 깨달음을 얻겠다는 이상을 세워 그런 이상에 가까운 성자에 다가섰지만 아직 범부로 남아 있는 사람을 생각해 볼 수 있다. 이상과 현실 사이에는 털끝만큼의 격차가 남아 있다. 아직 이상에 도달하지 않았는데 이상과 현실 사이에 털끝만큼의 격차가 남아 있다는 것을 어떻게 알 수 있을까? 그래서 조주는 털끝만큼의 격차가 있을 때에도, 털끝만큼의 격차가 없을 때에도 하늘과 땅 사이만큼 벌어져 있다고 답한다.

　제6칙 끽다喫茶(411): "차를 마시게나"나 제73칙 여마驢馬(478): "이렇게 오면 어찌하시겠습니까?"와 같은 공안에 보이는 조주의 답과는 다소 다른 점이 있다. 이 두 공안이 무의미의 공성과 동시적으로 일어나는 의미의 공성을 말한다면 이 공안의 "하늘과 땅 사이의 간격만큼 벌어져 있다"는 것은 공성의 구조를 말한다고 볼 수 있다. 즉, "있다"로도 "없다"로도 정착하지 않도록, "있다"와 "없다"가 '유목적 분배'를 이룰 수 있도록 "벌어져 있음"을 말한다고 볼 수 있다. 이 "벌어져 있음" 덕분에 "있다"와 "없다"는 유목적 분배를 이룰 수 있다. 이 점을 각운은 "격차가 있음과 격차가 없음이 모두 분명하다"

---

91) 위의 책, 358쪽 상단. 毫釐有差迷時, 毫釐無差悟時也.

고 말한다.

　　털끝만큼의 격차가 있을 때는 미혹한 때이고, 털끝만큼의 격차가 없을 때는 깨달은 때인데, 모두 하늘과 땅의 간격만큼 벌어져 있다고 하는 것은 격차가 있음이 격차가 없음에 대하여 하늘과 땅의 간격만큼 벌어져 있다는 것인가, 격차가 없음이 격차가 있음에 대하여 하늘과 땅의 간격만큼 벌어져 있다는 것인가, 격차가 있음과 격차가 없음을 모두 세우지 않는 것인가? 격차가 있어도 하늘과 땅의 간격만큼 벌어져 있고, 격차가 없어도 하늘과 땅의 간격만큼 벌어져 있으니, 격차가 있음과 격차가 없음이 모두 분명하다.[92]

　　털끝만큼의 격차가 있을 때도, 털끝만큼의 격차가 없을 때도, 하늘과 땅의 간격만큼 벌어져 있다는 조주의 말에서, 각운은 털끝만큼의 격차가 있음과 털끝만큼의 격차가 없음이 모두 분명하다는 것을 발견한다. 각운의 발견처럼 조주의 의도는 털끝만큼의 격차가 있음과 없음을 삭제하고자 하는 데 있는 것이 아니라, 그러한 있음과 없음의 격차가 '하늘과 땅의 간격만큼 벌어져 있음'을 토대로 하여 실현된다는 점을 제시하는 데 있다.

---

92) 위의 책, 358쪽 상단. 毫釐有差迷時, 毫釐無差悟時也. 皆云天地懸隔者, 有差望無差, 天地懸隔耶, 無差望有差, 天地懸隔耶, 有差無差皆不立耶? 有差也天地懸隔, 無差也天地懸隔, 隔不隔俱端的也.

23. 노로老老(428): 어디가 제가 거주할 곳입니까?

조주가 운거에게 가자 운거가 말했다.

"연만한 분이 어째서 거주할 곳을 찾지 않습니까?"

선사가 물었다.

"어디가 제가 거주할 곳입니까?"

운거가 대답했다.

"산 앞에 묵은 절터가 있습니다."

선사가 물었다.

"왜 화상께서 몸소 거주하지 않으십니까?"

그러자 운거가 그만두었다.

또 수유에게 가자 수유가 똑같이 말했다.

"연만한 분이 어째서 거주할 곳을 찾지 않습니까?"

선사가 물었다.

"어디가 제가 거주할 곳입니까?"

수유가 대답했다.

"연만한 분이 거주할 곳을 알지 못하는군요."

선사가 말했다.

"30년 동안 말 타기를 능히 해 왔는데, 오늘엔 도리어 나귀에게 채여 넘어졌
도다."[93]

---

[93] 위의 책, 358쪽 상중단. 趙州到雲居, 居云, "老老大大, 何不覓个住處?" 師云, "什麼處是某住
處?" 居云, "山前有箇古寺基". 師云, "和尚何不自住?" 居便休. 又到茱萸, 萸亦云, "老老大
大, 何不覓个住處?" 師云, "什麼處是某甲住處?" 萸云, "老老大大, 住處也不知". 師云, "三十
年弄馬騎, 今日却被驢子撲".

이 공안은 두 부분으로 이루어져 있는데, 전반부는 조주가 운거와 나누는 법거량, 후반부는 수유와 나누는 법거량이다. 전반부든 후반부든 "연만한 분이 어째서 거주할 곳을 찾지 않습니까?" 하는 물음에 "어디가 제가 거주할 곳입니까?" 하는 반문으로 되어 있다.

운거는 자신을 찾아온 조주를 보고 "연만한 분이 어째서 거주할 곳을 찾지 않습니까?" 하고 묻는다. "그만 돌아다니고 이제는 연만한 나이에 맞게 일정한 곳에 머물러야 하는데 왜 머물 곳을 찾지 않고 나에게 왔느냐?" 하고 물었다고 볼 수 있다. 찾아온 조주의 모습을 보고 법거량의 단서를 찾아내서 조주의 도력을 시험하고 있다. 조주를 거주할 곳을 아직 찾지 않은 사람으로 단정을 내리고 조주가 어떻게 대응하나 보려고 하는 것이다. 조주는 이렇게 단정을 내리는 운거의 물음에 "어디가 제가 거주할 곳입니까?" 하며 되물으며, 찾아온 자신을 두고 공격해 온 운거에게 반격을 가한다. 조주 역시 운거의 말에서 단서를 잡아내서 되물으며, 운거의 도력을 시험하고 있다. 이렇듯 운거와 조주는 팽팽하게 맞서 있다. 운거는 조주의 도전적인 물음에 "산 앞의 묵은 절터가 있습니다" 하고 답한다. 이 대답은 산 앞의 옛 절터가 있으니 그곳에 거주하라 하며 친절하게 조주가 거주할 곳을 안내해주는 말이 아니다. 조주를 함정에 빠뜨리기 위한 말이다. 조주는 법거량을 하러 찾아왔으니, 거주할 곳에 이미 거주하고 있는 사람이어서, 거주할 곳이 바깥 어딘가에 있는 것이 아니다. 조주는 이에 "왜 화상께서 몸소 거주하지 않으십니까?" 하며 역시 되묻는다. "조주 나에게 묻는 그대 운거는 저 바깥 옛 절터 운운하는 것을 보니 아직 거주할 곳을 찾지 못했구나. 그렇다면 그대 운거가 그 절터에 머물면 되지 않겠는가?" 하며 되묻고 있다. 이렇게 해서 운거는 그만두었다. 조주의 도력을 인정한다는 것이다.

조주가 수유를 찾아갔을 때도 수유 역시 똑같은 물음을 던진다. "연만한 분께서 어째서 거주할 곳을 찾지 않습니까?" 조주 역시 똑같이 반문한다. "어디가 제가 거주할 곳입니까?" 이 반문에 수유는 운거와 달리 "연만한 분이 거주할 곳을 알지 못하는군요" 하고 답한다. 이미 거주할 곳에 머물고 있는 조주가 거주할 곳을 찾아 수유를 찾아온 것이 아니다. 거주할 곳을 알지 못해서 "어디가 거주할 곳입니까?" 하고 물은 것이 아니다. 수유가 "거주할 곳을 왜 찾지 않습니까?" 물었기에 "거주할 곳이 어디입니까?" 하고 되물은 것이다. 이 조주의 되물음을 수유는 거주할 곳을 알지 못하기에 "거주할 곳이 어디입니까?" 하고 물은 것으로 유인했다. "거주할 곳이 어디입니까?" 하고 물을 때 그 알지 못함을 발견하라는 뜻이겠다. 수유의 말 "연만한 분이 거주할 곳을 알지 못하는군요"는 "그대 조주가 거주할 곳은 그대 조주가 알지 못하는 곳이다"를 뜻한다. 수유는 운거와 달리 특정한 눈에 보이는 구체적인 장소, 즉 산 앞의 옛 절터를 지시하며 거주할 것을 보여주지 않았다. 거주할 곳은 아무런 규정을 내릴 수 없는 곳이라는 점에서, 무한히 규정될 수 있다는 점에서 알지 못하는 곳이다.

조주는 "30년 동안 말 타기를 능히 해 왔는데, 오늘엔 도리어 나귀에게 채여 넘어졌도다." 하고 말한다. 수유를 인정하는 말이다. 동시에 자신을 인정하는 말이기도 하다. "거주할 곳도 알지 못하는군요" 하는 수유의 답을 자신도 이미 알고 있다는 뜻이다. 이 말은 앞의 운거와 나눈 법거량에서 운거가 "왜 화상께서 살지 않으십니까?" 하는 조주의 반문을 듣고 바로 그만두었는데, 이 "그만둠"과 같은 것이다. 운거와 조주의 법거량, 수유와 조주의 법거량, 이 법전法戰에서 모두가 승자이다. 그래서 승자도 패자도 없다.

24. 끽죽喫粥(429): 죽을 먹었는가?

조주에게 한 스님이 말했다.

"학인이 처음으로 총림에 들어왔습니다. 선사께서 지시를 내려주십시오."

선사가 물었다.

"죽을 먹었는가?"

스님이 대답했다.

"죽을 먹었습니다."

선사가 말했다.

"발우를 씻어라!"

스님이 활연히 크게 깨달았다.94)

학인學人은 직역하면 배우는 사람이란 뜻이다. 깨달음을 얻기 위해 수행을 하는 사람이다. 총림叢林은 강원, 선원, 율원을 다 갖추고 있는 사찰을 뜻한다.

한 스님이 이제 총림에 들어와 조주 선사를 뵙고 가르침을 간청한다. 이 학인은 깨달음을 얻고자 깨달음을 얻은 선사 조주에게 깨달음으로 가는 길을 알려달라고 간청한다. 세 가지 배움이라는 뜻의 3학學이 있다. 계학, 정학, 혜학이다. 학學은 배움이니 우리는 조주 선사가 계戒는 이러이러하게 배우며, 정定은 이러이러하게 배우며, 혜慧는 이러이러하게 배운다고 말하리라고 예상해볼 수 있다. 깨달음이란 무엇이며, 깨달음을 얻기 위해서는 계를 지키고 정과 혜를 닦아야 한다

---

94) 위의 책, 359쪽 하단. 趙州因僧問, "學人乍入叢林. 乞師指示". 師云, "喫粥了也未". 僧云, "喫粥了". 師云, "洗鉢盂去". 僧豁然大悟.

고 말하리라 예상해볼 수 있다. 가령 재가자들도 지키는 5계, 즉 살생을 하지 말아라, 훔치지 말아라, 술을 마시지 말아라 등을 말하고, 마음을 분명하게 관찰하려면 마음을 한 대상에 집중해서 고요한 상태를 유지할 수 있어야 한다 등을 말하리라 예상해볼 수 있다. 하지만 조주 선사의 말씀은 이런 우리의 예상을 완전히 벗어난다. 아마도 가르침을 간청한 한 스님의 예상을 완전히 벗어난 것이기도 하리라.

조주 선사는 "죽을 먹었는가?" 하고 묻는다. 수행처에서는 아침에 죽을 먹는다. 우리가 보통 인사를 나눌 때 하는 "아침은 했니?" 하는 말과 같다고 할 수 있다. 그래서 조주의 이 말은 의례적으로 하는 말로 들릴 수 있다. 스님도 의례적으로 하는 말이니 하고 의례적으로 "먹었습니다" 하고 대답한다. 그런데 그 다음 조주의 말이 심상치 않다. 지시를 내려주십사고 간청하는 학인에게 선사는 "발우를 씻어라" 하고 말한다. 깨달음을 얻기 위해 잔뜩 기대에 부풀어 수행처에 들어온 학인에게 "발우를 씻어라"라니…. 수행처에서는 죽을 먹고 나면 발우를 직접 씻는다. 굳이 선사가 이런 지시를 내리지 않더라도 발우를 씻는다.

이처럼, "발우를 씻으라"는 조주 선사의 말은 지시가 될 수 없다. 그렇지만 학인은 선사에게 지시를 내려달라고 간청했다. 따라서 조주 선사의 이 말은 학인에게 내리는 지시가 될 수밖에 없다. 그렇다면 조주 선사의 말은 지시가 되지 않기도 하고 지시가 되기도 한다. 어떻게 이런 일이 가능할까? 죽을 먹고 발우를 씻고 하는 수행처에서 하는 수행자들의 일상적 행동은 평상심平常心으로 하는 행동이기 때문이다. 지시를 간청하는 학인은 깨달음을 얻기 위해 무언가 특별한 행동을 해야 한다고 생각한다. 이때 특별한 행동은 특별하지 않은 행동이 아니기에 특별한 행동이다. 특별한 행동과 특별하지 않은 행동은 높고 낮음이 있다. 특별한 행동은 높고, 특별하지 않은 행동은 낮다. 높고 낮음이라는 부정적인 차별이 존재한다.

조주 선사가 말하는 "죽을 먹었는가?", "발우를 씻어라!"는 특별한 행동도 아니고 특별하지 않은 행동도 아니다. 지시가 된다면 특별한 행동이요, 지시가 되지 않는다면 특별하지 않는 행동이다. 그러므로 조주 선사가 말하는 일상적 행동은 특별하지도 특별하지 않지도 않은 행동이다. 이 행동은 특별한 행동과 특별하지 않은 행동에 선행한다.

이 공안은 죽을 먹고 발우를 씻는 등 수행처의 일상적 행동을 잘 관찰하여 깨달음을 얻도록 하라는 지시로 읽는 사람도 있을 수 있겠지만, 하지만 이렇게 해독할 때 일상적 행동을 잘 관찰하는 것이 과연 깨달음인가 하는 의문을 낳게 한다. 깨달음을 얻기 위해선 물론 일상적 행동을 잘 관찰할 수 있어야 한다. 늘 하는 반복적인 행동, 예를 들어 밥을 먹는 동안, 양치질을 하는 동안, 걷는 동안 등 우리는 이런 행동들에 너무나 익숙해 있기 때문에 이런 행동에 집중하지 않고 다른 생각을 하기 십상이다. 다른 생각이라는 것은 대개는 잡념들, 산란함에 기대고 있는 번뇌들이다. 그러므로 반복되는 일상적 행동에 집중하여 이를 관찰하기란 무척 어려운 일이다. 깨달음을 얻으려면 이런 일상적 행동에 주의를 기울여 집중할 수 있는 힘이 있어야 한다. 이렇게 관찰하는 동안 깨달음을 얻게 되는 것이지만, 이런 관찰이 바로 깨달음이라고는 말할 수 없다. 관찰되는 것과 관찰하는 것 둘로 나뉘어 있기 때문이다.

학인이 확연히 깨달았다고 할 때 그는 조주 선사에게 지시를 내려달라고 간청했지만, 결국 지시를 하기도 하고 지시를 하지 않기도 하는, 이런 것들에 선행하는 자리를 보게 된다.

25. 유불有佛(430): 부처님 계신 곳은 머물지 말라

조주에게 한 스님이 하직을 고하자 선사가 말했다.

"부처님 계신 곳은 머물지 말거라. 부처님 안 계신 곳은 빨리 지나가거라. 3천리 밖에서 사람을 만나거든 잘못 이야기하지 말거라."

스님이 말했다.

"그러면 떠나지 않겠습니다."

선사가 말했다.

"버들꽃을 꺾어라. 버들꽃을 꺾어라."[95]

한 스님이 조주가 주석하는 곳에서 머물다가 떠난다. 스님은 수행자로서 부처님을 만나 깨달음을 얻기 위해 떠난다. 그렇기에 이 스님은 부처님 계신 곳은 머물려고 할 것이고, 부처님 안 계신 곳은 머물려 하지 않을 것이다. 스님이 이렇게 생각하고 떠난다면 부처님 계신 곳과 부처님 안 계신 곳이라는 양변에 걸려 있어서, 부처님을 찾아 떠난다 해도 부처님 계신 곳을 찾을 수 없다. 그래서 조주는 스님에게 "부처님 계신 곳은 머물지 말거라", "부처님 안 계신 곳은 빨리 지나가거라" 하며 부처님이 계신 곳과 안 계신 곳이라는, 스님이 걸려 있는 양변을 드러내 보이고 이 양변을 떠나라고 권고한다. 양변을 떠난 곳이 진정으로 부처님이 계신 곳이기 때문이다. 그런데 왜 조주는 부처님 안 계신 곳은 빨리 지나가라고 할까? 부처님 안 계신 곳은 머물고자 하지 않을 텐데 왜 굳이 빨리 지나가라고 할까? 조주

---

95) 위의 책, 358쪽 중단. 趙州因僧辭乃云, "有佛處不得住. 無佛處急走過. 三千里外逢人, 莫錯擧". 僧云, "伊麼則不去也". 師云, "摘楊花, 摘楊花".

는 스님이 '머문다', '머물지 않는다'는 판단에 갇힐 틈을 없게 만들기 위해서일 것이다.

이렇게 양변을 드러내 보여 양변을 떠나라고 한 뒤 조주는 "3천리 밖에서 사람을 만나거든 잘못 말하지 말거라" 하며 다시 또 권고한다. 3천리 밖은 부처님 계신 곳과 부처님 안 계신 곳이라는 양변을 벗어나 있는 곳이다. 우리가 만약 그 스님이라면 이 양변을 넘어서 있는 곳에서 사람들에게 우리가 지나온 곳, 즉 부처님 계신 곳과 부처님 안 계신 곳에 대해 어떻게 말해야 할까? 조주의 말씀대로 행동했으니, "부처님 계신 곳은 머물지 않았다" 하고 "부처님 안 계신 곳은 빨리 지나왔다"고 말해야 할까? 그렇다면 이제 우리는 다시 부처님 계신 곳과 부처님 안 계신 곳이라는 양 극단에 걸리게 된다.

스님은 "그러면 떠나지 않겠다"고 결심한 듯 말한다. 자신이 양변에 걸려 있다는 것을 자각했기에 양변을 벗어나기 위해 떠나지 않겠다고 결심했을 것이다. 하지만 스님은 여전히 부처님 계신 곳을 찾지 못하고 있다. 이번에는 '떠난다', '떠나지 않는다'는 양변에 매여 있기 때문이다. 만약 스님이 조주의 말을 알아듣고 깊이 자각했다면, 부처님 계신 곳 운운하며 문답하는 상황을 벗어나는 말을 했어야 했다. 그래서 조주는 스님에게 "버들꽃을 꺾어라. 버들꽃을 꺾어라." 하며 양변 바깥으로 나갈 수 있도록 도와준다. 조주의 이 말은 도잠陶潛의 시에서 따온 말이다.

아이들이 버들꽃을 꺾는데
동쪽 서쪽으로 버드나무에 매달린다
우습구나, 저 늙은이여
그들을 따르지 못하는구나.96)

"……, 동쪽 서쪽으로 자재롭다는 뜻인가? 여기서는 외마디 진언으로 쓰였다"[97])는 각운의 평대로 이 말은 "진언"의 성격을 띠고 있기에, '떠난다', '떠나지 않는다'라는 양 극단에 매이지 않고 자재롭다. "뜰 앞의 잣나무"가 눈에 보이는 '뜰 앞의 잣나무'라는 대상을 지칭하지 않듯이, "버들꽃을 꺾음"은 '버들꽃을 꺾음'이라는 행동을 지칭하지 않는다. 양변을 해체하는 무의미의 말이기 때문이다.

26. 차사此事(431): 부처가 곧 번뇌이다

조주가 시중 법문을 했다.

"이 일은 마치 밝은 구슬이 손바닥에 있는 것과 같아서, 오랑캐가 오면 오랑캐가 나타나고 한인이 오면 한인이 나타난다. 노승은 한 줄기 풀을 잡고서 장육금신丈六金身의 작용을 하고, 장육금신을 잡고서 한 줄기 풀의 작용을 한다. 부처가 번뇌이고, 번뇌가 부처이다."

그때 한 스님이 물었다.

"부처는 누구의 번뇌인지요?"

선사가 대답했다.

"모든 사람에게 (부처는) 번뇌이다."

스님이 물었다.

"어찌해야 면할 수 있겠습니까?"

선사가 대답했다.

---

96) 위의 책, 363쪽 하단. 摘楊花云云者, 陶潛詩云, "稚子摘楊花 東西傍楊柳 堪笑老翁翁 不得隨他去".

97) ……, 則東西自在意耶? 一道眞言也.

"면해서 무엇하겠는가?"98)

이 화두는 적어도 세 가지 의미를 전하고 있다. 첫째로, 깨달음을 얻은 마음이라는 밝은 구슬은 오랑캐가 오면 오랑캐를 비추고, 한인이 오면 한인을 비춘다. 한인을 비추는 자리가 그대로 오랑캐를 비추는 자리이다. 한인과 오랑캐는 아무런 차별이 없다. 둘째로, 장육금신으로써 한 줄기의 풀의 작용을 하고, 한 줄기의 풀로써 장육금신의 작용을 한다. 길고 짧음, 귀함과 천함의 차별이 없다. 혹은, 장육금신 안으로 한 줄기의 풀이 들어가고, 한 줄기의 풀 안으로 장육금신이 들어간다. 이는 작은 것이 큰 것에 포섭되는, 또는 역으로 큰 것이 작은 것을 포섭하는 일방적인 포섭 관계가 아니다. 작은 것이 큰 것으로 펼쳐지고 큰 것이 작은 것으로 감싸 안겨지는, 들뢰즈가 말하는 표현expression 관계이다. 혹은, 서로 다른 것들이 서로 다른 것들에게 녹아 들어간다. 화엄학의 상즉상입相即相入은 이런 관계를 두고 하는 말이다. 셋째로, 번뇌가 부처이고, 부처가 번뇌이다. 부처는 부처대로 있다가, 번뇌는 번뇌대로 있다고 서로 일치하는 것이 아니라, 부처와 번뇌가 만나면서 둘 모두 해체되고 삭제된다. 여기서 "이다"는 논리적 계사에 선행하는 함몰陷沒로서의 존재이다. 마조의 공안 제7칙 일면日面(169): "일면불, 월면불"과 유사하다.

이후 조주와 스님은 "부처가 번뇌이고 번뇌가 부처이다"라는 말씀이 단순히 추상적인 논리적 언어가 아님을 보여주기 위해 구체적인 사람에게 적용한다. 부처가 번뇌라면 그 누군가의 번뇌일 터이다.

---

98) 위의 책, 364쪽 중단. 趙州示衆云, "此事如明珠在掌, 胡來胡現, 漢來漢現. 老僧把一枝草, 爲丈六金身用, 把丈六金身, 爲一枝草用. 佛是煩惱, 煩惱是佛." 時有僧問, "未審佛是誰家煩惱". 師云, "與一切人煩惱". 僧云, "如何免得?" 師云, "用免作麼?"

그래서 스님은 "부처는 누구의 번뇌인지요?" 하며 특정해서 묻고,
조주는 "모든 사람에게 부처는 번뇌이다" 하고 대답한다. 이 모든
사람 안에 물어본 스님 자신도 들어가므로 스님은 "어떻게 면할 수
있는가?" 하고 다시 특정해서 묻는다. 이에 조주는 "면할 필요가
없다"고 대답한다. 번뇌에서 면한 자리는 번뇌와 부처란 개념이 해
체된 자리여서 번뇌가 이미 부처이기 때문이다.

27. 전리殿裏(432): 전각 안의 부처이다

조주에게 한 스님이 물었다.

"무엇이 부처입니까?"

선사가 대답했다.

"전각 안의 부처이다."

스님이 말했다.

"전각 안의 부처는 진흙 감실龕室99) 안에 있는 부처 상입니다."

선사가 말했다.

"그러하다."

스님이 다시 물었다.

"무엇이 부처입니까?"

선사가 대답했다.

"전각 안의 부처이다."100)

---

99) 법당 안의 부처님이 앉아 계신 곳 위에 만들어 달아놓은 집 모형을 말한다.

100) 『한국불교전서』 제5책, 365쪽 상단. 趙州因僧問, "如何是佛?" 師云, "殿裏底". 僧云, "殿裏
底是泥龕塑像". 師云, "是". 僧云, "如何是佛?" 師云, "殿裏底".

"무엇이 부처입니까?"라는 질문은 제71칙 장외墻外(476): "큰 도는 장안으로 통한다"의 "무엇이 도입니까?"라는 질문과 같다. "무엇이 도입니까?" 하고 물을 때 "…이 도이다" 하며 어떤 무엇을 지칭하면서 대답할 것을 기대하게 되듯이, "무엇이 부처입니까?"라고 물을 때도 "…이 부처이다" 하고 어떤 무엇을 지칭하며 대답할 것을 기대하게 된다. "무엇입니까?" 하고 물었으므로 이에 대한 규정을 하며 대답하게 되는 것이다. 이 "무엇이 부처입니까?"라는 질문을 "부처란 무엇입니까?"라는 질문으로 바꾸어보면, 질문하는 사람은 대답하는 사람이 "부처란 …이다" 하며 부처에 대한 규정들을 들면서 대답하리라고 예상하게 된다. 이처럼 "무엇이 부처입니까?" 하는 질문과 "부처란 무엇입니까?" 하는 질문은 각각 실존하는 대상을 지시하는 지칭작용denotation과, 논리적 포섭 관계를 언급하는 함의작용signification을 전제로 한다는 점에서 다르긴 하지만, 질문이 결국 지칭작용과 함의작용을 떠난 그 무엇을 요구한다는 점에서 같다고 할 수 있다.

제71칙 장외墻外(476)에서 조주는 "무엇이 도입니까?"라는 질문에 "담장 밖에 난 길"이라고 대답하며 구체적인 길을 지적했다. 이 화두에서도 조주는 "무엇이 부처입니까?"라는 질문에 "전각 안의 부처"라고 말하며 구체적인 부처를 지적했다. 이렇게 지시될 수 있는 것이므로, 담 밖의 길이 담을 내다보면 눈에 보이듯이 불전 안의 부처도 안에 들어가 보면 눈에 보인다. 그래서 스님은 전각 안의 부처는 진흙 감실 안에 있는 부처 상이라고 말하는 것이다.

우리는 여기서 두 가지 것을 생각해보아야 한다. 첫째는, "부처란 무엇인가?"라는 질문에 조주는 과연 "부처란 …이다" 하며 부처에 규정을 가하며 대답한 것인가 하는 점이다. 조주가 만약 부처에 규정을 가한 것이라면 우리는 부처는 그런 것이구나 하며 바로 수긍을 해야 한다. 조주가 가한 규정이 만약 우리가 이해할 수 없는 것이라서 의문이 일어난다면 그것은 지성understanding에서 나오는 물음이지, 이성reason에서 나오는 근원적 물음이 아니다. 근원적 물음은 부처에 대한 가능한 규정들로부터 완전히 벗어난 데서 나온다. 이 화두에서 조주의 대답 "전각 안의 부처이다"는 아무런 규정이 전제되지 않는 순수한 물음 곧 의정疑情을 일으킨다. 스님은 "나는 부처란 무엇인가 하고 질문했는데 왜 스승은 전각 안의 부처라고 대답하는 것이지?" 하며 근원적 물음을 일으키게 되는 것이다. 이 근원적 물음이 일으킨 문제는 어떠한 해도 갖지 않는데도, 스님은 자신이 애초에 한 질문의 연장선 상에서 "전각 안의 부처"는 진흙 감실 안에 있는 부처 상입니다"라고 하면서 조주의 "전각의 안의 부처"를 눈에 보일 수 있는 것으로 규정한다.

우리는 법당에 들어가면 부처를 볼 수 있다. 부처의 상이 눈에 보인다. 부처를 그린 탱화나, 부처를 조각한 불상을 본다. 역사에 실존했던 부처의 모습을 직접 본 적은 없지만 우리는 장인들이 상상하며 만들어놓은 그림이나 조각을 통해 부처의 모습을 본다. 역사에 구속된 장인들의 상상물이기에 시대마다 사회마다 부처의 모습은 다르다. 이처럼 눈에 보이는 법당 안의 다양한 모습의 부처들은 "무엇이 부처입니까?", "부처란 무엇입니까?"라는 질문에 대한 답이 될 수 없다.

요약하자. 질문을 한 스님이나 조주는 똑같은 부처를 법당에서 본다. 하지만 눈에 보이는 이 부처는 "무엇이 부처입니까?", "부처란 무엇입니까?"에 대한 대답이 될 수 없다. 법당 안의 부처는 깨달은 자를 형상화한 것일 뿐이기 때문이다. 그렇다면 "전각 안의 부처이다"라고 조주가 대답했을 때 "전각 안의 부처"는 '전각 안의 부처'를 지시하지 않는다. "전각 안의 부처"는 "무엇이 부처입니까?"라는 질문에 대한 대답이기 때문이다. 첫째는 의정이 인다는 점, 둘째는 아직 아무것도 지시하지 않는다는 점에서 그러하다. '전각 안의 부처'는 무의미를 안고 있는 의미의 말이자 사물이다.

설두녕雪竇寧은 이 점을 송으로 잘 읊고 있다.

> 부처를 묻기에 또렷하게 전각 안의 것이라 화답하니
> 말과 생각이 이를 수 없어 현묘함이 견주기 어렵구나.
> 지금도 많은 어리석은 바보들이
> 채색 칠과 흙덩이를 부처로 여기고 있네.[101]

"조사가 서쪽에서 온 뜻이 무엇입니까?" 하고 한 스님이 물었을 때 조주가 "뜰 앞의 잣나무" 하고 대답하는 공안을 앞에서 읽은 바 있다. 위 공안에서 한 스님이 무엇이 부처입니까? 하고 묻자 조주가 "전각 안의 부처이다" 하고 대답했다. 여기서 "전각 안의 부처"는 "뜰 앞의 잣나무"와 유사하다. 뜰 앞의 잣나무가 눈에 보이는 것을 지시하지만 동시에 이 지시되는 대상을 넘어서듯이, 전각 안의 부처 역시 눈에 보일 수 있는 것을 지시하지만 동시에 이 지시될 수 있는 대상을 넘어선다. 전각 안의 부처 자체는 설두녕이 읊은 것처럼 부단히 말과 생각을 넘어서기에 그 현묘함이 견줄 데가 없다. 그러나 사람들은 채색 칠한 흙덩이의 부처를 보면서 "전각 안의 부처"라고 말하면서 전각 안의 부처 자체를 눈에 보이는 채색 칠과 흙덩이의 부처로 고정시키고 있다.

---

101) 위의 책, 365쪽 중단. 問佛明明酬殿裏 言思不到妙難陪 而今多少顆頂者 却肯粧成箇土堆.

28. 답화答話(433): 옥을 얻으려 했는데 날벽돌을 얻었구나

조주가 시중 법문을 했다.

"오늘 저녁에 대답할 터이니 질문할 줄 아는 이는 나와라."

한 스님이 나와서 절을 하자 선사가 말했다.

"아까 벽돌을 던져넣고 옥을 얻으려 했는데 날벽돌을 얻었구나."

법안이 이 이야기를 들어 각철취에게 물었다.

"선사의 의중이 무엇입니까?"

각철취가 대답했다.

"마치 나라에서 장수의 벼슬을 제수除授하는 것과 같습니다."

이어 (대중에게) 물었다.

"누가 (장수의 벼슬을 제수받으러) 가겠는가?"

그때 한 스님이 나와서 말했다.

"제가 가겠습니다."

그러자 말했다.

"그대는 갈 수 없다."

이에 법안이 말했다.

"나는 알았소."[102]

조주가 대중들에게 질문하면 대답해주겠으니 물어보라고 했다.
이는 강의 시간에 교수가 학생들에게 질문이 있으면 하라, 그러면
대답해주겠다고 하는 것과 같은 것이 아니다. 교수가 대답을 할 수

---

102) 위의 책, 365쪽 중단. 趙州示衆云, "今夜答話去, 有解問者出來". 時有僧出禮拜. 師云, "比來
抛塼引玉, 引得箇墼子". 法眼擧問覺鐵嘴, "先師意作麽生?" 覺云, "如國家拜將". 乃問甚人去
得, 時有人出云, "某甲去得". 云, "爾去不得". 法眼云, "我會也".

있다는 것은 학생들의 질문을 예상할 수 있다는 것이다. 그리고 교수가 대답을 하면 학생들은 이해한다understand. 그러나 조주가 대답을 하겠다고 했을 때의 대답은 원문의 "답화答話"이다. 이 말에 화두의 '화話' 자가 들어 있는 데서 알 수 있듯이, 질문하고 대답하는 과정이 선문답이다. 조주의 답화는 선문답을 하면서 학인들을 깨달음으로 이끌어주겠다는 뜻을 담고 있다.

"질문할 줄 아는 이는 나와라" 하는 조주의 말에 한 스님이 대중 앞으로 나서서 절을 올렸다. 절을 올린 것이 다다. 조주 선사에게 절을 올린 것이겠지만, 이 절이 선사에게 묻겠다는 표시인지, 선사의 답을 들어 감사하다는 표시인지 알 도리가 없다. 이어서 조주가 "아까 벽돌을 던져넣고 옥을 얻으려 했는데 날벽돌을 얻었구나" 하고 말한다. 이 "아까"라는 말이 있는 것으로 보아 한 학인의 행동이 절을 하고 끝났다는 것을 알 수 있다. 조주에게 예를 올렸다면 이제 질문을 하겠다는 표시이거나 질문에 답을 해주어서 감사하는 표시일 터인데, 절을 한 행동 이외에 아무 말도 하지 않았기에, 아무 질문도 하지 않았기에 학인의 절은 조주에게 올린 절이 아니다. 아니 절을 했지만 아무 절도 한 것이 아니다. 이 절에 의미가 있다면 어떠한 의미도 거부한다는 의미이다. 무의미의 행동이다.

조주는 이 학인 스님의 절을 두고 "아까 벽돌을 던져넣고 옥을 얻으려 했는데 날벽돌을 얻었구나" 하고 말한다. 가마에 벽돌을 던져넣고 옥을 얻을 수는 없다. 벽돌을 아무리 잘 굽는다 해도 옥이 될 수 있는 것은 아니기 때문이다. 조주는 답화를 할 터이니 질문을 하라는 자신의 말을 이렇게 벽돌이 옥이 될 수 없다는 것으로 묘사하고 있다. 조주는 학인의 질문을 하고 자신이 대답을 한다 한들, 벽돌이 옥이 될 수 있는 것이 아니라는 점을 잘 알고 있다. 이 말은 조주 자신의 역량이나 무엇보다도 학인 대중들의 역량을 의심하는 말이 아니다. 서로 질문하고 대답하는 대화가 이해^{understanding}로 간다한들 벽돌이 옥이 될 수는 없기에, 애초에 조주는 벽돌을 구워 옥을 얻으려고 한 것이 아니다. 그 다음에 나오는 말 "날벽돌을 얻었구나"가 중요하다. 학인이 질문하고 조주가 대답하는 문답을 통해 옥을 얻으려 했지만 얻은 것은 "날벽돌"이다. 날벽돌은 학인의 절을 두고 하는 말이다. 벽돌을 구워 옥을 만들려고 했지만, 가마에서 나온 것은 날벽돌, 가마에 넣기 전의 벽돌이다. 학인이 만약 절을 하고 질문을 했다면, 그리고 조주가 대답을 했다면 그것은 벽돌을 옥으로 만드려는 행동과 말이다. 이리하여 학인의 절과 조주의 이어지는 말은 훌륭한 질문과 대답이 되었다.

법안이 이 이야기를 들어 조주 선사의 의중을 묻자 각철취는 "마치 나랏님이 장수의 벼슬을 제수除授하는 것과 같습니다(如國家拜將)"라고 대답했다. "제수한다"는 것은 추천推薦에 의하지 않고 임금이 직접 관리를 임명하는 것을 말한다. 학인의 절을 두고 날벽돌을 얻었다는 조주의 말을 나랏님이 직접 장수를 임명하는 것에 비유했다. 각철취가 이어 대중에게 "누가 (장수의 벼슬을 제수받으러) 가겠는가?"라고 물었을 때 한 스님이 나서며 가겠다고 하자 각철취는 갈 수 없다고 대답했다. 왜일까? "제가 가겠다"는 말을 했기 때문이다. 일체의 말이 끊어진 자리를 조주와 대화하는 스님은 절을 올렸지만, 이 스님은 말을 했기 때문이다. 다시 말해서, 각철취는 스승 조주의 말을 제수하는 것과 같다는 말을 함으로써 똑같은 상황을 재연한 것인데, 이 스님은 이전 스님과 달리 각철취의 말에 가겠다는 말로 응답을 했기 때문이다.

29. 금불金佛(434): 참부처는 안에 앉아 있다

조주가 시중 법문을 했다.

"금부처[금불金佛]는 용광로를 건너지 못하고, 나무부처[목불木佛]는 불을 건너지 못하고, 진흙부처[니불泥佛]는 물을 건너지 못하고, 참부처[진불眞佛]는 안에 앉아 있다."[103]

금불은 용광로에서 녹으므로 용광로를 건너지 못하고, 목불은 불에 타므로 불을 건너지 못하고, 니불은 물에 풀리므로 물을 건너지 못한다. "건너다"는 '저쪽 언덕으로 건너가다'는 뜻의 '바라밀다 pāramitā' 곧 '도피안到彼岸'의 '도度'이다. '도피안'은 윤회와 잡염雜染의 차안을 떠나 열반과 청정의 피안으로 건너간다는 뜻이다. 즉, 열반을 얻는다, 깨달음을 얻는다는 뜻이다.

법당에는 부처가 모셔 있다. 재질에 따라 금불, 목불, 니불, 동불 등이 있을 수 있다. 재질이 무엇이든 간에, 모두 부처의 상이다. 내가 법당이라는 공간 안에서 내 바깥 저 단 위에 있는 부처를 향해 절을 하기에 이 금불 등 부처들은 바깥의 부처들이다. 법당 안의 부처이기에 바깥의 부처이기도 하지만, 무엇보다 재질이 무엇이든 부처의 상이기에 바깥의 부처이다. 금불은 용광로에서, 목불은 불에서, 니불은 물에서 사라지기에 건너지 못하는 게 아니라, 내가 이 부처들을 보고 부처의 상을 그리기에 건너지 못하는 것이다.

마지막 구 "진불은 안에 앉아 있다"는 말은 바깥 부처를 향해 절을 하는 바로 그 사람이 부처라는 뜻이다. 따라서 "진불이 안에 앉아

---

103) 위의 책, 366쪽 중단. 趙州示衆云, "金佛不度爐, 木佛不度火, 泥佛不度水, 眞佛内裏坐".

있다"는 표현은 저 바깥 단 위에 있는 부처를 가리키지 않는다. "안에 앉아 있다" 할 때 안은 바깥에 대한 안이 아니라, 바깥과 안을 떠난 안이다. 진불은 구체적 공간의 바깥과 안에 앉아 있는 것도 아니고, 마음의 객관과 주관이라는 바깥과 안에 앉아 있는 것도 아니다.

30. 일물一物(435): 내려놓아라

> 조주에게 엄양 존자가 물었다.
> "한 물物도 가지고 오지 않을 때는 어떠합니까?"
> 선사가 대답했다.
> "내려놓아라."
> 존자가 물었다.
> "한 물物도 가지고 오지 않는데, 무엇을 내려놓습니까?"
> 선사가 말했다.
> "그렇다면 짊어지고 가거라."
> 존자가 크게 깨달았다.104)

"한 물物도 가지고 오지 않을 때"를 각운은 '만법과 짝이 되지 않을 때'라고 해설했다.105) 물物이란 법法 곧 '현상하는 것', '나타나는 것'이다. 따라서 "한 물도 가지고 오지 않을 때"는 '모든 것이 마음에 나타

---

104) 위의 책, 368쪽 상중단. 趙州因嚴陽尊者問, "一物不將來時如何?" 師云, "放下着". 嚴云, "一物不將來, 放下箇什麼?" 師云, "伊麼則擔取去". 尊者大悟.

105) 위의 책, 368쪽 하단. "一物不將來"者, 不與萬法爲侶也.

나지 않을 때'를 의미한다.

존자가 가지고 오지 않아 없는 물을 두고 어떠한가 하며 질문하기에 조주는 "내려놓으라" 하고 대답한다. 나타나지 않는 것을 규정하려는 그 마음을 내려놓으라 하는 것이다. 한 물도 가지고 오지 않았다면 가지고 오지 않은 대로 침묵해야지, 어떠한가 하고 질문하고 이를 규정하려고 하면, 한 물도 가지고 오지 않음에 어긋나게 되기 때문이다. 규정하려는 그 마음을 내려놓을 때 "한 물도 가지고 오지 않음"에 계합契合할 수 있다는 점을 조주는 보여주고 있다. 사구死句로 물으면서 죽어가는 존자를 조주는 활구活句로 살려내고 있다.

이어 존자가 "한 물도 가지고 오지 않는데 무엇을 내려놓습니까?" 하고 묻는 것을 보면, 여전히 존자는 가지고 오지 않아 없는 법을 내려놓는다고 생각하고 있으니, 조주의 말을 파악하지 못하고 있는 것이다. 이에 조주는 "내려놓아라" 하고 말하지 않고, "짊어지고 가거라" 하고 말한다. 만약 조주가 존자의 이 물음에도 "내려놓아라" 하고 말했다면 조주 역시 존자처럼 가지고 오지 않아 없는 법에 집착하는 것이 셈이 될 것이다. 조주는 가지고 오지 않아 한 물도 없다고 말하면서 이 '없다'에 여전히 매여 있는 존자에게 존자가 얻고자 하는 '한 물도 가지지 않음'을 활활발발하게 활구로 소생시켜야 하는 입장에 있다. 그래서 조주는 한 번은 "내려놓으라", 한 번은 "짊어지고 가라"고 말함으로써, "한 물도 없음"을 '가지고 오지 않음'과 '짊어지고 감' 사이에서 살아 출렁이게 하고 있다.

다음은 진정문眞淨文의 송이다.

높은 데로 옮기고, 낮은 데로 나아가며, 온갖 위세 다 부리니
해탈문이 열렸거늘, 참으로 가련하다.

공왕空王의 묘한 비결 얻지 못했다면
소리와 색깔 좇아 움직이다가 얽매일 뻔하였네.106)

 "높은 데로 옮기고"는 조주의 말 "내려놓아라"를 가리킨다. 존자
는 조주의 이 말을 대번에 알아듣지 못하고 "한 물도 가지고 오지
않는데, 무엇을 내려놓습니까?" 하고 물어, 조주의 평이한 말 "내려
놓으라"를 높은 데로 올려놓았다. "낮은 데로 나아가다"는 조주의
말 "그렇다면 짊어지고 가거라"를 가리킨다. 가지고 오지 않은 것을
가지고 있으면서도 무엇을 내려놓습니까 하고 물었기에 그렇다면
존자의 뜻에 응해 "짊어지고 가거라" 하며 존자를 낮은 데로 나아가
게 했다. "온갖 위세 다 부리니"는 존자의 물음에 조주가 자재롭게
대응한 것을 두고 하는 말이다. 높은 데로 옮기든, 낮은 데로 나아가
게 하든, 그렇게 한 사람은 사실 존자이다. 조주가 온갖 위세를 다
부린 것이 아니라 존자가 그렇게 만들어놓은 것이다. "내려놓아라",
"짊어지고 가거라" 하며 해탈할 수 있는 길을 열어주는 "공왕空王의
묘한 비결"을 얻었기에 깨달을 수 있었지, 그렇지 않으면 엄양 존자
는 소리와 색깔을 좇아 움직이다가, 즉 "한 물도 가지고 오지 않을
때는 어떠합니까?" 하고 묻다가, "무엇을 내려놓습니까?" 하며 얽매
일 뻔했다.

---

106) 위의 책, 368쪽 중단. 移高就下縱威權 解脫門開信可憐 不得空王眞妙訣 動隨聲色被拘牽.

31. 권두卷頭(436): 계십니까, 계십니까?

조주가 한 암주를 방문하고 말했다.

"계십니까, 계십니까?"

암주가 주먹을 세우자, 선사가 말했다.

"물이 얕으니 배를 댈 수가 없구나."

그러고는 바로 떠났다. 또, 한 암주를 방문하고 똑같이 말했다.

"계십니까, 계십니까?"

암주도 역시 주먹을 세우자, 선사가 말했다.

"놓을 줄도 알고 빼앗을 줄도 알며, 죽일 줄도 알고 살릴 줄도 아는구나."

그러고는 절하고 떠났다.107)

조주는 한 암주를 방문하고는 "계십니까, 계십니까?" 하고 말했고, 다른 한 암주를 방문하고서도 "계십니까, 계십니까?" 하고 말했다. "계십니까, 계십니까?" 하며 똑같이 묻고는 아무 근거도 없이 조주는 왜 한 암주한테는 물이 얕아 배를 댈 수 없다고 말하고, 다른 한 암주한테는 죽일 줄도 살릴 줄도 안다고 말했을까? 과연 앞 암주는 잃었고 뒤 암주는 얻은 것일까? 우리를 당혹스럽게 하는 것은 똑같은 물음에 두 암주가 똑같이 주먹을 들었는데, 조주가 이를 두고 다른 평가를 내리고 있다는 점이다. 혹시 우리는 우리 자신이 동일한 기준을 세우고 이 기준에 의거하여 두 다른 평가를 내리며 당혹스러워 하고 있는 것은 아닐까? 이 물음에 답하듯 조주는 아무런 공통

---

107) 위의 책, 369쪽 상단. 趙州訪一庵主. 便云, "有麽, 有麽?" 庵主竪起拳頭. 師云, "水淺不是泊舡處". 便去. 又訪一庵主, 亦云, "有麽, 有麽?" 庵主亦竪起拳頭. 師云, "能縱能奪, 能殺能活". 禮拜而去.

근거를 제시하지 않고 다른 평가를 내림으로써 우리 자신이 세운 동일한 기준을 무너뜨린다. 조주가 다르게 내린 평가는 우리가 세운 것과 같은 동일한 기준 하에 다르게 내린 평가가 아니다. 그러므로 앞 암주는 잃었고 뒤 암주는 얻었다고 할 수 없다.

그렇다면 조주는 어떤 식으로 다른 평가를 내리고 있는 것일까? 이 물음에 답하기 위해서 먼저 우리는 조주가 동일한 암주를 두고 두 다른 평가를 내리고 있는 것이 아니라는 점에 유의해야 한다. 똑같은 물음에 두 암주가 똑같이 주먹을 세웠기 때문에, 자칫 우리는 "주먹을 세움"이라는 동일한 행동에 동일한 주체를 상정하게 되면서, 그 결과 두 암주의 차이를 놓치게 된다. 단순해 보이는 이 차이를 큰 격차로 명료하게 파악하게 되면, 우리는 이 화두가 기본적으로 동일한 기준 하에 묶일 수 없는 두 다른 암주와 조주 사이에 일어난 일을 기술하고 있다는 점을 알게 된다. 이 화두는 조주와 앞 암주 사이에 있었던 "계십니까?"와 "주먹을 세움"의 관계는 조주와 뒤 암주 사이에 있었던 "계십니까?"와 "주먹을 세움"의 관계와 강도적으로 다르다는 것을 보여주고 있다. 두 암주하고 있었던 "계십니까?"와 "주먹을 세움"의 관계를 개념적 동일성 하에서 보게 되면 직후의 두 언급, 즉 "물이 얕으니 배를 댈 수가 없구나"와 "놓을 줄도 알고 빼앗을 줄도 알며, 죽일 줄도 알고 살릴 줄도 아는구나."는 각각 잃음과 얻음이 되어 서로 충돌한다. 마치 한 암주를 두 번에 나누어 방문한 것처럼, 하나가 다른 하나를 배제하게 된다. 또, 한 동일한 암주의 "주먹을 세움"이 일정한 기간이 지난 후 잃음에서 얻음으로 성격이 변화한 것이 된다. 그러므로 "계십니까?"에 두 암주 모두 똑같이 주먹을 세웠지만, 두 암주를 한데 묶는 동일한 "주먹을 세움"은 두 암주 바깥에 있기에 올바른 평가의 기준이 될 수 없는 것이다. 조주는 두 암주를 따로따로 만났으므로, 평가의 기준은 각 암주 자체에서 나와야 한다. 한 암주는 이 암주대로 그렇게 존재하고, 또 한 암주는 이 암주대로 그렇게 존재할 뿐이다. 앞 암주는 잃었고 뒤 암주는 얻었다고 할 수 없다.

32. 지로地爐(437): 이 이야기를 거론하는 사람이 없구나

조주가 시중 법문을 했다.

"노승이 30년 전에 남방에 있을 때 지로地爐 곁에서 손님도 주인도 없는 일전어—轉語를 한 적이 있는데, 지금에 이르기까지 이 이야기를 거론하는 사람이 없구나."108)

지로地爐는 땅에다 숯불을 피워 몸을 쪼이게 하는 화로를 말한다.109) 일전어—轉語는 일순간에 전환하여 깨달음을 얻게 하는 말이다.

지금 조주의 법문을 듣는 이들이 30년 전 남방에 있을 때 조주가 말한 일전어를 들었으리라는 법은 없다. 어쩌면 이들 중 아무도 조주의 일전어를 듣지 않았을지도 모른다. 30년 전의 일이고 지금 법문을 하는 이 장소가 아니라 남방에 있을 때의 일이기 때문이다. 사정이 이럴진대, 지금 조주의 법문을 듣는 대중들은 어떤 생각을 할까? 대중들은 어떤 일전어를 했기에 30년이 지난 지금껏 이 이야기를

---

108) 위의 책, 370쪽 중단. 趙州示衆云, "老僧三十年前在南方, 地爐頭, 有一轉無賓主話, 直至而今, 未曾有人擧着".

109) 『선문염송·염송설화 4』, 359쪽, 각주51.

거론하는 이가 없다고 하는 것일까 하고 의문을 낼 뿐이다. 일전어가 어떤 것일까 물어갈 뿐이지 도대체 대답할 길이 없다. 또, 혹시 그 일전어를 들은 사람이 있다 하더라도 말할 수 있는 것도 아니다. 일전어를 기억하여 다시 말한다면 일전어의 성격을 잃기 때문이다. 어떻게 해서든 대중들은 조주의 일전어를 거론할 처지에 있지 않다.

　대중들 앞에서 "30년 전 남방에 있을 때 지로 곁에서 손님도 주인도 없는 일전어를 한 적이 있는데 지금에 이르기까지 아무도 이야기를 하는 사람이 없다"고 말할 때, 조주는 거론하는 이가 없어 섭섭하다는 것을 표명하는 것도, 이제라도 거론해보자고 하는 것도 아니다. 30년 전 남방에서 일전어를 했던 조주, 30년 후 이 장소에서 "30년 전의 일전어를 거론하는 이가 없다"고 말하는 조주 사이에는 아무런 차이가 없다. 오직 예전이나 지금이나 일전어를 말하는 조주가 있을 뿐이다. 30년 전 남방에서 말한 일전어는 30년 후 이 장소에서 말하는 일전어, 즉 "30년 전 남방에서 말한 일전어를 거론하는 이가 없다"는 일전어이다. 30년 전 남방의 일전어가 손님도 주인도 없는 이야기 곧 무빈주화無賓主話이듯, 30년 후 이 장소의 일전어 역시 무빈주화이다. 아무도 거론하는 이가 없음, 이것이 바로 무빈주화의 일전어이다. 만약 지금 일전어를 거론하는 이가 있다면 지나간 일전어를 거론하려고 했으므로 손님[빈賓]이 되거나 주인[주主]이 된다. 조주는 30년 전이나 지금이나 손님도 주인도 아니기에 30년 전이나 지금이나 손님도 주인도 없는 일전어를 할 수 있었다.

33. 약작略彴(438): 나귀도 건네고 말도 건넨다

조주에게 한 스님이 물었다.

"조주의 돌다리 소문을 들은 지 오래되었었는데, 와서 보니 통나무다리만 보이는군요."

선사가 말했다.

"그대는 통나무다리만 보고 돌다리는 보지 못하는구나."

스님이 다시 물었다.

"무엇이 돌다리입니까?"

선사가 대답했다.

"나귀도 건네고 말도 건넨다."

스님이 다시 물었다.

"무엇이 통나무다리입니까?"

선사가 대답했다.

"하나하나 사람을 건넨다."110)

스님이 오래전부터 이야기를 들어왔다는 '조주의 돌다리'는 조주가 머물고 있는 조주성의 돌다리를 가리킬 뿐만 아니라 조주의 도력을 가리키기도 한다. 스님은 조주를 만나러 오면서 돌다리를 지나왔을 터인데, 돌다리는 보이지 않고 통나무다리만 보인다고 말한다. 조주를 통나무다리에 빗대 낮추어 보며, 조주의 도력을 시험하고자 짐짓 이렇게 말하고 있다. 스님은 돌다리와 통나무다리를 구분하며

---

110) 『한국불교전서』 제5책, 371쪽 상단. 趙州因僧問, "久響趙州石橋, 到來只見略彴". 師云, "汝只見略彴, 不見石橋?" 僧云, "如何是石橋?" 師云, "度驢度馬". 僧云, "如何是略彴?" 師云, "箇箇度人".

돌다리를 높게, 통나무다리를 낮게 평가하고 있다.

　조주는 "그대는 단지 통나무다리만 보고 돌다리를 보지 못하는구나" 하고 대답하며 스님을 이 말로 유인하고 있다. 스님은 "무엇이 돌다리입니까?"라고 물음으로써, 조주를 유인하려다 되려 조주한테 유인당하고 있다. 다리를 통나무다리와 돌다리로 구분하며 시비를 거는 사람은 돌다리와 통나무다리로 다리를 구분하며 자기 쪽으로 유인하는 사람한테 유인당하게 되어 있다. 양단에 굳게 매여 있어 양단을 통해서만 사물을 보는 데 익숙해 있기 때문이다. 하지만 조주가 "통나무다리만 보고 돌다리는 보지 못하는구나"라고 했을 때, 조주의 의중은 스님처럼 다리를 통나무다리와 돌다리 둘로 나누는 데 있지 않다.

　따라서 "무엇이 돌다리입니까?"라는 스님의 물음에 조주가 "나귀도 건네고 말도 건넨다(度驢度馬)"고 대답했는데, 이 대답이 "나귀도 건너고 말도 건넌다"가 아님에 유의해야 한다. "나귀도 건네고 말도 건넨다"는 돌다리가 주어가 돼 있지만, "나귀도 건너고 말도 건넌다"는 나귀, 말이 주어가 되어 있어서, 사람이 건너가는 다리를 말, 나귀 등 모든 중생이 아무런 차별 없이 건너간다는 것을 뜻하는 것처럼 보인다. 하지만 조주의 대답 "나귀도 건네고 말도 건넨다"는 "스님 그대는 다리를 돌다리와 통나무다리로 구분하여 돌다리를 높게 통나무다리를 낮게 평가하고 있지만, 다리 자체는 그렇게 구분될 수 있는 것이 아니다." 하는 점을 말하고자 하는 것이다. 다시 말해, 조주는 조주의 돌다리가 사람도, 나귀도, 말도 아무런 차별 없이 평등하게 건너가는 다리임을 보여주고자 하는 것이 아니라, 돌다리, 통나무다리 등의 차별이 없는 다리 자체를 먼저 보여주고자 하는 것이다.

조주의 돌다리는 통나무다리와 돌다리로 구분되기 전의 돌다리로, 아무런 차별이 없는 평등 그 자체이다. 그러면서 동시에 사람, 말, 나귀가 모두 건너는 다리이다. 조주의 돌다리는 평등 그 자체이므로 여기서 사람, 말, 나귀 등의 차별이 나타날 수 있다. 그래서 끝에 가서 스님이 "무엇이 통나무다리입니까?" 하고 묻자 조주는 "하나하나 사람을 건넨다" 하고 답한다. 이는 사람, 말, 나귀 등 모든 중생이 건너는 모습을 표현한 것으로 그때그때 평등과 동시에 일어나는 하나하나의 차별을 보여주는 말이다. 조주는 통나무다리를 통나무다리와 돌다리가 구분되지 않는 돌다리 자체 곧 다리 자체를 드러내 보인 후 스님이 낮추어 본 통나무다리를 승격시키고 있다.

조주의 "돌다리"는 제19칙 탐수探水(424)의, 수유 방에 기대어 놓은 조주의 '주장자'와 유사하다.

34. 투열鬪劣(439): 나는 한 마리 당나귀와 같다

조주가 일찍이 그의 시자 문원과 논쟁을 할 때 투열鬪劣을 할지언정 투승鬪勝을 하지 않기로 하고 승자가 호떡을 내야 한다고 했다.

문원이 말했다.

"화상께서 제시해주십시오."

선사가 말했다.

"나는 한 마리 당나귀와 같다."

문원이 말했다.

"저는 당나귀의 고삐와 같습니다."

선사가 말했다.

"나는 당나귀의 똥과 같다."

문원이 말했다.

"저는 똥 속의 벌레와 같습니다."

선사가 말했다.

"자네는 그 속에서 뭘 하는가?"

문원이 말했다.

"한 여름을 지냅니다."

선사가 말했다.

"떡을 가져오너라."[111]

"투열鬪劣"은 열등한 것을 들어가며 논쟁을 벌이는 것을 말하고, "투승"은 역으로 우등한 것을 들어가며 논쟁을 벌이는 것을 말한다.[112] 조주는 시자 문원과, 더 열등한 것이 되는 자가 승자가 되는 논쟁을 하여[투열鬪劣], 승자가 호떡을 내기로 한다. 조주가 "당나귀"가 될 때 문원은 "당나귀 고삐"가 되고, 문원이 "당나귀 고삐"가 될 때 조주가 "당나귀 똥"이 되고, 조주가 "당나귀 똥"이 될 때 문원은 "당나귀 똥 속의 벌레"가 되어 각각 더 열등한 것이 되고자 한다. 만약 이 절차가 성립한다면, 당나귀는 열등한 것이지만 당나귀 고삐에 비해 우등한 것이 되고, 당나귀 고삐는 당나귀에 비해 열등한 것이지만 당나귀 똥에 비해 우등한 것이 되어, 열등한 것은 어떤 관점에서는 우등한 것이 된다. 이렇듯 이 공안은 어떤 것이든 어떤

---

111) 위의 책, 371쪽 하단. 趙州普與侍者文遠論議, 鬪劣不鬪勝, 勝者輸餬餠. 遠云, "請和尙立義!" 師云, "我似一頭驢". 遠云, "我似驢紂." 師云, "我似驢糞". 遠云, "我似糞中蟲". 師云, "你在裏許作什麽?" 遠云, "過夏. 師云, "把將餠子來!"

112) 『선문염송·염송설화 4』, 366쪽, 각주57, 58.

관점에서는 열등한 것이지만 또 다른 관점에서는 우등한 것이라는 점을 말하고자 하는 것일까? 모든 것은 열등한 것이면서 동시에 우등한 것이라는 점을 말하고자 하는 것일까?

열등한 것이 있다면 우등한 것이 있게 마련이다. 열등한 것과 우등한 것을 나누는 기준이 있기 때문이다. 하지만 조주와 문원의 대화에서는 이러한 기준을 찾아볼 수 없다. 조주가 투열 놀이를 하자고 제안했기 때문에, 우리는 제시된 것들이 열등한 것이라고 여기지만, 어느 하나 열등한 것이 아니다. 당나귀 고삐가 당나귀에 비해 왜 열등한 것이고, 당나귀 똥이 당나귀 꼬삐에 비해 왜 열등한 것인지 우리는 알 도리가 없다. 기준이 없기 때문이다. 열등한 것으로 제시된 것들은 모두 투열 계열을 벗어나 있어서, 열등한 것이 아니다. 우등한 것이라야 열등한 것이라 할 수 있고, 열등한 것이라야 우등한 것이라 할 수 있는데, 가령 당나귀 고삐는 당나귀 똥에 비하여 우등한 것도 아니고 당나귀에 비하여 열등한 것도 아니다. 제시된 것들은 한결같이 열등한 것이나 우등한 것과 무관한 것들이다. 조주와 문원은 투열 놀이를 보는 사람들을 장난치듯 우롱하는 것처럼 보인다. 하지만 제시된 말들은 투열의 절차에 놓이는 듯하지만 놓이지 않는 각각 생동하는 말들이다.

문원이 "저는 똥 속의 벌레와 같습니다"라고 말하자, 조주는 느닷없이 "자네는 그 속에서 무엇을 하는가?" 하고 묻는다. 앞의 조주와 문원의 대화가 순차적으로 열등한 것이 제시되었다고 믿는 사람들에게는 조주가 별안간 투열 놀이를 중단하는 것처럼 보일 것이다. 그러나 조주의 이 말 역시 앞에서 제시된 말들과 같이 투열 놀이를 벗어난 말일 뿐이다. 투열 놀이 중에 있지만 투열 놀이를 벗어나 있는, 가령 "나는 당나귀와 같다"와 같은 말이다. 문원은 조주의 말에 호응하여 "한여름을 난다"고 말한다. 당나귀 똥 속의 벌레가 우리처럼 한여름을 나는지 어떤지는 우리로서는 알 수가 없다. 문원은 "한여름을 난다"고 말하여 "당나귀 똥 속의 벌레"와도 결별하고, 조주의 "자네는 그 속에서 무엇을 하는가"라는 말과도 결별하고 있다. 설사 "한여름은 난다"가 수행자들이 모여서 집중해서 수행을 하는 하안거 夏安居를 보낸다는 뜻으로 해석해도 이는 마찬가지이다.

이렇듯 조주와 문원 모두 끝까지 지는 사람이 이기는 것이라는 투열 놀이에 충실하다. 지는 사람이 이긴다는 것은 결국 이기고 지는 일이 없다는 것을 뜻하게 되기 때문이다. 조주가 승자가 된 것도, 문원이 패자가 된 것도 아니고, 문원이 승자가 된 것도 조주가 패자가 된 것도 아니다. 열등한 것을 드는 투열 놀이를 하자면서도 둘 다 열등한 것을 말하지 않음으로써 승자와 패자를 넘어서 있다.

그런데 왜 조주는 문원에게 "호떡을 가져오라"고 했는가? 조주 자신이 호떡을 내겠다는 것인가, 아니면 문원이 호떡을 내야 한다는 것인가? 조주가 투열 놀이에서 져서 승자가 되었다면 조주가 호떡을 내야 하고, 문원이 승자가 되었다면 문원이 호떡을 내야 한다. 그러나 보았듯이, 이 투열 놀이에서 승자도 패자도 없다. 조주의 "호떡을 가져오라"는 말 역시 투열 놀이 절차에 등장한 말들과 같이 승자도 패자도 없는 경지를 보여줄 따름이다.

35. 창야唱喏(440): 조심스럽게 모셔라

조주가 도오를 방문했다. 도오는 선사가 오는 것을 보고자 표범가죽 잠방이를 입고 길료방吉撩棒을 들고서 삼문三門 밖에서 기다렸다. 선사가 당도하자마자 큰 목소리로 "예~" 하고는 서 있었다.

선사가 말했다.

"조심스럽게 모셔라."

도오는 다시 "예~" 하고 물러갔다.[113]

　도오는 자신이 거주하는 절 안에서 손님 조주를 기다리지 않고, 절 밖 삼문 앞에서 나와 기다린다. 가랑이 끝이 무릎까지밖에 오지 않는 짧은 잠방이 차림에 손님을 지키는 몽둥이, 길료방을 들고 있다. 길료방吉撩棒은 선사들이 물이나 짐을 나를 때 사용하는 나무 몽둥이로 방, 할을 할 때도 사용했다. 도오는 높은 신분의 손님을 맞이하는 주인의 태도가 아니라 주인을 모시는 하인의 모습을 하고 있다. 손님과 주인의 관계가 주인과 하인의 관계로 변모되어 있다.

　우리는 절 안에 있는 사람은 주인, 절을 찾아오는 사람은 손님이라 규정하고, 주인은 주인대로, 손님은 손님대로 고정된 역할이 있다고 여긴다. 도오는 이 규정을 벗어나 있을 뿐만 아니라, 아주 관계 방식을 바꾸어 예~ 하며 주인을 받들어 모시는 하인이 되었다. 조주도 이에 부응해서 "조심스럽게 모셔라" 하면서 주인이 되었다. 도오와 조주는 주인과 손님의 관계를 완전히 벗어나서 하인과 주인의 관계가 되었다.

　이 화두는 고정된 관계를 넘어 새로운 관계의 창조, 혹은 이 관계를 창조하는 힘을 이야기하고 있다.

---

113) 『한국불교전서』 제5책, 372쪽 하단. 趙州訪道吾. 吾見來, 着豹皮裩, 把吉撩棒, 在三門前等候. 纔見師來, 便高聲唱喏而立. 師云, "小心祗候着". 吾又唱喏一聲而去.

36. 흡호恰好(441): 바로 그것이다!

조주에게 어떤 스님이 하직을 고하자 그에게 물었다.

"어디로 가려는가?"

스님이 대답했다.

"민중閩中114)으로 가렵니다."

선사가 말했다.

"거기는 군인과 말이 분주하다는데 잘 피해 다녀야 될 것이다."

스님이 물었다.

"어디로 피해야 되겠습니까?"

선사가 대답했다.

"바로 그것이다!"115)

"어디로 가는가?"란 조주의 물음에 스님은 "민중閩中으로 간다"고
답한다. "민중에는 군인과 말로 복잡하고 요란하다"는 조주의 말에
스님은 "어디로 피해야 되겠습니까?" 하고 묻는다. 이에 조주는 "바
로 그것이다[흡호恰好]!" 하고 대답하는데, 이는 스님의 물음 "어디로
피해야 되겠습니까?"가 바로 답이라는 뜻이다. 그렇다면 이 물음은
조주가 스님에게 한 물음 "어디로 가려는가?" 하는 물음과 같다.
이 "어디에"라는 물음은 대답이 확정돼 있지 않다. 스님은 조주의
물음에 "민중으로 가렵니다" 하고 답했지만, 이 대답은 궁극적인

---

114) '민중'은 지금의 복건성과 절강성 동남부 지역이다.

115) 위의 책, 370쪽 중단. 趙州因僧辭乃問, "甚處去?" 僧云, "閩中去". 師云, "我聞彼中軍馬隘
鬧. 直須迴避始得". 僧云, "向甚處迴避即得?" 師云, "恰好!"

대답이 될 수 없다는 것을 보여주려고, 조주는 스님이 또 다른 물음 "어디로 피해야 되겠습니까?"을 일으키도록 "거기는 군인과 말이 분주하다는데 잘 피해 다녀야 될 것이다" 하고 답한 것이다.

37. 야승夜陞(442): 마니주가 왜 나타나지 않습니까?

조주에게 한 스님이 물었다.

"밤에는 도솔천[116]에 오르고 낮에는 염부제[117]에 내려왔는데, 그 사이에 마니주[118]가 왜 나타나지 않습니까?"

선사가 물었다.

"무엇을 말하는가?"

스님이 다시 같은 말을 하자, 선사가 말했다.

"비바시 부처는 일찍이 마음을 두었지만, 지금에 이르기까지 묘한 이치를 얻지 못했다."[119]

이 화두를 풀려면 먼저 "밤에는 도솔천에 오르고 낮에는 염부제에 내려왔는데, 그 사이에 마니주가 어찌하여 나타나지 않습니까?" 하는 한 스님의 말이 어디에서 유래하는지를 알아야 한다. 각운은 스님의 말이 『조원통록祖源通錄』에 나오는 말이라 하면서 다음과 같이 인용

---

116) '도솔천'은 욕계欲界 여섯 천天 중의 하나로, 미륵 보살이 사는 곳이다.

117) '염부제'는 수미산 사방에 있는 대륙 중 남쪽에 있는 대륙으로, 인간들이 사는 곳이다.

118) '마니주'는 보주寶珠 혹은 여의주如意珠를 말한다.

119) 위의 책, 373쪽 상중단. 趙州因僧問, "夜升兜率, 晝降閻浮. 其中摩尼珠, 爲什麼不現?" 師云, "道什麼?" 僧再擧, 師云, "毗婆尸佛早留心, 直至如今不得妙".

하고 있다.

승가난제僧迦難提 존자가 나한들에게 설법할 때 게송을 읊었다.

"전륜성왕의 종성種性으로서 열반에 드시니
아라한도 아니요, 벽지불도 아니네."
그 아라한들이 이 뜻을 알지 못하여 한 밤에 도솔천에 올라가 미륵
보살에게 가서 물었다.
"승가난제가 이르기를 '전륜성왕의 종성 …… 아니네'라고 했는데, 무
엇이 열반입니까?"
미륵이 대답했다.
"니륜泥輪이다."
그 아라한들이 바로 내려와서 승가난제에게 가서 이 이야기를 전했다.
존자가 물었다.
"이 스님들아. 밤에는 도솔천에 올라갔다가 낮에는 염부제에 내려왔
는데, 그 사이에 마니주는 어찌하여 나타나지 않았겠는가?"[120]

한 스님이 던진 질문 "밤에는 도솔천에 오르고 낮에는 염부제에
내려왔는데, 그 사이에 마니주가 왜 나타나지 않습니까?(夜升兜率,
晝降閻浮. 其中摩尼珠, 爲什麽不現?)"는 승가난제 존자의 말 "도솔천에 올
랐다가 염부제로 내려오는 사이에 마니주가 왜 나타나지 않았겠는

---

[120] 위의 책, 373쪽 상단. 僧迦難提尊者, 爲羅漢說法, 偈云, "轉輪王種性 而能入涅槃 不是阿羅
漢 亦非辟支佛". 其羅漢不會, 中夜便昇兜率天, 到彌勒前問. "僧迦難提道, 轉輪王至辟支佛,
如何是涅槃?"彌勒答曰, "泥輪". 其羅漢便下來, 至僧迦難提前, 擧似. 尊者問, "這箇師僧, 夜
升兜率, 晝降閻浮, 其中摩尼珠 爲什麽不現?"

가?(夜升兜率, 晝降閻浮, 其中摩尼珠 爲什麼不現?)"이다. 스님은 승가난제의 말을 그대로 인용하고 있지만, 뜻이 다르다. 스님은 마니주가 나타나지 않았다고 생각하기에 왜 나타나지 않습니까 하고 물었지만, 존자는 마니주가 나타났다는 것을 의문문에 담아 강조했다. 아라한들이 미륵 보살에게 가서 "무엇이 열반입니까?" 하고 물었을 때, 미륵은 "니륜泥輪"이라고 대답했는데, 존자는 이 "니륜"이야말로 열반 곧 마니주를 잘 보여주는 말이라고 여긴 것이다.

이 "니륜泥輪"에 대해 더 생각해보자. 승가난제의 게송을 들은 아라한들은 게송이 무엇을 뜻하는지를 몰라 미륵 보살에게 "무엇이 열반입니까" 하고 묻는다. 승가난제가 열반에 든 부처가 아라한도 아니고 벽지불도 아니라고 했으므로, 아라한인 자신들이 부처를 따라 도달해야 할 열반이 무엇인지 알 수 없어서, 무엇이 열반인가 하며 개념으로 규정될 수 없는 열반을 규정해달라고 미륵에게 재촉한다. 미륵은 어떠한 논리, 어떠한 개념으로도 규정될 수 없는 열반을 "니륜泥輪"이란 말로 표현해 보여주었다. "니륜"의 '니'는 진흙, '륜'은 바퀴이므로 "니륜"은 '진흙 바퀴'이다. 열반의 원어 'nirvāṇa'는 '니원泥洹', '니반泥槃'으로 음역되기도 했는데, 미륵은 이 중 니원이나 니반을 흉내내 "니륜"이라고 답하며 "니륜"의 글자 뜻대로 새겨 "열반"이라는 말 자체를 망가뜨리고 있다. 또 미륵은 "니륜" 곧 '진흙 바퀴'는 진흙과 바퀴라는 실제로는 서로 어울릴 수 없는 것들을 결합해서 열반이 지칭하는 대상은 실존하지 않는다는 점을 보여주고 있다. 이 점에서 "니륜"은 뒤에 가서 볼 70. 판치板齒(475)의 '앞니에 돋은 털'과 유사한 화두이다.

조주의 말 "무엇을 말하는가?"는 스님의 질문 "밤에는 도솔천에 오르고 낮에는 염부제에 내려왔는데, 그 사이에 마니주가 왜 나타나지 않습니까?"의 뜻을 알고자 하는 것이 아니라, 스님의 이 질문이 바로 답이라는 점을 가리키고자 하는 것이다. 스님은 조주의 요구대로 다시 같은 말을 반복하면서도, 자신의 질문이 승가난제가 아라한들에게 한 질문이고, 열반이 무엇인가에 대한 답이라는 점을 알아차리지 못했다. 그래서 조주는 더 나아가 "비바시 부처가 지금껏 묘한 이치를 얻지 못했다"고 말한다. 비바시 부처는 과거에 출세한 일곱 부처 중 첫째 부처이다. 비바시 부처는 부처라고 호칭되지만 묘한 이치를 얻지 못했기에 부처가 아니다. 조주는 이 말로 부처를 해체하고, 부처를 해체하듯 마니주 곧 열반을 해체한다. 조주는 "부처"가 지칭하는 대상도 실존하지 않고, "열반"이 지칭하는 대상도 실존하지 않음을 보여주고 있다. 미륵 보살과 승가난제 존자가 "니륜"이라는 말로 "열반"을 표현하면서 열반은 어떻게 해서도 규정될 수 없는 것임을 보여주듯이.

38. 협화挾火(443): 숯불을 집어들고…

조주가 숯불을 집어들고 한 스님에게 보이면서 말했다.
"알겠는가?"
"모르겠습니다."
선사가 말했다.
"자네는 불이라 부르지 못했는데 노승이 말해버렸구나."[121]

---

[121] 위의 책, 373쪽 하단. 趙州挾起火示僧云, "會麼?" 僧云, "不會". 師云, "你不得喚作火, 老僧道了也".

원문의 "협기화挾起火 곧 불을 집어들다"의 "불"은 '숯불'이다. 이 공안은 불과 숯불의 관계를 밝히고자 하는 것이 아니기에 화火가 불로 번역되든 숯불로 번역되든 우리가 이 공안을 해독하는 데는 아무런 지장이 없다.

조주는 남전의 상좌로 있을 때 숯불을 지피고 꺼지지 않도록 보존하는 일을 맡은 적이 있다. 숯불이 늘 그의 곁에 있다. 그래서일까? 조주는 숯불 하나를 들어 보이면서 한 스님에게 "알겠는가?" 하고 묻는다. 조주는 가까운 데에 있는 보이거나 들리는 것들을 일상어를 써서 문제로 만들어 언제든 수행자 대중을 깨달음으로 들어가는 기회를 마련해줄 수 있는 역량을 지닌 선사이다. 지금 조주는 가까운 데 있는 숯불 하나를 들어 보이며 "알겠는가?" 하고 물어 한 스님을 깨달음으로 이끌어주려 하고 있다. 조주 앞에 수행자 대중들이 모여 있었다면 모두들 조주가 들어올린 불을 보고 불이라고 속으로 생각했을 것이다. 이 공안을 읽는 우리들도 조주가 숯불을 들어올리는 모습을 상상하며 당연히 불이라고 생각했을 것이다. 그런데 조주의 물음은 "이것이 무엇인가?"가 아니라 "알겠는가?"이다. "이것이 무엇인가?" 하고 물었다면 "불이다" 하며 바로 대답할 수 있었을 텐데, "알겠는가?" 하고 물었으므로, 도대체 무엇을 알겠는가 하고 물은 것인지 스님으로서는 알 도리가 없다. 스님은 "모르겠습니다"고 대답한다. "(무엇을) 알겠는가?" 하는 물음의 "무엇"이 정확히 무엇을 가리키는지 모르기에 "모르겠습니다"고 대답한 것이다. 모르는 "그 무엇"을 솔직하게 "모르겠습니다"고 대답했기 때문에 스님의 대답은 어떻게 보면 적극적인 대답 같아 보인다. 그러나 스님은 "모르겠습니다"고 대답해 놓고도 이 "모르겠습니다"의 진의를 모르는 것 같다.

그래서 조주는 "모르겠습니다"의 진의를 스님으로 하여금 정확히 알게 하고자 다시 "자네는 불이라 부르지 못했는데 노승이 말해버렸구나"라고 말한다. 이 말을 해명하기 위해서는 '무엇'을 말해버렸다는 것인지 탐색해보아야 한다. 만약 "말해버렸구나"가 "불을 말해버렸구나"라면, '그 무엇'은 불이다. 그런데 '그 무엇'을 들고 조주는 불이라고 부르지만, 조주가 이렇게 '그 무엇'을 불이라 부를 수 있게 된 것은 스님이 '모르겠습니다' 하며 '그 무엇'을 불이라고 부르지 못한 덕분이다. '그 무엇'은 우리가 아직 알지 못하는 '문제'이고 특정한 상황 속에서 이 문제가 해결되는 과정을 거치며 불로 규정되게 된다. 이렇게 해서 조주는 스님의 "모르겠습니다"의 진의를 밝혀놓았다.

『선문염송』이 공안에는 다른 본이 부가되어 있다.

> 선사가 불을 두드리면서 스님에게
> "노승은 불이라 부른다. 자네는 무엇이라 부르는가?"
> 스님이 대답이 없었다.
> 선사가 말했다.
> "현묘한 이치를 알지 못하면 부질없이 고요함을 생각할 뿐이다."
> 법등이 다르게 말했다.
> "내가 자네만 못하구나."[122]

부언돼 있는 법등의 별어別語 "내가 자네만 못하구나"를 뺀다면,

---

122) 위의 책, 374쪽 하단. 師敲火問僧云, "老僧喚作火. 汝喚作甚麼?" 僧無對. 師云, "不識玄旨, 徒勞念靜". 法燈別云, "我不如汝".

이 공안은 팽팽한 긴장감이 보이지 않는다. 하지만 앞의 화두를 이해하는 데 도움이 되기에 분석해보겠다. 주목해야 할 것은 이 화두에서 조주는 숯불을 두드리며 "노승은 불이라 부른다"고 먼저 말했다는 점이다. 그런데 조주가 두드린 불을 보고 불이라고 명명했다고 해서 이 불이 꼭 불이라고 명명되어야 하는 것은 아니다. 사물 불은 부단히 불이란 이름을 벗어나기에 다르게 명명될 수도 있기 때문이다.

바로 이어 조주는 "자네는 무엇이라 부르는가?" 하고 물었지만, 스님은 아무 대답이 없었다. 그런데 스님은 조주가 두드린 불을 조주와는 다르게 명명할 길이 없어서 대답하지 않은 것 같지는 않다. 조주가 이어서 "현묘한 이치를 알지 못하면 부질없이 고요함을 생각할 뿐이다"라고 말했기 때문이다. 조주의 이 말로부터 우리는 스님이 조주의 불 x와는 다른 불 x, 즉 무한하게 규정될 수 있는 통각의 대상으로서의 불 x를 생각하고 있었다고 추측할 수 있다. 다르게 명명하고 다르게 규정한다 하더라도, 스님의 불 x는 이러한 규정과 명명 작용을 벗어난 정적靜的인 것이다. 그래서 조주는 현묘한 이치를 알지 못하면 이러한 정적인 불 x를 생각하게 될 뿐이라고 말한 것이다.

법등의 별어別語는 짐짓 스님 편을 들면서 "내가 자네만 못하구나" 하면서, 스님의 '아무 대답도 하지 않는 침묵'이 고요함을 생각하는 것이 아니라 조주가 말한 현묘한 이치임을 보여주고 있다. 침묵은 고요함일 수도 있지만, 본질적으로 현묘한 이치이기 때문이다. 법등은 조주 편을 들어 '아무 대답도 하지 않는 침묵'을 '현묘한 이치'로 해석하고 있다.

39. 서자西字(444): 그대들이 글자를 알기 때문이다

조주가 길을 가다가 한 노파를 만났는데, 이 노파가 물었다.

"화상은 어디에 계십니까?"

선사가 대답했다.

"조주의 동원 서쪽[서西]에 있습니다."

대중에게 이 이야기를 들어 물었다.

"그대들이여, 말해보라. 무슨 서西 자를 썼겠는가?"

한 스님이 대답했다.

"동서東西라고 할 때의 서西 자입니다."

또, 한 스님이 말했다.

"깃들일 서棲 자입니다."

이에 선사가 말했다.

"그대들은 모두 염철판관鹽鐵判官이구나."

스님이 물었다.

"화상은 어째서 그렇게 말씀하십니까?"

선사가 대답했다.

"그대들이 모두 글자를 알기 때문이다."[123]

공안에서 우리는 노파가 등장해서 선사와 법거량을 하는 모습을 종종 볼 수 있다. 노파는 선사들처럼 깨달음을 얻은 늙은 할머니이다. 선불교가 흥성했던 당송대에는 깨달음을 얻은 보통 사람들이

---

123) 위의 책, 374쪽 중단. 趙州路次見一婆子問, "和尚住在什麼處?" 師云, "趙州東院西". 師擧, 問僧, "你道! 使那个西字". 一僧云, "東西字". 一僧云, "依棲字". 師云, "汝總作鹽鐵判官". 僧云, "和尚爲什麼伊麼道?" 師云, "爲汝總識字".

많았다고 하는데, 그런 사람들 중 일부가 공안에서 노파의 이름으로 나타난다. 우리는 "오대산 가는 길이 어디요?" 하고 묻는 스님에게 "곧장 가시오" 하며 대답하는 노파의 모습을 제7칙 대산^{臺山}(412)에서 본 적이 있다. 이 공안의 노파가 제7칙에 나오는 그 노파인지는 알 수 없지만 깨달음을 얻은 사람임은 분명해 보인다. 물음이 심상치 않고 이에 대한 조주의 답 역시 심상치 않기 때문이다.

조주는 길을 가다가 깨달음을 얻은 노파를 만나게 되고, 이 노파로부터 "화상은 어디에 계십니까?" 하는 질문을 받게 된다. 이 질문을 간단하게 보면 안 된다. 화두에서 우리는 "어디에서 왔는가?", "어디에 있는가?" 하는 물음을 자주 발견하게 되는데, 이때 이 "어디"를 현실적인 공간의 한 장소로만 생각하면 안 된다. 깨달음을 얻은 사람의 '본래의 자리'를 의미하기도 때문이다. 사실, 현실적인 공간 속 '어디'에 앞서 이 '어디'가 선행한다. 이 '어디'를 모른다면 내가 현실적인 공간 속 '어디'에 있다고 말할 수도 없다. 그런데 조주는 "조주의 동원 서쪽에 있다"고 대답한다. 동원은 절 이름이니까 "동원 서쪽"이라고 한다면 이는 현실적인 공간의 장소를 가리킨 셈이다. 조주가 과연 노파의 질문을 이해하지 못하고 노파의 "어디"를 현실적인 공간의 장소로 이해한 걸까? "화상은 어디에 계십니까?"가 제71칙 장외^{牆外}(476)의 "무엇이 도입니까?", 제27칙 전리^{殿裏}(432)의 "무엇이 부처입니까?"라는 질문과 같은 질문이라는 것을 고려하면, "조주의 동원 서쪽"은 '담장 밖의 길', '전각 안의 부처'와 같다고 볼 수 있다. 그러므로 "조주의 동원 서쪽"은 "어디" 곧 '본래의 자리'를 완벽하게 보여준 셈이고, 여기서 이 화두는 매듭을 지을 수가 있다. 그러니까 "조주의 동원 서쪽"은 조주가 머물고 있는 곳이지만, "화상은 어디에 계십니까?"라는 질문에 대한 답이므로 '조주의 동원 서쪽'

을 지칭하지 않는다. "조주의 동원 서쪽"이라는 말에는 조주 당사자, 조주가 거주하는 곳의 동, 서 방향 등이 나오지만, 이 말을 하는 즉시 고유명사 조주가 상실되고, 방향 동, 서가 상실된다.

돌아와서 조주는 대중들에게 노파와 있었던 이야기를 전하면서 내가 "무슨 서 자를 썼겠느냐?"라고 묻는다. 이 공안의 후반부가 시작된다고 할 수 있다. 한 스님은 동서 할 때의 서西 자를 썼다고 대답하고, 또 한 스님은 깃들일 서棲 자를 썼다고 대답한다. 스님들은 조주가 현실적으로 거주하는 곳을 지칭하고 있다. "동서의 서"는 조주가 거주하는 곳의 위치와 방향을 지칭한다. "깃들일 서"는 조주가 동원 서쪽에 거주한다는 것을 나타낸다. 이처럼 스님들은 조주의 의중을 파악하고 있지 않다. 조주는 이제 그들을 깨달음으로 이끌어 주어야 하지 않겠는가? 그래서 조주는 그들이 글자를 모르는 무식한 "염철판관鹽鐵判官"이라고 말한다. "염철판관"은 소금을 굽고 철을 제련하는 일을 감독하는 관리이지만 여기서는 글자를 모르는 무식한 사람을 가리킨다.[124] 스님들은 분명 글자를 알기에 "서쪽 서", "깃들일 서"를 말할 수 있었다. 그런데도 조주는 스님들한테 그들이 글자를 모른다고 말한다. 그렇게 말해놓고는 스님들의 "화상은 어째서 그렇게 말씀하십니까?"라는 질문에 "그대들이 글자를 알기 때문이다"라고 정반대의 대답을 한다. 앞에서는 글자를 모르기에 "조주의 동원 서쪽"의 "서"를 "서쪽 서", "깃들일 서"로 알고 있다고 하고, 여기서는 글자를 알기에 "조주의 동원 서쪽"의 "서"를 "서쪽 서", "깃들일 서"로 말한다고 하고 있다. 스님들은 글자를 알기에 글자에 매여서 "조주의 동원 서쪽"을 조주의 육신이 거주하는 곳으로만 생

---

124) 『선문염송·염송설화 4』, 각주76.

각했다. 그래서 조주는 글자를 제대로 모르는 무식한 "염철판관"이라고 말했던 것이다. 스님들은 글자를 알기에 조주의 육신이 거주하는 곳은 알았지만, 조주가 본래 있는 자리를 알지 못했고, 또 그들이 본래 있는 자리를 알지 못했다. 글자를 안다는 것이 자신들이 본래 있는 자리를 알지 못하게 했던 것이다.

"조주의 동원 서쪽"은 '조주의 동원 서쪽'이 아니기에 조주의 동원 서쪽이다. "조주의 동원 서쪽"이라는 말은 '조주의 동원 서쪽'을 지칭하는 것이 아니기에 조주의 동원 서쪽이다. 다시 말해, "조주의 동원 서쪽"이 '조주의 동원 서쪽'을 지칭하기 위해서는 우선 '조주의 동원 서쪽'을 지칭하는 것이어서는 안 된다. 지칭되는 '조주의 동원 서쪽'은 '정착적 분배'를 이미 이룬 것이지만, 조주의 동원 서쪽은 아직 정착적 분배를 이루지 않은 '유목적 분배'인 무의미의 의미일 따름이다.

40. 당자幢子(445): 부서져 떨어졌다

> 조주가 길에서 당자幢子125) 하나를 보았는데 한 부분[절截]이 없었다.
> 한 스님이 물었다.
> "경당의 한 부분이 땅으로 들어갔습니까, 하늘로 올라갔습니까?"
> 선사가 대답했다.
> "하늘로 오르지도 않았고, 땅으로 들어가지도 않았다."
> 스님이 물었다.

---

125) '당자幢子'는 경당經幢으로, 경문經文을 새겨넣은 돌기둥이다.

"어디로 갔습니까?"

선사가 대답했다.

"부서져 떨어졌다."[126]

길을 가던 중 조주와 한 스님은 한 부분이 깨져 있는 경당을 보았다. 경전의 문구들이 새겨 넣어져 있는 경당이 깨어져 있는 것을 보고 안타까움에 스님은 깨진 경당의 조각이 하늘 위로 올라갔는가, 땅속으로 들어갔는가 하며 조주에게 묻는다. 경전의 문구가 새겨져 있으니 하늘로 올라가 천신이 되었는가, 아니면 경당 몸통에서 떨어져 나온 불완전한 경전의 문구가 담겨 있으니 땅으로 들어가 지옥 유정이 되었는가 하는 질문이다. 스님은 하늘로 올라감과 땅으로 들어감, 혹은 천신과 지옥 유정이라는 양변에 매여서, 남아 있는 경당과 쪼개져 나간 경당의 부분을 보고 있다. 스님한테 경전과 경전이 새겨져 있는 경당은 성스러운 존재이기에 스님은 경당의 조각을 이렇게 보고 있는 것이다. 경전이 새겨져 있는 경당의 메시지는 성과 속이라는 이런 양변을 떠나라는 것일 터인데, 스님은 되려 성과 속의 양변에 매여 있다.

조주는 스님의 질문에 "하늘로 오르지도 않았고, 땅으로 들어가지도 않았다"고 대답한다. 하늘로 올라가거나 땅으로 들어간다는 것은 성과 속 양변에 매여 있는 사람의 견해이기 때문에, 이 견해를 물리치고 실상實相 그 자체를 보여주기 위해 조주는 이렇게 대답한 것이다. "하늘로 오르지도 않았고, 땅으로 들어가지도 않았다"고 대답했지

---

126) 『한국불교전서』 제5책, 374쪽 하단. 趙州路上見一幢子, 無一截. 僧問 "幢子一截, 入地去也, 上天去也?" 師云, "也不上天, 也不入地." 僧云, "向什麼處去?" 師云, "撲落也".

만, 경당 조각의 행방을 분명히 말해준 것은 아니다. 그렇기에 스님은 "그러면 어디로 갔습니까?" 하며 다시 묻는다. 스님은 여전히 "어디에"에 매여 있다. 이 질문에 조주는 경당의 조각이 어디로 갔다고 대답하지 않는다. 그렇게 하면 스님과 마찬가지로 하늘이든 땅이든 그 "어디에"에 매여 있는 것이 되기 때문이다. 조주는 "부서져 떨어졌다"고 본 그대로 말한다. "부서져 떨어졌다"는 말은 스님의 질문과 조주의 대답을 거쳐왔기에 실상을 보여주는 말이 된다. 만약 조주가 한 쪽이 떨어져 나간 경당을 실제로 보면서 "부서져 떨어졌다"고 말했다면 이는 오히려 부서져 떨어져 나간 경당의 모습을 지각하고 판단하는 것이 되고, 내가 이렇게 보고 있으니 그대 또한 이렇게 보고 있다고 말하는 것이 될 뿐이다. 하지만 스님의 질문과 자신의 대답을 거쳐 왔기에 "부서져 떨어졌다"는 경당, 경당의 조각, 경전이 새겨져 있는 경당의 소중함 등에 무심하고 초연한 말이 된다.

41. 개두蓋頭(446): 응대하지 않았다고 말하지 말라

조주에게 한 스님이 찾아왔을 때, 선사가 마침 납의로 머리를 덮고 앉아 있어서, 스님이 바로 물러나왔다. 선사가 말했다.

"사리!127) 노승이 응대하지 않았다고 말하지 말라."128)

---

127) "사리闍梨"는 범어 'ācārya'의 음역 '아사리阿闍梨'의 준말로, '궤범사軌範師'로 의역되는 데서도 알 수 있듯이, 사범師範이 되어 제자를 지도하는 스승을 뜻하는데, 여기서는 상대 수행자를 호칭하는 말로 쓰였다.

128) 위의 책, 375쪽 상단. 趙州因僧來叅, 適值以衲衣蓋頭而坐, 僧便退. 師云, "闍梨, 莫道老僧不祇對".

한 스님이 찾아왔을 때 조주는 입는 가사를 머리에 덮고 앉아 있었다. 낮잠을 자고 있었나? 이는 중요하지 않다. 스님은 그런 조주의 모습을 보고 지금은 참문參問할 때가 아니라고 생각하고는 물러나왔다. 물러나가는 스님을 보며 조주는 "사리! 노승이 응대하지 않았다고 말하지 말라."고 하며 일깨워준다. 조주가 "사리! 노승이 응대하지 않았다고 말하지 말라." 하는 말을 하지 않았다면 참문하러 온 스님을 전혀 응대하지 않은 것이 된다. 참문하러 온 스님한테 아무것도 지도하지 않은 것이 된다. 하지만 조주는 "응대하지 않았다고 말하지 말라"는 말을 한다. 이 말이 가르침이다. 만약 조주가 "응대하지 않았다고 말하지 말라"는 말을 하지 않았다면, 참문하러 온 스님은 조주가 응대하지 않았다고 말할 것이다. 그러나 조주가 "응대하지 않았다고 말하지 말라"는 말을 했기 때문에 스님은 조주가 "응대하지 않았다"고 말할 수 없게 된다. 조주는 "응대하지 않았다고 말하지 말라"는 말로 스님을 응대한 것이다. 그러므로 "응대하지 않았다고 말하지 말라"는 "응대했다고 말하라"가 된다. 응대하지 않음이 응대함이 되는 것이다. 이 공안에서도 우리는 부정과 긍정의 대립을 넘어서는 실상實相을 보게 된다. 이 실상은 응대하지 않음이 그 부정 성격을 잃으면서 응대함이 되고, 응대함은 그 긍정 성격을 잃으면서 응대하지 않음이 된다. 응대함과 응대하지 않음은 각각 자성自性을 잃으면서 무의미로 들어가고, 이 생동하는 무의미로부터 응대함과 응대하지 않음 사이의 여러 의미들의 교차를 얻게 된다.

42. 동사東司(447): 뒷간에서는 불법을 말해줄 수가 없구나

조주가 어느 날 뒷간에서 문원이 지나가는 것을 보고, "문원!" 하고 부르니 문원이 응답했다.

선사가 말했다.

"뒷간에서는 그대에게 불법을 말해줄 수가 없구나."[129]

불법을 말해줄 수 없는 상황이라면 아무 말 하지 않으면 된다. 그렇지만 조주는 문원을 불러 "뒷간에서는 그대에게 불법을 말해줄 수가 없구나"라는 말을 하며 불법을 말해주었다. "불법을 말해줄 수 없음"이 불법이 된 셈이다. 그런데 "불법을 말해줄 수 없음"이 불법이 된 것은 조주가 뒷간에 있었기 때문이다. 뒷간이야말로 불법을 말해줄 수 있는 곳이 된다. 또, 조주가 이렇게 뒷간에서 불법을 말해줄 수 있게 된 것은 조주가 "문원!" 하고 부르고 문원이 "예!" 하고 응답했기 때문이다. 조주의 부름과 문원의 응답이야말로 조주가 문원에게 말해주고자 하는 불법인 것이다.

운문고와 죽암규는 이 점을 다음과 같이 노래하고 있다. 위는 운문고雲門杲의 송, 아래는 죽암규竹庵珪의 송이다.

조주는 비밀한 말을 했고
문원은 숨기지 않았네.
대장경의 가르침을 펼쳐내니

---

129) 위의 책, 375쪽 중단. 趙州一日, 在東司上, 見文遠過, 遂喚云, "文遠!" 遠應喏. 師云, "東司上, 不可與你說佛法".

공덕이 실로 한량 없구나.[130]

노승이 바로 뒷간에 있었기에
불법을 남에게 말해주지 못했네.
똥 냄새와 전단 향기가 한 가지라는 점을
아버지와 아들의 기機가 함께 누설했네.[131]

운문고는 조주의 "문원!" 하고 부른 말을 비밀한 말로, 문원의
"예!" 하는 응답을 감추지 않은 말로 보고, 이 두 사람이 대장경의
가르침을 펼쳐냈다고 읊고 있다. 죽암규는 뒷간에 있기에 불법을
말해줄 수 없다는 점, 즉 똥 냄새와 전단 향기가 한 가지라는 점을
아버지 조주와 아들 문원이 부르고 응답했다고 읊고 있다. 뒷간에
있기에 불법을 말해줄 수 없음이 불법이 되어, 뒷간의 똥 냄새가
전단 향기로 바뀌고 있다.

43. 공덕功德(448): 한 법당 안의 좋은 공덕이로다

조주가 어느 날 법당 앞을 지나다가 시자를 한 번 부르니 시자가 대답했다.
선사가 말했다.
"한 법당의 좋은 공덕이구나."
시자는 아무 대답이 없었다. (장산천이 대신 말하되 "화상께서도 절을 하

---

130) 위의 책, 375쪽 중단. 趙州有密語 文遠不覆藏 演出大藏敎 功德實難量.
131) 위의 책, 375쪽 중단. 老僧正在東司上 不將佛法爲人說 一般屎臭栴檀香 父子之機俱漏泄.

조주의 화두   201

셔야 합니다"라고 했다.)132)

조주가 어느 날 법당 앞을 지나가다 시자인 문원을 불렀다. 특정한 시간, 특정한 장소에서 일어난 일이다. 조주는 "문원!" 하고 불렀고, 이를 들은 문원은 "예" 하고 응답했는데, 이를 조주는 법당 바깥에서 이루어진 일인데도 "한 법당의 공덕"이라고 했다. 조주가 "한 법당의 공덕"이라고 말하자마자, 조주의 부름과 문원의 응답은 '어느 날', '법당 앞'이라는 특정한 시간, 특정한 장소에서 일어난 일이면서, 동시에는 이를 넘어서게 된다.

부르고 응답할 때는 항상 어떤 목적이 있다. 교실에서 선생이 학생을 부를 때든, 지나가다 아는 친구를 보고 부를 때든, 집에서 아버지가 딸을 부를 때든, 항상 부르는 목적이 있다. 그러나 가령 조주는 무엇을 시키려고 문원을 부른 것도 아니고 문원은 조주의 시킴에 따라 무엇을 하려고 응답한 것도 아니다. 이 부름과 응답에는 아무런 목적이 없다. 각자의 위치에서 각자를 확인하면서, 개방되어 서로가 서로에게 호응할 뿐이다. 또, 이 부름과 응답에서 부르는 자와 대답하는 자는 평등하다. 부르는 자인 조주는 응답하는 자인 문원보다 위에 있지 않고, 응답하는 자인 문원은 부르는 자인 조주보다 아래에 있지 않다. 각운은 "예로부터 성현들이 진리[법法]를 보여주고자 할 때 방편들이 많지만 부르고 응답하는 것이야말로 가장 친절하다"라고 말하여 이런 점을 "가장 친절親切하다"로 표현하고 있다.

이 공안에서 장산천蔣山泉의 대어代語가 부가되어 있는데, 불필요하

---

132) 위의 책, 375쪽 중단. 趙州一日從殿上過, 乃喚侍者一聲, 侍者應喏. 師云, "好一殿功德". 侍者無對(蔣山泉代云, "和尙也須禮拜始得")

다고 생각된다. 만약 장산천의 말대로 문원이 조주에게 "절을 하셔야만 합니다" 하고 응했다면 "한 법당의 좋은 공덕이구나" 하는 말은 조주의 기여를 드러내는 것이 되어 한 법당의 일을 법당 바깥의 일로 변환시키는 것이 되기 때문이다.

44. 대왕大王(449): 대왕께서 오셨습니다

> 조주에게 시자가 아뢰었다.
> "대왕께서 오십니다."
> 선사가 말했다.
> "만수무강하옵소서, 대왕이시여!"
> 시자가 말했다.
> "아직 당도하지 않으셨습니다."
> 선사가 말했다.
> "'오십니다' 하고 또 말하라."[133]

시자의 "대왕께서 오십니다"에 조주가 "만수무강하옵소서, 대왕이시여"라고 응하자, 시자는 다시 "아직 당도하지 않으셨습니다"라고 말했다. "(대왕께서) 오십니다"와 "아직 당도하지 않으셨습니다"는 서로 충돌하여 하나가 다른 하나를 배제한다. "대왕께서 오십니다"의 "오십니다"를 '대왕이 오다'로, "아직 당도하지 않으셨습니다"를 '오

---

133) 위의 책, 375쪽 하단. 趙州因侍者報云, "大王來也". 師云, "萬福, 大王!" 侍者云, "未到在". 師云, "又道來也".

지 않다'로 바꾸어보면, 시자는 '대왕이 오다'와 '대왕이 오지 않다'라는 양변에 놓여 있을 뿐, 이 양변에 선행하는 대왕을 보지 못했다. 조주는 시자가 대왕을 볼 수 있도록 "만수무강하옵소서, 대왕이시여"라고 말한다. 조주의 이 말은 '대왕이 오다'와 '대왕이 오지 않다'의 경계에 있다. 이 경계는 '오다'도 아니고 '오지 않다'도 아니지만, '오다'가 '오지 않다'로 되어 가고 '오지 않다'가 곧 '오다'로 되어 가는 경계이다. 그러므로 조주가 "'오십니다' 하고 또 말하라"라고 했을 때는 "'오십니다'라고 또 말하라. 그러면 나도 만수무강하옵소서, 대왕이시여"라고 또 말할 테니까라는 뜻을 담고 있다.

황룡남은 이 공안에 대해 다음과 같이 이야기한다.

> 낱낱이 누설하니 선타객134)을 만나기가 어렵다. 귀종이 말하기를 "시자는 손님이 온다는 걸 아뢸 줄만 알았지 자신이 지금 제향에 있음을 알아차리지 못했다. 조주는 풀 속에 들어가서 사람을 구해주다가 온몸에 진흙이 묻은 줄 알아차리지 못했다"고 했다.135)

"대왕께서 오십니다", "아직 당도하지 않으셨습니다" 하며, "대왕이 오다"와 "대왕이 오지 않다" 양 극단에 매여 있는 시자의 모습을 황룡남은 귀종의 말을 들어 "시자는 손님이 온다는 것을 아뢸 줄만 알았지 자신이 지금 제향에 있다는 것을 알아차리지 못했다"고 표현하고 있다. "제향"이란 대왕이 거처하는 곳이다. 대왕이 거처하는

---

134) '선타객'은 속마음을 아는 이를 말한다. 『선문염송·염송설화 4』, 389쪽 각주85.
135) 앞의 책, 375쪽 하단. 頭頭漏洩, 罕遇仙陁. 歸宗道, "侍者秪解報客, 爭知身在帝鄕, 趙州入草求人, 不覺渾身泥水".

곳은 어디인가? 이어지는 조주의 말 "만수무강하옵소서, 대왕이시여"이다. 그렇기에 조주는 시자가 이 말을 받아 "아직 당도하지 않으셨습니다" 하고 말했을 때 "'오십니다' 하고 또 말하라"고 할 수 있었던 것이다. 조주는 이렇게 해서 자신이 시자에게 해준 말 "만수무강하옵소서, 대왕이시여"가 '대왕이 온다'와 '대왕이 오지 않는다'에 경계에 있으면서 '대왕이 온다'와 '대왕이 오지 않는다'는 진술을 가능하게 하는 의미를 표현한다는 것을 보여주었다. 황룡남은 조주의 이런 태도를 "풀 속에 들어가서 사람을 구해주다가 온몸에 진흙이 묻은 줄 알아차리지 못한" 것으로 묘사한다. 이는, 시자를 깨달음으로 인도하려 했으나, "오십니다 하고 또 말하라"라고 말함으로써 조주 역시 '온다'라는 한 변에 걸려들었다고 나무라는 것이다. 하지만 이 말은 반어이다. 조주의 깨달음의 수준을 낮추려고 하는 것이 아니라, 시자를 어떻게 해서든 깨달음으로 인도하려는 조주의 이타행을 칭찬한 것이다.

『벽암록』은 이 공안에 대해 부처와 외도의 문답이라 하며 다음과 같은 이야기를 싣고 있다.

> 한 외도가 손에 참새 한 마리를 쥐고 와서 세존께 물었다.
> "제 손 안에 있는 참새가 죽었겠습니까, 살았겠습니까?"
> 이에 세존께서는 문지방에 한 발을 올려놓으며 말씀하셨다.
> "그대는 말해보라! 내가 나가겠는가, 들어가겠는가?"
> 외도는 말 없이 절을 했다.[136]

---

[136] 『대정신수대장경』 제48권, 『벽암록』 149쪽 하단. 有一外道, 手握雀兒, 來問世尊云, 且道某甲手中雀兒是死耶, 是活耶? 世尊遂騎門閫云, "爾道! 我出耶入耶?" 外道無語, 遂禮拜.

한 외도가 손에 참새 한 마리를 쥔 채 "제 손 안에 있는 참새가 죽었겠습니까, 살았겠습니까?" 하며 죽었다, 살았다 양단에 물음을 걸어놓고 세존을 시험하고 있다. 이 물음에 세존이 "죽었다" 하고 답하면 외도는 "살았다"고 대답할 것이고, 살았다고 대답하면 죽었다고 대답할 것이다. 세존이 어느 쪽을 대답하든 세존의 말을 인정하지 않고 피해 가려 할 것이다. 이에 세존은 문지방에 한 발을 올려놓으면서 "내가 나가겠는가, 들어가겠는가?" 하며 외도에게 되묻는다. 문지방은 문 안과 문 밖의 경계이다. 세존 역시 외도가 '나갑니다' 하고 대답하면, '들어간다'고 대답할 것이고, '들어간다' 하고 대답하면 '나간다'고 대답할 것이다. 외도와 물음의 구조가 동일하다. 그렇다면 세존 역시 외도처럼 외도의 말을 인정하지 않고 피해 가려고 한 것일까? 세존이 외도의 말을 양단에 걸린 말로 되묻는 것은 외도와 의중이 다르다. 세존은 문지방이 안과 밖의 경계로, 이로부터 '나간다'는 행동과 '들어간다'는 행동이 발현할 수 있음을 보여주고자 한 것이다. 외도는 "죽었겠는가, 살았겠는가?" 하고 물어서 세존을 양단 중 한 쪽을 선택하도록 다그치고 있지만, 세존은 외도가 '죽었다', '살았다' 하고 말하기 이전에 이런 인식과 언어를 가능하게 하는 경계를 보라고 한 것이다. 세존은 외도의 물음에 걸려들지 않으면서 외도를 오히려 경계의 자리로 인도하고 있다.

45. 세각洗脚(450): 마침 발을 씻는 중이다

조주가 임제를 방문하여 막 발을 씻고 있는데, 임제가 와서 물었다.
"무엇이 조사께서 서쪽에서 오신 뜻입니까?"

선사가 대답했다.

"마침 노승이 발을 씻는 중이다."

임제가 가까이 다가가서 귀를 기울이고 듣자, 선사가 말했다.

"알면 당장에 알 것이어늘 되씹어서 무엇 하려는가?"

임제가 소매를 흔들고 떠나버리자, 선사가 말했다.

"30년 동안 행각하다가 오늘 처음으로 주注를 잘못 내렸구나."[137]

임제의 물음은 "무엇이 조사께서 달마가 서쪽에서 오신 뜻입니까?"이다. 이에 대한 조주의 대답은 "마침 노승이 발을 씻는 중이다"이므로, 이 말은 "마침 발을 씻음"이라는 사태를 지시하지 않는다. 조주의 이 말을 듣는 이들에게 '서쪽에서 온 뜻을 물었는데 왜 마침 발을 씻는 중이라 했지?' 하고 의정이 이는 것을 보면, 이 말이 '마침 발을 씻음'이라는 사태를 지시하지 않는다는 것을 알 수 있다. "뜰 앞의 잣나무"가 조주가 머무는 방 근역에 있는 '뜰 앞의 잣나무'를 지시하지 않는 것과 같다. 그러다가 의정을 놓는 순간 현실적인 어떤 사태 '마침 발을 씻음'을 지시하게 된다.

임제는 조주의 "마침 발을 씻는 중이다"라는 대답을 들었다. 그러고도 그는 조주에게 다가가서 귀를 기울여 듣는다. 더 할 말이 있을 것이라고 생각했을까? 아직 대답이 안 되었다고 생각했을까? 이것은 우리의 추정일 뿐이다. 조주는 임제의 이 모습을 보고 "알면 당장에 알 것이어늘 되씹어서 무엇하려는가?" 하고 말한다. 조주는 짐짓 임제의 그런 행동을 이미 들은 말을 되씹는 것이라고 본 것이

<hr/>

137) 『한국불교전서』 제5책, 376쪽 상단. 趙州訪臨濟, 才洗脚, 濟便下來問, "如何是祖師西來意?" 師云, "正値老僧洗脚". 濟近前側聽, 師云, "會則便會, 唅啄作麼?" 濟拂袖便行. 師云, "三十年行脚, 今日爲人錯下注脚".

다. 하지만 되씹을 것이 없기 때문에, 임제의 행동은 되씹는 행동이 아니다.

임제는 다가가서 귀 기울여 듣는다. 그러나 조주가 한 말은 이미 지나갔기에 들을 수 없다. 조주가 무슨 말을 했나 다시 들으려 한다면, 조주가 다시 똑같은 말을 할 리가 없다. 왜냐하면 "마침 발을 씻는 중"이라는 말을 다시 한다면 이는 애초의 임제의 물음 "무엇이 조사께서 서쪽에서 오신 뜻입니까?"에 대한 대답이 아니라 "발을 씻는 중"이라는 말과 이 말이 지시하는 사태를 지시하게 되기 때문이다. 따라서 임제가 귀기울여 듣고자 하는 것은 조주의 말이 아니다. 귀기울여 듣는 행동은 귀기울임을 지시하지 않는다. 조주의 말이 무의미의 말이듯이, 임제의 행동 역시 무의미의 행동이다. 조주의 대답에 대한 화답이다.

"주를 잘못 내렸구나"는 임제의 가까이 다가와서 귀를 기울이는 행동에 대해 조주가 한 말 "알면 당장에 알 것이어늘 되씹어서 무엇하려는가?"를 가리킨다. 이 말은 반성이나 후회가 아니라, 오히려 임제의 그런 행동을 일게 했다는 것에 대한 자부심을 뜻한다. 반어이다.

46. 호병胡甁(451): 받지도 않고 돌아보지도 않았다

조주가 투자의 거처에 가서 공양할 때 투자가 호떡을 집어 조주에게 주자, 선사가 받지도 않고 돌아보지도 않았다. 투자가 사미로 하여금 선사에게 건네주게 하니 선사는 그제야 받고 일어나서 사미에게 세 번 절을 했다. 투자는 이를 돌아보지도 않았다.[138]

이 공안 끝의 "投子亦不顧"를 "투자 또한 돌아보지 않는다"고 번역하면 안 된다. 투자가 조주를 따라 하는 것이 되기 때문이다. "투자는 돌아보지도 않는다"로 번역되어야 한다. 돌아보지 않음으로써 떡을 주고 받는 일에 초연할 수 있을 때 떡을 주고 받는 일을 평등하게 할 수 있기 때문이다.

조주가 투자에게 가서 공양을 했기에 조주는 손님이고 투자는 주인이다. 투자가 조주에게 떡을 주었을 때 투자는 베푸는 사람이고 조주는 베풂을 받는 사람이다. 하지만 조주는 받지도 않았고 돌아보지도 않았다. 베푸는 사람과 베풂을 받는 사람의 관계를 벗어난 자리에 계속 있다. 투자는 조주를 그 자리에서 벗어나도록 유인했으나 조주는 이에 넘어가지 않고 제자리를 지켰다.

투자가 사미를 시켜 조주에게 떡을 주도록 했을 때, 사미와 조주는 모시는 사람과 모심을 받는 사람이 된다. 조주는 일어나서 사미에게 절을 함으로써 겉의 이 관계를 역전시킨다. 조주가 모시는 사람, 사미가 모심을 받는 사람이 되어, 지위가 역전된다. 하지만 사실 조주는 이 새로운 관계에서도 그 자리를 그대로 유지하고 있다. 투자를 돌아보지 않는 행동과 사미에게 절을 하는 행동은 다르지 않다. 조주는 새로운 관계, 새로운 상황에서 새롭게 행동하여 계속 평등한 관계를 유지한 것일 뿐이다.

그렇다면 투자가 이 모습을 돌아보지 않는 것은 왜인가? 사미를 시켜 조주에게 떡을 건네주도록 해서 사미와 조주의 상황에 개입한 사람에서 벗어나고자 했기 때문이다. 조주처럼 투자 역시 제자리를

---

138) 위의 책, 376쪽 하단. 趙州到投子處, 齋時, 投子過餬餅與師, 師不接亦不顧. 投子令沙彌度與師, 師接得, 起禮沙彌三禮. 投子亦不顧.

지키고자 했다. 이는 평등한 관계를 이룬 사미를 그 상황으로부터 끄집어내지 않기 위한 투자의 배려이기도 하다.

다음은 대각련大覺璉의 송이다.

팽팽하게 활을 당겨 조주를 쏘니
무쇠 관문 굳게 닫고 고개도 들지 않는다
적군이 물러간 뒤 싸움을 시작하니
성벽이 천 겹인데 어찌 쉽게 이기랴.[139]

대각련은 첫째 구에서 투자가 호떡을 집어서 선사에게 건네준 일을, 둘째 구에서 선사가 받지도 않고 돌아보지도 않은 일을, 셋째 구에서 선사가 사미를 통해 떡을 건네받고 사미에게 절을 한 일을, 넷째 구에서 투자가 돌아보지도 않은 일을 읊고 있다.[140]

47. 포자鋪子(452): 여기에 순포자巡鋪子를 세우면 좋겠구나

조주가 어느 날 문원과 같이 길을 가다가 갑자기 눈앞의 땅을 가리키면서 말했다.

"여기에 순포자巡鋪子[141]를 세우면 좋겠구나."

문원이 가까이 가서 두 손을 벌리면서 말했다.

---

139) 위의 책, 376쪽 하단. 滿滿彎弧射趙州 鐵關深掩不昂頭 楚師退後開旗鼓 壁壘千重豈易收.

140) 위의 책, 376쪽 하단. 一句, 投子過餬餅與師也; 二句, 師不接也; 三句, 師接得云云也; 四句, 投子亦不顧也.

141) '순포자巡鋪子'란 오늘날의 파출소처럼 순찰 업무를 수행하는 곳이다.

"증명서를 가져오십시오."

선사가 문원을 한 대 때렸다.

이에 문원이 말했다.142)

"증명서가 틀림없군. 지나가시오."

조주가 어느 날 제자인 문원과 함께 길을 걸어가다가 느닷없이 눈앞의 땅을 가리키면서 "여기에 순포자를 세우면 좋겠다"고 말한다. 조주의 말은 순찰 업무를 보듯 판단의 기준을 세워 이다와 아니다, 옳다와 옳지 않다 등을 가려보겠다는 뜻을 담고 있다.

문원은 조주에게 순포자를 차리려면 나라가 내주는 증명서[공험公驗]가 있어야 하는데 그 증명서가 있으면 가져오라 하고 말한다. 지나가는 행인을 도적인가 아닌가 가려보려면 외적 기준을 마련해야 해서 문원은 증명서를 가져오라고 했다. 그러나 증명서는 도적인가 아닌가를 가리는 기준이 되긴 해도 여전히 '인가'와 '아닌가'에 매여 있다. 이 말을 듣고 조주는 곧바로 문원을 한 대 때렸다. 조주의 이 행동은 "증명서를 가져오십시오"라는 문원의 말을 삭제하고, 그리하여 "순포자를 차리면 좋겠다"라는 자신의 말도 삭제하겠다는 뜻을 담고 있다. 이렇게 해서 조주와 문원은 모두 "순포자를 차리면 좋겠다"라는 말 이전으로 돌아가게 된다. 옳고 그름을 말할 수 있으려면 옳고 그름 이전의 자리에 서야 하기 때문이다. 그래서 이어서 문원은 "증명서가 틀림없군, 지나가시오" 하고 조주의 '한 대 때림'에 호응했다.

---

142) 위의 책, 377쪽 상단. 趙州一日共文遠行次, 忽指面前地云, "者裏好造个巡鋪子". 遠便近前展兩手云, "把將公驗來". 師與一掌. 遠云, "公驗分明. 過!".

이 공안에서 조주와 문원 서로가 주(主)가 되고 반(伴)이 되고 있다. 조주가 주일 때 문원은 반이 되고, 문원이 주일 때 조주가 반이 되고 있다. 그리고 이러한 상호 관계에서 조주와 문원 모두 주나 반에 한정되지 않는다. 제자인 문원은 스승인 조주가 주가 될 때 반이 되기도 하지만 제자인 자신이 주가 되고 스승인 조주가 반이 되기도 한다. 가령 문원의 "증명서를 가져오십시오"는 조주의 "여기에 순포자를 차리면 좋겠다"의 반이지만 동시에 주가 되어 있다. 조주가 문원을 한 대 때린 행동은 "문원의 증명서를 가져오십시오"의 반이지만, 동시에 주가 되어 있다. 문원의 "증명서가 틀림없군. 지나가시오"는 조주가 한 대 때린 행동에 대한 반이지만, 동시에 엄연히 주가 되어 있어서, 처음의 조주의 말 "여기에 순포자가 차리면 좋겠다"의 이전으로 회귀하고 있다. 이 점을 운문고(雲門杲)는 다음과 같이 읊고 있다.

> 하나가 바르면 다른 하나는 그릇되고,
> 하나가 쓰러지면 다른 하나가 일어나는구나.
> 문원과 조주는
> 신발 속에서 움직이는 발가락이로다.[143]

"신발"은 조주가 어느 날 문원과 같이 길을 가다가 갑자기 눈앞의 땅을 가리키면서 "여기에 순포자를 차리면 좋겠다" 하고 말하기 이전 소식을 가리킨다. 조주와 문원의 말과 행동은 그저 신발 속에서 움직이는 발가락일 뿐이다. 그러므로 조주와 문원의 말과 행동에는

---

143) 위의 책, 377쪽 상단. 一正一邪 一倒一起 文遠趙州 靴裏動指.

이전 소식이 함께하며 서로 주가 되고 반이 되고 있다. 이 모습을 운문고는 "하나가 바르면 다른 하나는 그릇되고, 하나가 쓰러지면 다른 하나가 일어나는구나."로 묘사하고 있다.

48. 조주趙州(453): 조주의 죽순을 훔치러 갑니다

> 조주가 노파에게 물었다.
> "어디를 가는가?"
> 노파가 대답했다.
> "조주의 죽순을 훔치러 갑니다."
> 그러자 선사가 물었다.
> "갑자기 조주를 만나면 어쩌려는가?"
> 노파가 대뜸 한 대 때리자, 선사가 그만두었다.[144]

각자 길을 가다가 지금 노파와 조주가 마주보고 서 있다. "어디를 가는가?" 하는 조주의 물음에 노파는 "조주의 죽순을 훔치러 갑니다" 하고 대답한다. 물건을 훔치러 가는 사람이 훔치려는 물건을 소유한 사람에게 물건을 훔치러 간다고 말할 리는 없다. 훔친다는 것은 물건을 소유한 사람 몰래 훔친다는 것이기 때문이다. 그러므로 "조주의 죽순을 훔치러 간다"는 말은 '조주의 죽순을 훔치러 간다'는 사태를 지시하지 않는다. 이 노파의 말은 '말 없는 말', '빈 말'이다.

---

144) 위의 책, 377쪽 상단. 趙州問婆子, "什麼處去?" 婆云, "偸趙州笋去". 師云, "忽遇趙州, 又作麼生?" 婆子便與一掌. 師便休去.

이처럼 노파는 조주 앞에서 저절로 삭제되는 말을 제시함으로써 "어디를 가는가?" 하는 조주의 도전적인 물음에 밀리지 않고 당당하게 자신을 내세울 수 있었다. 둘이 마주보고 서 있는데, 만약 노파가 어디를 가는가 하는 조주의 물음에 '집으로 간다'든가, '장 보러 간다' 등으로 활기 없는 대답을 했다면 조주를 피해 내빼는 모양새를 취하는 것이 되고 말았을 것이다.

당당하게 맞서는 노파에게 밀릴 조주가 아니다. 이제 조주는 노파의 활활발발한 말에 자신도 활활발발한 말로 대응해야 한다. 그래서 노파에게 "갑자기 조주를 만나면 어쩌려는가?" 하고 질문한다. 노파에게 "어디를 가는가?" 하고 물은 조주다운 질문이다. 노파는 이미 조주를 만나고 있기에 갑자기 조주를 만날 리가 없다. 노파의 "(몰래) 훔친다"는 말이 지시를 상실한 말이듯이, 조주의 "(갑자기) 만난다"는 말 역시 지시를 상실한 말이다. 조주의 질문에 노파가 "그래도 훔치러 가겠소"라든가 "물러나겠소"라고 대답했다면, 이미 만난 조주를 또 만나는 것이 되어, 자신의 말도 조주의 말도 활기를 잃게 되고, 서로 법거량하며 진리眞理를 드러내는 과정에 반하게 된다.

곧바로 노파가 조주를 한 대 때리자 조주는 그만둔다. 때림의 통상적 의미가 소멸하면서 조주와 노파의 진리가 동시에 현현하고 있다. 노파의 '때림'과 조주의 '그만둠'은 모두 이전까지의 조주와 노파의 대화를 삭제하는 행동이다. 이전까지 조주와 노파의 대화가 저절로 삭제되는 말로 이루어져 있었다면, 때림과 그만둠은 저절로 삭제되는 말조차 삭제하는, 말 없는 적극적인 행동이다. 노파는 '때림'의 행동으로써 자신을 높이면서 동시에 조주도 높여주었다. 이에 호응해 조주는 '그만둠'이라는 아무 행동도 하지 않음으로써 자신을 높이고 동시에 노파를 높여주었다.

49. 예불禮佛(454): 좋은 일도 없는 것만 못하다

조주가 어느 날 불전에서 문원이 예불하는 것을 보고 주장자로 한 대 때리자, 문원이 말했다.

"예불은 좋은 일입니다."

선사가 말했다.

"좋은 일도 없는 것만 못하다."145)

문원이 예불을 하고 있는데, 조주가 이 모습을 보고 주장자로 한 대 때렸다. 문원의 수행 수준을 가늠해보기 위한 행동이다. 주장자로 한 대 맞는 문원은 "예불은 좋은 일입니다" 하고 응했다. 문원은 조주가 주장자로 한 대 때린 행동을 예불은 좋지 않으니 하지 말라는 뜻으로 받아들였다는 것을 알 수 있다. 문원은 조주가 주장자로 때린 행동을 '좋다', '좋지 않다'로 가두어 보고 있다. 이어 조주는 "좋은 일도 없는 것만 못하다"고 말한다. 우선, 이 말은 '좋다', '좋지 않다'에 매이면 예불을 올바르게 할 수 없다는 뜻으로 풀이될 수 있다. '좋다', '좋지 않다'에 매이지 않을 때 예불은 좋은 일이 될 수 있다. 예불을 하지 말라는 뜻이 아니라 예불에 매여 진리의 법法을 못 보는 일이 없도록 하라는 뜻이다. 다음에, "좋은 일도 없는 것만 못하다"라는 말은 주장자로 때리는 행동과 같다. 조주가 문원을 주장자로 때렸을 때 문원이 "예불은 좋은 일입니다" 하고 말했기에 조주가 "좋은 일도 없는 것만 못하다" 하고 말할 수 있었다. 이 말 덕분에 "주장자

---

145) 위의 책, 378쪽 상단. 趙州一日在佛殿上, 見文遠禮佛, 以拄杖打一下. 遠云, "禮佛也是好事". 師云, "好事不如無".

로 때리는 행동"은 예불을 부정하는 것이 아닌 것이 되고, "예불은
좋은 일입니다" 하는 말은 예불을 긍정하는 것이 아닌 것이 된다.
"좋은 일도 없는 것만 못하다" 하는 이 말이 조주의 '주장자로 때리는
행동'과 문원의 '예불은 좋은 일입니다' 하는 말을 평등하게 만들었
다. 따라서 애초의, 조주의 '주장자로 때리는 행동'은 무이다.

50. 할참喝參(455)
: 사미는 문 안에 들어왔는데 시자는 문 밖에 있구나

조주가 어느 날 방장 안에서 사미의 할참喝參 소리를 듣고 시자에게 말했다.
"가라고 하라."
시자가 가라고 하자 사미가 바로 하직 인사를 하고 떠나갔다.
선사가 곁에 있던 스님에게 말했다.
"사미는 문 안에 들어왔는데 시자는 문 밖에 있구나."146)

"할참"의 '할'은 외친다, 참은 참배한다는 뜻이다. 그래서 "할참"은
문 밖에 와서 아무개가 여기 왔다고 외치는 의식을 가리킨다.147)
선사의 방으로 올라올 때는 불심不審이라고 하며 안부 인사를 하고,
내려갈 때엔 진중珍重이라고 하직 인사를 하므로,148) 사미의 "할참"은
안부 인사 "불심"이다.

---

146) 위의 책, 378쪽 중단. 趙州一日在方丈內, 聞沙彌喝參, 師向侍者云, "敎伊去". 侍者才敎去,
  沙彌便珍重. 師向傍僧云, "沙彌得入門, 侍者在門外".
147) 『선문염송·염송설화 4』, 403쪽, 각주95.
148) 위의 책, 404쪽.

"사미는 문 안에 들어왔는데 시자는 문 밖에 있구나" 하는 조주의 말을 듣자마자 우리는 "시자는 문 안에 있고 사미는 문 밖에 있는데 왜 조주는 바깥에 있는 사미가 문 안에 들어왔다고 하고 시자는 문 밖에 있다고 하는가?" 하는 의문을 일으키게 된다. 조주의 이 말을 듣기까지 우리는 시자는 문 안에 있고 사미는 문 밖에 있다고 생각해 왔기 때문이다. 이렇게 의심을 내면서 분획돼 있던 안과 밖이 흔들리기 시작한다. 안은 안에 정착하지 않고, 밖은 바깥에 정착하지 않는다. 안이란 말은 안이란 사태를 지칭하지 않게 되고, 바깥이란 말은 바깥이란 사태를 지칭하지 않게 된다. 안은 바깥이 되어 가지만 바깥이 아니고 바깥은 안이 되어 가지만 안이 아니다.

이렇게 우리의 선행하는 규정을 흔들리게 한 조주의 말은 어디서 시작되었는가? 사미가 안부 인사를 할 때 조주는 사미에게 직접 답하지 않고서 시자에게 가라고 하도록 시켰고, 시자는 조주의 말을 따라 사미에게 가라고 말했다. 사미는 시자의 "가라"는 말에 하직 인사를 하고 떠났다. 이처럼 시자는 조주와 함께 여전히 문 안에 있었고, 사미는 안부 인사를 할 때든 하직 인사를 할 때든 문 바깥에 있었는데, 조주는 왜 사미는 문 안에 들어왔는데 시자는 문 밖에 있다고 말하는 것일까?[149]

조주는 자신이 직접 가라는 말을 하지 않고 시자에게 가라고 하라고 말함으로써 시자를 새로운 장으로 끌어들였다. 시자가 말을 듣는 즉시 가라고 하자, 사미는 하직 인사를 하고 떠났다. 만약 조주가 직접 사미에게 가라는 말을 하고 사미가 이 말을 듣고 하직 인사를

---

149) 『한국불교전서』 제5책, 378쪽 하단. 侍者隨言, 但敎伊去, 故云, 在門外. "시자는 조주가 말한 대로 했기 때문에 밖에 있다."

하고 떠났다면, 조주는 "사미는 문 안에 들어왔는데 시자는 문 밖에 있다"고 말할 수 없었을 것이다. 그러므로 "가라고 하라"는 시자와 사미의 새로운 관계를 창출하기 위한 말이다.

"사미는 문 안에 들어왔는데 시자는 문 밖에 있다"라는 조주의 말은 시자에게 한 말이 아니라 곁에 있는 스님에게 한 말이다. 조주가 이렇게 곁에 있는 스님에게 말한 것은 가라고 하는 시자와 이 말을 듣고 떠나는 사미의 관계에 새로운 공간을 부여하기 위해서이다. 이렇게 해서 조주와 곁에 있는 스님은 현실적인 공간 속에 있게 되고, 시자와 사미는 잠재적인 공간 속에 있게 된다. 조주는 안과 밖으로 분획돼 있는 현실적인 공간에서 일어나는 일에 앞서 잠재적인 공간에서 벌어지는 일이 있음을 보여주기 위해서 옆 스님에게 말한 것이다.

운거석雲居錫은 "어디가 사미가 문 안으로 들어온 것이며, 시자가 문 밖에 있는 곳인가? 이것을 알면 조주를 보리라"[150]고 했는데, 이를 각운은 "만일 얻었다거나 잃었다는 생각을 하면 어찌 꿈엔들 조주를 보겠는가?"[151] 하는 뜻이라고 해설했다. 사미가 조주가 있는 문 안에 들어왔으니 얻었고, 시자는 조주가 없는 문 밖에 있으니 잃었다고 생각한다면 조주를 볼 수 없다는 뜻이다. 의정이 수반되면서, 분획돼 있는 안과 밖이 흔들리면서 해체되어 새로운 관계를 형성해 가며 출렁이는 것이지, 한 쪽이 얻었다거나 다른 한 쪽이 잃었다는 것이 아니다. 그렇다면 조주는 어디에 있을까? 바로 안과 밖의 경계에 있다. 조주의 말 "가라고 하라"는 이 경계선이다. 이 말 한 마디에 시자

---

150) 위의 책, 378쪽 중단. 雲居錫云, "什麽處是沙彌入門, 侍者在門外? 這裏會得, 便見趙州".
151) 위의 책, 378쪽 하단. 若作得失會, 何曾夢見趙州?

는 가라는 말을 하게 되었고 사미는 하직 인사를 하고 떠나게 되었다. 이 말 한 마디에 시자와 사미는 통상적인 시자와 사미의 만남을 벗어나 새로운 관계를 형성하게 되었고, 그래서 조주는 옆에 있는 스님에게 "사미는 문 안에 들어왔고, 시자는 문 밖에 있다" 하고 말할 수 있게 되었다. 또 역으로, 조주가 현실적인 공간 속에 함께 있는 옆에 있는 스님에게 "사미는 문 안에 들어왔고, 시자는 문 밖에 있다"고 말할 때 우리는 앞의 조주의 말 "가라고 하라"가 조주가 있는 곳임을 알게 되었다. 운문고雲門杲는 이 자리를 이렇게 읊고 있다.

> 스산한 바람에 소나무요
> 소슬한 비에 회나무라.
> 사자는 사람을 무는데
> 사냥개는 흙덩이를 좇는다.152)

앞의 두 구는 조주의 "가라고 하라"는 말을 노래한 것이다. 안과 밖의 경계인 "가라고 하라"는 말이 놓인 자리는 쓸쓸하고 적막한 자리이다. 안과 바깥의 대상으로 향한 모든 분별, 모든 집착, 모든 번뇌를 끊어버려, 사랑하지도 미워하지도 않는 무심한 자리이기 때문이다. "가라고 하라"는 말에 시자는 가라고 했고, 사미는 하직 인사를 하고 떠나갔다. 이를 운문고는 뒤의 두 구로 표현한 것이다. 3구는 조주를, 4구는 시자와 사미를 두고 한 말이다. 이는 찬사도 아니고 비난도 아니다. 조주가 있기에 만사가 벌어지는 일을 묘사한 것일 따름이다.

---

152) 위의 책, 378쪽 중단. 瑟瑟風松 蕭蕭雨檜 師子咬人 韓獹逐塊.

51. 이해異解(456): 관음원 안에 미륵이 있네

조주가 제방諸方의 여러 견해를 보고 송을 읊었다.

조주의 남쪽, 석교의 북쪽
관음원 안에 미륵이 있네.
조사께서 한 쪽 신을 남겨주셨는데
아직도 찾아도 찾을 수 없네.[153]

먼저 첫째 구와 둘째 구를 살펴보겠다. 관음원은 조주가 머물고 있는 절이다. 송에서 보듯, 관음원은 조주성의 남쪽에 있고, 조주 석교의 북쪽에 있다. 관음원 이외의 장소에서 볼 때 관음원은 이런 식으로 남, 북, 동, 서가 결정되겠지만, 관음원 자체는 이런 방위가 결정되어 있지 않다. 오히려 관음원이 중심이 될 때 조주성은 북쪽, 석교는 남쪽에 있다. 중심이 되긴 하지만 또 하나의 중심일 뿐이다. "여러 견해"란 이런 것을 두고 하는 말이다.

그런데 관음원은 그런 여러 중심 중의 하나가 아니다. 이런 중심 중 하나라면 다른 중심을 배제하게 되기 때문이다. 관음원은 이름에서 알 수 있듯, 관세음보살을 모시는 절인데, 이 안에 미륵불이 있다. 관음원이 미륵불을 받아들이면서 관음원의 자성自性이 보존되지 못하고 있다. 또, 미륵불은 당래불이다. 관음원의 현재에 미륵불의 미래가 침투해 있어서, 현재는 현재의 자성을 보존하지 못하고 있다.

---

153) 위의 책, 378쪽 하단. 趙州因見諸方異解, 頌云, "趙州南石橋北, 觀音院裏有彌勒, 祖師遺下
一隻履, 直至如今覓不得".

이와 같기에 관음원은 중심이되 중심이 아니다.

셋째 구와 넷째 구를 이해하려면 달마에 관한 고사를 미리 알고 있어야 한다. 달마는 양 무제에게 죽임을 당하고 웅이산熊耳山에 묻히게 된다. 사신으로 인도에 갔다가 돌아오는 길에 한 스님이 총령葱嶺(= 파미르 고원)에서 주장자 끝에 신발 한 짝을 메달고 가는 달마를 만나게 된다. 서로 이렇게 만났으니 만났다는 증표를 달라고 하는 스님의 청에 달마는 신발 한 짝을 내주게 된다. 돌아와서 스님은 신발 한 짝을 들고 양 무제에게 나아가서 "달마 대사를 왜 돌려보내셨습니까?" 하고 물으니 양 무제는 "3년 전에 돌아가셨다"고 태연하게 답한다. 이에 스님은 "제가 오는 도중에 총령에서 달마 대사를 분명히 만났는데 돌아가셨다니요?" 되레 양 무제의 말을 못 믿겠다는 듯이 말하자, "만났다는 증표가 정말 있느냐?" 하며 양 무제가 스님을 다그친다. 이에 스님이 달마한테 받은 신발 한 짝을 양 무제에게 보여준다. 달마가 죽었다는 말을 믿기 어려워 스님은 웅이산으로 가 달마의 묘를 파보았더니 달마는 사라져 없었고 신발 한 짝만이 남아 있었다. 이 신발 한 짝을 달마한테 받은 신발 한 짝과 맞추어보니 한 켤레의 신발이었다.

달마의 묘 안에 달마의 주검은 없고 신발 한 짝만 남겨져 있다. 온전한 묘라면 그 안에 달마의 주검과 달마의 신발 두 짝이 있어야 한다. 신발 두 짝이 남아 있을 때 달마는 죽은 것인데, 신발 한 짝만이 있으니 달마는 죽은 것이 아니다. 그렇다면 살아 있다는 것일까? 한 스님이 총령에서 만난 모습대로 달마는 살아 있다는 것일까? 달마가 살아 있다면 신발 두 짝이 모두 묘에 없어야 하고, 달마는 인도로 돌아가는 그때 신발 두 짝을 모두 지니고 있어야 한다. 그렇기에 살아 있는 것도 아니다. "신발 한 짝"은 달마가 죽은 것도 아니고 살아 있는 것도 아님을 보여주고 있다. 달마는 죽었으되 죽지 않았다. 달마는 살아 있으되 살아 있지 않다. 이렇게 신발 한 짝은 삶과 죽음을 넘어서 있다. 그러므로 넷째 구 "아직껏 찾아도 찾을 수 없네"는 신발 한 짝, 곧 죽음과 삶을 넘어서 있는 자리를 보지 못한다는 것을 뜻한다. 제방의 견해들이 견해들에 묶여 있는 한 신발 한 짝을 찾을 수 없다는 것을, 혹은 제방의 견해들이 이 신발 한 짝을 향해 있다는 것을 이렇게 읊고 있다.

52. 전장轉藏(457): 대장경 읽기를 마쳤노라

조주에게 어떤 노파가 재물을 보시하고는 대장경을 읽어 달라고 청했다. 선사가 선상에서 내려와 한 바퀴 돌고는 말했다.

"대장경 읽기를 마쳤노라."

어떤 사람이 돌아가서 노파에게 이 일을 들어 이야기하자, 노파가 말했다.

"아까 대장경 전부를 읽어 달라고 청했는데 어째서 화상은 대장경 절반만 읽었을까?"(어떤 책에는 투자의 일이라고 했다.)154)

"대장경을 읽다"로 번역된 원문의 "전대장경轉大藏經"은 본디 '대장경을 돌리다'는 뜻이다. 불자들이 법당에 들어가 윤장대輪藏臺를 돌려 대장경을 마주하기에 대장경을 읽는 일을 대장경을 돌린다로 표현한 것 같다. 윤장대란 법당의 복판에 축을 세우고 여덟 개의 면을

---

154) 위의 책, 378쪽 하단. 趙州因有一婆子施財, 請轉大藏經. 師下禪床遶一匝云, "轉藏已畢". 人回擧似婆子. 婆云, "比來請轉一藏, 如何和尚只轉半藏?"(有本投子)

가진 책장을 만들어 여기에 일체경一切經을 넣어 자유로이 돌리는 장치이다. 이 공안은 '돌다', '돌리다'란 말을 유의해서 보며 풀어야 하므로 '읽다'를 '돌리다'로 바꿔 다시 써보겠다.

조주에게 어떤 노파가 재물을 보시하고는 대장경을 돌려[轉] 달라고 청했다. 선사가 선상에서 내려와 한 바퀴[匝] 돌고는[遶] 말했다.

"대장경 돌리기[轉]를 마쳤노라."

어떤 사람이 돌아가서 노파에게 이 일을 들어 이야기하자, 노파가 말했다.

"아까 대장경 전부를 돌려달라고 청했는데 어째서 화상은 대장경 절반밖에 돌리지[轉] 않았을까?"

노파가 조주에게 대장경을 읽어 달라고 청했더니, 조주는 설법하는 선상에서 내려와 한 바퀴 돌더니 대장경 돌리기를 마쳤다고 했다. 선상에서 내려왔다는 것은 법문을 마쳤다는 것을 뜻한다. 그런데 조주는 법문을 마친 곳에서 한 바퀴 돌고 나서 "대장경 돌리기를 마쳤다"고 말했다. 한 바퀴 돈 것은 말 그대로 한 바퀴 돈 것일 뿐 이를 두고 대장경을 읽었다거나 읽지 않았다고 말할 수 없는데, 돈다는 뜻을 담은 같은 말 때문에 대장경을 읽은 것처럼 보인다. 법문을 하는 선상 밖에서 한 공허한 행동인데도 대장경을 읽은 행동인 것처럼 보여, 공허한 행동을 그 자체로 보기가 어렵다.

노파가 대장경을 읽어 달라고 청했을 때 대장경 전부를 읽어달라고 청한 것은 아니었다. 전하는 사람의 말을 듣고 노파는 "아까는 대장경을 전부 읽어달라고 했는데 화상은 절반밖에 안 읽었을까?" 하고 말하며, 전부 혹은 절반이라는 덫을 놓는다. 이처럼 대장경 절반밖에 읽지 않았다는 노파의 말을 듣고 우리는 전부 혹은 절반이란 말에 이끌려서, 조주가 선상에서 내려와 한번 돌고나서 읽기를 마쳤다고 한 것을 대장경 전부를 읽은 것으로 단정하게 된다. 이렇게 단정한다면 우리는 노파가 놓은 덫에 걸려들어 조주의 공허한 행동에 대장경 전부를 읽음이라는 의미를 억지로 채워 넣은 것이 된다. 조주는 그저 한 바퀴 돌았을 뿐 대장경을 전부 읽은 것도 아니고 절반만 읽은 것도 아닌데도 말이다.

조주가 선상에서 내려와 한 바퀴 돎이 대장경을 읽음을 지시하지 않는 빈 행동이듯이, 노파의 "대장경 전부를 ……" 운운하는 말 역시 빈 말이다. 노파는 조주의 행동과 말에 반문한 것이 아니라 화답한 것이다.

53. 유유油油(458): 기름이오! 기름이오!

조주가 처음 투자投子를 찾아갔을 때, 동성현에 가서 투자를 보고 물었다.
"투자 암주가 아니시오?"
투자가 대답했다.
"다염전茶鹽錢을 내게 보시하라."
선사가 먼저 암자 안으로 들어갔는데, 투자가 나중에 기름병을 들고 들어왔다.
이에 선사가 물었다.
"투자의 소문을 오래전부터 들었는데, 와서 보니 기름장수 영감만 보이는구나."
투자가 대답했다.
"그대는 기름장수 영감만 알아보고 투자는 알아보지 못하는구나."

선사가 물었다.

"무엇이 투자요?"

투자가 기름병을 들어 올리면서 대답했다.

"기름이오! 기름이오!"

선사가 아무 말도 하지 않자, 투자가 그만두었다.[155]

　조주는 투자를 찾아가기 전 투자의 이름을 알고 있었고 투자에
관해 이런 저런 이야기를 들은 바 있던 것 같다. 하지만 아직 투자를
직접 본 적이 없는 조주는 투자가 사는 동성현에 가서 투자를 보았을
때 "투자가 아니시오?" 하고 물을 수밖에 없었겠지만, 이는 또한
투자의 도력을 시험해 보기 위한 물음이다. 만약 투자가 "투자가
아니시오?" 하는 물음에, 보통 우리가 그렇게 하듯이, "그렇소. 내가
투자요." 하고 대답했다면, 조주의 시험에 걸려들어, 활기가 없는
대답이 되고 만다. 깨달음을 얻은 선사는 어떠한 물음에도 깨달음의
자리에 있다는 것을 보여주어야 하는데 이런 대답은 "내가 다른 사
람이 아니라 바로 그 사람이오"라는 인격적 동일성을 확인하는 것일
뿐이기 때문이다. 투자는 "그렇소. 내가 투자요." 하고 대답하지 않
고, "다염전을 내게 보시하시오" 하고 대답했다. 여기서 '다염전茶塩錢'
이란 주막집 뜰 앞에 놓인 평상에 잠시 쉬고서 내는 값을 말한다.[156]
조주는 짐짓 이 말을 "조주 그대가 여기에 찾아와 이제 쉬게 될 테니

155) 위의 책, 379쪽 하단~380쪽 상단. 趙州初叅投子, 至桐城縣見投子, 便問, "莫是投子庵主
　　麼?" 子云, "茶塩錢布施我來!" 師先去庵内, 子後携油缾歸. 師便問, "久嚮投子, 到來秖見个賣
　　油翁". 子云, "你秖識賣油翁, 且不識投子". 師云, "如何是投子?" 子提起油缾云, "油! 油!".
　　師無語, 子休去.
156) 『선문염송·염송설화 4』, 411쪽, 각주100.

방값을 내라"는 뜻으로 해석하고, 투자가 자신이 투자라는 것을 간접적으로 시인한다고 보았다.

조주는 이렇게 짐짓 단정을 내리고 먼저 암자 안으로 들어간다. 이는 암자가 투자의 암자라는 것을 투자에게 확인시켜 주는 행동이면서, 동시에 다시 투자의 도력을 시험하는 행동이기도 하다. 만약 투자가 조주의 행동을 조주가 단정을 내리는 대로 받아들인다면, 투자는 "이 암자는 투자의 암자요" 하고 투자라는 인격적 동일성[아집我執]을 인정함과 더불어 투자의 암자라는 사물의 동일성[법집法執]을 인정하는 셈이 된다. 그래서 투자는 기름병을 들고 들어온다. 이는 투자 나는 그대 조주가 인식하는 그런 투자가 아니며, 또한 내가 사는 이 암자도 그대가 인식하는 그런 투자의 암자가 아니라는 것을 조주에게 보여주기 위해 하는 행동이다. "투자 암주 아니시오?"라는 조주의 말에는 "다엽전을 내게 보시하라"라는 말로 대응을 했고, 암자로 먼저 들어간 조주의 행동에는 기름병을 들고 들어오는 행동으로 대응을 한 것이다. 이렇듯이 조주의 말과 투자의 말, 조주의 행동과 투자의 행동은 팽팽하게 맞서 있다. 어느 한 쪽이 어느 한 쪽으로 기운다면, 기운 쪽의 말과 행동은 사구가 되어 활기를 잃게 된다.

기름병을 들고 들어온 투자한테 조주는 "투자의 소문을 오래전부터 들었는데, 와서 보니 기름장수 영감만 보이는구나." 하며 다시 투자의 도력을 시험한다. "투자의 소문을 오래 전부터 들었다"는 말은 투자가 도력이 높다는 소문을 들었다는 뜻이다. 조주는 투자의 도력이 높다는 것을 잘 알고 있으면서도 기름병을 들고 온 투자를 기름장수 영감으로 규정한다. 투자와 기름장수 영감을 나누며 투자를 기름장수에 불과하구나 하며 낮추어보고 있다. 투자는 조주의 말에 "그대는 기름장수 영감만 알아보고 투자는 알아보지 못하는구나" 하며 맞대응한다. 투자는 조주처럼 기름장수 영감과 투자를 나누는 척하면서 그 둘을 나눌 수 없다는 것을 보여주고 있다.

"무엇이 투자요?"라는 조주의 물음에 투자는 기름병을 들어올리면서 "기름이오! 기름이오!" 하며 기름장수 영감이 되고 있다. 투자는 기름장수 영감이다. 그러나 이 둘은 구별되지 않는다. 조주는 아무 말도 하지 않았고 투자는 그만두었다. 대종결이다. 조주도 투자도 다시 말이 없는 자리, 침묵의 깨달음의 자리로 들어갔다.

54. 현지玄旨(459): 벽 위에 걸어둔 전재錢財이다

조주에게 한 스님이 물었다.
"무엇이 현묘한 이치입니까?"
선사가 대답했다.
"벽 위에 걸어둔 전재錢財이다."157)

원문의 "전재錢財"란 민가에서 돈을 벌게 해 달라고 벽에 걸어두는,158) 돈꾸러미, 두레박줄, 조리, 나무 표주박 같은 것이다.159)
한 스님이 조주에게 "무엇이 현묘한 이치입니까?" 하고 묻는다. 스님은 고귀한 그 무엇에 대해 묻고 있다. 조주는 "벽 위에 걸어둔

---

157) 『한국불교전서』제5책, 380쪽 상단. 趙州因僧問, "如何是玄旨?" 師云, "壁上掛錢財".

158) 『선문염송·염송설화 4』, 412쪽, 각주101.

159) 『한국불교전서』제5책, 380쪽 상단. 壁上掛錢財者, 錢貫井索笊籬木杓之類也.

전재錢財이다"라고 답함으로써 스님의 현묘한 이치를 '상충'에서 '표면'으로 끌어내린다. 이 점에서 이 공안은 고귀한 도를 사람들이 늘상 걸어다니는 길[도道]로 끌어내리는 71. 장외牆外(476)와 유사하다. 이 공안을 여는 물음 "무엇이 현묘한 이치입니까?"는 71. 장외牆外(476)을 여는 물음 "무엇이 도입니까?"와 고귀한 그 무엇을 전제한다는 점에서 같다.

스님은 조주의 대답이 자신이 듣고자 하는 현묘한 이치와 상충하기에 "현묘한 이치를 물었는데 웬 전재이지?" 하는 의문을 내게 된다. 그러면서 '전재'는 예의 돈꾸러미 등 현실적 사물을 지칭하지 않게 된다. 만약에 '전재'가 돈꾸러미 등을 곧바로 지시했다면, 그런 의문이 일지 않았을 것이다. 전재에는 돈을 벌게 해달라는 간절한 바람이 담겨 있을 뿐, 돈꾸러미 등처럼 실제로 존재하는 것이 아니다. 실제로 존재하지 않는 전재를 투자청投子靑은 다음과 같이 읊고 있다.

> 어떤 이가 가벼운 마음으로 현묘한 이치를 물었는데
> 서슴없이 간장을 토해 그에게 말해주네.
> 나무사람이 두 눈썹을 찡그린 곳에
> 돌아가씨 말 많으니, 어찌하리요?[160]

나무사람木人은 나무와 사람이고, 돌아가씨石女는 돌과 아가씨이다. 나무사람이든, 돌아가씨든 만나 어울릴 수 없는 것들이 한군데로 모여들어 이루어진 말이다. 나무사람이나 돌아가씨는 실제로 존재

---

160) 위의 책, 380쪽 상단. 輕輕人問玄中事 便吐肝腸說與他 木人暗皺雙眉處 石女多言爭奈何.

하지 않는다. 즉 실존하지 않는다. 그러나 만나 어울릴 수 없는 것들이 한군데로 모여들기에 나무사람이나 돌아가씨는 인형이나 조각물 등이 되어 실제로 존재하는 것이 된다. 그래서 나무사람인 인형이나 돌아가씨인 조각물은 나무, 사람, 돌, 아가씨처럼 실존하는 것은 아니지만, 두 눈썹을 찡그리고 말이 많을 수 있다. 무진無盡 거사의 송을 보면 이 점이 더 분명하게 확인된다.

> 현지를 분명하게 학인에게 보이니
> 전재 걸린 벽에 금과 은 있도다.
> 잇따른 여섯 타래, 3천 관이나
> 배고프고 추운 것 막지 못한다.[161]

한 타래에 5백 관이 꿰어지는데 여섯 타래면 3천 관이 된다. 그러나 이것이 전재인 한, 배고프고 추운 것을 막지 못한다. 전재는 실존하는 것이 아니기 때문이다. 이 공안은 이 점에서 앞에서 다룬 16. 백수(421): "뜰 앞의 잣나무", 혹은 70. 판치(475): "앞니에 돋은 털"과 유사하다.

---

161) 위의 책, 380쪽 중단. 玄旨分明示學人 錢財壁上掛金銀 連珠六貼三千貫 不濟飢寒不濟貧.

55. 정안正眼(460): 어느 곳 청산인들 도량이 아니기에…

조주가 오대산으로 가려고 하자, 어떤 대덕이 게송을 지어 만류했다.

어느 곳 청산인들 도량이 아니기에
지팡이 짚고 청량산까지 절하러 가려는가?
구름 속에서 금모사자 나타난다 해도
바른 안목으로 살피건대 길상이 아니어라.

이에 선사가 물었다.
"무엇이 바른 안목인가?"
대덕은 아무 대답이 없었다.162)

조주는 지혜 제일의 문수 보살이 머물고 있다는 오대산으로 가려는 참이다. 그런데 어떤 대덕이 송을 지어서 조주가 오대산 가려는 일을 만류한다. 앞 두 구에서 대덕이 "어느 청산인들 도량이 아닌가?"라고 했으니 조주가 지금 거주하고 있는 청산도 청량산, 곧 오대산이다.163) 또, 대덕은 뒤 두 행에서 청량산을 오르다가 구름 속에서 금모사자가 나타난다 한들 길상이 아니라고 했다. 이는 청량산에서 실제로 금모사자가 나타나는 것을 두고 하는 말인가? 그렇지 않을 것이다. 금빛 털의 사자라 뜻의 "금모사자金毛獅子"는 상상의 산물로

---

162) 위의 책, 380쪽 중단. 趙州將遊五臺山次, 有大德作偈留云, "何處靑山不道場 何須策杖禮淸涼 雲中縱有金毛現 正眼觀時非吉祥". 師乃問作麼生是正眼, 大德無對.

163) 『선문염송·염송설화 4』, 412쪽, 각주101.

문수 보살이 타고 다니는 사자이기 때문이다. 그렇다면 환상이 나타난다는 뜻인가? 이도 아닐 것이다. 각운은 "설사 일천 명의 성자들이 나타난다 해도 모두가 그 그림자에서 나타난 것이다"164)를 뜻하는 것으로 보았다. "그 그림자"에서 나타난 것이기에 바른 안목으로 살필 때 길상이 아니라고 했을 터이다.

그렇다면 "바른 안목[정안正眼]"이란 무엇인가? 조주가 대덕에게 묻기 전에 우리도 이렇게 묻게 된다. 대덕이 읊은 송대로라면, 우리는 두 가지 사실을 알게 된다. 첫째로, 조주가 지금 머물고 있는 청산이 조주가 찾아가고자 하는 오대산이다. 둘째로, 설사 청량산에 올랐을 때 구름 속에서 문수 보살이 타고 다니는 금빛 털 사자가 나타난다 하더라도 길상이 아니다. 구름 속에서 금빛 털 사자가 나타난다는 것은 번뇌의 구름을 걷어내면 진여가 나타난다는 뜻으로 보아야 하니, 문수 보살이 계신 청량산에서 지혜를 증득하더라도 길상이 아니다라는 뜻이겠다.

대덕의 송을 들은 조주가 "무엇이 바른 안목인가?"라고 물었을 때 대덕은 아무 말이 없었다. 이미 송을 읊어 말을 해주었으니 더 이상 말할 필요가 없었기에 아무 말도 하지 않은 것일 수 있다. 하지만 구름 속에서 금빛 털 사자가 나타나는 것이 바른 안목으로 살피건대 길상이 아니라고 했으니, 무엇이 길상인지, 무엇이 바른 안목인지 말을 해주어야 하는데, 하지 않았다. 혹여 조주가 물은 말 "무엇이 바른 안목입니까?"에 대한 '아무 말이 없음'이 바른 안목이 아닐까? 아무 말이 없는 대덕 대신에 동안현同安顯이 "스님의 안목입니다"165)

---

164) 『한국불교전서』 제5책, 380쪽 중단. 雲中縱有金毛現云云者, 任他千聖出頭來也, 則摠是向渠影中現也.

라고 말했는데, 이것이 "무엇이 바른 안목입니까?"에 대한 대답인가? "무엇이 바른 안목입니까?" 하고 묻는 안목 이것이 바른 안목인가? 지금 조주와 대덕은 아무 한 쪽으로 휩쓸리지 않은 채 팽팽하게 맞서 있고, 우리로 하여금 부단히 의정을 내게 하고 있다.

56. 연진年盡(461): 한 해가 다 가도 돈을 사르지 않는다

조주에게 한 스님이 물었다.
"무엇이 조사께서 서쪽에서 오신 뜻입니까?"
선사가 말했다.
"한 해가 다 가도 돈을 사르지 않는다."166)

조주가 살던 당대에는 한 해가 저물어 갈 때 돈을 태워 재앙을 쫓는 풍습이 있었나 보다. 세간의 사람들은 재앙을 쫓기 위해 한 해가 다 갈 때 돈을 태우는데 조주는 돈을 태우지 않는다고 한다. 돈을 태우는 것은 한때 재앙이 있었기 때문이고, 앞으로 재앙이 있을 지도 모르기 때문이다. 그래서 사람들은 금년에는 재앙이 있었지만 내년에는 재앙이 없기를 바란다. 설사 금년에 재앙이 없었더라도 내년도 금년처럼 재앙이 없기를 바란다. 이렇게 하여 재앙이 '있다', '없다'로 금년과 내년이 구분되고 있다. 한 해가 다 가도록 돈을 사르지 않는 조주에게는 물리칠 재앙이 '있다'라든가 '없다'라든가, '금년'

---

165) 위의 책, 380쪽 중단. 同安顯代云, "是上座眼".
166) 위의 책, 380쪽 하단. 趙州因僧問, "如何是祖師西來意?" 師云, "年盡不燒錢".

이라든가 '내년'이라든가 하는 분별分別이 없다. 조주는 조사서래의의 물음을 이렇게 일상인의 말과 행동을 끌어들여 대답하며, 일상인의 말과 행동을 깨달음을 지시하는 말과 행동으로 바꾸고 있다.

세간의 사람들이 돈을 사르는 행동은 금년과 내년 사이에 경계선을 그어놓는 행동이다. 아니, 금년과 내년 사이에 경계선을 그어놓았기에 돈을 사르는 행동을 한다. 그러면서 매년 아무런 자각 없이 이 경계선을 더욱더 깊게 그어놓게 된다. 조주는 세간의 사람들이 그어놓은 이런 경계선을 지우게 하기 위해서 해가 다 가도록 돈을 사르지 않는다고 했다. 돈을 사르지 않는다는 것은 사실 돈을 사르는 행동과는 달리 행동이 아니다. 즉, 돈을 사르는 행동을 하지 않는다는 것은 아무런 행동도 하지 않는 것이다. 그렇다면 이는 앞의 16. 백수栢樹(421)에서 본 "뜰 앞의 잣나무"가 아무런 말이 아닌 것과 같다. "뜰 앞의 잣나무"가 아무런 대상도 지시하지 않듯이, "돈을 사르지 않음"은 아무런 행동도 지시하지 않는다.

57. 불천不遷(462): 두 손으로 물 흐르는 모양을 지어 보이다

조주에게 한 스님이 물었다.

"무엇이 '옮기지 않음[불천不遷]'의 뜻입니까?"

선사가 두 손으로 물 흐르는 모양을 지어 보였다.

이에 이 스님이 깨달음을 얻었다.

또 법안에게 물었다.

"상相을 취하지 않고 여여如如하여 움직이지 않는다 하는데, 어떻게 해야 상을 취하지 않고 움직이지 않음[부동不動]을 보는지요?"

법안이 대답했다.

"해가 동쪽에서 떴다가 밤에 서쪽에서 진다."

이에 이 스님이 역시 깨달음을 얻었다.[167]

한 스님이 조주에게는 "옮기지 않음[불천不遷]"의 뜻을 물었고, 법안에게는 "움직이지 않음[부동不動]"의 뜻을 물었다. "옮기지 않음"과 "움직이지 않음"은 표현만 다르지 같은 사태를 지칭하는 말이다. 따라서 조주에게 "옮기지 않음"의 뜻을 물었을 때 스님 자신이 이 "옮기지 않음"을 어떻게 생각하고 말을 한 것인지 알아볼 필요가 있는데, 그러자면 법안에게 물은 "움직이지 않음"을 스님이 어떻게 생각하고 있는지 보면 된다. 스님은 법안에게 "상相을 취하지 않고 여여如如하여 움직이지 않는다"고 했다. "움직이지 않음", "여여함", "상을 취하지 않음"이 동의어로 쓰였다는 것을 알 수 있다.

이 점을 감안하면서 스님과 조주가 나눈 문답을 먼저 보면, 이렇다. "옮기지 않음의 뜻은 무엇입니까? 하는 스님의 질문에 조주는 '두 손으로 물 흐르는 모양'을 지어 보였다. 공안을 작성한 이가 "물 흐르는 모양"으로 표현했으니 우리도 물의 흐름을 상상하면서 조주의 손 모양을 떠올려야 한다. 조주는 스님이 보는 앞에서 양 손을 이쪽에서 저쪽으로 물 흐르듯 옮겼을 것이다. "옮기지 않음"의 뜻을 말로 묻는 스님에게 조주는 옮기는 모양으로 답한 것이다. 방금 필자는 "양 손을 이쪽에서 저쪽으로 옮기다"라고 말로 표현했다. 그러나 조주는 손 모양을 지은 것이지 "양손을 이쪽에서 저쪽으로 옮기다"

---

167) 위의 책, 380쪽 하단~381쪽 상단. 趙州因僧問, "如何是不遷義?" 師以兩手作流水勢. 其僧 有省. 又問法眼, "不取於相, 如如不動, 如何不取於相, 見於不動去?" 法眼云, "日出東方夜落 西". 其僧亦有省.

라고 말한 것은 아니다. "손을 이쪽에서 저쪽으로 옮기다"라고 말로 표현하게 되면, 이 말이 "이쪽에 있는 동일한 손이 저쪽으로 옮겨가다"를 뜻한다고 생각하게 된다. 동일한 손이 이쪽에도 있고 저쪽에도 있는 셈이다. 그런데 어떻게 동일한 손이 이쪽에도 있고 저쪽에도 있을 수 있을까? 이런 문제가 생기는 것은 손의 동일성을 미리 상정했기 때문이다. 조주가 대답을 말로 하지 않고, 물 흐르는 손 모양을 지은 것은 이런 이동을 설명하기 위해 동일성을 상정하고자 하는 우리의 집착을 타파하기 위해서이다. 스님이 '옮기지 않음'의 뜻을 물은 것은 바로 이런 '개념의 동일성'을 상정하고 질문한 것에 지나지 않기에, 조주는 '옮김'과 '옮기지 않음'이라는 양변에 갇혀 있는 스님을 물 흐르는 손 모양을 지으며 벗어나게 하고 있는 것이다.

조주의 손 모양을 보고 깨달음을 얻는 스님은 다시 법안에게 찾아가 "어떻게 해야 상을 취하지 않아 움직이지 않음[부동不動]을 보는지요?" 하고 묻는다. 그런데 법안은 조주와 달리 이 질문에 말로 "해가 동쪽에서 떴다가 밤에 서쪽으로 진다" 하고 대답한다. 스님이 이 법안의 대답을 듣고 깨달음을 얻었다고 했으니, 법안이 말로 한 대답은 조주가 손 모양을 지어 한 대답과 같다. "해가 동쪽에서 떴다가 밤에는 서쪽에서 진다"는 것을 모르는 사람은 없다. 우리는 물 흐르는 모습을 보듯이 "해가 아침에 동쪽에서 떴다가 서쪽에서 진다"는 것을 경험한다. 그런데 이 역시 "동일한 해"가 동쪽에서 떴다가 서쪽에서 진다는 것을 의미하는가? 동일한 해는 개념이다. 우리가 경험하는 것은 아침에 동쪽에서 떴다가 저녁에 서쪽에서 지는, 우리가 감각하는 구체적인 해이다. 법안의 대답 역시 조주의 대답처럼 움직임에 반하는 어떤 진리를 제시하는 것처럼 보인다. 하지만 법안은 스님이 "움직이지 않음"의 뜻을 물었기에 '움직임'으로 보여주었다고 할 수 있다. 스님이 개념의 동일성에 갇혀 "움직이지 않음"의 뜻을 물었기에, 다시 말해 "움직이지 않음"이 "움직임"에 반한다고 생각했기에, 법안은 우리가 구체적으로 경험하는 움직임 자체를 보여주었다고 할 수 있다.

58. 파파婆婆(463): 눈을 부릅뜨고 쳐다보니…

조주가 어느 날 공양을 하고 있는데, 한 노파가 방에 들어와 손가락으로 가리키면서 말했다.

"이 방 안의 스님들 모두 엄마가 낳았구나."

다시 조주를 가리키면서 말했다.

"저기 큰 어린아이만이 5역과 불효의 죄를 짓는구나."

이에 선사가 눈을 부릅뜨고 쳐다보니, 노파는 나가버렸다.[168]

조주가 대중들과 함께 식사를 하고 있는데 한 노파가 들어와서 손가락으로 가리키며 "이 방 안에 있는 스님들 모두 엄마가 낳았구나" 하고 말한다. 조주를 포함해서 식사를 하던 수행자들은 모두 인간의 육신을 받고 태어났기에 엄마가 낳았구나 하는 노파의 말은 지극히 당연한 말이다. 그런데 노파는 왜 느닷없이 이런 말을 하는 걸까? 수행자들은 태어남과 죽음의 생사윤회에서 벗어나고자 부모가 있는 집을 떠나 수행하려고 절에 들어온 사람들이다. 부처님과

---

168) 위의 책, 381쪽 중단. 趙州一日齋次, 有一婆子入堂指云, "遮一堂僧盡是婆婆生得". 復指趙州云, "唯有大底孩兒五逆不孝". 師瞪目視之, 婆便出去.

스승을 새로운 부모로 모시고 수행에 전념하는 이런 수행자들을 노파는 뒤흔들고 있다.

그런데 노파는 여기에서 그치지 않고 조주를 가리키며 "저기 큰 어린아이만이 5역과 불효의 죄를 짓는구나." 하고 말한다. 5역逆이란 소승불교에 의거할 때 무간 지옥無間地獄에 떨어질 다섯 가지의 악행惡行, 곧 아버지를 죽이는 일, 어머니를 죽이는 일, 아라한을 죽이거나 해하는 일, 승단의 화합을 깨뜨리는 일, 부처님의 몸을 상해하는 일을 말한다. 노파가 스님 대중들을 두고 "모두 엄마가 낳았구나"라고 했으니, 여기서는 불효의 죄를 지었다는 것을 강조하기 위해 앞에 5역이란 말이 붙었다고 보아야 한다. 소승불교의 5역이든 대승불교의 5역이든 5역에 방점이 찍히는 언급이 아니다. 조주를 두고서만 5역과 불효의 죄를 짓는다고 했으니, 모두 엄마가 낳았구나 하는 말로 수행자 대중을 흔들어놓은 노파는 이제 수행자 대중과 조주를 갈라놓고 있다. 조주만이 불효의 죄를 지었으니 수행자 대중들은 불효의 죄를 짓지 않은 셈이 된다. 불효의 죄를 짓지 않았다 하니 수행자 대중들이 듣기에 좋은 말인 듯싶지만, 결코 좋은 말이 아니다. 수행자 대중들은 수행하러 절에 들어왔는데도, 아직 집에 머물며 부모에게 효도하고 있는 것이 되기 때문이다. 노파는 수행자 대중을 흉보고 있다. 하지만 조주에게는 불효의 죄를 짓고 있다고 했으니 노파는 조주를 참다운 수행자로 인정하고 있는 것이다.

이에 조주는 눈을 부릅뜨고 노파를 바라보았다. 눈을 부릅뜨고 본다(瞪目視之)는 것은 사태를 직시하겠다는 것이다. 노파야말로 5역 중 승단의 화합을 깨는 일을 실행하며 '불효의 죄를 짓고 있음'과 '짓고 있지 않음'이라는 양 극단을 상정하여 자신과 수행자 대중을 갈라놓고 있는데, 이를 물리치겠다는 것이다. 이렇게 하여 조주는 수행자 대중들이 모두 자신과 마찬가지로 절에서 참답게 수행하고 있음을 보여줄 수 있게 되었다. 조주가 수행자 대중과 자신을 분리시키려는 노파의 의중을 꺾어버리자, 노파는 이를 알아채고 나가버린다. 조주의 도력을 감정하려고 수행자 대중들이 공양을 하고 있는 곳으로 들어와 한 마디 던진 노파는 이제 조주의 도력을 확인하게 되었다. 느닷없는 노파의 말에 부릅뜬 눈으로 대응한 조주의 도력도 대단하지만, 조주의 도력을 알아본 노파의 도력 역시 대단하다 하지 않을 수 없다.

59. 한閑(464): 한閑이로다

조주가 한 스님에게 물었다.
"어디를 가는가?"
스님이 대답했다.
"차를 따러 갑니다."
선사가 말했다.
"한閑."169)

조주가 한 스님에게 "어디를 가는가?" 하고 물었을 때, 그 스님은 "차를 따러 갑니다" 하고 대답했다. 이에 선사가 "한閑"이라고 말했다. 이 공안은 여기서 끝난다. 이어 스님의 말이나 행동이 나오지 않기에, 조주의 "한閑"을 듣고 스님이 어떤 반응을 보였는지 알 도리

---

169) 위의 책, 381쪽 하단. 趙州問僧, "向甚處去?" 僧云, "摘茶去". 師云, "閑".

가 없다. 그만큼 조주의 "한閑"에 우리의 시선이 쏠리게 된다. "한閑"이라는 말을 들을 때 우리는 먼저 '한가로움'를 떠올린다. "차를 따러 간다"는 말을 듣자마자 이 말에서 "차"를 떼어내어 차를 마실 때의 '한가로움'을 연상하기 때문이다. 그러나 차를 따는 행위는 똑같은 동작이 반복되는 고된 노동이기도 하기에 한가로운 행위라고 단정지을 수는 없다. 우리가 조주의 "한閑"이라는 말을 듣고 한가로움을 떠올린다면 스님의 차를 따는 행위에 차를 마시는 '한가로움'을 덧붙인 것이다. 이때 우리는 두 가지 실수를 범하게 된다. 첫째 실수는 단어 "한"을 '한가로움'이라는 의미로 한정한 것이고, 둘째 실수는 차를 따는 행위를 한가로운 행위로 규정한 것이다. 차를 따는 행위는 차를 마시는 행위로 규정될 수 없고, 단어 "한"은 한가로움으로 한정될 수 없다. 그렇다면 차를 따는 행위는 차를 마시는 행위를 거부하고, 단어 "한"은 한가로움의 의미를 거부한다. 거부한다는 표현은 적절하지 않다. 차를 따는 행위는 차를 따는 행위로 그대로 있고, 단어 "한"은 적절한 사용을 기다리고 있다.

조주의 "한"은 이른바 일자법문一字法門이다. 각운은 이 일자법문에 대해 다음과 같이 해설하고 있다.

어떤 이는 말 한가閑暇와 사태 한가한 일閑事 이 두 가지가 합하여 하나의 도리를 이룬다고 말하는데, 이는 이치에 부합하지 않는다. 스님이 차를 따러 가는 참인데 조주는 "한閑"이라 말했다. 만일 여기에서 조주의 의중을 안다면 일자법문은 바다로 먹을 삼아 써도 다하지 못한다는 것을 보게 되리라.[170]

---

[170] 위의 책, 381쪽 하단. 或者, 以閑暇閑事二義合, 作一道理者, 非得意也. 摘茶去次, 故云閑.

문자 "한閑"으로 표기되는 말 "한"의 뜻은 부단히 생성되어 왔고 여전히 생성 중이다. 문자 한은 문門 자와 목木 자가 결합한 모습을 하고 있다. 문자 한은 본래 '나무 울타리'를 뜻한다. 말 '나무 울타리'는 산짐승이 넘어오지 못하게 하거나 가축이 도망가지 못하도록 만든 설치물을 지시한다. 그래서 문자 한은 마구간이나 목책을 표기하는 데 사용되었다. 집 주위에 쳐놓은 울타리는 집이 외부와 단절되었음을 연상케 한다. 이로부터 문자 한은 아무것에도 관심을 두지 않는다는 '등한시하다'는 뜻이 파생되었다. 여기에 더해 외부와의 단절을 자신만의 시간이 생겼다는 의미에서 '한가하다'는 뜻도 생겼다.171) 이처럼 한 기표에 한 기의가 영원히 부속되어 있는 것이 아니기에, 기표 "한"에 기의 "한가로움"이 부착되어 있는 것이 아니다. 이 점을 각운은 "어떤 이는 말 한가와 사태 한가한 일 이 두 가지가 합하여 하나의 도리를 이룬다고 말하는데, 이는 이치에 부합하지 않는다" 하고 말한다. 이어 각운은 "차를 따러 가는 참인데 '한閑'이라 하였으니, 만일 여기에서 조주의 의중을 안다면 일자법문一字法門은 바다로 먹을 삼아 써도 다하지 못한다"고 말하는데, 문자 한閑이 생성되어 가는 예에서 보듯, 일자법문은 상황에 따라 얼마든지 다른 것을 의미할 수 있다. 이를 각운은 "일자법문은 바다로 먹을 삼아 써도 다하지 못한다"고 표현했다. 일자법문은 특정한 상황 속으로 들어가면서 동시에 빠져나와 있기 때문에 이렇게 표현한 것이리라.

若於此知得趙州意, 便見一字法門書海墨而不盡也.

171) 네이버 한자 사전을 참조했다.

60. 십관^{十貫}(465): 삿갓을 쓰고 떠나버리다

조주는, 한 속인 행자가 스님들을 감정하여

"나에게는 돈 10관이 있다. 일전어^{一轉語}를 내릴 수 있는 사람이 있다면 이 돈을 주겠다."

하고 말한다는 것을 들었다.

전과 후로 사람들이 일전어를 내렸으나 모두 들어맞지 않았다.

마침내 선사가 속인 행자의 집으로 갔다. 속인 행자가 말했다.

"일전어를 내릴 수 있다면 이 돈을 주겠다."

그러자 선사가 삿갓을 쓰고 떠나버렸다.172)

"일전어^{一轉語}"란, 일순간에 확 전환케 하여 깨달음을 얻게 하는 한 마디 말이다. 돈 10관^貫이 요즈음 돈으로 얼마나 되는지는 모르겠다. 이 공안에서 돈의 액수가 중요한 것이 아니니, 대충 백만원이라고 해보자. 속인 행자 즉 재가 수행자가 출가 수행자들인 스님들한테 돈 백만원을 주겠으니 일전어를 해보라고 말한다. 돈 백만원을 주겠다고 일전어를 해보라는 재가 수행자도 문제이지만, 이 돈을 받겠다고 일전어랍시고 내뱉은 출가 수행자들도 문제가 아닐 수 없다. 또, 이 재가 수행자는 오만하게도 자신이 깨달음을 얻을 수 있도록 일전어를 해보라고 하고서는 스님들이 일전어를 내렸을 때 들어맞지 않는다고 했다. 들어맞지 않는다고 말한 이를 이 공안에서 밝히지 않았으나, 이 사람은 문맥으로 볼 때 재가 수행자이다. 요컨대, 재가 수행

---

172) 『한국불교전서』 제5책, 381쪽 하단. 趙州聞, 俗行者勘僧云, "我有十貫錢. 若有人下得一轉語, 卽捨此錢". 前後有人下語, 並不契. 師遂往行者家. 行者云, "若下得一轉語, 卽捨其錢". 師戴笠子, 便行.

자는 자신이 깨달음을 얻었다고 생각하며 출가 수행자들을 돈을 걸고 말 그대로 감정하고 있는 것이다.

이런 속인 행자의 행태를 보고 조주가 속인 행자의 집으로 찾아갔을 때, 속인 행자는 역시 앞에서와 같이 "일전어를 내리면 돈을 주겠다"고 하며 다른 스님들한테 한 말과 똑같은 말을 한다. 그러자 조주는 삿갓을 쓰고 떠나가 버렸다. 조주가 몸소 찾아와 이런 행동을 했을 때 바로 이런 행동이 일전어라는 것을 속인 행자는 알아차렸어야 했다. 앞의 스님들과는 달리 조주는 아무 말도 하지 않고 삿갓을 쓰고 떠나가 버린다. 바로 이 "아무 말도 하지 않고 삿갓을 쓰고 떠나가 버림"이야말로 일전어인데 일전어를 기대하는 속인 행자는 이를 간파하지 못했을 것이다. 이렇게 함으로써 조주는 속인 행자의 두 가지 오만, 즉 돈을 줄 테니 일전어를 해보라는 오만과 일전어를 듣고는 들어맞지 않는다고 하며 단정을 내린 오만을 물리쳐버렸다. 또, 삿갓을 쓰고 떠난다는 것은 더 이상 이런 놀음에 간여하지 않겠다는 뜻도 담겨 있다.

61. 박슬拍膝(466): 아시겠습니까?

조주가 조왕이 절에 들어오는 것을 보고, 일어나지 않고 손으로 스스로 무릎을 치면서 물었다.

"아시겠습니까?"

조왕이 대답했다.

"모르겠소."

선사가 말했다.

"어려서 출가한 후 이제는 이미 늙어서, 사람을 봐도 선상에서 내려갈 힘이 없소이다."173)

조왕이 절에 들어올 때 조주는 선상禪床에 앉아 있었다. 선상은 선사들이 설법할 때 올라앉는 법상이다. 들어서는 조왕을 보고도 조주는 선상에서 일어나 내려가서 맞이하기는 커녕, 그대로 앉은 채로 무릎을 치면서 "아시겠습니까?" 하고 조왕에게 묻는다. 이에 조왕은 "모르겠소" 하고 말한다. 이 "모르겠소"라는 말에서 우리는 조왕이 확신에 차서 단정을 내리는 것이 아니라 아무런 해답도 얻지 못한 채 여전히 의문 속을 맴돌고 있다는 것을 알 수 있다. 조왕은 이런 의문이 일었을 것이다. "무엇을 알겠느냐는 거지? 조주 선사는 일어나지 않고 앉은 채로 무릎을 치면서 알겠느냐 하고 물었는데 그렇다면 무릎을 친 이유를 알겠느냐 하는 건가?" 하지만 조왕은 이 의문 덕분에 "저 선사는 왕인 내가 왔는데도 왜 일어나서 내려와 나를 맞이하지 않는 거지?" 하는 왕과 신하라는, 혹은 손님과 주인이라는 평등하지 않은 관계에 바탕을 둔 세속적인 의문을 자신도 모르게 지울 수 있었다. 조왕은 저런 불평등한 관계에 바탕을 둔 세속적인 의문을 내기 전에 무릎을 치면서 "아시겠습니까?" 하고 묻는 조주의 모습을 이미 보았을 것이기 때문이다.

조왕은 조주가 무릎을 치면서 아시겠습니까 하는 묻는 순간 이전 일은 다 잊고 이 물음에 답해야 하는 처지에 있다. 조왕이 만약 무엇을 알겠느냐 하는 것이지 하는 의문이 일었다면 '그 무엇'을 모르기

---

173) 위의 책, 382쪽 상단. 趙州見趙王入院, 不起, 以手自拍膝云, "會麼?" 王曰, "不會". 師曰, "自少出家今已老, 見人無力下禪床".

에 "모르겠소"라고 했을 터이다. 무릎을 친 이유를 알겠느냐 하는 것인가 하는 의문이 일었다 하더라도 역시 "모르겠소"라고 했을 터이다. 무릎을 친 이유를 물은 것이라면 "무릎을 침"은, 무엇을 알겠느냐 하는 것이지 하고 의문이 일 때의 '그 무엇'이기에 조왕으로서는 역시 알 도리가 없는 것이다. '그 무엇'은 부단히 의문을 낳게 할 뿐 조왕으로서는 이에 대해 아무런 해답도 내놓을 수 없다. 그러나 조왕은 조주 덕분에 왕과 신하, 손님과 주인이라는 세속적인 관계를 다 잊고 조주의 행동과 말에 집중할 수 있었다.

조주는 조왕이 "모르겠소" 하고 말하자, "어려서 출가한 후 이제는 이미 늙어서, 사람을 봐도 선상에서 내려갈 힘이 없소이다." 하고 응했다. 얼핏 이 말은 조주가 선상에서 내려가 맞이하지 않은 이유를 말하고 있는 듯하다. 그러나 조왕 그리고 이 공안을 읽는 우리들이 볼 때 이 말은 조주가 앉은 채로 무릎을 친 이유가 되지 못한다. 앞서 조주는 무릎을 치면서 "아시겠습니까?" 하고 조왕에게 물었기 때문이다. 왕과 신하의 관계로 볼 때 조왕은 왕이고 조주는 신하이지만, 스승과 제자의 관계로 볼 때 조주는 스승이고 왕은 제자이다. 앞에서 조주는 파주를 취해 자신의 지위를 양보하지 않았지만, 지금은 방행을 취해 왕의 지위를 유지시켜 주고 있다. 조주의 이 말은 무릎을 치는 행동과 마찬가지로 무의미로 회귀하는 말이다. 무릎을 치는 행동은 파주이고, 이 말은 방행이라는 차이가 있지만 말이다.

62. 식심識心(467): 무엇이 길을 잘못 들지 않는 것입니까?

조주에게 한 스님이 물었다.

"무엇이 길을 잘못 들지 않는 것입니까?"

선사가 대답했다.

"마음을 알고 본성을 보는 것이 길을 잘못 들지 않는 것이다."[174]

우리는 정처를 모르고 길을 가기도 하지만, 정처를 알고 길을 가기도 한다. 정처는 이미 알고 있는 정처이기도 하고 아직 모르는 정처이기도 하다. "무엇이 길을 잘못 들지 않는 것입니까?" 하고 물은 스님은 가야 할 정처가 있다는 것을 알고는 있지만 아직 정처를 모르는 사람이다. 그래서 조주에게 무엇이 정처인지 묻고 있는 것이다. 하지만 정처가 말 그대로 정해져 있다면, 올바른 정처라고 할 수 있을까? 정처가 정해져 있다면, 언젠가는 이 정처와 자신이 가는 길이 합해져야 하는데 그런 일이 가능할까?

"무엇이 길을 잘못 들지 않는 것입니까?" 하고 물은 스님은 수행자로서 "마음을 알고 본성을 본다는 것이 무엇인가?" 하고 물은 셈이다. 스님의 물음에 조주는 "마음을 알고 본성을 보는 것이 길을 잘못 들지 않는 것이다" 하고 대답했는데, 이는 얼핏 보면 스님의 속뜻을 드러내었을 뿐 스님의 물음에 대답한 것이라고 볼 수 없다. 조주는 스님이 던진 질문의 속뜻을 드러내 스님의 물음에 병치시키고 있을 뿐이기 때문이다.

하지만 스님의 속뜻을 드러내 스님의 질문과 마주하게 하는 것이

---

174) 위의 책, 382쪽 중단. 趙州因僧問, "如何是不錯路?" 師云, "識心見性是不錯路".

조주의 대답이다. 마주하게 함으로써 스님의 질문을 삭제한 것이다. 스님은 정처가 있다는 것을 이미 알고 있고, 조주도 이 사실을 이미 알고 있다고 생각하고는 조주에게 "무엇이 길을 잘못 들지 않는 것입니까?" 하며 물음을 던졌기 때문이다.

운문고의 이야기를 들어보겠다.

"방망이로 돌사람의 머리를 때리니 드문드문 사실을 이야기한다. 선이라는 생각도 하지 말고 도라는 생각도 하지 말라. 만일 길을 잘못 들지 않으려면 마음을 알고 본성을 보아야 한다지만, 무엇이 알아야 할 마음이며 무엇이 보아야 할 본성인가? 어떤 이는 이런 말을 들으면 곧바로 '달을 머금지 않은 물이 없고, 구름을 두르지 않은 산이 없다' 하니, 이런 견해를 갖는다면 정주에서 조씨 가문이 나는 격이다."[175]

조주는 한 스님의 물음에 "마음을 알고 본성을 보는 것이 길을 잘못 들지 않는 것이다" 하고 대답했는데, 이는 스님의 질문 "무엇이 길을 잘못 들지 않는 것입니까?"의 속뜻을 드러내는 말이다. 스님의 질문은 결국 무엇이 알아야 할 마음이며 무엇이 보아야 할 본성인가 하는 물음 자체로 회귀한다. 운문고의 말 "만일 길을 잘못 들지 않으려면 마음을 알고 본성을 보아야 한다지만, 무엇이 알아야 할 마음이며 무엇이 보아야 할 본성인가?"는 이 점을 잘 보여주고 있다. 만약 스님이 자신의 물음에 어떤 대답이 정해져 있다고 생각한다면 이는 운문고의 말 '달을 머금지 않은 물이 없고, 구름을 두르지 않은 산이

---

175) 위의 책, 382쪽 중단. "棒打石人頭, 嘓嘓論實事. 不用作禪會, 不用作道會. 若要不錯路, 須是識心見性始得, 且那箇是識底心, 那介是見底性? 有般底聞伊麽道, 便道, '有水皆含月, 無山不帶雲', 伊麽見解, 正是鄲州出曹門."

없다' 하는 견해를 갖는 사람과 같다. 물은 달을 머금고 있어야 하고, 산은 구름을 두르고 있어야 하듯, 우리가 가야 할 정처를 미리 알고 있다고 단정하는 사람과 같다. 그래서 운문고는 "선이란 생각도 하지 말고 도라는 생각도 하지 말라" 하며 충고하고 있는 것이다.

63. 차성此性(468): 4대와 5온이다

조주가 시중 법문을 했다.

"세계가 아직 생기지 않았을 때에도 이 본성이 있었고, 세계가 무너졌을 때에도 이 본성은 무너지지 않았다."

한 스님이 물었다.

"무엇이 이 본성입니까?"

선사가 대답했다.

"4대와 5온이다."

스님이 다시 물었다.

"이것 역시 무너지는 것입니다. 무엇이 이 본성입니까?"

선사가 대답했다.

"5온과 4대이다."[176)]

본문에 나오는 "차성此性"의 '성性'은 보통 '성품性品'으로 번역되지만, 여기서는 본성本性으로 번역돼 있다. 성품의 '품'은 '품류'을 뜻하기에

---

176) 위의 책, 382쪽 중하단. 趙州示衆云, "未有世界時, 早有此性, 世界壞時, 此性不壞". 僧問, "如何是此性?" 師云, "四大五蘊". 僧云, "此猶是壞底. 如何是此性?" 師云, "五蘊四大".

각각 사람들이 타고난 '품성'을 뜻하는 말로 이해될 수 있는 말이기에 본성을 가리키는 성의 번역어로는 적합하지 않다. 본성은 각각의 사람들이 타고난 품성을 뜻하는 말이 아니다. 조주가 대중에게 제시했듯이, 본성은 세계가 생겨나기 전에도 있었고 세계가 멸한 후에도 있기 때문이다. 세계는 사람들을 비롯한 중생들이 사는 세계이니까, 세계가 멸한 후에도 본성은 멸하지 않는다는 것은 중생들과 중생들이 거주하는 세계가 멸한 후에도 본성은 멸하지 않는다는 뜻이다.

조주가 대중들에게 제시한 이 말씀대로 이해한다면 본성은 이 세계가 생하기 전에도, 이 세계가 멸한 후에도 존재한다고 했으므로, 이 세계가 존속하는 동안에도 당연히 존재한다. 흥미로운 것은 조주는 본성을 "이 본성[차성此性]"으로 표현하고 있다는 점이다. "이 본성"이라는 표현은 본성이라는 표현보다 본성에 더 가깝게 느껴진다. "이 본성"이 마치 가까이에 있는 무언가를 지칭하는 것처럼 말이다. 하지만 "이 본성"은 가까이에 있는 어떤 사물이나 사태를 지칭하는 말이 아니다. "이 본성"이 어떤 사물이나 사태를 지칭한다면 이 세계가 생하기 전에도, 이 세계가 멸한 후에도 존재한다는 말을 할 수 없었을 것이다.

그래서 일까? 조주는 "무엇이 이 본성입니까?" 하는 한 스님의 질문에 4대와 5온이라고 답한다. 4대大는 잘 알다시피 지대地大, 수대水大, 화대火大, 풍대風大이고, 5온蘊은 색온色蘊, 수온受蘊, 상온想蘊, 행온行蘊, 식온識蘊이다. 가까이 앞에 두고 표상할 수 있는 것들이다. 4대도 그렇지만 5온은 12처處나 18계界와는 달리 무위법無爲法을 포함하지 않는다. 조주는 이 본성 곧 무위법을 무위법을 포함하지 않는 4대와 5온에 등치하고 있다. 조주는 이 공안에서도 한 스님과 더불어 우리를 4대와 5온을 던져 유혹하고 있다. 이 세계가 생겨나기 전에도, 이 세계가 멸한 후에도 본성이 존재한다고 하면서 본성이 무엇인가요 하고 물었더니 4대와 5온이라고 대답하다니? 4대와 5온은 이 세계와 이 세계에 거주하는 유정들을 이루는 요소들이 아닌가? 이 세계가 멸한다면 4대와 5온이 멸하는 것인데 어떻게 본성을 4대와 5온에 등치한다는 말인가? 이런 식으로 묻도록 우리를 유혹하고 있다. 아니나 다를까? 한 스님과 우리는 조주의 이러한 유혹에 걸려들어 이렇게 "이것 역시 멸합니다. 무엇이 이 본성입니까?" 하고 묻는다. 근원적 물음은 이렇게 만날 수 없는 것을 만나게 할 때 일어난다. 이 본성은 이 세계가 생하기 전에도, 이 세계가 멸한 후에도 존재하는, 상주하는 무위법이다. 상주하는 무위법을 조주가 유위법인 4대와 5온에 등치시켰기 때문에 이 물음이 일어난 것이다.

"이 본성 또한 멸하는 것이다. 무엇이 이 본성인가?" 하는 이러한 스님과 우리의 물음에 이번에 조주 선사는 "5온과 4대이다" 하고 답한다. "무엇이 이 본성입니까?" 하는 똑같은 물음에 전에는 4대와 5온이라고 답했는데, 이번에는 5온과 4대라고 답한다. 만약 조주가 똑같은 물음에 똑같은 말로 답했다면, 이 공안은 공안이 될 수 없다. 공안은 기본적으로 동일성이 아니라 차이를 강조하기 때문이다. 조주는 4대와 5온이라고 하며 전과 다르게 답함으로써 스님과 우리의 물음이 이미 달라진 것을 보여주고 있다. 스님과 우리의 "무엇이 이 본성입니까?" 하는 뒤의 물음은 더욱 더 강도를 지닌 근원적인 물음이 되었다. 만날 수 없는 것을 만나게 하는 데서 다시 또 물음이 형성되었기 때문이다. 조주의 깊은 의도를 간취하는 사람은 자신이 조주의 깊은 의도만큼 깊은 물음에 잠겨 있다는 것을 알게 된다.

조주 선사의 뒤의 대답 "4대와 5온"은 앞의 대답 "5온과 4대"와 서로 위치가 바뀌어 있다. 4대는 5온의 자리로 옮겨갔고, 5온은 4대

의 자리로 옮겨갔다. '자리를 옮겨감' 이를 '전치轉置, displacement'라고 한
다. 4대는 4대의 자리에 정착하지 않고 5온은 5온의 자리에 정착하지
않는다. 4대는 5온의 자리로 자리를 옮겨가고, 5온은 4대의 자리로
옮겨갔다. 그렇다면 옮겨간 4대와 5온이 각각 5온과 4대의 자리에
정착한 것일까? 그렇지 않다. 만약 4대가 5온의 자리에, 5온이 4대의
자리에 자리를 옮겨 정착했다면, 애초에 4대와 5온은 제 자리에 정착
해 있지 자신의 자리들을 떠나지 않았을 것이다. 조주는 이렇게 자리
옮김을 보여줌으로써 스님과 우리의 물음이 이렇게 자리옮김하는
'동적 발생dynamic genesis'에 있다는 것을 의미하고자 했다.

하나 더 우리가 눈여겨 보아야 할 것은 조주는 전의 4대와 5온이라
는 말로 우리를 유혹했다는 점이다. 조주는 "무엇이 이 본성입니까?"
하는 한 스님의 물음을 더 깊은 물음으로 이끌기 위해 4대와 5온이라
는 '위장'의 말을 불쑥 내밀었다. 위장의 말은 전치와 함께 이처럼
우리를 '진실眞實'로 이끌기 위한 말이다. 조주는 위장의 말과 전치의
말을 사용해서 우리를 근원적인 물음으로 이끌고 있다.

64. 백해百骸(469): 오늘 아침에 또 바람이 일어났다

조주에게 한 스님이 물었다.

"온몸에 있는 모든 뼈가 다 문드러져서 흩어져도 일물一物이 오래도록 길이
신령할 때는 어떠합니까?"

선사가 대답했다.

"오늘 아침에 또 바람이 일어났다."[177]

제3칙 만법萬法(408)과 유사한 화두이다. 그 화두에서 조주는 "만법은 하나로 돌아가는데 하나는 어디로 돌아갑니까?" 하는 한 스님의 질문에 "내가 청주에서 베 장삼 한 벌을 지었는데 무게가 일곱근이더라" 하며 과거에 있었던 일을 언급하면서 담담히 초연하게 답한다. 이 점에서 이 답과 이 공안의 답 "오늘 아침에 또 바람이 일어났다"는 유사하다. 스님은 오래도록 길이 신령한 일물一物에 대해 물었고, 조주는 한 일어난 일을 일어난 대로 담담히 초연하게 말한다. 이 말에서 우리는 어떠한 애착도 간취할 수 없다.

그런데 우리는 어떻게 조주의 이 대답에서 초연함을 느끼는 것일까? 그것은 이 대답이 "일물이 오래도록 길이 신령할 때는 어떠합니까?"라는 질문에 대한 답이기 때문이다. 신령한 일물은 우리가 물으면 묻는 대로 얼굴을 내비치지만 결국은 온전한 얼굴을 내보이지 않는다. 조주의 대답을 듣자마자 우리는 신령한 일물의 온전한 얼굴을 보고자 하는 마음을 끊고 무의미로 돌아가게 된다. 조주의 대답은 우리가 예상할 수 있는 모든 답들을 벗어나 있기에 우리는 우리도 모르게 근원적인 물음에 잠기게 된다.

이후, 무의미로 회귀한 "오늘 아침에 또 바람이 일어났다"가 곧바로 "바람의 일어남"이라는 의미를 띠게 된다. 이어서 "오늘 아침"이라는 시제로 표현될 수 있게 되는데, "또"라는 말은 이 점을 지시한다. 어제도 일어났고 오늘 아침에도 또 일어났고 내일 아침 또 일어날 수 있기에 "또"이다. 하지만 "바람의 일어남"은 오늘 아침, 내일 아침 등에 한정될 수 없는 사건이다.

이렇게 생각해볼 수도 있다. "오늘 아침에 또 바람이 일어났다"고

---

177) 위의 책, 382쪽 하단. 趙州因僧問, "百骸俱潰散, 一物鎭長靈時, 如何?" 師云, "今朝又風起".

해서 내일 아침에 또 바람이 일어날 것이라고 할 수 있는가? 내일 가봐야 될 일이지만, 우리는 아침마다 늘 일어나는 바람을 경험하는 것은 아니다. "바람의 일어남"은 구체적인 시간, 현재, 과거, 미래라는 시제에 구애되는 것이 아니다. '바람의 일어남'은 부정사나 동명사로 표현되는, 들뢰즈가 말하는 사건[event]이다.[178]

65. 사산四山(470): 네 개의 산이 닥쳐올 때엔 어찌합니까?

> 조주에게 한 스님이 물었다.
> "네 개의 산이 핍박해 올 때는 어찌합니까?"
> 선사가 말했다.
> "길이 없음이 곧 조주이다."[179]

각운의 해설을 읽으면서 이 공안을 풀어보도록 하겠다. 각운에 따르면, '네 개의 산'이란 첫째는 늙음의 산, 둘째는 병의 산, 셋째는 죽음의 산, 넷째는 쇠퇴의 산이다. 늙음의 산은 젊음을 파괴하고, 병의 산은 육체를 파괴하고, 죽음의 산은 수명을 파괴하고, 쇠퇴의 산은 영욕과 부귀 등의 모습을 파괴한다.[180] 각운은 생, 노, 병, 사 중 노, 병, 사를 들었을 뿐 생은 들지 않고, 대신에 "쇠퇴"를 들었다. 하지만 "네 개의 산이 닥쳐올 때는 어찌합니까?"를 "생사의 마가

---

178) 질 들뢰즈, 앞의 책, 91쪽; Gilles Deleuze, 앞의 책, 31쪽.

179) 위의 책, 383쪽 상단. 趙州因僧問, "四山相逼時如何?"師云, "無路是趙州".

180) 위의 책, 383쪽 상단. 四山者, 一者老山能壞少壯, 二者病山能壞色身, 三者死山能壞壽命, 四者衰山能壞榮辱富貴等相.

닥쳐올 때 어찌 피하겠는가?"[181]로 풀이한 것을 보면, 각운도 네 개의 산을 생, 노, 병, 사의 4고^苦로도 생각한 것 같다. 어떤 쪽으로 해석하든, 중요한 것은 이 네 개의 산이 우리에게 핍박해 온다는 사실이다. 이어서 각운은 "길이 없음이 곧 조주이다"를 "핍박해 들어올 길이 없음이 곧 조주이다"[182]로 풀이한다. 그러니까 '길이 없음'이란 '네 개의 산이 조주에게 핍박해 들어올 길이 없음'이다.

또 각운은 이 "길이 없음", 즉 "핍박해 들어올 길이 없음"을 관문 남쪽과 국경 북쪽을 보지 않고 당장에 일시에 점령한 것으로 생각해서는 안 된다고, 아래에서 보게 될 운문고의 송을 인용하면서 말한다.[183] 이 말에서 우리가 유의해서 보아야 할 말은 '보지 않고'이다. 네 개의 산을 당장에 일시에 점령하는 일은 핍박해 오는 이 네 개의 산을 '봄'으로써 일어난다. 생, 노, 병, 사의 고를 피하지 않고 직시해야지 그렇지 않고는 생, 노, 병, 사의 고를 넘어설 수 있다. 냉철하게 혹은 담담하게 생, 노, 병, 사의 고를 관^觀할 때 우리는 이 고에서 벗어날 수 있는 것이다.

다음은 운문고의 송이다.

길 없음이 조주라 하니
늙은 장수, 지략이 풍족하다.
관문 남쪽과 국경 북쪽을
당장 일시에 점령한다.[184]

---

181) 위의 책, 383쪽 상단. 四山相逼時如何者, 生死到來如何回避也?
182) 위의 책, 383쪽 상단. 無路是趙州者, 相逼無路是趙州.
183) 위의 책, 383쪽 상단. 若不會趙州意, 便謂趙州伊麼道, 不見關南幷塞北, 當下一時收.
184) 위의 책, 383쪽 상단. 無路是趙州 老將足機籌 關南幷塞北 當下一時收.

각운의 말대로 '길이 없음'은 '핍박해 들어올 길이 없음'이지만, 이것이 관문 남쪽과 국경 북쪽을 보지 않고서 당장 일시에 점령했음을 뜻하는 것은 아니다. 조주의 '길이 없음'은 관문 남쪽과 국경 북쪽을 당당하게 맞서서 관할 때 당장 일시에 나타나는 본래의 자리이다. '길이 없음', 곧 "조주가 있는 곳은 본래 스스로 구족해 있다".185)

66. 이룡二龍(471): 구경이나 하련다

조주에게 한 스님이 물었다.
"두 마리의 용이 여의주를 두고 다투는데, 누가 얻는 자입니까?"
선사가 대답했다.
"노승은 구경이나 하련다."186)

가지고 있으면 모든 것을 뜻대로 할 수 있다는 여의주如意珠를 얻기 위해 두 마리의 용이 다툰다. 한 용이 여의주를 얻으면, 다른 한 용은 여의주를 잃는다. 다투기 전에는 얻고 잃을 것이 없지만, 다투기 때문에 얻고 잃는 일이 생긴다. 둘 중의 한 용은 여의주를 얻는 자이다. 그런데 조주에게 묻는 스님은 두 마리의 용을 각각 특정하지 않은 채 "누가 얻는 자입니까?" 하고 묻고 있다. 가령 한 용은 '가', 다른 한 용은 '나'라고 하며 특정하지 않으면서 누가 얻는 자인가 하고 묻고 있는 것이다. 이렇게 둘 중의 한 용은 여의주를 얻게 되어 있는

---

185) 위의 책, 383쪽 상단. 無路是趙州處, 本自具足也.
186) 위의 책, 383쪽 상단. 趙州因僧問, "二龍爭珠, 誰是得者?" 師云, "老僧只管看".

데도, 어떤 용도 특정하지 않고 물었기 때문에, 이 물음은 아무런 의미를 갖지 않는다. 이렇게 묻는 스님은 사실 얻고 잃음에 아무런 관심이 없는 사람이다. 조주는 이 스님의 물음의 진의를 알아보고 역시 "구경이나 하련다" 하고 대답하면서 얻고 잃음에 아무런 관심이 없음을 표명하며 스님에 호응하고 있다.

이 점을 설두현의 염에서 확인할 수 있다. 설두현은 "구경거리가 없지 않으나 다투어서는 얻을 수가 없다"고 하면서, "스님을 두둔한 말인가, 조주를 두둔한 말인가 말해보라"고 하고 있다.[187] 이에 대해 각운이 평하는 바와 같이, 설두현은 "구경거리가 없지 않다"고 말하며 조주를 두둔하고, "다투어서는 얻을 수가 없다"고 말하며 스님을 두둔하고 있다.[188] 설두현은 "누가 얻는 자입니까?" 하는 스님의 물음 자체에 이미 여의주는 다투어서 얻고 잃을 수 있는 것이 아니라는 점이 시사되어 있음을 이렇게 밝히고 있다.

두 마리의 용이 여의주를 두고 다툰다는 공안이 『조주록』286에도 나와 있는데, 이 공안을 읽으면 앞의 공안에 대한 우리의 해독이 보강될 수 있다.

한 스님이 물었다.
"두 마리의 용이 여의주를 두고 다툴 때 누가 얻는 자입니까?"
선사가 대답했다.
"잃는 자도 모자라는 일이 없고, 얻는 자도 쓸모가 있는 일이 없다."[189]

---

187) 위의 책, 383쪽 중단. 看則不無, 爭則不得. 且道扶者僧, 扶趙州.
188) 『선문염송·염송설화 4』, 430쪽.
189) 김공연 편역·보주, 앞의 책, 291쪽. 問: 二用爭珠, 誰是得者? 師云, 失者無虧, 得者無用.

이 공안에서도 스님은 『선문염송』의 공안에서처럼 특정한 용을 지칭하지 않으면서 "누가 얻는 자입니까?" 하고 묻고 있다. 여의주를 얻고자 다투고 있으니, 두 용 중 한 용은 여의주를 얻을 것이고 다른 한 용은 여의주를 잃을 것이다. 스님은 "누가 얻는 자입니까?" 하고 묻고 있지만, 이 물음이 아무런 지칭의 대상을 얻지 못한 점에서 무의미하다고 말할 수 있다. 한 마디로, 스님은 누가 얻거나 잃음에 아무런 관심이 없으면서 "누가 얻는 자입니까?" 하고 묻고 있는 것이다. 그렇다면 다투되 다투지 않은 것이 되므로, "잃는 자도 모자라는 일이 없고, 얻는 자도 쓸모가 있는 일이 없다". 잃는 자는 모자람이 있어야 하고, 얻는 자는 여의주가 쓸모가 있어야 한다. 그러나 이런 경우는 다투어 얻고 잃음이 생겼을 때 일어나는 일이다. 애초에 여의주를 두고 다툰 일이 없다. 그러므로 여의주는 다툴 때가 아니라 다투지 않을 때 존재한다.

67. 칠기漆器(472): 도인이 서로 만날 때는 어떠합니까?

조주에게 한 스님이 물었다.
"도인이 서로 만날 때는 어떠합니까?"
선사가 대답했다.
"칠그릇을 바친다."[190]

조주는 "수행자가 서로 만날 때는 어떠합니까?"라는 한 스님의

---

190) 『한국불교전서』 제5책, 383쪽 중단. 趙州因僧問, 道人相見時如何? 師云, "呈漆器".

질문에 "발우를 바친다"고 대답했다. 발우는 밥그릇, 국그릇, 물그릇, 찬그릇 네 겹으로 되어 있다. 가장 큰 밥그릇에 다른 그릇들이 크기대로 차곡차곡 들어가도록 만들어져 있다. 수행자들은 공양을 할 때, 즉 식사를 할 때 이 포개져 있는 그릇들을 자신들 앞에 밥그릇이 왼쪽, 국그릇이 오른쪽, 또 각각의 뒤에 찬그릇과 물그릇이 놓이도록 펼쳐놓는다. 공양이 끝난 후 그 자리에서 깨끗이 씻어 다시 네 그릇을 밥, 국, 물, 찬 순으로 포개놓는다. 공양을 하는 행동은 이처럼 펼쳐다가 접고 접었다고 펼치는 운동이다. 발우는 각 수행자가 수행을 원만하게 하기 위한 생존의 수단이다. 발우가 없으면 식사를 할 수 없기에 생존할 수 없다. 그러면서 수행자는 자신에게든 타인에게든, 공양을 할 때 발우를 놓듯, 접고 펼치고 펼치고 접는 파주와 방행, 살인도와 활인검의 생활을 한다. 수행자가 이런 발우를 자신을 위해 사용하지 않고 서로 상대에게 바친다는 것은 발우는 자신을 생존하게 하는 것이기도 하지만 상대를 생존하게 하는 것이기도 하기 때문이다. 내가 발우를 펴고 식사를 하고 식사를 하고 난 뒤 발우를 접는 행위는 서로를 위한 행위가 된다. 진정한 수행자들에게 발우는 나만의 발우가 아니라 수행자 모두의 발우인 것이다.

이 공안을 해독하자면 먼저 칠그릇을 바친다는 것이 무슨 뜻인지 알아야 한다. 칠그릇이 발우를 가리킨다지만 그렇다 하더라도 발우를 바친다는 뜻이 무엇인지 여전히 알아내야 할 것으로 남는다. 칠그릇을 발우로 읽은 위와 같은 해독은 각운의 평을 읽으면 바뀌지 않을 수 없다. 각운은 "칠그릇을 바친다를 비추어 밝힐 빛이 없다"[191]는 뜻으로 읽었다. 각운은 아무 전거를 들지 않고 이렇게 말했지만, 우

---

191) 위의 책, 383쪽 중단. 呈茶器者, 無光明照燭也.

리는 각운의 말을 따라갈 수밖에 없는 실정에 있다. 만약 범부와 도인이 만난다면 비추어 밝힐 빛이 있고 어둠이 있다고 할 수 있지만, 도인과 도인이 서로 만날 때는 어둠이 없으므로 어둠을 밝힐 빛도 없다고 이해해도 될까?

68. 난중欄中(473): 우리 안에서 소를 잃었다

> 조주에게 한 스님이 물었다.
> "무엇이 조사께서 서쪽에서 오신 뜻입니까?"
> 선사가 대답했다.
> "우리 안에서 소를 잃었다."[192]

조주 공안 82칙 중 조사서래의를 묻는 공안은 네 점이 있는데, 그 중의 한 점이다. 「글을 마치며」에서 이 네 공안을 분석하면서 조주 공안의 특징을 살펴볼 것이다.

조주는 조사서래의를 묻는 한 스님에게 "우리 안에서 소를 잃었다"고 답한다. 조주의 답을 듣는 순간 '우리 안에 소가 있는 법인데 우리 안에서 소를 잃다니?' 하며 바로 의정疑情이 일어난다. 이 의정은 우리 안에 소가 있는 경우와 우리 안에 소가 없는 양 극단을 해체해 가는 힘이다.

이 의정의 힘을 간직하고서 각 경우를 살펴보자. 만약 우리 안에 소가 있다면 소를 잃었다고 말할 수 없다. 우리 안에 소가 있기 때문

---

192) 위의 책, 383쪽 하단. 趙州因僧問, "如何是祖師西來意?" 師云, "欄中失却牛".

이다. 그렇다면 우리 안에 소가 없을 때 소를 잃었다고 말할 수 있을 것 같다. 그런데 우리는 소가 우리 바깥에 있을 때, 다시 말해 소가 우리 안에서 우리 바깥으로 나갔을 때 소를 잃었다고 말한다. 그렇기에 우리 안에 소가 없다고 할 때도 소를 잃었다고 말할 수 없다. 그러므로 우리 안에 소가 있다고 해도, 우리 안에 소가 없다고 해도 소를 잃었다고 말할 수 없다.

우리 안에서 소를 잃었다는 말은 안과 밖을 나누는 우리를 쳐놓고 하는 말이다. 애초에 우리가 없다면 잃었다고도 얻었다도 말할 수 없을 것이다. 조주가 조사서래의를 묻는 스님에게 "우리 안에서 소를 잃었다"고 대답한 것은 이처럼 안과 바깥을 분리하며 확고하게 쳐놓은 경계선을 지워 본래의 마음을 찾게 하기 위해서이다.

69. 불성佛性(474): 뜰 앞의 잣나무도 불성이 있습니까?

조주에게 한 스님이 물었다.

"뜰 앞의 잣나무에도 불성이 있습니까?"

선사가 대답했다.

"있다."

스님이 다시 물었다.

"언제 부처가 됩니까?"

선사가 대답했다.

"허공이 땅에 떨어질 때이다."

스님이 다시 물었다.

"허공이 언제 땅에 떨어집니까?"

선사가 대답했다.

"잣나무가 부처가 될 때이다."[193]

    "뜰 앞의 잣나무"는, 제16칙 백수(421)에 나오는 그 "뜰 앞의 잣나무"이다. 이 공안에서 한 스님은 조주에게 "뜰 앞의 잣나무에도 불성佛性이 있는가?" 하고 묻는다. 산천초목에 불성이 있다고 믿고 있던 시대이니 조주는 당연히 "있다"고 답하며 짐짓 스님에게 호응한다. 스님은 "있다"라는 답을 들으리라는 것을 예상이라도 한 듯 뜰 앞의 잣나무가 언제 부처가 되느냐 하고 다시 묻는다. 스님은 불성은 부처가 될 잠재성이므로 미래에 언젠가는 이 잠재성이 실현될 것이라고 믿고 이렇게 물은 것이다. 사람이든, 짐승이든, 나무든, 풀이든, 돌이든, 불성이 있는 모든 것들이 언제 부처가 될지는 아무도 모른다. 그래서일까? 조주는 허공이 땅에 떨어질 때라고 대답한다. 허공은 우리에게 땅을 감싸고 있거나 혹은 땅과 붙어 있는 것으로 표상된다. 그러니 땅에 떨어지는 일이 절대로 없다. 떨어진다는 것은 말 그대로 떨어져 있는 것들 사이에 일어나는 일이기 때문이다. 허공은 또 우리에게 텅 빈 것으로 표상된다. 그러니 땅에 떨어지는 일이 절대로 없다. 땅에 떨어진다면 땅이 있어야 하는데 허공은 텅 비어 땅마저 없기 때문이다. 이처럼 허공은 땅에 떨어지는 일, 땅에 떨어지지 않는 일을 벗어나 있다. 그러므로 허공이 땅에 떨어지는 사태는 다음 공안 제70칙 판치板齒(475)에 나오는 "앞니에 돋은 털"처럼 실제로 존재하는 것이 아니다.

---

193) 위의 책, 383쪽 하단. 趙州因僧問, "庭前栢樹子還有佛性也無?" 師云有, 僧云, "幾時成佛?" 師云, "待虛空落地". 僧云, "虛空幾時落地?" 師云, "待栢樹子成佛".

스님은 여기서 조주의 의중을 간파했어야 했는데, "허공이 언제 땅에 떨어집니까?" 하고 또 묻는다. 조주는 스님의 "언제 부처가 됩니까?" 하는 물음으로 돌아와 "잣나무가 부처가 될 때"라고 대답한다. "잣나무가 언제 부처가 되느냐?"에는 "허공이 땅에 떨어질 때"라고 답하고, "허공이 언제 땅에 떨어지느냐?"에는 "잣나무가 부처가 될 때"라고 답한다. 순환논법처럼 보이지만 순환논법이 아니다. "허공이 땅에 떨어진다"와 "잣나무가 부처가 된다"는 같은 말이기 때문이요, 똑같이 무의미의 말이기 때문이다. 그렇기에 허공이 땅에 떨어지는 일이 없듯이, 잣나무가 부처가 되는 일이 없다고 말하는 것이 아니다. 스님은 '있다', '없다'에 매여 "뜰 앞의 잣나무에도 불성이 있습니까?" 하고 물었기에, 조주는 뜰 앞의 잣나무가 부처가 되는 일이 '있다'고 하며 '없다'와 '있다'를 모두 지우고 있다. 그러므로 조주의 이 '있다'는 '없다'에 상대되는 말이 아니다. 『무문관』 제1칙에 나오는 한 스님의 "개에게도 불성이 있습니까?"에 대한 조주의 대답 "무"이다.

70. 판치版齒(475): 앞니에 돋은 털이다

조주에게 한 스님이 물었다.
"무엇이 조사께서 서쪽에서 오신 뜻입니까?"
선사가 대답했다.
"앞니에 돋은 털이다."[194]

---

194) 위의 책, 384쪽 상단. 趙州因僧問, "如何是祖師西來意?" 師云, "版齒生毛".

"판치版齒"는 "통니" 아니면 "앞니"로 번역될 수 있는 말이다. 어느 쪽으로 번역되든 이 공안에 대한 해독은 달라지지 않는다. 달마대사를 '판치노한版齒老漢'이라고 했다고 한다. 통니를 가진 어르신이라 뜻이다. 위대한 성자들은 이와 이 사이가 구분되지 않는 판자와 같은 통니를 가지고 있다는 이야기가 있다. 이와 이 사이가 구분되지 않는 그런 이는 실제로 존재하지 않는다. 이렇게 존재하지 않는 이에 또 털이 나 있다. 굳이 통니가 아니라 해도 또 굳이 판자처럼 생긴 앞니가 아니라 해도, 이에 털이 난다는 것은 있을 수 없는 일이다. 부드러운 피부에나 털이 나는 것이기에 딱딱한 이에 털이 난다는 것은 현실에서는 볼 수 없다는 것은 굳이 말할 필요조차 없다. 이와 털은 서로 어울릴 수 없다. 그런데 앞니에 돋은 털이 되면서 이와 털은 서로 만나 어울리고 있다.

이는 다른 사물들과 현실적인 관계를 맺고 있고, 털은 다른 사물들과 현실적인 관계를 맺고 있다. 이의 현실적인 관계 속에서, 또는 털의 현실적 관계 속에서 이와 털은 서로 만나 어울릴 수 없다. 현실적인 관계에 놓여 있는 사물들은 동일성을 띤 채 서로가 서로를 한정하는 관계이기 때문이다. 그런데 실제로는 이러한 관계들이 해체되어 새로운 관계들이 형성되는 것을 우리는 목격한다. 현실적으로 고착된 관계들을 해체해서 새로운 관계를 형성해 가려면 새로운 무엇인가가 계속 탄생해야 한다. 이처럼 조주는 "앞니에 돋은 털"에 의해 서로 만나 어울릴 수 없는 것들이 어울려서 새로운 현실적인 관계를 형성해 나간다는 것을 보여주고자 하고 있지만, 또한 동시에 이러한 현실적인 관계에 앞서 비논리적인 관계가 존재한다는 것을 보여주고자 하고 있다.

현실에는 존재하지 않는 '고향을 잃은 대상'이란 것이 있다. 위대한

철학자이자 논리학자인 알렉시우스 마이농Alexius Meinong(1853~1920)의
용어이다. 황금산, 둥근 사각형 같은 대상이 '고향을 잃은 대상'이다.
이런 대상들은 실제로 존재하는 것이 아니기에 대립이나 모순이 없
다.195) 들뢰즈는『의미의 논리』에서 의미의 네 가지 역설 중 마지막
역설, 이른바 '마이농의 역설'을 언급하여 이런 대상들을 들고 있다.
'둥근 사각형', '연장 없는 물질', '골짜기 없는 산', '운동하는 영원'
등이 이런 대상들이다. 이 공안의 "앞니에 돋은 털"은 이런 '고향을
잃은 대상'이다. "앞니에 돋은 털"은 자신을 포괄하는 상위개념이나
자신에 포괄되는 하위 개념이 없으니, 함의작용signification이 성립하지
않는다. 부조리하다. 또, 지시될 수 있는 대상이 실제로 존재하지
않으니, 지시작용designation도 성립하지 않는다. 무의미하다.196)

조주는 '고향을 잃은 대상'에 대한 깊은 이해가 있었던 선사이다.
『조주록』 275 화두에는 다음과 같은 문답이 있다.

"네모진 것도 둥근 것도 이루어지지 않았을 때는 어떻습니까?"

"네모지지도 않고, 둥글지도 않다."

"그럴 때는 어떻습니까?"

"네모졌을까, 둥글까? (네모지고 둥글다.)"197)

---

195) "순수 대상은 존재와 비존재를 넘어서 있다. 존재와 비존재는 이 순수 대상에 외적이다.
한 대상이 존재하느냐 존재하지 않느냐는 이 대상이 무엇임을 결정하는 데에는 아무런
차이가 없다. 순수 대상은 열외존재자außerseiend로, 혹은 열외존재Außersein를 갖는 것으로
언급된다. 이 순수 대상은 '외부'에 놓여 있다." Findlay, J. N. *MEINONG's Theory of
Objects and Values*, Oxford Universtity Press, 1963.

196) 질 들뢰즈 지음, 앞의 책, 96~97쪽; Gilles Deleuze, 앞의 책, 35쪽. 또는, 보론 344~345쪽
을 볼 것.

197) 김공연 편역·보주, 앞의 책, 280쪽. 問, "方圓不就時如何?" 師云, "不方不圓". 云, "與麼時
如何?" 師云, "是方是圓".

조주는 어떻게 해도 표상되지 않는 현대 철학에서 자주 논의되는 '둥근 사각형'에 대해 언급하고 있다. 조주는 표상되는 것들에 선행하며 표상되는 것들을 구성하는 표상되지 않는 것들이 존재한다는 것을 알고 있었다. 조주를 비롯한 선사들한테는 이 '불가능한 대상'이 그들 사유의 깊은 곳에 자리잡고 있었다. 투자청投子靑의 송에서도 이 점을 확인할 수 있다.

> 9년 동안 소실에서 허송했으니
> 어찌 꼭 맞는 한 마디 전한 것만 하리오.
> 앞니에 털 돋았단 말 오히려 당연하니
> 돌사람도 사씨네 배를 밟아 부수네.[198]

소실小室은 달마가 처음 중국에 와서 9년 동안 머물며 수행하던 곳이다.[199] 투자청은 9년 동안 작은 방에서 면벽 수행하느니 조주의 "앞니에 돋은 털"을 듣는 것만 하겠느냐고 읊고 있다. 그러면서 투자청은 돌사람이라는 예를 하나 더 들고 있다. 돌사람이 돌로 만든 사람이라면 석상이기에 동작을 행할 수 없다. 그런데 사씨네 배를 밟아 부수었다고 한다. 현실에서는 있을 수 없는 일이다. 우리는 투자청의 송을 읽으며 조주가 이 공안에서 노리고 있는 바를 더 분명히 파악할 수 있다. 조주는 제16칙 백수栢樹(421)에서 구체적인 현실에 있는 뜰 앞의 잣나무에 앞서, 즉 뜰 앞의 잣나무를 지시하기에 앞서,

---

198) 『한국불교전서』 제5책, 384쪽 상단. 九年小室自虛淹 爭似當頭一句傳 版齒生毛猶可事 石人踏破謝家舡.
199) 『선문염송·염송설화 4』 434쪽, 각주116.

"뜰 앞의 잣나무"라는 의미/사건이 존재한다는 것을 보여주려 했듯이, 함의작용signification, 지시작용designation, 현시작용manifestation에 앞서는, 즉 형식적인 논리, 대상의 동일성, 주체의 동일성에 선행하는 비논리적인 장이 존재한다는 것을 보여주려 하고 있다.

71. 장외牆外(476): 큰 도는 장안長安으로 통한다

조주에게 한 스님이 물었다.

"무엇이 도입니까?"

선사가 대답했다.

"담[장牆] 밖에 있는 길이다."

스님이 말했다.

"학인은 그런 도를 묻지 않았습니다."

선사가 물었다.

"자네는 어떤 도를 물었는가?"

스님이 대답했다.

"큰 도입니다."

선사가 말했다.

"큰 도는 장안長安으로 통한다."[200]

불교에서 도道는 깨달음에 이르는 길을 뜻한다. 불교를 공부하는

---

200) 『한국불교전서』 제5책, 384쪽 상단. 趙州因僧問, "如何是道?" 師云, "牆外底". 僧云, "學人
不問者个道". 師云, "你問什麼道?" 僧云, "大道". 師云, "大道通長安".

사람들에게 깨달음에 이르는 길은 우선 고따마 싯다르타 붓다의 8정
도 곧 여덟 가지 올바른 길이지만, 한 스님의 질문 "무엇이 도입니
까?"에서 도는 굳이 이 8정도에 한정할 필요는 없다. 주지하다시피,
8정도란 정견, 정사유, 정어, 정업, 정명, 정정진, 정념, 정정을 가리킨
다. 정견은 올바르게 봄, 정사유는 올바르게 생각함, 정어는 올바르
게 말함, 정업은 올바르게 행동함, 정명은 올바르게 생활함, 정정진
은 올바르게 노력함, 정념은 올바르게 기억함 혹은 마음챙김,201) 정
정은 올바르게 집중함을 뜻하는데, 조주에게 "무엇이 도입니까?"
하고 질문하는 스님이 수행자로서 8정도의 이런 내용을 모르고 있을
리가 없다. 만약 스님이 이런 내용을 모르고 있다면, 조주는 8정도에
대해 스님에게 다시 자세히 설명해주면 되겠지만, 그렇게 하지도
않았거니와, 스님 또한 도라는 말을 우리가 초기불교의 전통에 따라
이렇게 알고 있는 대로 사용하고 있는 것 같지도 않다. 그러므로
"무엇이 도입니까?" 하고 질문하는 스님은 "무엇이 깨달음에 이르는
길입니까?" 하고 묻는 것이 아니라, "무엇이 깨달음입니까?" 하고

---

201) '정념正念'의 '념念' 곧 'sati'를 초기불전 영역자들이 'mindfulness'로 영역했기 때문인지,
이 용어를 누군가가 '마음챙김'이라고 번역한 것 같다. 하지만 'sati'는 원래의 의미대로
'기억'으로 번역되어야 한다. 이때의 기억은 회상recollection을 의미하지 않는다. 기억은
철학에서든 심리학에서든 일차적으로는 한 순간 전의 일을 '놓치지 않고 있음[불망실不
忘失]'을 의미한다. 오히려 이런 의미의 기억이 이차적 기억인 회상을 가능하게 하는
것이다. 붓다는 위빠사나 수행을 하면서 기억이 이 수행에 중요한 기능을 한다는 것을
발견했다. 초기 불전에 sati[념念]와 sampajañña[정지正知; 알아차림]이 붙어 나올 때가
자주 있는데, 여기에서 우리는 'sati'가 위빠사나 수행에서 사마타의 기능을 한다는 것
을 알 수 있다. A, B, C, … 이렇게 찰나찰나 발생하고 소멸하면서 마음이 상속相續해
간다고 할 때, B찰나에서 A찰나를 기억하고, C찰나에서 B찰나를 기억하고, D찰나에서
C찰나를 기억하고, … 등등 이렇게 할 수 있어야 아무런 번뇌가 끼어들지 않고 사마타
를 형성할 수 있게 되어, A, B, C, … 각 찰나를 명료하고 판명하게 알아차릴[정지正知]
수 있게 된다. 즉, 위빠사나 수행에서 념[念; sati]은 사마타의 기능을 하고, 정지[正知;
sampajañña] 곧 알아차림은 위빠사나의 기능을 한다.

묻는 것으로 보아야 한다.

조주 선사는 이 질문에 깨달음이란 이런 것이다 하고 스님과 우리가 기대할 만한 것들을 말하지 않는다. 그저 "담 밖에 있는 길"이라고 대답할 뿐이다. 담 밖에 있는 길은 사람들이 걸어 다니는 길이다. 조주는 평상시에 사람들이 걸어 다니는 길이 도라고 말함으로써 깨달음에 이르는 길, 혹은 깨달음의 길을 보통 사람들이 다니는 길로 낮추어 버린다. 구체적인 경험의 장을 벗어나 깨달음을 추구하는 스님의 관념성을 깨부수어 일상적인 경험의 장에서 깨달음을 구하라고 말하고 있다고 할 수 있다.

우리가 예상하는 바대로 스님은 "그런 도를 묻지 않았습니다" 하고 말한다. 이 스님한테 도는 우리가 추구해야 할 숭고한 이상이기 때문에, 보통 사람들이 다니는 길이 깨달음의 길일 수 없는 것이다. 스님은 자신이 사용하는 도道[길]라는 낱말 자체가 사람들이 다니는 길[도道]에서 생긴 말이라는 사실을 잊고 있다.

조주는 "자네는 어떤 도를 물었는가?" 하고 말함으로써, 스님이 다시 한번 깨달을 수 있는 기회를 주었다. "무엇이 도입니까?" 하고 질문하는 스님에게 깨달음은 스님이 말하는 도로 이해될 때 정의의 대상이 되며, 그렇게 되면 도 혹은 깨달음에서 벗어나고 만다는 것을 "담 밖에 있는 길"이라고 대답함으로써 주지시켰지만, 스님은 이를 알아차리지 못하고 있으므로 다시 기회를 준 것이다.

스님은 "큰 도[대도大道]를 물었습니다"고 하며 대답한다. 조주는 "표면"으로 내려오게 하려고 하는데 스님은 도에서 대도大道로 "상층"으로 더 올라가고 있다. 도에 대해서는 "담 밖에 있는 길"이라고 답하고, 대도에 대해서는 "장안으로 통하는 길"이라고 하면서 조주는 스님의 말에 맞추어 대답한다. 아니, 스님은 그렇게 생각했을지도 모른다. 스님은 두 번이나 조주가 놓은 함정에 걸려들었다. 하나는 "자네는 어떤 도를 물었는가?", 또 하나는 "큰 도는 장안으로 통한다" 이다. 두 함정 모두 "무엇이 깨달음입니까?" 하고 질문하는 스님을 깨달음으로 인도하기 위해 놓은 함정 아닌 함정이다. 아마 스님은 "담 밖에 있는 길"보다 "장안으로 통하는 길"이 더 큰 도[대도大道]라고 생각했을지도 모른다. 그러나 이 두 길은 같은 길이다. 조주는 지금 "무엇이 도입니까?" 하는 스님의 질문에 세간적인 규정들을 내세우며 도가 무엇인지 제시하고 있는 것이 아니다. 깨달음이 무엇인가 질문하는 스님을 깨달음의 자리에 바로 앉게 하고 있다. 그러므로 담 밖에 있는 길과 장안으로 통하는 길은 깨달음이 무엇인가라는 질문에 대해서 아무런 규정도 가지지 않는 무의미의 말들이기에, 같은 길이다.

72. 재유才有(477)
: "시비가 생기는 즉시 번잡해져 마음을 잃는다"

조주가 상당上堂 법문202)을 했다.

"'시비가 생기는 즉시 번잡해져 마음을 잃는다.' 이 말씀에 대답할 이가 있는가?"

낙보가 대중 속에 있다가 구치扣齒를 했다. 운거가 말했다.

"꼭 그렇게 해야 하는가?"

이에 선사가 말했다.

---

202) '상당上堂 법문'에 대해서는 각주 28을 볼 것.

"오늘 여러 사람이 목숨을 잃는구나."

이때 한 스님이 말했다.

"화상께서 앞의 말씀을 다시 해주십시오."

선사가 앞의 말씀을 다시 해주었다. 그 스님이 곁의 스님을 가러키면서 말했다.

"이 스님도 그런 말씀을 했습니다."

그러자 선사는 그만두었다.203)

"시비가 생기는 즉시 번잡해져 마음을 잃는다(才有是非, 紛然失心)"
는 3조 승찬의 『신심명』에 나오는 말이다. "시비是非"란 '이다', '아니
다' 하는 양 극단에 갇혀 사람이나 사물을 규정하는 작용이다. '이다',
'아니다' 하게 되면, 어지러워져서 마음의 본성을 잃게 된다. 여기서
"마음을 잃는다"란 "마음의 본성을 잃는다"로 읽어야 한다. 바로 앞
의 "번잡해지다[분연紛然]"와 대가 되는 말이기 때문이다. 조주의 "이
말씀에 대답할 이가 있는가?"라는 물음은 어떻게 하면 그런 시비에
갇혀 어지러운 마음을 벗어날 수 있는가를 뜻한다. 그런데 말을 해서
이렇다, 저렇다 하게 되면 시비에 갇힌 마음이 되기에, 낙보는 구치
를 했다. "구치扣齒"란 위와 아래의 이를 자주 마주치게 하는 것이다.
말을 하자니 시비에 처하게 되고, 말을 안 하자니 다른 대중과 같이
침묵 아닌 침묵을 하게 된다. 하지만 조주의 물음을 이해하고 있기에
이에 대답하기 위해서 구치를 한 것이다. 이는 말을 안 한 것도 아니
고 말을 한 것도 아니다.

이에 운거는 "꼭 그렇게 해야 하는가?" 하고 말한다. 조주의 물음

203) 위의 책, 384쪽 중하단. 趙州上堂云, "才有是非, 紛然失心'. 還有答話分也無?"樂普在衆扣
齒. 雲居云, "何必?"師云, "今日大有人喪身失命."時有僧云, "請和尙擧". 師便擧前話. 僧指
傍僧云, "者僧作伊麼語話." 師休去.

에 답하기 위해서 꼭 그렇게 할 필요가 있는가? 하는 뜻이다. 운거는 낙보한테 아무 말도 하지 않고 침묵해야 한다는 메시지를 전하고 싶었던 것 같다. 이제 조주는 "오늘 여러 사람이 목숨을 잃는구나" 하고 말한다. 낙보든 운거든 자신의 의중을 파악하지 못했다는 것을 이렇게 말하고 있다.

조주가 『신심명』의 말씀을 인용하며 대중들에게 질문을 했고, 대중들이 이 질문에 답하면서 이런 일들이 일어난 것이다. 이제 조주의 질문을 더 삭제하는 사람이 나타나야 한다. 한 스님이 "앞의 말씀을 다시 해주십시오" 하고 청한다. 이 스님이 조주가 든 『신심명』의 말씀을 기억하지 못해서 이런 말을 한 것은 아닐 터이다. 이어서, 옆에 있는 스님도 그런 말씀을 했다고 했기 때문이다. 그렇다면 이 스님은 왜 조주에게 『신심명』의 말씀을 다시 해주십사 하고 청했을까? 『신심명』의 말씀이 조주가 "이 말씀에 대답할 이가 있는가?" 하고 대중들에게 질문할 정도로 특별한 말씀이 아님을 조주와 대중들에게 환기시키기 위해서이다. 스님의 청대로 조주가 다시 『신심명』의 말씀을 말하자, 아니나 다를까, 이 스님은 옆의 스님도 그런 말씀을 했다고 하며, 『신심명』의 말씀을 희석시키고 있다. 『신심명』의 말씀이 희석되면 당연히 이에 기반한 조주의 질문도 희석되게 된다.

왜 조주가 든 『신심명』의 말씀이 희석되고 삭제되어야 하는가? 조주가 대중들에게 "'시비가 생기는 즉시 번잡해져 마음을 잃는다.' 이 말씀에 대답할 이가 있는가?" 하고 물었으므로, "시비가 생기는 즉시 번잡해져 마음을 잃는다" 하는 말씀이 이에 대해 이러쿵 저러쿵 말을 해야 하는 시비거리가 되었기 때문이다. 또, 이렇게 삭제되는 것이야말로 신심명의 "시비가 생기는 즉시 번잡해져 마음을 잃는다. 이 말씀에 대답할 이가 있는가?" 하는 조주의 물음, 즉 어떻게

하면 그런 시비에 갇혀 어지러운 마음을 벗어날 수 있는가 하는 물음
에 가장 부합하는 답이기 때문이다.

다음은 법진일法眞一의 염이다.

저 몇몇 바보가 마치 큰 싸움터에 가서 화살이 활에 매였건만 쏘지
못하고 기와 조각과 자갈만을 던지는 격이다. 그가 선상에 올라가서
"'시비가 생기는 즉시 번잡해져 마음을 잃는다' 이 말씀에 대답할 이가
있는가?" 하는 것을 보자마자 선상을 밀어 넘어뜨리고, 대중들을 쫓아
버렸던들 어찌 대장부의 쾌거가 아니었겠는가? 그런데 아무도 그렇게
못했고, 조주는 그만두었으니, 같은 문서에 취조를 받아 귀양을 보내야
되겠구나.204)

"'시비가 생기는 즉시 번잡해져 마음을 잃는다.' 이 말씀에 대답할
이가 있는가?" 하는 조주의 말에 낙보가 구치를 한 일, 운거가 이
모습을 보고 "꼭 그렇게 해야 하는가?"라고 말한 일, 한 스님이 "화상
께서 앞의 말씀을 다시 해주십시오."라고 말한 일, 또 이 스님이 "이
스님도 그런 말씀을 했습니다."라고 말한 일 등을 법진일은 "저 몇몇
바보가 마치 큰 싸움터에 가서 화살이 활에 매였건만 쏘지 못하고
기와 조각과 자갈만을 던지는 격이다" 하고 평하고 있다. 조주가
대중들에게 한 물음이 이 여러 대중들의 행동과 말을 거치면서 희석
되고 삭제되어 가고 있었지만, 조주가 말씀을 전하고 묻는 순간 모두
들 일시에 끊어내지 못했기에 이렇게 평하는 것이다. 조주 역시 끝에

204) 위의 책, 384쪽 하단. 者箇幾漢, 如臨大陣 矢在絃上, 不能發得, 唯抛瓦礫. 見伊上堂云,
"才有是非, 紛然失心". 還有答話分也, 無便好掀倒禪床, 喝散大衆, 豈不是大丈夫漢? 旣惣不
能, 趙州休去, 好與一狀領過.

가서 그만두었기는 했으나, 앞의 모든 대중들의 행동과 말을 전제한 것이기에, 법진일은 "그들과 같은 문서에 취조를 받아 귀양을 보내야겠구나" 하고 평하고 있다.

73. 여마與麼(478): 이렇게 오면 어찌하시겠습니까?

조주에게 한 스님이 물었다.

"이렇게 오면 어찌하시겠습니까?"

선사가 대답했다.

"제접한다."

스님이 물었다.

"이렇지 않게 오면 어찌하시겠습니까?"

선사가 대답했다.

"제접한다."

스님이 물었다.

"이렇게 오면 선사께서는 그에 따라서 제접하시겠지만, 이렇지 않게 오면 어떻게 또한 제접하시겠습니까?"

선사가 대답했다.

"그만두어라, 그만두어라. 말할 필요가 없다. 나의 법은 묘해서 생각하기 어렵다."205)

---

205) 위의 책, 384쪽 하단~385쪽 상단. 趙州因僧問, "伊麼來時如何?" 師云, "接". 僧云, "不伊麼來時如何?" 師云, "接". 僧云, "伊麼來從師接, 不伊麼來爲什麼亦接?" 師云, "止止. 不須說. 我法妙難思".

"제접하다"로 번역된 "접接"은 '맞이하여 이끌어주다, 응접하여 교화한다'는 뜻이다. "제접하다"는 선사가 학승의 질문을 받아들여 깨달음으로 이끌어주고자 할 때 사용하는 말이다.

이 화두를 앞에서 본 화두들과 비교하며 분석하면 흥미로운 결과가 나온다. 제12칙 불성佛性(417) 공안에서 조주는 "개에게도 불성이 있습니까?" 하는 두 스님의 질문에 각각 "유"와 "무"라고 대답함으로써 유와 무를 같은 말로 만들었다. 제6칙 끽다喫茶(411) 공안에서는 조주의 물음 "여기에 온 적이 있는가?"에 대해 두 스님이 각각 "온 적이 있다", "온 적이 없다" 하며 대답하는데, 이에 대해 조주가 "차를 마시게나" 하고 말함으로써 "온 적이 있다"와 "온 적이 없다"를 같은 말로 만들었다. 조주는 불성 공안에서는 "유"와 "무"의 대립을, 끽다 공안에서는 "온 적이 있다", "온 적이 없다"의 대립을 해소시켰다. 불성 공안에서 두 스님이 조주에게 똑같은 질문을 하고 조주는 각각 "유"와 "무"로 대답한다. 끽다 공안에서 조주가 두 스님에게 똑같은 질문을 하고 두 스님은 각각 "온 적이 있다", "온 적이 없다" 하며 상이한 대답을 한다. 이 여마 공안에서는 한 스님이 상이한 질문을 하고 조주가 "제접한다" 하며 똑같은 대답을 한다. 이는 끽다 공안에서 두 스님의 상이한 대답에 "차를 마시게나"라고 대답하는 것과 같다.

스님은 조주에게 "이렇게 오면 어찌하시겠습니까?", "이렇지 않게 오면 어찌하시겠습니까?" 하며, '이렇게 온다'와 '이렇지 않게 온다'는 두 대립되는 내용이 담긴 질문을 한다. 조주는 이에 대해 "제접한다"는 똑같은 대답을 한다. 질문을 한 스님이 다시 "이렇게 오면 선사께서 그에 따라서 제접하시겠지만, 이렇지 않게 오면 어떻게 또한 제접하시겠습니까?" 하며 질문하는 것을 보면, 이 스님은 "이렇게 온다"와 "이렇지 않게 온다"를 대립으로 생각하는 게 분명하다. 조주는 "이렇게 온다"와 "이렇지 않게 온다"에서 '온다'에 방점을 찍고 이 '온다'를 아무런 차별 없이 맞이한다. 그렇게 때문에 조주에게 "이렇게 온다"와 "이렇지 않게 온다"가 합치할 수 있었다. 조주에게는 '온다'는 '이렇다', '이렇지 않다' 하는 긍정과 부정을 넘어서는 일이다.

조주는 이 질문에 "그만두어라, 그만두어라. 말할 필요가 없다. 나의 법은 묘해서 생각하기 어렵다."고 대답한다. 침묵을 할 수도 있었을 텐데, 조주는 스님에게 친절히 자신의 "제접한다"는 대답을 설명하고 있다. 아마도 다른 선사들과 벌이는 법거량이라면 이렇게 말하지 않았을 것이다. 활구의 힘을 확 줄인 탓에 호된 공격의 빌미가 될 수 있기 때문이다. 여하튼, 조주는 자신의 법이 말할 필요도 없고 생각하기 어렵다고 부언함으로써 스님에게 한 말 "제접한다"를 해명하고 있는 셈이다. 이렇게 함으로써 "제접한다"는 말은 말할 필요도 없고 생각하기 어려운 법이 된다. 끽다 공안의 '차를 마시게나'와 같은 말이 된다. 둘 다 들뢰즈의 "역설적 심급"의 말이다. 그렇기 때문에 "차를 마시게나"가 고요히 차를 마시는 행위를 의미하듯이, "제접한다"는 담담하게 수용하는 행위를 의미할 수 있게 된다.

74. 척안隻眼(479): 나 대신 괭이를 가져다주거라

조주가 한 스님에게 물었다.

"어디에서 오는가?"

스님이 대답했다.

"설봉에서 옵니다."

선사가 물었다.

"설봉은 요즈음 무슨 말을 하는가?"

스님이 대답했다.

"설봉 화상이 '온 대지가 사문의 일척안一隻眼이다. 그대들은 어디에다 똥오줌을 누려는가?' 했습니다."

그러자 선사가 말했다.

"상좌가 만일 가거든 나 대신 괭이를 가져다 주거라."206)

설봉에서 온 한 스님한테 조주는 "설봉은 요즈음 무슨 말을 하는가?" 하고 묻는다. "대중들한테 어떤 법문을 하고 있는가?" 하는 물음이다. 그러자 스님은 설봉은 "온 대지가 사문의 일척안이다. 그대들은 어디에다 똥오줌을 누려는가?" 하는 말씀을 하고 있다고 전한다. 일척안一隻眼은 가로로 붙은 두 개의 육안肉眼에 대비되어 정수리의 세로로 난 눈이라는 뜻의 '정문頂門의 수안竪眼'이라고도 불리는 심안心眼 곧 마음의 눈을 말한다. 무루無漏의 지혜를 가리킨다. 그러므로 설봉의 말씀은 "온 세상에 수행자의 청정한 지혜에 현현하고 있는데 어디에다 더러운 똥오줌을 누려는가?"로 바꾸어볼 수 있다. 설봉은 청정한 지혜와 더러운 똥오줌을 대립시키고 있다. 아니, 이 공안을 통해 설봉의 말씀을 듣는 우리가 이렇게 둘을 대립시키고 있다. 청정한 지혜를 가진 수행자라고 해서 똥오줌을 놓지 않는 것은 아니다. 그렇다면 청정한 지혜와 대립하는 것이 있다면 그것은 번뇌이지 똥

206) 위의 책, 384쪽 상중단. 趙州問僧, "甚處來?" 僧云, "雪峯來". 師云, "雪峯近日有何言句?" 僧云, "雪峯道, '盡大地是沙門一隻眼. 汝等諸人, 向什處屙?'" 師云, "上座若去, 爲我寄个鍬子."

오줌이 아니다. 지혜를 깨끗한 것이라고 한다면 번뇌는 더러운 것이라 할 수 있다. 이렇게 말할 때의 깨끗함과 더러움도 대립하는 것이 아니다. 더러운 번뇌가 깨끗한 지혜와 대립한다면, 어떻게 번뇌를 가진 우리가 지혜를 얻을 수 있겠는가? 설봉은 이렇게 말함으로써 자신의 말을 듣는 대중들이 스스로 만든 깨끗함과 더러움이라는 이분법적 대립에서 벗어나도록 독려하고 있다. 이렇게 해서 이러한 대립에서 벗어날 때 사문의 일척안을 얻게 되는 것이다. 온 대지가 사문의 일척안임을 알게 되는 것이다.

조주가 설봉의 의중을 모를 리가 없다. 똥오줌을 누려면 똥오줌을 눌 자리를 만들면 된다. 괭이로 땅을 파 똥오줌을 눌 자리를 만들면 된다. 조주는 "괭이를 가져다주거라"라는 말로 "어디에다 똥오줌을 누려는가?" 하는 설봉의 물음에 화답하고 있다. 괭이로 땅을 파 똥오줌을 눌 자리를 마련하면 된다는 뜻의 말을 하면서 조주는 우리들을 설봉이 설정한, 아니 설봉의 말을 듣는 우리들이 설정한 깨끗함과 더러움의 이분법에서 벗어나게 한다. 이제 깨끗함은 깨끗함대로, 더러움은 더러움대로 그 의미를 상실하여, 무의미로 회귀하게 된다.

75. 염불念佛(480): 염念하는 자가 누구인가?

조주가 시중 법문을 했다.
"허송세월하지 말고, 불佛을 염하거나 법法을 염하거라."
이에 한 스님이 물었다.
"무엇이 학인이 자기를 염한다는 것인지요?"
선사가 대답했다.

"염하는 자는 누구인가?"

스님이 말했다.

"반려가 없습니다."

선사가 꾸짖어 말했다.

"이 나귀야!"207)

염念한다는 것은 한 순간도 쉬지 않고 관[관찰觀察]한다는 것이다. 불佛을 염한다는 것은 부처의 시각적 이미지를 마음속으로 그리고 이 이미지가 짙어가도록 한 순간도 쉬지 않고 관한다는 것이며, 혹은 '나무 아미타불 관세음보살' 같은 말을 마음속으로 또는 마음 바깥으로 소리를 내어 이 소리를 한 순간도 쉬지 않고 듣도록 노력한다는 것이다. 법法을 염한다는 것은 4성제와 같은 법을 깨달을 때까지 한 순간도 쉬지 않고 관한다는 것이다. 불교 수행자는 계와 율을 지키면서 불佛을 염하거나 혹은 법法을 염한다.

조주는 수행자가 당연히 할 도리를 지금 법문을 하며 수행자 대중에게 가르치고 있다. 수행자가 불佛을 염하고 법法을 염한다는 것은 우리 모두 잘 알고 있다. 그런데 스님은 "학인이 자기를 염한다는 것은 무엇인가?" 하고 물으며 조주의 대답을 기다린다. 사실 불을 염하고 법을 염하는 것도 모두 자기를 염하기 위해서이기 때문이다. 수행자 곧 학인은 학인 본인이 무엇인가 알아가지 않으면 안 된다. 이 질문에 조주는 역시 깨달음을 얻은 사람답게 "염하는 자는 누구인가?" 하고 학인에게 되묻는다. 이 공안은 이 말을 던지기 위해

---

207) 위의 책, 386쪽 상단. 趙州示衆云, "不得閑過, 念佛, 念法!" 僧便問, "如何是學人自己念?" 師云, "念者是誰?" 僧云, "無伴". 師叱云, "這驢!"

짜여진 화두이다. 조주는 학인의 물음 "자기를 염한다는 것이 무엇인가?"를 "염하는 자는 누구인가?" 하는 물음으로 바꾸어 놓고 있다. 이 물음은 나가 나에 대해서 사유할 때 이 "나가 누구인가?" 하는 참 대답하기 어려운 물음이다. 왜냐하면 나가 나를 사유할 때, 다시 말해 나가 나를 대상화할 때 주어 나도 대상 나도 동일성을 띠면서 분리되어 가기 때문이다. 하지만 사유하는 나는 이미 사유된 나로부터 나온다. 즉, 사유하는 나는 선행하는 사유 과정에서 구성되어 나온다.

학인의 "반려가 없다"는 답은 "염하는 자는 누구인가?"라는 조주의 물음에 대한 답이기에 "'누구'라는 반려가 없다"는 뜻으로 읽어야 한다. 그렇다면 스님은 염하는 자와 '누구'를 분리하면서, 즉 염하는 작용에서 염하는 자를 분리하면서 "반려가 없다"고 말하고 있다. 이에 조주는 "이 나귀야!" 하면서 스님의 이런 생각을 꾸짖는다. "이 나귀야!" 하는 외침 한 마디에 분리된 염하는 자와 염함은 곧바로 소멸된다.

다음은 운문고雲門杲의 평이다.

　　이 스님이 비록 반려가 없다고 하나 무리를 이루어 몹시도 시끄럽게 한다. 조주는 비록 한 마리 좋은 나귀이기는 하지만 풀을 먹을 줄을 모를 뿐이구나.208)

"염하는 자는 누구인가?" 하는 조주의 질문에 "반려가 없습니다" 하는 스님의 대답을 운문고는 "무리를 이루어 몹시도 시끄럽게 한

---

208) 위의 책, 386쪽 상단. 這僧雖然無伴, 成群作隊, 聒擾殺人. 趙州雖好一頭驢, 只是不會喫草.

다"로 표현하고 있다. 위에서 보았듯이, "반려가 없습니다" 하는 말은 조주의 물음 "염하는 자는 누구인가?"에서 바로 이 '누구'라는 반려가 없다는 것을 뜻하기에, 스님은 '누구'를 떼어내어 염하는 자와 염을 분리하고 있다. 사실 이 조주의 질문은 학인이 "무엇이 학인이 자기를 염한다는 것입니까?" 하고 질문했기에, 즉 학인이 자기와 염을 분리하고 있기에, 이를 확인하기 위해 던진 물음이라고 볼 수 있다. 조주는 스님이 자신이 던진 이 물음의 성격을 분명히 알고 있는지 물어보는 것이라고 볼 수 있다. 학인은 "반려가 없습니다"라고 말했지만 오히려 "염", "염하는 자" 등의 무리를 이루고 있다. 이어서 운문고는 "조주는 비록 한 마리 좋은 나귀이기는 하지만 풀을 먹을 줄을 모를 뿐이구나"이라고 말하는데, 이는 흉이 아니라 찬사이다. 이 말에서 풀은 학인의 말 "반려가 없다"이기 때문이다. 운문고는 조주가 학인의 "반려가 없다"는 말의 의중을 알고 이를 받아들이지 않았다는 것을 이렇게 표현하고 있다.

76. 구재久在(481): 어떻게 안장을 구하라는 것인가?

조주에게 한 수재秀才가 하직 인사를 했다.

"오랫동안 여기에서 화상께 폐를 끼쳤습니다만 갚을 길이 없었습니다. 한 마리 당나귀가 되어 와서 화상께 보답하고자 합니다."

선사가 말했다.

"노승이 어떻게 안장을 구하라는 말인가?"

수재는 아무 말을 하지 못했다.[209]

한 수재가 오랫동안 조주가 주석하는 절에 머물렀나 보다. 이 수재가 절을 떠나면서, 후일에 한 마리 당나귀가 되어 돌아와서 조주가 베푼 은혜에 보답하겠다고 말한다. 혹시 내생이라면 모를까, 수재가 실제로 당나귀가 될 수 있는 것은 아니다. 한 마리 당나귀가 된다는 것은 조주가 머무는 절의 온갖 힘든 일을 짊어지며, 조주의 일을 돕겠다는 뜻이거나, 혹은 조주가 가고자 하는 곳이면 어디든 모시고 가겠다는 뜻이겠다. 수재는 이처럼 당나귀를 은유로 사용하며 조주가 베푼 은혜에 보답하겠다고 말한다. 이에 조주 선사는 "노승이 어떻게 안장을 구하라는 것인가?" 하고 수재에게 묻는다. 안장은 당나귀 등에 얹는 구체적 사물이다. 조주는 구체적 사물인 안장을 언급함으로써 수재를 당나귀 은유에서 빠져나오게 하고 있다. 이에 수재가 아무 말을 할 수 없었던 것은 자신이 언급한 당나귀 은유와 조주가 언급한 당나귀 사물이 충돌하기 때문이다. 실제로는 자신이 당나귀가 될 수도 없고, 따라서 당나귀가 되어 돌아와서 은혜를 갚겠다는 자신의 말이 허황한 관념의 말이 되었기 때문이다. 조주는 은유로 넘어가기 전의 사물 그 자체를 볼 것을 수재에게 가르치고 있다.

다음은 정엄수淨嚴遂의 말이다.

"수재는 그때 당나귀 울음소리만 내었어야 한다."

그러고는 다음과 같은 송을 읊었다.

나귀가 되어 갚겠다고 하니, 안장은 어디서 얻나?

---

209) 위의 책, 386쪽 중단. 趙州因秀才辭云, "久在此間, 賦撓和尚, 無可爲報. 待作一頭驢, 來報答和尚". 師云, "敎老僧爭得鞍?" 才無語.

그때에 당나귀 울음소리 내었어야 했네.
만일에 이류중행異類中行을 할 줄 알았다면
조주에게 풀을 받아 먹는 일은 면할 수 있었으리.210)

한 마리 당나귀가 되어 은혜를 갚고자 했다면, 조주의 "노승이 어떻게 안장을 구하라는 말인가?" 하는 말을 들었을 때 '이류중행異類中行'을 실천해서 철저히 당나귀가 되었어야 했다. 당나귀라는 은유에 머물 것이 아니라, 실제로 당나귀라는 동물이 되었다는 것을 보여주어야 했다. 사람이 다른 동물이 되는 것을 '이류중행'이라고 하는데, 이는 사람 자체가 이미 사람 자체에 머물러 있지 않음을, 사람 아닌 다른 동물들과 교류하고 있음을 보여주는 것이다. 그래서 정엄수는 수재가 "그때 당나귀 울음소리를 내었어야 한다"고 말한다. 이 점에서 '당나귀-되기'는 당나귀 은유와는 다른 것이다. 당나귀-되기는 동일성과 유사성에 기반한 은유로 넘어가기 전의 사물 그 자체를 보는 충실함이 있어야 이루어질 수 있다. 수재가 이류중행을 실천하여 당나귀가 될 때 더 이상 조주의 은혜를 입지 않고 홀로 살아갈 수 있는 모습을 정엄수는 "조주에게 풀을 받아먹는 일을 면할 수 있다"는 말로 표현하고 있다.

---

210) 위의 책, 386쪽 중단. 淨嚴遂擧此話云, "秀才當時但作驢叫." 因成頌曰: 作驢報答爭得鞍 當時便好作驢叫 若能解向異中行 免使趙州添草料.

77. 징징澄澄(482): 그래도 객작한客作漢이다

조주에게 한 스님이 물었다.

"맑고 맑아서 티 한 점 없을 때는 어떻습니까?"

선사가 대답했다.

"그래도 객작한客作漢이다."[211)]

『조주록』239 화두도 이와 유사하다. 원문의 '객작한客作漢'은 사람에게 고용되어서 경작을 하는 비천한 사람을 말한다.[212)] 이처럼 원래는 타인에게 고용된 자를 의미했으나 여기서는 자신이 본래 부처임을 깨닫지 못하고 헛되이 다른 곳에서 부처를 구하는 사람을 꾸짖는 말로 쓰였다.[213)]

조주에게 "맑고 맑아서 티 한 점 없을 때는 어떻습니까?" 하고 묻는 스님은 맑고 맑아서 티 한 점 없는 경지(澄澄絕點)를 추구하는 사람이다. 징징절점이 목적지이고 이 목적지로 향해 가고자 하는 사람이다. 징징절점의 경지에 이미 도달해 있는 사람이 자신일 줄 모르는 사람이다. 그래서 조주는 그러한 사람을 두고 다른 사람에게 고용되어서 경작을 하는 비천한 사람인 객작한이라고 말하는 것이다.

『조주록』203 화두에서 동일한 물음에 대해 조주는 다음과 같이 말한다.

---

211) 위의 책, 386쪽 중단. 趙州因僧問, "澄澄絕點時, 如何?" 師云, "猶是客作漢".

212) 김공연 편역·보주, 앞의 책, 249쪽.

213) 월운 감수, 이철교·일지·신규탁 편찬, 『선학사전』, 19쪽.

맑고 맑아서 한 점의 티도 없을 때는 어떻습니까?

선사가 대답했다.

"구덩이에 떨어지고, 굴에 빠진다."

스님이 물었다.

"어떤 잘못이 있어서 그렇게 됩니까?"

선사가 대답했다.

"자네가 그 사람을 억지로 그렇게 만든 거야."214)

징징절점의 경지를 추구하는 사람이 이 공안에서는 "구덩이에 떨어지고, 굴에 빠지는" 사람으로 묘사되고 있다. '맑고 맑아서 한 점의 티도 없을 때'란 조주에게 묻는 스님이 규정한 경지이다. 그렇기에 조주는 "자네가 그 사람을 억지로 그렇게 만든 거야." 하고 말하고 있다.

다음은 밀암걸의 평이다.

이 스님의 질문은 상당히 험준하다고 하겠으나 조주에게는 고황에 든 병을 낫게 하는 수단이 있으니 어찌하랴? 이와 같으나 모두가 천동天童의 손아귀에 들어 있다. 필경 어찌해야 되겠는가?" 그러고는 한 차례 할을 했다.215)

스님이 말한 '맑고 맑아서 한 점의 티도 없을 때'는 '백척간두에

214) 김공연 편역·보주, 앞의 책, 219쪽. 問, "澄澄絶點時如何?" 師云, "墮坑落塹塹". 云, "有什麽過?" 師云, "你屈著與麽人".

215) 『한국불교전서』 제5책, 386쪽 중하단. 這僧置箇問端不妨嶮峻, 爭奈趙州有起膏肓底手段? 雖然如是, 摠落在天童手裏. 畢竟如何? 喝 一喝.

있을 때'216)이기 때문에 밀암걸은 '상당히 험준하다'고 표현했다. 이어 "조주에게 고황에 든 병을 낫게 하는 수단이 있다"고 말한 것은 눈동자를 바꾸어주어 한 걸음 더 내딛게 한다217)는 뜻을 담고 있다. '고황膏肓'이란 심장과 횡격막의 사이를 말한다. 이 사이에 병이 생기면 낫기 어렵다고 한다. '맑고 맑아서 한 점의 티도 없을 때'를 상정하고 이에 대해 묻는 스님은 고황에 병이 든 사람과 같아서 치유하기가 어렵다. 그러나 조주는 "그래도 객작한이다" 하고 말함으로써 스님을 치유해주고자 한다. 밀암걸은 맑고 맑아서 티 한 점 없는 경지이든, 이러한 경지에 이미 도달해 있는 사람이 자신일 줄 모르는 사람이기에 객작한의 상태이든 모두, 천동[응암화]의 손아귀에 있다고 말한다. 밀암걸은 자신이 티 한 점 없는 경지를 묻는 스님과 "그래도 객작한이다" 하고 답하는 조주의 중간에 서 있다218)는 것을 이렇게 표현했다. 활기가 부족한 조주의 답에 활기를 부여하는 자신의 모습을 이렇게 표현한 것이다. 그리고 나서 밀암걸은 할을 한 차례 하는데, 이 할과 함께 천동의 손아귀에서 일어나는 모든 일이 사라지게 된다.

---

216) 위의 책, 386쪽 하단. 澄澄絕點, 則百尺竿頭故, 不妨險峻也.

217) 위의 책, 384쪽 하단. 換却眼睛, 更闊一步也.

218) 위의 책, 386쪽 하단. 似乎立在中間也.

78. 비로毘盧(483): 무엇이 비로자나불 정수리의 상입니까?

조주에게 한 스님이 물었다.

"무엇이 비로자나불 정수리의 상입니까?"

선사가 대답했다.

"노승이 어려서 출가한 후 이제껏 헛것을 본 적이 없다."[219]

    "비로자나불 정수리의 상"으로 번역된 "비로정상毘盧頂相"은 『조주록』 158 공안에는 "비로원상毘盧圓相"으로 되어 있다. "비로원상"이란 화엄종의 주불인 비로자나불의 전신을 싸고 있는 둥근 바퀴를 이른다.[220] "정상頂相"이든 "원상圓相"이든 모두 비로자나불의 지혜에 현현하는 진여를 가리킨다. 비로자나불의 '비로자나毘盧遮那'는 범어 'Vairocana'의 음역으로 원래 '태양'을 뜻하며, 불지佛智의 광대무변함을 상징한다. "헛것"으로 번역된 "안화眼花"는 눈병에 걸렸을 때 나타나는 꽃 모양의 것으로, 실제로 존재하지 않는 것이 실제로 존재하는 듯이 나타나는, 허공의 꽃을 뜻하는 공화空華와 유사한 표현이다.

    스님은 조주에게 "무엇이 비로자나불 정수리의 상입니까?" 물으며, 규정할 수 없는 것을 규정해 달라고 청하고 있다. 스스로 "정상頂相" 혹은 "원상"을 표상하면서, 혹은 그렇게 표상된 것을 듣고서 "무엇이 비로자나불입니까?" 하고 묻고 있는 셈이다. 이에 조주는 "노승이 어려서 출가한 후 이제껏 헛것을 본 적이 없다"고 대답한다. 이 대답은 두 가지 뜻을 함축하고 있다. 하나는 조주 자신은 헛것을

---

219) 위의 책, 386쪽 하단. 趙州因僧問, "如何是毘盧頂相?" 師云, "老僧自少出家, 不曾眼花".
220) 김공연 편역·보주, 앞의 책, 182쪽.

본 적이 없다는 것이고, 다른 하나는 스님은 헛것을 보고 있다는 것이다. 먼저 "스님은 헛것을 보고 있다"에 대하여. "무엇이 비로자나불의 정상입니까?" 하고 질문하는 스님은 말과 생각이 미치지 않는 자리를 "비로자나불 정수리의 상"이라는 말로 표현하며 그것이 무엇인지 규정해달라고 청했기에, 이는 실제로 존재하지 않는 것을 실제로 존재한다고 착각하는 안화眼花를 보는 것과 같다. 다음에 "조주 자신은 헛것을 본 적이 없다"에 대하여. 이는 스님은 헛것을 보지만 나는 헛것을 보지 않는다고 하며, 스님은 낮추고 조주 자신은 높이는 말이 아니다. 비로자나불이 현현하는 한 방식을 보여주는 말일 뿐이다. 조주가 젊었을 때든 늙었을 때든, 비로자나불은 세속적인 시간을 넘어서 현현해 있기에 조주의 눈 앞에서든 스님의 눈 앞에서든 표상될 수 있는 것이 아니다. 눈 앞에 표상되는 것이 실제로 존재하는 것이라 해도 말이다.

다음은 응암화應庵華의 염이다.

"가엾은 조주는 말에 치우쳐 메마르다. 누가 나 천동天童에게 '무엇이 비로자나의 정수리입니까?' 묻는다면, 그에게 '큰 것은 크고, 작은 것은 작다'고 대답할 따름이다."[221]

응암화는 "노승이 어려서 출가한 후 이제껏 헛것을 본 적이 없다"는 조주의 말은 말에 치우쳐 메말라서 스님의 물음에 적절한 답이 되지 않는다고 말한다. 어려서부터 지금까지 비로자나불의 원상의

---

221) 『한국불교전서』 제5책, 386쪽 하단. 大小趙州語上偏枯. 若有問天童, "如何是毗盧頂相?", 只對伊道大底大小底小.

진실眞實이 현현하기에, 즉 있는 것이 있는 그대로 현현하기에, 허공의 꽃을 볼 때처럼 없는 것을 있는 것으로 보는 일 없다는 조주의 말은 활기가 없다고 본 것이다. 응암화는 비로자나불의 원상을 두고 '큰 것은 크고, 작은 것은 작다'고 하는 말이야말로 적절한 대답이라 보았다. 큰 것과 작은 것 간의 아무런 차별이 없는 평등함을 이렇게 표현한 것이다. 조주의 화두와 응암화의 염을 들은 밀암걸密庵傑은 이렇게 말한다.

"만일 조주의 말에서 깨달았으면 천하의 납자들을 너무 주저앉히고, 만일 천동[응암화]의 말에서 깨달았으면 천하의 납자들은 너무 달리게 했을 것이다. 문득 누군가가 나 화장華藏에게 '무엇이 비로자나불의 정수리입니까?' 묻는다면, 그에게 '벽돌이다'라고만 대답하겠다."222)

밀암걸은, "노승이 어려서 출가한 후 이제껏 헛것을 본 적이 없다"는 조주의 말은 이 말을 듣는 수행자들을 너무 주저앉힌 것이고, 응암화의 '큰 것은 크고, 작은 것은 작다'는 말은 너무 달리게 한 것이라고 하면서, 자신의 "벽돌"이야말로 가장 적합한 답이라고 말하고 있다. "벽돌"은 조주의 "뜰 앞의 잣나무"가 '뜰 앞의 잣나무'를 지시하지 않듯이, 눈 앞에 보이는 벽돌이든, 마음속에서 그리는 벽돌이든 대상화된 사물 벽돌을 지시하는 것이 아니다. "뜰 앞의 잣나무"가 빈 말이듯이, 벽돌 역시 빈 말이다. 밀암걸은 자신의 이 벽돌이야말로 주체와 객체가 모두 생략된 비로자나불 정수리의 상을 가장

___

222) 위의 책, 386쪽 하단. 若向趙州語下見得, 坐殺天下衲僧, 若向天童語下見得, 走殺天下衲僧. 忽有問華藏, "如何是毗盧頂相", 只對伀道"磚墣".

잘 표현했다고 보고 있다. 밀암걸의 말에 의거할 때, 조주의 말이든 응암화의 말이든 모두 비로자나불 정수리의 상을 표현하면서, "벽돌"에서 "큰 것은 크고 작은 것은 작다"로, 또 "큰 것은 크고 작은 것은 작다"에서 "노승이 어려서 출가한 후 이제껏 헛것을 본 적이 없다"로 나아간다고 볼 수 있다. 빈 말에서 객체에 대한 표현으로, 다시 이 객체에 대한 표현에서 주체에 대한 표현으로 진행하는 과정!

79. 출래^{出來}(484): 무엇이 출래저인^{出來底人}입니까?

조주에게 한 스님이 물었다.
"무엇이 출래저인^{出來底人}입니까?"
선사가 대답했다.
"부처들과 보살들이다."[223]

먼저 "출래저인^{出來底人}"이 무슨 뜻인지 알아볼 필요가 있다. 각운은 "출래저인"을 "이쪽으로 돌아와서 땅에 손을 드리우고 있는 사람"[224]이라고 풀이했는데, 이게 무슨 뜻인지 분명하지 않다. 또, 이쪽으로 돌아오는 이가 제불보살이라고 하며, 이게 조주의 낙처^{落處}라는 걸 알아야 한다[225]고 했는데 이 역시 분명하지 않다. 그렇지만 이 풀이를 참조해서 "출래저인"의 뜻을 유추해보면, '출래'의 사전적

---

223) 위의 책, 387쪽 상단. 趙州因僧問, "如何是出來底人?" 師云, "諸佛菩薩".
224) 위의 책, 387쪽 상단. 出來底人者, 却來這邊垂手地人也.
225) 위의 책, 387쪽 상단. 諸佛菩薩者, 却來這邊是諸佛菩薩也. 則須是會趙州落處始得.

의미는 '이쪽으로 돌아오다', '안에서 바깥으로 나오다'이므로, "출래저인"은 각운의 풀이대로 "이쪽으로 돌아오는 이" 혹은 "안에서 바깥으로 나오는 이"이다. 그렇다면 우리는 "출래저인"을 자리행自利行을 버리고 이타행利他行을 하는 이, 혹은 출세간에서 세간으로 넘어오는 이로 볼 수 있겠다. 조주는 "무엇이 출래저인입니까?" 하는 스님의 물음에 "부처들과 보살들이다" 하고 대답했는데, 어떻게 보면 너무나 당연한 개념적 규정이 담긴 대답을 했기에 이 공안은 활기를 잃고 만다. 아니면 제62칙 식심識心(467)처럼 묻는 자의 속뜻을 드러내려 한 것일까? 어쨌든, 다른 화두에 비해 활구다움이 떨어지는 것 같다.

80. 납의納衣(485): 『법화경』을 읽은 적이 있는가?

조주가 한 스님에게 물었다.
"『법화경』을 읽은 적이 있는가?"
스님이 대답했다.
"읽은 적이 있습니다."
선사가 말했다.
"'(『법화경』에서) 납의納衣226)를 입고 한적한 곳에 살면서 아련야阿練若227)

---

226) '납의'는 세상 사람들이 내버린 여러 가지 낡은 헝겊을 모아 누덕누덕 기워 만든 옷이다. 납의의 '납衲'은 '깁다'는 뜻으로 이 말 자체가 불교 수행자를 지칭하기도 한다.
227) '아련야阿練若' 혹은 '아란야阿蘭若'는 범어 'araṇya'의 음역으로 원래 삼림을 뜻하며, 공한처空閑處, 원리처遠離處 등으로 의역되기도 한다. 촌락에서 멀리 떨어져 있어서 수행하기에 적합한 한적한 곳을 가리킨다.

의 이름을 빌어 세상 사람들을 속인다'고 하는데, 그대는 이 말을 어떻게 이해하고 있는가?"

그 스님이 절을 하려고 하자, 선사가 물었다.

"그대는 납의를 입고 왔는가?"

스님이 대답했다.

"입고 왔습니다."

"나를 속이지 말라."

스님이 물었다.

"어떻게 해야 속이지 않겠습니까?"

선사가 대답했다.

"내 말을 취하지 말라."[228]

이 공안은 조주가 『법화경』의 말씀을 빌어 한 스님을 깨달음으로 이끌고자 하는 화두이다. 먼저 조주는 스님에게 "『법화경』을 읽은 적이 있는가?" 하고 묻는다. 스님은 『법화경』을 읽은 적이 있기에 읽은 적이 있다고 답한다. 이에 조주는 『법화경』의 한 말씀을 인용하며 "이 말의 뜻을 아는가?" 하고 묻는다. 『법화경』의 말씀은 "납의를 입고 한적한 곳에 살면서 아련야의 이름을 빌어 세상 사람들을 속인다"이다. 조주는 한 스님에게 승복을 입고 한적한 절에 살면서 수행자인 양 세상 사람들을 속이며 살아간다는 『법화경』의 말씀을 어떻게 이해하고 있느냐 하고 묻고 있다.

조주의 이 말을 듣고 스님은 조주에게 절을 하려고 한다. 스님의

---

228) 위의 책, 387쪽 상중단. 趙州問僧, "曾看法華經麼?" 僧云, "看來". 師云, "衲衣在空閑, 假名阿練若, 誑惑世閒人, 你作麼生會?" 其僧擬礼拜, 師云 "你披衲衣來麼?" 僧云, "披來". 師云, "莫惑我". 僧云, "如何得不惑去?" 師云, "莫取我語".

절은 이 말씀을 전달하는 조주에게 경의를 표하며『법화경』의 말씀이 던지는 메시지를 나타내고 있다. 그러면서 스님은 자신이 납의를 입은 수행자로서 살고 있다는 것을 보여주려 하고 있다. 그러나 스님은 절을 하려 했지 아직 절을 끝낸 것은 아니다. 조주가 바로 스님에게 "납의를 입고 왔는가?" 하고 질문을 던져 스님이 어떤 사람인지 확인하려 했기 때문이다. "납의를 입고 세상 사람들을 속이는 것은 아닌가?" 하는『법화경』의 말씀을 따라 조주는 납의를 입고 온 스님에게 "납의를 입고 왔는가?" 하며 묻고 있다. 스님은 조주의『법화경』 말씀을 듣자마자 절을 하려 했고, 납의를 입고 왔으므로 입고 왔다고 말한다. 하지만 납의를 입고 왔다고 해서 참다운 수행자로서 산다는 것을 증명할 수 있는 것은 아니다.『법화경』의 말씀처럼 납의를 입고도 수행자로서 생활을 하지 않아 세상 사람들을 속일 수도 있기 때문이다.

그래서 조주는 "나를 속이지 말라" 하고 말한다. 조주의 이 말은 이 공안의 전환점을 이룬다. 납의를 입은 이는 참다운 수행자이기도 하고 그렇지 않기도 하다. 만약 스님이 참다운 수행자가 아니라면, 조주의 이 말에 아무런 답도 하지 못했을 것이다. 하지만 스님은 "어떻게 해야 속이지 않겠습니까?" 하고 조주에게 묻는다. 조주가 『법화경』의 말씀을 인용하여 어떻게 이해하고 있는가 하고 물었을 때 바로 조주에게 절을 하려 한 사람이었기에 더더욱 이런 질문을 던질 수 있었을 것이다. 스님은『법화경』의 말씀에 나오는 그런 수행자가 아니라는 점을 말하고 싶었을 것이다. 조주는 이제 이 스님을 깨달음으로 인도하기 위해 "내 말을 취하지 말라" 하고 말한다. 이 말은 이 공안의 낙처落處 곧 핵심어이다. "내 말을 취하지 말라"는 것은 "나를 속이지 말라"라고 스님에게 한 말을 취하지 말라는 것이다. 스님이 조주가 시키는 대로 "나를 속이지 말라"는 말을 취하지 않게 되면, 조주의 이 "나를 속이지 말라"는 명에 스님은 "어떻게 해야 속이지 않겠습니까?" 하는 물음도 하지 않게 된다. 그렇게 되면 그 앞에 있었던 물음과 답, 즉 조주의 그대는 "납의를 입고 왔는가?"와 스님의 "입고 왔습니다"도 삭제되고, 『금강경』의 말씀도, 또한 "『법화경』을 읽은 적이 있는가?" 하는 조주의 물음과 "읽은 적이 있습니다" 하는 스님의 답도 삭제된다. 조주와 스님이 나눈 모든 대화가 사라지게 되는 것이다.

다음은 설두현雪竇顯의 염이다.

"가엾은 조주가 용두사미가 되었다. 여러분들이 이를 가려낸다면 당장에 조주를 알아보겠지만, 만일 그렇지 못하다면 제각기 납의를 도도히 걸치고 나 취봉을 속이지 않는 게 좋을 것이다."229)

각운에 따르면, "용두사미가 되었다"는 것은 '끝없이 멋지다'230)는 뜻이다. 반어이다. "어떻게 해야 속이지 않겠습니까?" 하는 스님의 물음에 "내 말을 취하지 말라" 하는 조주의 대답을 가리켜 하는 말이기 때문이다. 이 "내 말을 취하지 말라"는 한 마디는 앞에서 나눈 조주와 스님의 모든 대화를 삭제한다. 따라서 "용두사미가 되었다"는 반어는 앞에서 한 모든 말이 죽어 가고, "내 말을 취하지 말라"는 이 말 한 마디만 살아 있다는 것을 보여주고 있다.

---

229) 위의 책, 387쪽 중단. 大小趙州龍頭蛇尾. 諸人若能辨得, 便乃識破趙州, 如或不明, 个个高擁衲衣, 莫惑翠峰好.

230) 위의 책, 387쪽 중단. 直得無限.

81. 구화救火(486): 도적이 떠난 뒤에 활을 뽑는구나

조주가 황벽에게 갔을 때, 황벽이 선사가 오는 것을 보고는 곧바로 방장실의 문을 닫았다.

이에 선사가 법당으로 가서 외쳤다.

"불이야! 불이야!"

황벽이 문을 열고 나와서 붙들고 말했다.

"말해보라! 말해보라!"

선사가 말했다.

"도적이 떠난 뒤에 활을 뽑는구나."[231]

보부전保福展과 오조계五祖戒의 염을 들어보면서 이 공안을 풀 단서를 얻어보겠다. 먼저 보부전의 염이다.

"황벽은 머리는 있되 꼬리는 없으며, 조주는 꼬리는 있되 머리는 없구나."[232]

보통은 누군가가 찾아오면, 잘 아는 사람이든 잘 모르는 사람이든 상대하고 싶지 않을 때에는 황벽처럼 문을 닫을 것이다. 그러나 황벽이 자신이 거주하는 방장실의 문을 닫은 것은 조주가 상대하고 싶지 않은 사람이기 때문이 아니다. 지금 조주와 황벽은 법거량을 하는

---

231) 위의 책, 387쪽 중단. 趙州到黃蘗 蘗見來, 便閉却方丈門. 師乃於法堂上叫, "救火! 救火!" 蘗開門, 捉住云, "道! 道!" 師云, "賊過後, 張弓".

232) 위의 책, 387쪽 중단. "黃蘗有頭無尾, 趙州有尾無頭".

중임을 잊지 말자. 황벽이 문을 닫은 행위는 손님을 맞이한다, 맞이하지 않는다 하는 긍정과 부정을 넘어선 행위이다. 황벽은 이런 행위를 함으로써 조주를 응대하지 않는 힘을 얻었다. 파주이다.

하지만 이에 조주가 법당에서 "불이야! 불이야!" 하고 외치자 문을 열고 나와 조주를 붙들고 "말해보라! 말해보라!" 하고 말했다. 조주를 붙들고 "말해보라! 말해보라!" 하고 다그쳤기 때문에, 방장실의 문을 닫아 힘을 견지하듯 여전히 힘을 얻고 있는 것처럼 보이지만 그렇지 않다. 힘을 잃었다. 파주가 아니다. 왜냐하면 방장실의 문을 닫았다가 열고 나와 조주가 있는 법당으로 가서 조주의 "불이야! 불이야!" 하는 말에 응대했기 때문이다. 조주가 오는 모습을 보고 응대하지 않고 문을 닫았을 때는 힘을 얻었지만, 문을 열고 나와 조주가 있는 법당으로까지 가서 "불이야! 불이야!" 하는 말에 응대했을 때는 힘을 잃었다. "황벽은 머리는 있되 꼬리는 없다"는 보복전의 염은 이 점을 두고 한 말이다. 방장실의 문을 닫는 행위를 두고는 "머리가 있다"고 했고, 조주를 붙잡고 "말해보라! 말해보라!" 하는 말과 행위를 두고는 "꼬리가 없다"고 한 것이다.

조주는 황벽에게 찾아갔을 때 황벽이 방장실의 문을 닫자 자신의 행위가 황벽을 찾아가는 행위라는 것을 자각했다. 황벽이 문을 열고 나와 자신을 맞이할 때와 같다. '맞이함'에 상대되는 '찾아감'이다. 황벽은 문을 닫음으로서 파주를 견지했지만, 조주는 그럴 기회를 얻지 못했다. 그래서 조주는 법문을 하는 곳인 법당으로 가서 "불이야! 불이야!" 하고 외쳤다. 파주를 회복하기 위한 말이다. 이 말에 황벽이 호응하지 않는다면 공허한 말이 되고 말았을 것이다. 그러나 황벽이 방장실의 문을 열고 나와 법당으로 와서 조주를 붙들고 "말해보라! 말해보라!" 하고 응했기 때문에 "불이야! 불이야!" 하고 말했을 때 조주는 힘을 얻고 있었다는 것을 알 수 있다. "조주는 꼬리는 있되 머리는 없다"는 보부전의 염은 이 점을 두고 한 말이다.

황벽의 "말해보라! 말해보라!"는 방 안에서 들었던 조주의 "불이야! 불이야!"에 힘을 잃었던 파주를 회복하고자 조주를 다그치는 말이다. 황벽의 이 말에 조주는 잠시 밀려났겠지만, 바로 이어 "도적이 간 뒤에 활을 당기는구나" 하고 황벽의 말을 규정했기에 다시 조주는 힘을 얻게 되었다. "도적이 간 뒤에"는 조주가 "'불이야! 불이야!' 하고 말한 뒤에"를, "활을 당기는구나"는 황벽이 "말해보라! 말해보라!"를 가리킨다. "도적이 간 뒤에 활을 당기는구나"라는 이 말한 마디는 조주가 한 모든 말과 행위에 힘을 얻게 한다. 이런 점에서 오조계의 염을 주목해서 들을 만한다.

> "황벽은 싸게 살 줄만 알았지 비싸게 팔 줄은 몰랐으며, 조주는 화禍로 인하여 복을 만났구나."[233]

오조계는 황벽이 조주가 오는 것을 보고 방장 문을 닫은 행동을 두고는 "싸게 살 줄만 알았다"로, 조주의 "불이야! 불이야!"에 대응한, 조주를 붙잡고 "말해보라! 말해보라!" 한 행동을 두고는 "비싸게 팔 줄은 몰랐다"고 묘사하고 있다. 또, 조주는 일련의 황벽의 행동과 말에 대응하면서 끝에 가서 "도적이 간 뒤에 활을 당기는구나"라는 말을 해서 자신의 행위와 말이 모두 힘을 얻었기에 이를 "조주는 화로 인하여 복을 만났구나"로 표현하고 있다.

---

233) 위의 책, 387쪽 중단. 黃蘗只會買賤, 不會賣貴, 趙州因禍致福.

82. 불자拂子(487): 평생 썼어도 못 쓴 것이외다

조주가 죽음에 임했을 때, 한 스님을 시켜 조왕趙王에게 불자를 보내며 이렇게 말을 전해달라고 했다.

"이것은 노승이 평생 썼어도 다 못 쓴 것이외다."[234]

마지막 공안이다. 대미를 장식하겠다는 듯 이 공안집을 작성한 이는 이 공안에서 조주가 죽음을 맞이하며 한 말을 들고 있다. 슬픈 이야기가 아니다. 삶과 죽음에 초연해 있는 조주가 죽음에 임박해 있으면서도 진리의 말씀을 조왕에게, 시자에게, 우리 모두에게 전하고 있다.

불자拂子는 짐승의 꼬리털이나 삼 따위를 묶어서 자루에 맨 것으로 모기 따위의 벌레를 쫓을 때 쓰던 먼지떨이 모양의 물건이다. 벌레를 쫓아내듯 번뇌를 떨쳐낸다는 뜻을 담고 있는 상징물이다. 선사들은 불자를 쥐고 설법을 하기도 하는데, 이때 불자는 주장자처럼 진리의 법이 된다. 불자는 진리의 법이므로, 선사가 법문을 하는 특정한 장소와 시간에 나타나긴 하지만 특정한 장소와 시간에 얽매이지 않는다. 조주가 조왕에게 불자를 보내면서 "이 불자는 평생을 썼어도 다 못 쓴 것입니다"라는 말을 전해달라고 했을 때, 이러한 장소와 시간에 얽매이지 않는 불자의 영원한 진리성을 보여준 것이다. 조주 본인은 곧 죽지만 자신이 평생 설해 온 진리의 법은 죽지 않는다는 점을 담담하게 어떻게 보면 경쾌하게 보여주고 있다.

보녕용保寧勇의 송을 읽으며 이 점을 더 이야기해보겠다. 이 송 뒤에

---

234) 위의 책, 387쪽 하단. 趙州臨順世時, 令僧馳拂子傳語趙王云, "此是老僧一生用不盡底".

이어지는 장산천蔣山泉과 상방익上方益은 이 공안을 경쾌하고 즐겁게 마무리하고 있다.

평생 써도 다 쓸 수 없나니
그것이 원래 몇 줄기던가?
조왕에게 전해준 지 천 년이건만
아직껏 남북에서 시비가 분분하다.[235]

앞에서 "쓰다"로 번역된 조주의 "용用"은 이 송 첫 구에서 보듯 "수용受用"[236]이다. "수용"은 '향유하다', '향수하다'는 뜻으로 범어 'abhoga'를 번역한 말이다. 유식학의 3신身 곧 자성신自性身, 수용신受用身, 변화신變化身에 '수용신'이 있음을 상기하면 조주의 말이 더 깊이 있게 들어올 것이다. 조주의 말을 3신에 의거해서 읽는다면, 불자는 자성신, 불자를 향유해 온 조주는 자수용신自受用身, 불자를 전해주는 조주는 변화신, 불자를 전해받아 이를 향유하는 조왕은 타수용신他受用身이라 할 수 있겠다.

조주는 자신이 쓰던 불자를 평생 썼어도 다 못 썼다고 하면서 조왕에게 보냈는데, 이는 불자가 조주 자신만이 소유하는 불자가 아니라는 점을 보여준 것이다. 그래서 보녕용은 "그것이 원래 몇 줄기던가" 하고 묻고 있다. "그것"은 불자를 가리킨다. 무한히 많은 줄기 중 한 줄기가 조주가 쓰던 불자이다. 불자는 시공간을 초월해 있기에 천년 전에 전해준 바와 다를 바 없는데, 그런데도 사람들은 이 불자

---

235) 위의 책, 387쪽 하단. 一生受用應無盡 這个都來有幾莖 分付趙王千古在 任佗南北競頭爭.
236) '받아들이다'는 뜻의 '수용受容'이 아님에 유의하자.

를 두고 조주 것이니 조왕 것이니 내 것이니 네 것이니 하며 다투는
모습을 보녕용은 "아직껏 남북에서 시비가 분분하다"로 표현한다.
보녕용은 이렇게 송을 읊고, 다시 이 이야기를 들어 말한다.

"조주가 평생 썼어도 다 쓰지 못했던 것을 남에게 전해준 일은 잘못됨
이 없다. 비록 잘못 전해주진 않았으나 조왕이 들어올리지 못하니 어찌
하랴?"
주장자를 번쩍 들어올리면서 말했다.
"이것은 보녕保寧이 평생 썼어도 다 쓰지 못하던 것인데, 죽기 전에 두
손으로 여러분께 평등하게 전해주는 편이 더 좋겠다."
주장자를 던지고 손뼉을 치면서 말했다.
"아라라! 30년 후에 분실하지 않도록 해라."237)

보녕용은 주장자를 들어올리면서 조주가 한 바와 같이 "평생 동
안 쓰던 것인데 대중들에게 평등하게 전해주겠다"고 하며 주장자를
내던졌다. 평등하게 전해주겠다고 했으므로 누구나 주장자를 쓸 자
격이 있지만, 보녕용에게 받은 주장자를 잘 쓰는 이가 있고 잘 못
쓰는 이가 있다. 누구에게나 평등하게 이미 실현되어 있는 진리眞理
를 자각하는 이가 있고 자각하지 못하는 이가 있다. 조주에게 불자
를 전해 받은 조왕이 실제로 불자를 잘 썼는지 어땠는지는 모르겠
으나, 보녕용은 조왕이 불자를 들어올리지 못했다고 했다. 제대로
쓸 줄 몰랐다는 것이다. 그렇듯이 나 보녕용한테 주장자를 받는 이

---

237) 위의 책, 387쪽 하단. 趙州一生用不盡底, 終不錯分付人. 雖然不錯分付人, 爭奈趙王提不起?
乃拈拄杖云, "此是保寧一生用不盡底, 不如未死已前, 兩手平等分付與諸人". 擲下拄杖, 拍手
云, "阿喇喇! 三十年後, 莫敎失卻".

들이 30년 후에 분실하지 말라고 말한다. 주장자는 한 자루일 텐데 많은 대중이 어떻게 평등하게 나누어 가질 수 있겠는가? 주장자는 보녕용의 법문을 듣는 이들이 이미 지니고 진리이니, 이를 끝까지 잘 보존하라는 뜻이다.

　　장산천이 조왕을 대신하여 말했다.
　　"화상은 상주물을 자기 소유로 여기지 마십시오."[238]

　　보녕용이 조주한테 불자를 전해받은 조왕을 두고 불자를 들어올리지 못한다고 했으니, 조왕이 한 마디 할 수 있겠다. 그것을 장산천은 조왕을 대신하여 "화상은 상주물을 자기 소유로 여기지 마십시오" 하고 말한다. "상주물常住物"이란 사찰에 있는 공공 재산을 가리킨다.[239] 불자나 주장자는 공동의 소유물인데 보녕용은 자신의 소유물인 양 여기면서 조왕을 두고 그런 식으로 말했다는 것이다. 이 말은 사실 보녕용을 두고 하는 말이 아니라, 현장에서 법문을 듣는 대중들, 그리고 이 공안을 읽는 우리들 모두에게 하는 말이다. 불자를 전해준 조주든, 불자를 전해받는 조왕이든 모두 불자를 자기 소유로 여기지 말아야 하고, 실제로 그럴 수도 없다는 뜻이다.

　　상방익이 대신 말했다.
　　"부끄럽습니다, 부끄럽습니다."[240]

---

238) 위의 책, 387쪽 하단. 蔣山泉代大王云, "和尙莫將常往物, 作自己用".
239) 『선문염송·염송설화 4』, 454쪽, 각주120.
240) 『한국불교전서』 제5책, 387쪽 하단. 上方盆代, "慙愧, 慙愧".

주장자를 평등하게 대중들에게 전해주는 보녕용이, 주장자를 내던지고 아무것도 쥐고 있지 않다 듯 보란 듯이 손뼉을 치며 "아라라,241) 30년 뒤에 분실하지 않도록 하라"고 한 보녕용이 조주가 조왕에게 잘못 전해주지는 않았으나 조왕이 들어올리지 못한다고 하며 미리 단정을 내렸으니, 이런 말과 행동이 상방익은 "부끄럽고, 부끄럽다"고 한 것이다.

---

241) 위의 책, 388쪽 상단. 阿喇喇者, 止遏之辭. '아라라'는 멈추고 말리는 말이다. 『선문염송·염송설화 4』, 455쪽.

글을 마치며

이제까지 마조의 공안 7칙, 남전의 공안 10칙, 조주의 공안 82칙을 해독했다. 모두 합해 99칙의 공안을 해독했는데, 유사한 공안들이 보여 처음에는 몇 가지 유형으로 나누어 해독할까 생각했었다. 그러나 유사해 보이는 공안들을 한데 묶어 한 부류에 넣게 되면, 먼저 어떤 선입견이 생기기 때문에, 공안을 해독하는 힘을 얻는 데 장애가 될 수 있다는 것을 알게 되었다. 공안을 일정한 유형에 넣는다면 이는 선사들의 사유를 철학적으로 정립하는 데 도움이 될 수 있고 또 필요한 일이기도 하지만, 공안이 수행의 주제가 된다는 사실을 감안하여, 『선문염송』에 열거된 순서대로 해독해 나가는 방향을 택했다. 99칙 공안 하나하나는 어떤 유형으로 묶일 수 없다고 생각하는 것이 공안을 해독해 나가는 좋은 태도를 형성할 수 있을 것이다. 공안은 한 칙 한 칙이 모두 고유한 빛을 발하고 있고, 우리는 이 빛을 받으며 이 빛을 찾아가야 한다. 하지만 독자가 스스로 해독해 가는 데 도움이 될 수 있다고 생각하는 경우 어떤 공안에는 유사한 공안을 밝혀놓았다.

99칙의 공안이 다 다르다면, 이 글을 마치는 자리에서 짧게나마 다시 99칙 공안 하나하나에 대해서 말해야 할 것이다. 이는 중복되는 일이기도 하거니와 불필요한 일이다. 그래서 조주의 공안 중 마조와 남전의 공안을 이어받으면서 조주 스스로 새롭게 전개한 공안을 중심으로 정리하고, 선불교의 요체라 할 수 있는 '직지인심直指人心'을 세 분 선사의 공안으로 꿰면서 마무리짓겠다.

조주 공안 82칙 중에는 이른바 조사서래의, 즉 "조사가 서쪽에서 온 뜻이 무엇입니까?" 하는 질문에 대한 조주의 대답이 네 종류가 있는데, 이를 비교하며 해독해 나간다면 조주 공안의 요체가 상당히 드러나리라 생각된다. 이를 『선문염송』에 열거된 순서대로 제시하면 아래와 같다. 이 중 '정전백수자庭前柏樹子(뜰 앞의 잣나무)'와 '판치생모板齒生毛(앞니에 돋은 털)'는 한자어 그대로 회자될 만큼 유명한 화두이다.

한 스님이 물었다.
"무엇이 조사가 서쪽에서 온 뜻입니까?"
조주가 대답했다.
"뜰 앞의 잣나무이다."

—16. 백수栢樹(421)

한 스님이 물었다.
"무엇이 조사가 서쪽에서 온 뜻입니까?"

조주가 대답했다.

"한 해가 다 가도 돈을 사르지 않는다."

—56. 연진^{年盡}(461)

한 스님이 물었다.

"무엇이 조사가 서쪽에서 온 뜻입니까?"

조주가 대답했다.

"우리 안에서 소를 잃었다."

—68. 난중^{欄中}(473)

한 스님이 물었다.

"무엇이 조사가 서쪽에서 온 뜻입니까?"

조주가 대답했다.

"앞니에 돋은 털이다."

—70. 판치^{版齒}(475)

"무엇이 달마가 서쪽에서 온 뜻입니까?" 하고 물었으니, 대답은
선불교의 위대한 선언 '교외별전^{敎外別傳}', '불립문자^{不立文字}', '직지인심<sup>直
指人心</sup>', '견성성불^{見性成佛}'을 담고 있어야 한다. 물론 조주가 이런 선불교
의 선언을 의식하고 답한 것은 아니다. 의식하고 답했다면 이미 선불
교의 선언에 어긋나기 때문이다. 조주의 말과 행동은 조주가 수행자
로서 배워오고 가르쳐온 모든 것이며 그렇기에 조주는 촌각도 머뭇
거리지 않고 위와 같이 답할 수 있었다. 위 공안 모두 해당 장소에서
상세하게 언급하고 있지만, 여기서는 간략하게 비교하며 정리하면
서 네 대답의 취지를 살펴보겠다.

첫째, "뜰 앞의 잣나무"에 대해서. "뜰 앞의 잣나무"는 물어본 스님이 말한, 조주가 거처하는 방 앞에 서 있는 '뜰 앞의 잣나무'를 지칭하지 않는다. 설사 조주가 '뜰 앞의 잣나무'를 손가락을 들어 가리키면서 "뜰 앞의 잣나무이다" 하고 말했다 할지라도, '뜰 앞의 잣나무'를 지칭하지 않는다. 스님이 조사가 서쪽에서 온 뜻이 무엇입니까?, 곧 조사서래의를 물었기 때문이다. 이러한 조주의 대답에 우리가 스님과 함께, '선사는 뜰 앞의 잣나무'를 가리키면서 "뜰 앞의 잣나무"라고 말했는데 '뜰 앞의 잣나무'를 지칭하지 않는다니? 하며 일어난 의정疑情에 집중할 수 있다면, 우리는 뜰 앞에 있는 잣나무를 떠나 의정이 이는 우리의 마음 자체를 보게 된다. 직지인심이다. 조주의 답 "뜰 앞의 잣나무"는 의정과 더불어 눈 앞에 보이는 뜰 앞의 잣나무를 떠나면서 이후 다시 뜰 앞의 잣나무로 되돌아온다. 그렇다면 조주의 "뜰 앞의 잣나무"는 눈 앞에 보이는 '뜰 앞의 잣나무'를 가능하게 하기 위해 이 '뜰 앞의 잣나무'를 떠나 있는 무의미, 그러면서 일정한 상황 속에서 형성되어 가는 의미이다.

둘째, "한 해가 다 가도 돈을 사르지 않는다"에 대해서. 한 해가 가면서 조주 당대의 사람들은 한 해에 있었던 재앙이 사라지기를, 또 다음해에 재앙이 오지 않기를 희망하면서 돈을 불살랐다. 사람들은 재앙을 겪으면서 해와 해 사이에 재앙이 있다, 없다 하며 경계선을 인위적으로 만들어놓았다. 이렇게 인위적으로 만들어놓은 경계에 스스로 구속되어 살아가는 사람들의 모습을 보면서, 조주는 경계선을 떠난 진정한 삶을 보여주려고 "한 해가 다 가도 돈을 사르지 않는다"고 말한 것이다. "돈을 사르지 않음"은 돈을 사르는 행동을 하지 않음뿐만 아니라 아무런 작위적인 행동을 하지 않음을 의미한다.

셋째, "우리 안에서 소를 잃었다"에 대해서. 우리 안에서 소를 잃을 수는 없다. 우리가 소를 잃었다 할 때는 우리 안에 있던 소가 우리 바깥으로 나갔을 때이다. 이는 물론 소를 잃는 사람이 우리의 안과 밖에는 경계를 쳐놓았기 때문에 생기는 일이다. 조주는 "우리 안에서 소를 잃었다" 하고 말함으로써, 우리의 안과 밖이라는 경계를 무너뜨리고 있다. 방금 다룬 둘째 연진年盡(461) 공안과 이 공안은 이 경계를 무너뜨리는 활동을 보여준 것이라 할 수 있다.

넷째, "앞니에 돋은 털"에서 대해서. 앞니와 털은 도대체 서로 만나 어울릴 수 없는 것들이다. 우리가 이렇게 생각하는 것은 우리가 그동안 앞니와 만나 어울릴 수 있는 것들, 가령 다른 이들, 잇몸, 혀 등을 보아 왔고, 피부가 연한 살에서 나는 털을 보아 왔기 때문이다. 그리고 이렇게 한정된 경험은 동일률에 기반한 논리적 관계를 형성하게 된다. 하지만 이러한 한정된 경험과 논리적 관계는 선험적인 비논리적인 사건이 있어야 가능하다. 그렇지 않다면 우리는 이미 보아온 것들만을 보게 될 것이다. 정확히 말해, 새로운 것을 보아도 우리가 보아온 대로 규정하려고, 일정한 테두리 안에 가두려고 할 것이다. 조주는 이 공안에서 앞니에 돋은 털이 언젠가 미래에 발생할 것이라고 말하고자 하는 것이 아니라, 우리의 현재 겪는 모든 경험이 새로움 속에서 계속 전진하고 있음을 있는 그대로 보게 하려는 것이다. 우리는 애초에 이렇게 만나 어울릴 수 없는 것들이 만나는 개방된 장 속에 있다는 것을 이 공안은 보여주고 있다. 앞니에 돋은 털은 들뢰즈가 논하는 의미의 네 가지 역설 중 네 번째 '부조리한 것의 역설'이다. 앞니에 돋은 털은 실제로 존재하지 않기에 지시되지도 않거니와 이와 포섭관계를 이루는 상위 개념이나 하위 개념이 없기에 부조리한 대상이다.

조사서래의에 대한 조주의 대답들을 종합해보자. 넷 모두 논리적으로 분획되어 있는 경계들을 넘어 자유롭게 이질적인 것들이 만나 어울리는 무의미와 의미의 장을 그린 것이라고 할 수 있다. 이 중 둘째 연진^{年盡}(461)과 셋째 난중^{攔中}(473) 공안이 인위적으로 만들어놓은 경계선을 해체해 가며 공성을 보여주었다면, 첫째 백수^{栢樹}(421)와 넷째 판치^{版齒}(475) 공안은 공성을 곧바로 보여주었다고 할 수 있다. 첫째 공안 "뜰 앞의 잣나무"가 고정되어 있는 실체적인 본질이 아니라 특정한 상황을 맞아 자유롭게 형성되어 가는 의미를 만드는 무의미를 그린 것이라면, "앞니에 돋은 털"은 서로 만나 어울릴 수 없다고 생각하는 것을 자유롭게 만나 어울리도록 하게 하는 부조리를 그린 것이라 할 수 있다.

위의 네 공안 모두 선불교의 선언 교외별전, 불립문자, 직지인심, 견성성불을 담고 있다. 네 공안 모두 관념적이고 추상적인 교학의 언어를 사용하지 않았기에 교외불전이다. 대신 일상적인 용어를 사용했지만 이 용어들이 몸짓, 손짓, 할, 방 등과 같은 기호적인 성격을 띠기에 불립문자이다. 어느 한 순간도 고착되지 않는 마음의 역설적 성격을 드러내기에 직지인심이다. "뜰 앞의 잣나무"는 눈에 보이는 뜰 앞의 잣나무에 고착되지 않고, "앞니에 돋은 털"은 실제로 존재하지 않는 부조리한 대상이기에 당초 고착될 것이 없다. "돈을 사르지 않음"은 곧바로 양변을 끊기에 양변에 고착되지 않고, "우리 안에서 소를 잃음"은 우리 안에 있어야 소가 없기에 비평형, 불균형을 이루어 고착되지 않는다. 이렇게 계속 관^觀해 감으로써 우리는 굳건하게 견성성불하게 되는 것이다.

나는 이 중 "직지인심"이야말로 선불교 선언의 핵심이라고 생각한다. 마조의 "마음이 곧 부처이다"를 다룰 때 이 마음의 연원을 살펴본 적이 있는데, 그때 우리는 이 마음이 달마와 혜가의 대화에까지 거슬러올라간다는 것을 알게 되었다. 그런데 직지인심은 '마음이 곧 부처이다'에서도 드러나지만, 더 직접적으로는 널리 회자되는 마조의 다음 두 공안에 잘 나타나 있다. 그 두 공안 중 하나는 이른바 "일면불, 월면불" 공안이고 다른 하나는 "장두백, 회두흑" 공안이다. 먼저 "일면불, 월면불" 공안부터 다시 살펴보겠다.

마 대사가 몸이 편치 않자, 원주가 물었다.
"화상이시여! 요즘 존위가 어떠하십니까?"
마조가 말했다.
"일면불, 월면불."

—7. 일면日面(169)

일면불은 가장 수명이 긴 부처이고 월면불은 가장 수명이 짧은 부처이다. 마조는 원주의 물음에 자신이 "일면불이든 월면불이든 부처이다"를 말하고 있는 것이 아니라, "일면불이 월면불이다", 곧 "가장 수명이 긴 부처가 가장 수명이 짧은 부처이다"를 말하고 있다. 또 마조는 이 말로 서로 대립되는, '수명이 가장 긴 부처'와 '수명이 가장 짧은 부처'가 '이다'란 계사에 의해 통일되는 이른바 대립물의 통일을 보여주고자 하는 것이 아니라, 수명이 긴 부처가 수명이 짧은 부처를 만나 해체되고 삭제되는 것을 드러내고자 하고 있다. 이런 점에서 '임' 곧 '존재'는 수명이 긴 부처와 수명이 짧은 부처가 함몰하는 사건이다. 이 사건 속에서 일순간에 일면불, 월면불은 아무런 동일성의 흔적도 남기지 않으면서 소멸한다. 이런 점에서 '이다'는 '아니다'이다. 즉, "일면불, 월면불"을 듣는 순간 의정이 일어났기에 '이다'는 부정의 매개 없이 '아니다'이다. 이 점은 이른바 "장두백, 회두흑" 공안을 보면 더 잘 드러난다.

마조에게 한 스님이 물었다.

"사구四句를 여의고 백비百非를 끊어서 서쪽에서 온 뜻을 곧바로 가리켜주십시오."

마조가 대답했다.

"내가 오늘 심기가 불편하니 그대는 지장에게 가서 물어보라."

그 스님이 지장에게 가서 물으니, 지장은 손으로 머리를 가리키면서 대답했다.

"나는 오늘 머리가 아파서 그대에게 말해줄 수가 없다. 회해 사형께 가서 물어보라."

그 스님이 회해에게 가서 물으니, 회해가 대답했다.

"나는 그것에 대해서 전혀 알지 못한다."

그 스님이 다시 돌아와서 마조에게 고하니, 마조가 말했다.

"지장의 머리는 희고, 회해의 머리는 검다."

—5. 사구四句(164)

마조에게 "달마가 서쪽에서 온 뜻을 곧바로 가리켜주십시오[직지直指]" 하고 청한 스님은 마조의 지시대로 지장에게 가서 질문하고, 이어 회해에게 가서 똑같은 질문을 한다. 마조도, 지장도, 회해도 스님이 청한 대로 곧바로 가리켜주었건만[직지直指] 스님은 이를 알아차리지 못하고 다시 마조에게 돌아와서 있었던 일을 고하자, 마조는 "지장의 머리는 희고, 회해의 머리는 검다" 하고 말한다. 스님들은 머리를 깎아 머리카락이 없으니 희다고도 검다고도 할 만한 것이 없다. 그러므로 일견 대립하는 것으로 보이는 희다는 말과 검다는 말은 아무런 지시 대상을 갖지 않아, 대립하지 않는다. 마조의 이 말은 어느 한 사람을 칭찬하고 다른 한 사람을 폄하하는 말이 아니다. "일면불, 월면불"이라는 말을 듣자 의정이 일어 '일면불', '월면불' 각각의 동일성이 해체되어 삭제되었듯이, "지장의 머리는 희고, 회해의 머리는 검다"는 말을 듣자 역시 의정이 일어 '희다'와 '검다'의 각각의 동일성이 해체되어 삭제된다. 존재는 비-존재가 되지만, 이 때의 비-존재는 들뢰즈가 말하는 '?-존재'이다.242) 그렇기에 물음 속에서 '이다'와 '아니다'는 같은 말로 화한다.

조주가 "부처가 곧 번뇌요, 번뇌가 곧 부처이다" 하고 말할 때, 이는 마조의 "일면불, 월면불", 혹은 "장두백, 회두흑"처럼 '임' 곧 '존재' 속에서 번뇌와 부처가 각각의 동일성이 해체되면서 삭제되는 과정을 보여주고 있다. 이를 더 명확히 하기 위해 조주의 이 말과 직접적으로 관련된 마조와 남전의 공안을 소개하면서 논의를 마무리짓겠다.

조주의 "정전백수자(뜰 앞의 잣나무)"만큼이나 마조의 "즉심즉불卽心卽佛(마음이 곧 부처)"은 당시 많은 사람의 입에 오르내리는 말이었던 것 같다.243) 두 말 모두 중국사상사에 한 획을 긋는 가히 혁명적인 말이라고 할 만하다. "마음이 곧 부처이다" 할 때 이 '마음'의 뜻이 달마와 혜가의 대화, 혜가와 승찬의 대화에까지 거슬러 올라간다는

---

242) 질 들뢰즈 지음, 김상환 옮김, 『차이와 반복』, 민음사, 2004, 159~160쪽.
243) 『무문관』에도 "즉심즉불"에 관한 공안이 4개 모두 실려 있다. 『무문관』의 공안이 모두 48칙이란 점을 감안하면, 이 주제가 무문혜개에게도 무척 중요했던 것 같다.

것을 "즉심즉불" 공안을 다룰 때 자세히 밝힌 바 있다.

마조에게 한 스님이 물었다.

"화상은 어찌하여 '마음이 곧 부처이다'라 하십니까?"

선사가 대답했다.

"어린애 울음을 그치게 하기 위해서이다."

스님이 물었다.

"울음이 그쳤을 때엔 어떠합니까?"

선사가 대답했다.

"마음도 아니요, 부처도 아니다."

스님이 물었다.

"이 두 가지를 제한 사람이 오면, 어떻게 가르치시겠습니까?"

선사가 대답했다.

"그에게 '물物도 아니다' 하고 말하겠다."

스님이 물었다.

"홀연히 그 안의 사람을 마주치면 어찌하겠습니까?"

선사가 대답했다.

"우선 그에게 대도大道를 체득하게 하겠다."

—2. 즉심卽心(159)

마조는 "마음이 곧 부처이다"에 이어서 "마음도 아니요, 부처도 아니요"라고 하며 마음과 부처를 모두 해체했으므로, "마음이 곧 부처이다"에서도 마음이 부처를 만나고 부처가 마음을 만나면서 마음과 부처가 모두 곧바로 해체된다는 것을 알 수 있다. 마조는 이어서 "물物도 아니다" 하고 말하면서 중생을 뜻하는 물物마저 해체하므로, 마음, 부처, 물이 모두 해체되어 소멸한다.

남전은 이를 이어받아 "마음도 아니요, 부처도 아니요, 물도 아니다"를 말한다.

남전이 시중 법문을 했다.

"강서의 마 대사는 '마음이 곧 부처이다' 하고 말하는데, 나는 그렇지 않고 '마음도 아니요, 부처도 아니요, 물物도 아니다' 하고 말한다. 이렇게 말한다면 오히려 허물이 있게 되는가?"

이때 조주가 나와서 절을 하고 돌아갔다.

한 스님이 조주에게 물었다.

"상좌께서 절을 하고 돌아간 뜻이 무엇입니까?"

그러자 조주가 말했다.

"그대는 돌아가서 화상께 여쭈어보라."

스님이 마침내 선사에게 물었다.

"아까 심諗 상좌의 뜻이 무엇입니까?"

선사가 말했다.

"그가 도리어 나의 의중을 알아냈구나."

—9. 심불(243)

앞에서 보았듯이 마조는 "마음이 곧 부처이다"을 말한 것만은 아니다. "울음이 그쳤을 때엔 어떻습니까?" 하는 스님의 질문에 "마음도 아니요, 부처도 아니다" 하며 대답했고, 또 이어서 "이 두 가지를 제한 사람이 오면, 어떻게 가르치시겠습니까?" 하는 스님의 질문에 "그에게 '물物도 아니다'" 하고 말했으니, 마조 역시 "마음도 아니요, 부처도 아니요, 물도 아니다"를 말했다고 할 수 있다. 그런데 남전은 이렇게 마조를 이어받아 "마음이 곧 부처이다" 하면서도 마조와 다른 말을 한다면서 "마음도 아니요, 부처도 아니요, 물도 아니다" 하고 말하고, 이런 자신의 말에 "허물이 있는가?" 하며 짐짓 조주에게 묻는다. 이는 마조의 말을 따라 하는 자신의 말에 허물이 있는가 하고 묻는 것이 아니라, 남전 자신이 "마음이 곧 부처이다" 대신에 "마음도 아니요, 부처도 아니요, 물도 아니다"를 제시하는데 이 말에 허물이 있는가 하고 묻고 있는 것이다. 실은 "마음이 곧 부처이다"와 "마음도 아니요, 부처도 아니요, 물物도 아니다"는 같은 말인데, 조주가 이를 아는지 떠보는 것이다. 남전의 이 말을 듣고 절을 하고 돌아가는 조주의 행동은 마조가 한 말이든 남전이 한 말이든 "마음이 곧 부처이다"와 "마음도 아니요, 부처도 아니요, 물도 아니다" 이 두 말이 같은 말이라는 점을, 또 마음, 부처, 물物이 해체되어 삭제되는 말 없는 자리를 보여주는 말이라는 점을 나타내고 있다.

마조와 남전의 이 말을 잘 알고 있는 조주이기에 다음과 같은 심오한 말을 할 수 있었다.

조주가 시중 법문을 했다.
"이 일은 마치 밝은 구슬이 손바닥에 있는 것과 같아서, 오랑캐가 오면 오랑캐가 나타나고 한인이 오면 한인이 나타난다. 노승은 한 줄기 풀을 잡고서 장육금신丈六金身의 작용을 하고, 장육금신을 잡고서 한 줄기 풀의 작용을 한다. 부처가 곧 번뇌요, 번뇌가 곧 부처이다."
그때 한 스님이 물었다.
"부처는 누구의 번뇌인지요?"
선사가 대답했다.
"모든 사람에게 (부처는) 번뇌이다."

스님이 물었다.

"어찌해야 면할 수 있겠습니까?"

선사가 말했다.

"면해서 무엇하겠는가?"

—26. 차사此事(431)

"마음이 곧 부처이다"로 번역된 마조의 "즉심즉불"은 "부처가 곧 마음이다"도 함축하고 있으므로, "마음이 곧 부처요, 부처가 곧 마음이다"로도 번역될 수 있다. 이 말이 마음과 부처, 부처와 마음이 완전히 합일되어 있음을 뜻하는 것이 아니듯이, 조주의 "부처가 곧 번뇌요, 번뇌가 곧 부처이다"도 부처와 번뇌, 번뇌와 부처가 완전히 합일되어 있음을 뜻하는 것이 아니다. 더구나 부처가 번뇌가 되고 번뇌가 부처가 되는 공허한 생성becoming을 뜻하는 것도 아니다. 마조의 "즉심즉불"처럼 조주의 "부처가 곧 번뇌요, 번뇌가 곧 부처이다"도 부처가 번뇌를 만나고 번뇌가 부처를 만나면서 부처와 번뇌가 모두 곧바로 해체된다. "부처가 곧 번뇌이다"의 '임' 곧 '존재'는 단순한 논리적 계사가 아니라 부처와 번뇌가 밑 모를 심연으로 함몰하는 사건event이다. 그러므로 조주의 "번뇌가 곧 부처이다"가 '번뇌를 가진 그 상태로 부처이다' 하는 식으로 해석될 수 없고, "부처가 곧 번뇌이다"가 부처라도 번뇌가 있다 하는 식으로 해석될 수 없다. 그런 식의 해석은, 설사 부처는 번뇌를 갖고 있더라도 범부보다 덜 하다 하는 식의 해석이라 하더라도, 번뇌와 부처의 동일성을 전제하면서 이 둘이 같다고 하는 것이므로, 마조, 남전, 조주의 견해와는 크게 어긋난 해석을 하는 것이다. 마조, 남전이 "마음이 곧 부처이다"로, 조주가 "부처가 번뇌이다"로 추구하려 했던 심心은, 사람의 마음을 곧바로 가리킨다는 "직지인심"의 그 '심'이다.

Vayadhammā saṁkharā, appamādena sampādetha [244)

244) PALI TEXT SOCIETY, *DĪGHA NĪKĀYA* II, 1903, 156쪽. "인과 연들이 모여 이루어진 것들은 소멸을 본성으로 한다. 안일하게 쉬지 말고 부지런히 배움을 닦도록 하거라."

보론

들뢰즈와 무문관의 화두들

1. 들어가기

간화선 수행은 화두를 들어 사마타와 위빠사나를 형성하는 불교의 한 수행으로,[1] 그 유효함이 많은 선사들에 의해 입증되어 왔지만, 그렇다고 화두가 철학적으로 충분히 규명되어 왔던 것은 아니다. 화두를 철학적으로 해명하는 일이 늦추어지게 된 데에는 선불교의 불립문자, 교외별전, 직지인심 같은 간화선 수행의 지침이 되는 표현들이 있어 왔기 때문이 아닌가 싶다. 그런데 이런 표현들은 문자에 한정하지 않겠다는 뜻이지 사람과 사람이, 사람과 사물이 만나면서 접하지 않을 수 없는 몸짓, 손짓, 표정, 색깔 같은 기호를 버리겠다는

---

1) 필자는 위빠사나 수행을 후설의 '현상학'에, 간화선 수행을 들뢰즈의 '의미의 논리학'에 접목시키면서 다룬 바 있다. 박인성, 『법상종 논사들의 유식사분의 해석』, 도서출판 b, 2015, 347~391쪽을 볼 것.

뜻은 아니다. 그렇다면 기호의 철학을 전개하고 있는 들뢰즈의 철학이 화두를 철학적으로 푸는 단서를 제공할 수 있는 것이 아닐까? 또, 화두는 선사들의 철학적 상상력을 담고 있다. 우리는 화두를 풀어가는 과정에서 알게 모르게 철학적 용어들을 원용하면서도 화두가 선사들의 각고의 노력이 깃든 철학적 상상력의 산물이라는 점은 놓쳐 왔다. 만약 화두가 선사들의 철학적 상상력의 산물이고 이 상상력이 언어에 기대고 있다면, '의미의 논리'를 말하는 들뢰즈의 철학이 화두를 이해하는 데 가장 적합한 철학은 아닐까? 실제로 들뢰즈는 선불교의 화두를 다룬다. 들뢰즈는 그의 저서 『의미의 논리』 「계열19 익살」에서 당나라로 유학 가서 위앙종[2]의 선사로 활약했던 신라 스님 파초혜청芭蕉慧淸의 화두 "그대들에게 주장자가 있다면 그대들에게 주장자를 주겠노라. 그대들에게 주장자가 없다면 그대들에게서 주장자를 빼앗겠노라."[3]에 담긴 부정의 의미를 말라르메와 크뤼시포스가 말하는 부정의 의미와 나란히 놓으면서, '의미의 논리'에 입각해서 멋지게 풀어낸다.

파초혜청의 화두를 포함한 『무문관』의 화두들을 해명하고자 할 때 『의미의 논리』의 모든 계열들, 모든 논제들이 이 화두들에 적용될 수 있다. 하지만 논의의 폭을 좁히기 위해 내가 이 글에서 선택한 논제들은 의미의 역설들, 비의어와 혼성어, 무의미와 부조리이다. 줄이면 의미와 무의미라고 할 수 있겠다. 각 논제에 대한 들뢰즈의 설명을 정리하고 나서, 이를 『무문관』의 화두들에 적용하는 방식으

---

2) 위산영우潙山靈祐(771~853)와 그의 제자 앙산혜적仰山慧寂(803~887)에서 비롯된 선불교의 한 종파. 선불교의 종파에는 이 외에도 임제종, 운문종, 조동종, 법안종 등이 있다.

3) 파초혜청의 화두는 무문혜개無門慧開(1182~1260)가 작성한 공안집 『무문관無門關』의 제44칙으로 「파초주장芭蕉拄杖」이란 이름이 붙어 있다.

로 논의를 펼쳐가고, 최종적으로는 파초혜청의 화두에 대한 들뢰즈의 생각을 들어보겠다. 이 과정에서 들뢰즈 철학에 선불교가 일방적으로 수렴되지 않도록, 선불교가 들뢰즈 철학을 만나면서 발산할 수 있도록 (서양) 철학과 불교가 다른 점을 먼저 지적하겠다. 불교는 인도불교의 중관이든 유식이든 인명이든, 중국불교의 화엄이든 천태이든 선이든 수행을 전제로 하고 있으므로, 철학한테서 도움을 받는 즉시 바로 철학에게 도움을 줄 수 있기 때문이다.

처음 시도되는 것이라 불교를 연구하는 사람들 중 아직 들뢰즈 철학을 접하지 않은 사람들, 또 철학을 연구하는 사람들 중 아직 선불교의 간화선을 접하지 않은 사람들은 내 글이 다소 생소하게 느껴질 수 있겠다. 나는 이 생소함이 오히려 내 시론의 색다름을, 나아가 올바름을 받쳐주리라 믿는다. 이 글은 『무문관』의 모든 화두들을 밝혀가는 첫 걸음이 될 것이다.

2. 간화선 수행에 대하여

간화선은 다른 유형의 불교와 마찬가지로 수행이다. 모든 불교의 수행은 사마타와 위빠사나에 바탕을 두고 있다. 하지만 간화선 수행은 전통적인 사마타 수행이나 위빠사나 수행과는 매우 다른 성격을 지닌다. 간화선 수행의 사마타적 계기와 위빠사나적 계기를 찾아내다 보면, 자연스럽게 이 수행의 독특한 성격이 드러나게 될 것이다.

1) 사마타와 위빠사나

정혜쌍수定慧雙修라는 말을 들어보았을 것이다. 정定과 혜慧를 같이 닦는다는 뜻의 이 정혜쌍수에서 정定은 사마디samādhi, 혜慧는 쁘라즈냐 prajñā의 한역어이다. 정定은 마음을 한 대상에 고정시키는 작용을, 혜는 판명하게 가려보는 작용[간택簡擇]을 의미한다. 정혜쌍수의 동의어로 지止와 관觀을 같이 운용한다는 뜻의 지관쌍운止觀雙運이란 말이 있다. 지止는 사마타samatha, 관觀은 위빠사나vipassanā의 한역어로, 지止는 고요함을, 관觀은 나누어 관찰함을 의미한다. 정혜쌍수의 정定은 지관쌍운의 지止에, 혜慧는 관觀에 대응한다. 마음을 한 대상에 고정시킬 수 있어야 마음의 고요함을 얻을 수 있고, 나누어 관찰할 수 있어야 판명하게 가려볼 수 있기 때문이다. 이처럼 정혜쌍수와 지관쌍운은 같은 뜻을 지닌 용어들인데, 차이는 정혜쌍수의 정定과 혜慧는 마음의 작용이고, 지관쌍운의 지止와 관觀은 수행의 기능이라는 데에 있다.

지止와 관觀 곧 사마타와 위빠사나를 비유를 들어 설명하면 이렇다. 호수에 내 얼굴을 비추어 본다고 하자. 바람이 불지 않고 호수에 물결이 치지 않으면 내 얼굴을 호숫물에 잘 비추어 볼 수 있을 것이다. 바람이 불지 않아 호수에 물결이 치지 않는 고요함을 유지하게 할 수 있는 기능이 사마타이고, 내 얼굴을 호숫물에 잘 비추어 볼 수 있게 하는 기능이 위빠사나이다. 만약 바람이 불어 호수에 물결이 일면, 나아가 세게 일면 내 얼굴을 호수물에 비추어볼 수 없을 것이다. 사마타와 위빠사나가 잘 이루어지지 않는 상태이다. 이 비유를 호수에서 마음으로 옮겨보자. 내 마음은 거센 바람에 이는 호수의 물결처럼 항상 요동치고 있다. 탐貪, 진瞋, 치癡 3독의 바람 때문이다— 이 중 치는 탐과 진을 보지 못함이다—. 이러한 3독의 바람은 산란의

바람에 기대고 있다. 이 산란의 바람이 가라앉을 때 3독의 바람이
가라앉으면서 마음의 고요함을 얻고 이 고요함 속에서 내 마음을
잘 관찰할 수 있게 된다.

2) 산란

지 곧 사마타에 반대되는 상태인 산란은 보통 6종산란이라고 해서
자성산란自性散亂, 외산란外散亂, 내산란內散亂, 추중산란麤重散亂, 상산란相散亂,
작의산란作意散亂 등으로 나뉜다. 이 중 인식론과 관련되는 자성산란과
외산란을 골라내어 산란에 대해 설명해보겠다. 첫째 자성산란自性散亂
은 5식신識身과 함께하는 산란이다. 5식신이란 안식, 이식, 비식, 설신,
신식을 가리킨다. 시각, 청각, 후각, 미각, 촉각이다. 이러한 감각적
지각작용들은 주의작용과 함께 산발적으로 이 대상, 저 대상으로
향한다. 바깥의 빛깔의 자극에 반응하면서 눈이 그 쪽으로 쏠리다
가, 금세 주의가 바뀌어 바깥의 소리의 자극에 반응하면서 귀가 그
쪽으로 쏠리게 된다. 무상정無想定이나 멸진정滅盡定 같은 선정에 들지
않는다면, 정도와 강도의 차이는 있겠지만, 갑자기 들리는 것을 듣지
않고자 해도 듣지 않을 수 없으며, 갑자기 보이는 것을 보지 않고자
해도 보지 않을 수 없다. 심리학에서는 이러한 쏠림, 주의를 '경각
주의작용'이라고 한다. 나아가 또, 들리는 것에 마음이 쏠리는 순간
그것이 무엇인지 바로 알아내려고 한다. 이렇게 들리는 것이나 보이
는 것이 무엇인지 바로 알지 못할 때는 더 무엇인지 알아내고자 할
수 있다. 이런 주의를 심리학에서는 '지속 주의작용'이라고 한다.
그런데 경각 주의작용이든, 지속 주의작용이든 이런 주의작용들은
안식 등 5식신을 대상으로 향하게 한다. 주변 환경을 장악하지 않으

면 안 되는 인간의 생명성과 관련이 있을 것이다.[4] 둘째 외산란은 바깥의 산란이다. 대상이 우리로 하여금 직접적으로 반응하게도 하지만, 우리가 대상을 향해 적극적으로 반응하기도 한다. 좋아하는 음식, 좋아하는 옷, 좋아하는 이성 등을 볼 때 우리는 우리가 미리 그려놓은 대로 대상에 다가간다. 자성산란인 5식신의 경우 사람이라면 누구든 그런 방식으로 반응하게 되어 있지만, 이 외산란은 사람마다 차이가 있다. 전자에는 인간의 생명의 역사가 반영돼 있다면, 후자에는 한 인간의 경험의 역사가 반영돼 있다고 할 수 있다. 이 경험의 역사에는 태어날 때 이미 받은 성향도 포함된다. 사실 외산란의 대상은 우리가 항상 기다려 온 대상이라고 말할 수 있을 정도이다. 능동적으로 그런 대상에 호, 불호, 쾌, 불쾌를 투여한다. 자성산란의 대상에는 쾌, 불쾌를 일으켜도 호, 불호는 일으키지 않지만 외산란의 대상에는 호, 불호도 일으킨다. 좋은 것에는 끌려가고 싫은 것은 물리친 경험의 역사가 내 기억에 보존돼 있기 때문이다. 그렇기 때문에 이런 대상들을 대할 때 우리는 모르는 사이에 끌려가서 다시 반복해서 보고자 하고, 물리쳐서 다시 반복해서 보지 않고자 한다.[5]

3) 간화선의 사마타와 위빠사나

수행을 한다는 것은 이런 산란함을 없애고 고요함을 유지할 수 있는 능력 즉 사마타의 능력을 기르고, 또 이 고요함 속에서 상카라 saṃkhara[6])의 일어나고 사라짐을 명료하고 판명하게 볼 수 있는 능력

---

4) 박인성, 앞의 책, 352~353쪽.
5) 박인성, 위의 책, 353~354쪽.

즉 위빠사나의 능력을 키우는 것이라 할 수 있다. 이 점은 고따마 싯다르타 붓다의 사띠sati 수행7)을 정의하기에 적합하지만, 간화선 수행에도 적용될 수 있다. 간화선 수행의 간화看話 즉 '화두를 봄'은 화두를 접하면서 일어난 의문을 봄을 의미한다. 사띠 수행을 하는 수행자가 상카라의 일어남과 사라짐을 끊임없이 보아 가듯이, 간화선 수행을 하는 수행자는 화두를 접하면서 일어난 의문을 올바르게 보고 이 의문이 해소될 때까지 계속해서 유지되도록 노력한다.8) '의문을 올바르게 봄'은 위빠사나, '의문이 계속해서 유지됨'은 사마타,9) 이어서 '의문이 해소됨을 봄'은 위빠사나이므로, 간화선 수행도 위빠사나와 사마타의 계기를 갖고 있다고 할 수 있다. 하지만 위빠사나 수행에서 상카라의 일어남과 사라짐의 봄을 지속하게 하는 힘이 사띠 곧 기억에서 온다면,10) 간화선 수행에서 의문을 지속하게 하는

---

6) 상카라saṃkhara는 '제행무상諸行無常'이라 할 때의 행行. 행行은 마음의 흐름을 이루면서 찰나찰나 일어났다 사라지는 것들, 모였다가 흩어지는 것들이다. 모든 행行들은 의지의 힘을 품고 있다.

7) 사띠sati는 '기억'이란 뜻의 빨리어. 이때 기억은 회상recollection이 아니라, 한 찰나 전의 일을 놓치지 않음[불망실不亡失]이다. 후설 현상학의 일차적 기억 곧 파지retention로 이해될 수 있지만, 반성적 수준에서 일어난다는 전제 하에서이다.

8) 이 과정을 의정疑情, 의단疑團, 타성일편打成一片, 은산철벽銀山鐵壁으로 나누어 볼 수 있다. 의정이란 화두에 대한 의심이 순일하게 되어 자연스럽게 일어나는 것을 가리킨다. 의단은 의정이 하나의 덩어리로 뭉친 것을 말한다. 이 의단이 홀로 드러나게 되는 것을 의단독로疑團獨露라고 하는데, 이 상태가 되면 곧 화두와 내가 하나가 되어 서로 나누어지지 않고 한 몸을 이루게 된다. 이를 타성일편이라 한다. 여기서 더 나아가 은산철벽을 투과해야 확철대오하게 된다. 은산철벽이란 견고하고 험준하여 뚫고 나거거나 뛰어넘기 어려운 경계를 일컫는다. 대한불교조계종 불학연구소·전국선원수좌회, 『간화선』, 조계종출판사, 2005, 240~246쪽.

9) 화두를 들어 이루는 사마타를 화두삼매라 하는데, 그 강도에 따라 동정일여動靜一如, 몽중일여夢中一如, 오매일여寤寐一如의 세 단계로 나뉜다. 동정일여란 '움직일 때나 가만히 있을 때나 한결같이 화두가 들리는 것'을, 몽중일여란 '깨어 있을 때나 꿈꿀 때나 한결같이 화두가 들리는 것'을, 오매일여란 '깨어 있을 때나 깊은 잠을 잘 때나 한결같이 화두가 들리는 것'을 의미한다. 위의 책, 337~344쪽.

힘은 의문 자체에서 온다는 큰 차이가 있다. 기억과 의문의 차이!

『무문관』 제1칙 「조주구자趙州狗子」 화두를 읽으면서 간화선 수행의 사마타적 계기와 위빠사나적 계기를 알아보도록 하자. 이 과정에서 우리는 모든 화두를 풀어낼 수 있는 화두의 근본원리를 발견하게 될 것이다. 먼저 이 화두의 본칙, 평창, 송을 쭉 읽어보겠다.

본칙:

조주(778~897) 화상은 한 학승이 "개에게도 불성이 있습니까?" 하고 묻자, "무" 하고 대답했다.[11]

평창:

선을 참구하고자 한다면 조사의 관문을 뚫어야 하고, 오묘한 깨달음을 얻고자 한다면 심로心路가 끊어진 경지를 궁구해야 한다. 만약 조사의 관문을 뚫지 못하고 심로를 끊지 못하면, 이런 사람은 모두 풀이나 나무에 달라붙은 정령일 따름이다. 자, 말해보아라. 무엇이 조사의 관문인가? 오직 이 한 개의 무無 자 이것이야말로 종문宗門의 유일한 관문이니, 이를 선종무문관禪宗無門關이라고 하는 것이다. 만약 이 관문을 뚫어 통과할 수 있다면, 조주를 친견할 뿐만이 아니라 역대 조사들과 손을 잡고 함께 걸으며 눈썹을 서로 부벼 가며 그들과 똑같은 눈으로 보고 똑같은 귀로 듣게 될 것이다. 어찌 유쾌하지 않겠는가? 이 관문을 뚫어보겠다고 하는 자는 없는가? (있다면) 360개의 골절과 84,000개의 모공을 갖고서 온몸으로 ①한 개의 의심덩어리[대의단大疑團]를 일으켜서 이 무無 자를 참구하

---

10) 박인성, 앞의 책, 355~358쪽.
11) 『대정신수대장경』 48권, 292쪽 하단. 趙州和尙, 因僧問"狗子還有佛性也無?", 州云, "無".

여 밤이나 낮이나 이를 문제로 내걸어야 한다. ②(이 무를) 허무의 무로 이해하지 말고, 유무의 무로 이해하지 말라. 마치 뜨거운 무쇠공을 삼켜 버려 토해내고 또 토해내려고 해도 뱉어낼 수 없는 것과 같아야 한다. ③지금까지의 그릇된 앎이나 그릇된 깨달음을 깨끗이 털어버리고 오랫동안 익어지면 자연히 안과 밖이 온전히 하나가 되는 경지[타성일편打成一片]에 들게 된다. 이는 마치 벙어리가 꿈을 꾸었지만 자기만이 알고 있는 것과 같다. ④돌연히 그 무가 폭발하면 하늘을 놀라게 하고 땅을 움직일 것이니, 이는 마치 관우장군의 큰 칼을 빼앗아 손에 넣은 것과 같아서, 부처를 만나면 부처를 죽이고 조사를 만나면 조사를 죽여, 생사의 언덕에서 대자재를 얻어 6도道, 4생生에서 삼매를 놀듯 즐기게 될 것이다. 자, 그렇다면 무엇을 문제로 내걸어야 할까? 평생의 기력을 다해 이 무 자를 들어보자. 만약 끊어지지 않는다면, 법의 촛불에 불을 붙이면 확 하고 불이 켜지는 것과 똑같다.12)

송:

개의 불성이여, 바른 법령을 완전히 제기했구나.

유와 무를 거치자마자 목숨을 잃었느니라13)

---

12) 위의 책, 292쪽 하단~293쪽 상단. 參禪須透祖師關, 妙悟要窮心路絶, 祖關不透, 心路不絶, 盡是依草附木精靈. 且道! 如何是祖師關? 只者一箇無字, 乃宗門一關也. 遂目之曰禪宗無門關. 透得過者, 非但親見趙州, 便可與歷代祖師把手共行, 眉毛廝結, 同一眼見, 同一耳聞, 豈不慶快? 莫有要透關底麼? 將三百六十骨節八萬四千毫竅. 通身起箇疑團. 參箇無字. 晝夜提撕, 莫作虛無會. 莫作有無會. 如呑了箇熱鐵丸, 相似吐又吐不出. 蕩盡從前惡知惡覺. 久久純熟. 自然內外打成一片. 如啞子得夢. 只許自知. 驀然打發, 驚天動地, 如奪得關將軍大刀入手, 逢佛殺佛, 逢祖殺祖, 於生死岸頭得大自在, 向六道四生中, 遊戲三昧. 且作麼生提撕. 盡平生氣力. 擧箇無字. 若不間斷, 好似法燭一點便著.

13) 위의 책, 293쪽 상단. 狗子佛性 全提正令 纔涉有無 喪身失命.

화두 「조주구자趙州狗子」에 관한 무문의 평창에 간화선 수행의 특성
이 잘 서술되어 있다. 밑줄친 ①과 ③은 사마타의 계기를, ②와 ④는
위빠사나의 계기를 담고 있다.

들뢰즈의 '의미의 논리'에 부합해서 화두를 풀어내려는 우리의 목
적을 위해서는 이 중 ②와 ④ 위빠사나의 계기에 주목할 필요가 있다.
②"(이 무를) 허무의 무로 이해하지 말고, 유무의 무로 이해하지 말라
(莫作虛無會, 莫作有無會)"의 '이해하다[회會]'는 관觀의 한 기능이지만, ④
의문이 해소되는 순간에 이루어지는 공성空性의 증득證得이라는 관觀의
기능과는 다르다. 의문 곧 물음을 통해 대의단大疑團이 형성되고 유지
되어 갈 때 암묵적으로 유와 무가 해체되어 가는 과정을 이렇게 표현
한 것이다. 하지만 무가 허무의 무도 아니고 유무의 무도 아니라는
무無에 대한 이러한 이해는 공성의 증득이 현현하고 난 이후 이 증득
이 반성될 때 명시적으로 성립한다.

이제 우리는 아직 이 무자 화두를 들어 대의단이 형성되고 또 이
대의단이 해소되는 과정을 관찰해서 아래의 매 논제마다 등장하는
화두를 푸는 데 도움을 얻도록 해보자. 이 과정을 관찰하려면 일단
화두를 접할 때 일어나는 의문을 있는 그대로 관찰할 수 있어야 한
다. 화두를 접할 때 일어나는 의문은 같은 화두를 접하는 사람이라면
누구한테나 똑같이 일어나는 객관적인 사태이지만, 의문을 능동적
으로 반복해서 지속하고자 할 때 최초에 일어난 의문을 반성하게
되기 때문에 의문이 그릇되게 형성될 수 있다. 최초에 수동적으로
일어나는 의문에다 이를 관찰해서 일어나는 능동적으로 반성하는
의문을 올바르게 중첩시키는 데에는 올바르게 반성하는 능력 곧 위
빠사나의 능력이 수반된다. 그리고 이러한 위빠사나의 능력은 주관
과 객관이 일체가 되어 있는 대의단이 후에 폭발할 때의 물음을 해결

하는 능력이기도 하기 때문에, 일어나는 의문을 올바르게 반성할 수 있는 최초의 위빠사나의 능력이 잘 형성되어야 한다.

이 화두를 대할 때 어떤 의문이 일어나는가? 학승은 조주의 무無라는 말을 들었을 때 "개에게도 불성이 있다는 것을 조주 스님은 알 텐데 왜 무라고 했을까?" 하는 의문이 일어났을 것이다. 당시 화엄, 천태 등의 중국불교에 따르면, 모든 중생에게, 인간에게는 물론 개, 소 등과 같은 다른 동물들, 나아가 산천초목에게도 불성이 있다. 이러한 학설을 알고 있는 우리는 이 화두를 접할 때 학승을 따라 같은 의문을 일으키게 된다. 이때 의문을 있는 그대로 간취해야지 그렇지 않게 되면 순관順觀14)이 되어 부정, 배제 등이 개입하게 되고, 그리하여 문제와 물음이 순수성에서 벗어나게 된다. 우리에게도 역시 "불성이 있는데 왜 없다고 했을까" 하는 의문이 일어나는 이유는 이 화두를 듣는 지금까지 우리에게 있다와 없다 곧 유와 무가 대립하고 있었기 때문이다. 그런데 이렇게 대립하고 있었던 유와 무가 왜 서로를 배척하지 않는 것일까? 왜 유 또는 무에 고정되지 않고 유와 무 사이에서 흔들리고 있는 것일까? 조주의 무無라는 말을 들었기 때문이다. 조주가 만약 유有라고 대답했다면 아무런 의문도 일어나지 않은 채 우리 마음속에서 대립해 오던 그대로 유는 유이고 무는 무일 따름이다. 무시시래, 없음을 부정하는 있음에 집착해 왔지만, 이제 조주의 무가 물음을 일게 해서 이 집착을 떨구어버리게 만드는 것이다.

유와 무의 대립이 아니라 유와 무 사이의 흔들림을 이해하기 위해

---

14) 불교의 순관順觀은 들뢰즈의 현실화(효과화)와, 역관逆觀은 반현실화(반효과화)와 대응한다고 볼 수 있다.

서는 먼저 유와 무의 대립에 대해서 알아야 하겠다. 불교에서는 이 유와 무를 각각 유견有見과 무견無見, 혹은 유집有執과 무집無執이라 해서 유와 무의 서로 대척되는 성격을 분명히 드러낸다. 유견은 유의 견해, 유집은 유의 집착이란 뜻이다. 모든 번뇌들은 이런 유견과 무견에 의탁해서 일어난다. 즉, 이다와 아니다, 있다와 없다, 같다와 다르다, 일자와 다자, 상주와 단멸 등의 분별이 있기에 이런 분별에 의탁해서 탐貪과 진瞋 같은 모든 번뇌들이 일어난다.15) 예를 들면, 내가 어떤 사람을 미워할 때 그 사람은 내가 미워하는 모습만 갖추고 있는 사람으로 나타난다. 사실 그 사람은 내가 미워하는 모습을 갖추고 있는 사람으로만 나타나지 않는 데도 말이다. 내가 미워하는 모습도 다른 사람은 좋아하는 모습일 수 있으며, 또 그 사람은 내가 미워하는 모습 이외의 다른 모습들도 갖추고 있을 수도 있다. 만약 그 사람이 내가 미워하는 대로의 모습만 갖추고 있다면 나 이외의 모든 사람들도 그 사람을 미워하게 될 것이다. 내가 미워하는 모습대로만 그 사람이 존재한다고 단정하는 것은 유집이다. 이런 유집은 그 사람의 다른 모습들을 배제한다. 무집이다. 사랑할 때도 마찬가지이다. 내가 어떤 사람을 사랑할 때 이 사람은 내가 사랑하는 모습대로만 나에게 나타난다. 나에게 나타난 주관적인 모습인데도 객관적인 모습이라고 단정하면서. 만약 내가 사랑하는 사람의 모습이 객관적이라면,

---

15) 나가르주나[용수龍樹]의 『중론』 「나를 관찰함이란 이름의 제18장[관법품觀法品]」(나가르주나 지음, 박인성 옮김, 『중론』, 주민출판사, 2001)에서 번뇌들이 분별에 의탁해서 일어난다는 것을 다음과 같이 옮고 있다.

karmakleśakṣayānmokṣaḥ karmakleśā vikalpataḥ /
te prapañcātprapañcastu śūnyatāyāṃ nirudhyate //
업과 번뇌가 멸진하니 해탈이 있네. 업과 번뇌는 분별에서 생기고
분별들은 희론戱論에서 생기네. 그러나 희론은 공성에서 소멸하네. (5)

나 아닌 다른 모든 사람들도 이 사람의 이런 모습을 사랑해야 할 것이다. 그러나 실상은 그렇지 않다. 내가 사랑하는 모습대로 이 사람이 존재한다고 단정하는 것은 유견이다. 그러면서 동시에 내가 사랑하는 모습 이외의 이 사람의 다른 모습은 배제한다. 무견이다. 이처럼 이다와 아니다, 있다와 없다, 존재와 비존재는 서로 배제하고 배척한다. 조주의 무자 화두는 유와 무의 양변 곧 양극단을 떠나게 해서 유도 무도 아닌 실상實相을 보게 하고자 하는 데 목적을 두고 있다.

대의단은 유와 무 사이에서 일어나는 흔들림이 최고조에 달한 상태이다. 있음에 머물고자 하지만 없음에 이끌리게 되고, 없음을 따라가고자 하지만 있음이 다시 잡아끈다. 이렇게 흔들리면서 의문이 최고조에 달했을 때 유와 무는 더 이상 동일성과 비동일성을 유지하지 못하고 유는 유대로 무는 무대로 해체되면서 유와 무의 사이가 무한하게 과거와 미래 양쪽으로 펼쳐지게 된다. 무문이 말하는 '무가 폭발하는 순간'은 바로 이런 아이온의 순간이다.

조주의 무 곧 비존재는 문제이자 물음이다. "불성이 있는데 왜 없다고 했을까?" 하는 타자로 향한 물음에서 "불성이 있는데 왜 없는가?" 하는 자기로 향한 물음을 일게 하는 문제이다. 결국 불성은 없음이 있음으로 동시에 있음이 없음으로 전화하는 생성becoming의 의미sense가 된다. 의미는 이렇게 문제와 물음으로 나타난다. 학승의 물음은 조주의 무라는 문제를 펼치고, 조주의 무라는 문제는 학승의 물음을 감싸면서.

조주의 무를 "불성은 무이다"는 명제로 표현해보면, 불성은 빈 말이다. 학승이 상정하는, 이미 익히 알고 있는 개념적 규정들을 떠난 불성이다. 이 빈 말이 의미의 내용을 담게 되는 것은 문제를 물어가면서 대의단이 형성되고 이 대의단이 분출하는 순간 이후이다.

3. 의미의 네 가지 역설

『무문관』의 화두들은 대체로 역설적 심급 x를 이야기하고 노래한다. 그러나 이 역설적 심급 x는 계열화하는 의미로 발현하기에 계열화와 의미의 상관관계를 들여다보면 역설적 심급 x의 형식을 더 분명히 파악할 수 있게 되고, 따라서 다양한 성격의『무문관』의 화두들을 더 세분화해서 이해할 수 있게 될 것이다. 그래서 우리가 먼저 마주치게 되는 것은 '의미의 역설'이다. 들뢰즈는 의미의 역설을 첫째 무한퇴행의 역설, 둘째 불모의 이중화의 역설, 셋째 중성의 역설, 넷째 부조리한 것의 역설 이렇게 네 단계로 나눈다. 필자는 이 네 역설들을 계열들 속에 존속하는 의미가 계열들로부터 벗어나는 자립성을 점점 더 분명히 해 가는 단계들로 이해한다. 이 점은, 들뢰즈가 앞의 세 단계들에서 출현하는 의미를 현실적인 것과 가능한 것에 한정해서 다루었다면, 마지막 단계에서 출현하는 의미는 대립에 무관한 것이 아니라 더 이상 대립을 찾아볼 수 없는 불가능한 것으로 확장해서 다루었기에 명확하다.

1) 무한퇴행의 역설 혹은 무한증식의 역설

사물이나 사태를 지시하는 지시작용, 말하는 나를 주체로 해서 욕구와 신념을 나타내는 현시작용, 한 개념을 상위의 다른 유형의 개념에 포섭시키는 함의작용은 한 명제의 세 차원들이다. 의미를 담고 있는 이 세 차원의 작용들은 순환한다. 지시작용에서 현시작용으로, 현시작용에서 함의작용으로, 다시 함의작용에서 현시작용으로, 현시작용에서 지시작용으로.16) 하지만 의미는 이 순환하는 명제의 어느 차원에도 놓이지 않는다.

의미는 명제의 네 번째 차원이라 생각해볼 수 있겠지만 그럴 경우 이 차원은 앞의 세 차원과 본성이 다르다. 의미는 이러한 작용들을 순환하게 하지만 정작 자신의 모습을 작용들 바깥으로 내보이지 않기 때문이다. 명제에서 표현되는 의미는 개별적인 사태로도, 개인적인 신념으로도, 보편적이고 일반적인 개념으로도 환원되지 않는다.17) 의미를 직접적으로 드러내려면 명제의 차원들이 안과 밖으로 순환하는 뫼비우스의 띠를 끊어내야 한다. 그때, 잡고자 하면 사라지고 사라졌다 싶으면 나타나는 모습으로 찰나간에 두 얼굴을 내보이게 된다. 의미는 명제에 내속하고 사태에 부대하는, 말과 사물의 경계에 있는 얇디얇은 막이다.

그런데 의미는 내가 말하기 시작할 때 항상 전제되어 있기 때문에, 지시작용 등이 순환할 때 간접적으로든, 이 순환의 고리를 끊을 때 직접적으로든 나중에 드러나는 것이 아니다. 이 작용들이 순환하기 전에 의미가 전제되어 있다. 만약 이 작용들 전에 의미가 전제되어 있지 않다면, 나는 말하기 시작할 수 없을 것이다.18) 그렇기에 말할 때 비로소 의미를 표현하는 것이 아니다. 바꾸어 말하면, 나는 내가

---

16) 질 들뢰즈 지음, 이정우 옮김, 『의미의 논리』, 한길사, 1999, 70쪽; Gilles Deleuze, *the Logic of Sense*, translated by Mark Lester with Charles Stivale, New York: Columbia University Press, 1990, 16~17쪽. 국역본의 '기호작용signification'를 필자가 '함의작용'으로 바꾸었다.

17) 질 들뢰즈 지음, 위의 책, 74~75쪽; Gilles Deleuze, 위의 책, 19쪽.

18) 질 들뢰즈, 위의 책, 87쪽; Gilles Deleuze, 위의 책, 28쪽.

말하는 바의 의미를 말하지 않는다. 내가 한 명제로 표현하는 의미는 다른 명제에 의존해야 한다. 이렇게 최초의 명제는 다음의 명제에 의해, 다음의 명제는 다시 다음의 명제에 의해, … 등등. 이런 식으로 전제되는 명제의 무한퇴행에 들어가게 된다. 만약 한 명제를 한 이름으로 바꾸어 생각해본다면, 주어진 이름 n_1은 n_1의 이름의 의미를 지시하는 n_2로 향하고, n_2는 n_2의 의미를 지시하는 n_3로 향하고, … 등등.[19] 이 대상의 각각의 이름에 대해서 언어는 이 이름의 의미에 대한 이름을 담고 있지 않으면 안 된다. 가령 이 사람은 붓다이다, 붓다는 각자이다, 각자는 여래이다, 여래는 선서이다, 선서는 세존이다 … 등등. 이 사람을 지시하는 붓다란 말의 의미는 다른 이름 각자에 의해 지시되고, 이 각자의 의미는 여래에 의해 지시되고, 이 여래의 이름은 세존에 의해 지시된다 … 등등. 붓다, 각자, 여래, 선서, 세존 등 각각의 이름은 다른 말의 의미를 지시하는 새로운 이름이 된다. 이런 점에서 모든 이름은 그 자신의 의미를 표현할 수는 없지만, 다른 이름들에게 새로운 이름이 된다. 자기에게는 무능하면서도 타자에게는 유능한 셈이다. 말하는 자의 무능력과 언어의 무한한 능력의 역설이다.[20] 그런데 이 무한퇴행에서 앞의 이름은 뒤의 새로운 이름에 의해 부정되고 이 새로운 이름이 긍정된다. 각 단계에서 부정과 긍정 혹은 긍정과 부정을 겪으면서 무한증식하게 되는 것이다. 무한퇴행의 역설은 이런 점에서 무한증식의 역설이다.

『무문관』의 화두와 비교하면서 이 점을 더 명확히 해보도록 하자. 『무문관』의 화두들은 대체로 말이자 사물인 역설적 심급 x를 보여주

---

19) 질 들뢰즈, 위의 책, 88쪽; Gilles Deleuze, 위의 책, 29쪽.
20) 질 들뢰즈, 위의 책, 88쪽; Gilles Deleuze, 위의 책, 29쪽.

는 것이기 때문에, 이 역설적 심급 x를 보여주는 화두를 분석하게
되면, 앞에서 말한 의미의 연쇄가 명확히 드러날 것이다. 우리가 접
하게 되는 두 번째 화두는 『무문관』 제7칙 「조주세발趙州洗鉢」이다.

본칙:
조주는 한 학승이 "저는 이제 막 총림에 들어왔습니다. 부디 선생님의
가르침이 있기를 바랍니다." 하고 말하자, 조주는 "아침은 했는가?" 하
고 물었다. 학승이 "아침을 했습니다" 하고 답하자, 조주가 "발우는 씻었
는가?" 하고 물었다. 그 학승은 앗 하고 알아차렸다.[21]

학승은 조주의 첫 마디 "아침은 했는가?"에서 바로 알아차려서
두 번째 물음이 나오지 않도록 했어야 했다. 하지만 학승은 "아침을
했다." 하고 대답했기에 이 말은 계열의 시작을 알리는 명제가 되었
으며, 이어서 조주의 물음 "발우는 씻었는가?"에 "발우를 씻었다"
하고 대답했다면 '아침을 했다'와 더불어 명제의 계열을 이루었을
것이다. '평상심시도平常心是道'의 의미가 '아침을 함'으로, 다시 '발우를
씻음'으로 발현했을 것이다. 그렇다면 이는 무한증식의 역설을 보여
준다고 볼 수 있다.
학승이 두 번째 물음 "발우는 씻었는가?"에도 첫 번째 물음처럼
"발우를 씻었다." 하고 대답했다면 아마도 조주는 "마당은 쓸었는
가?" 등의 일상사를 되풀이해서 물었을지도 모른다. 그러나 조주의
"아침은 했는가", 또는 "발우를 씻었는가"는 계열을 이루는 명제들

---

21) 『대정신수대장경』 48권, 293쪽 하단. 趙州, 因僧問"某甲乍入叢林, 乞師指示.", 州云, "喫粥
了也未?" 僧云, "喫粥了也". 州云, "洗鉢盂去?" 其僧有省.

또는 명제들의 항들이 아니다. 역설적 심급 x를 지시하는 비의어이다. 이 '평상심이 도'라는 『무문관』 제19칙 「평상시도平常是道」의 의미를 이루게 하는 역설적 심급 x는 '아침을 함', '발우를 씻음' 등의 의미로 매번 모습을 바꾸어 나타난다.

그런데 왜 학승에게 의미의 연쇄가 일어나는가? 화두를 맞이하는 자 자신이 활활발발活活潑潑해야 화두를 활구活句로 맞이할 수 있다. 그러나 학승은 조주의 "아침을 했는가?" 하는 말을 일상적으로 하는 인사말로 받아들였다. 학승은 총림에 들어왔기에 조주에게 가르침을 청할 수 있었다. 다른 세계에 처해 있는 것이다. 이렇게 가르침을 청했으면서도 "아침을 했는가?" 하는 조주의 물음에 "했다." 하고 대답했다. '수행하러 총림에 들어왔음'과 '일상사를 예전대로 받아들임'의 이율배반이다. 같은 것을 같은 것으로 보는 습관은 우리를 나태하게 만들고, 또 나태하기에 더욱 이러한 습관에서 벗어나기 어렵다.

조주는 이어서 태연히 "발우를 씻었는가?" 하고 묻는다. 우리는 이 말에서 앞의 "아침을 했는가?"가 의례적인 인사말이 아님을 알아차릴 수 있다. 밥 먹고 발우를 씻는 등 평이한 일상사를 다시 새롭게 보라는 말이고, 평이한 일상사에서 깨달음을 구하라는 말이다. 이러한 조주의 '평상심시도平常心是道'는 부단히 상승하고자 하는 상층의 철학에서 표면의 철학으로 내려오려고 하는 들뢰즈의 '의미의 논리'와 바로 통한다.[22]

반복되는 일상사에 빠져 있다면 조주는 이런 물음을 던질 수 없었을 것이다. 학승은 첫 번째 물음에서 조주의 의도를 간파했어야 했

---

22) 질 들뢰즈, 앞의 책, 242쪽; Gilles Deleuze, 앞의 책, 146쪽. "브라만적 깊이와 붓다적인 높이에 대립하는 선禪."

다. 조주는 한 번에 모든 것을 드러냈는데 학승은 두 번째 물음에 가서야 간파했다. 이 점이 무문혜개의 평창과 송에 잘 나타나 있다.

평창:

조주는 입을 열어 쓸개를 내보이고 심장도 간장도 훤히 드러냈다. (그런데도) 이 학승은 이 일을 옳게 듣지 못하고 종을 항아리라고 불렀다.[23]

송:

너무나도 분명하기 때문에 도리어 얻는 바가 늦다.
등불이 곧 불이라는 것을 일찍 알아차렸다면 밥은 이미 다 되었을 텐데.[24]

무문혜개는 학승이 조주의 "아침은 했는가?" 하는 물음에 "아침을 했습니다." 하는 대답을 종을 항아리로 오인하는 착각에 빗대고 있다. 학승은 조주의 '아침을 함'이란 종을 '아침을 함'이란 항아리로 받아들이고 있다. 불을 지피려고 등불을 들고 다른 집에 가서 지필 불을 찾는 사람처럼.

2) 불모의 이중화의 역설 혹은 무미건조한 반복의 역설

지시작용, 현시작용, 함의작용의 원환의 고리를 베어 의미를 솎아내듯이, 우리는 이 무한퇴행을 끊어 의미를 추출해낼 수 있다. 이렇게 무한퇴행에서 추출해낸 의미는 부정과 긍정, 혹은 긍정과 부정의

---

23) 『대정신수대장경』 48권, 294쪽 상단. 趙州開口見膽, 露出心肝. 者僧聽事不眞, 喚鐘作甕.
24) 위의 책, 294쪽 상단. 只爲分明極 翻令所得遲 早知燈是火 飯熟已多時.

영향을 받지 않는다. 가령 어떤 것을 지시하는 이름인 n_1의 의미를 n_2가 지시할 때 어떤 것을 지시하는 이름 n_1도, 이 n_1의 의미를 지시하는 n_2도 부정과 긍정을 행한다. 지시하면서 긍정하려면 부정이 전제되어야 하기 때문이다. 그런데 부정과 긍정을 다 유보하는 이러한 부정과 긍정 사이에서 의미가 발현하기 시작하는 것은 아닐까? 또, 무한퇴행의 각 단계에서 사실은 지시되는 것과 표현되는 것, 지시작용과 표현, 사물과 말이라는 두 계열을 발견할 수 있다. 사물의 계열 혹은 물체의 계열에서 사물 혹은 물체는 서로 영향을 주고 받는 능동과 수동의 관계를 형성한다. 따라서 이 무한퇴행에서 의미를 솎아낸다는 것은 의미가 긍정과 부정에 무관함은 물론 능동과 수동에도 무관함을 시사하는 것이다. 들뢰즈는 이런 상황에 관여하지 않는 의미가 명제 안의 의미로 표현될 때 부정사나 동명사나 의문의 형태로 표현된다고 말한다.25) 의미는 사물에 부대하는 것이고 명제에 내속하고 존속하는 것이지, 사물이 실제로 존재하듯 실제로 존재하는 것이 아니기 때문이다. 이 비존재는 존재의 부정이나 대립인 비존재가 아니다. 조주의 무가 그렇듯이.

역설적 심급 x는 이질적 계열들과 계열의 항들에서 나타나지만 계열들과 항들에 구속되지 않는다. 이 심급이 만약 계열들 중의 한 계열이나 항들 중의 한 항에 구속된다면, 의미가 보통점들에서 특이점으로, 혹은 특이점이 새로운 특이점으로 발현할 수 없을 것이다. 이 두 번째의 역설은 의미가 의미를 추동해 가면서 생산하는 계열들이나 계열들의 항들에서 벗어나와 있어서 아무런 생산성을 지니지 않기에, 들뢰즈는 이를 '불모의 이중화'라 불렀고, '무미건조한 반복'

---

25) 질 들뢰즈, 앞의 책, 91쪽; Gilles Deleuze, 앞의 책, 31쪽.

이라고 불렀다. 역설적 심급인 무의미가 계열들에 구속되지 않는 것과는 성격이 다르지만, 의미는 위에서 말한 방식으로 계열들로부터 자립할 수 있으므로, 『무문관』 제5칙 「향엄상수香嚴上樹」 화두를 들어 이 점을 보여줄 수 있겠다.

본칙:

향엄스님이 말했다. "(간화선 수행자는) 사람이 나무에 오르는 것과 같다. 입으로 나뭇가지를 물고 손은 나뭇가지를 붙잡지 않고 발은 나뭇가지에 딛고 있지 않을 때, 나무 아래서 한 사람이 '달마가 서쪽에서 온 뜻이 무엇인가?' 하고 물을 경우, 만약 대답하지 못한다면 그 사람의 물음을 피하는 것이 될 것이요, 대답한다면 (나무에서 떨어져) 목숨을 잃게 될 것이다. 자, 이와 같을 때 어떻게 대답해야 하겠는가?[26]

나뭇가지를 물고 매달려 있는 수행자는, 대답한다면 나무에서 떨어져 목숨을 잃게 되고, 대답하지 않는다면 질문을 피하게 되는 진퇴양난에 처해 있다. 이 진퇴양난은 "역설적 심급은 계열들의 항들이나 이 항들 사이의 관계로 환원될 수 없다"[27]는 들뢰즈의 생각을 잘 보여준다. 그렇지만 지금 우리는 의미의 두 번째 역설을 마주하고 있다. 이 역설과 관련해서 이 화두를 풀어낼 길은 없을까? 아마도 그 길은 첫째 무한퇴행의 역설과 둘째 불모의 이중화의 역설 중 양자택일하는 길일 것이다. 나뭇가지를 입으로 물고 매달려 있음이 둘째

---

26) 『대정신수대장경』 48권, 293쪽 하단. 香嚴和尙云, "如人上樹. 口啣樹枝, 手不攀枝, 脚不踏樹, 樹下有人間"西來意?". 不對卽違他所問, 若對又喪身失命. 正恁麼時, 作麼生對?"

27) 질 들뢰즈, 앞의 책, 104쪽; Gilles Deleuze, 앞의 책, 40쪽.

불모의 이중화의 역설을 보여준다면, 질문에 답하려고 입을 열어 나무에서 떨어지는 과정은 첫째 무한퇴행의 역설을 나타내는 것이리라. 의미를 드러내기 위해 말하면 의미가 숨고, 의미를 숨기기 위해 말하지 않으면 의미가 드러나는 역설.

3) 중성의 역설, 혹은 본질의 제3지위의 역설

부정과 긍정, 수동과 능동의 첫 번째 역설에서 탈피해 두 번째 역설을 제시하고 난 뒤, 이제 들뢰즈는 부정과 긍정, 수동과 능동뿐만 아니라 모든 현실적이고 가능적인 대립에서 의미가 벗어날 수 있다는 점을 보여주기 위해 양의 관점, 질의 관점, 관계의 관점, 양상의 관점에서 서로 대립하는 모든 명제에 대해서 의미는 동일하게 머물러 있다는 세 번째 역설에 들어간다. 이 관점들이 관여하는 것은 지시, 그리고 사태가 지시를 실현하거나 충족하거나 하는 여러 모습이지, 의미나 표현은 아니기 때문이다. 긍정과 부정의 대립적 규정을 벗어나는 화두를 통해 이 중성의 역설을 설명하겠다는 우리의 목적을 위해 자세한 설명은 필요 없지만, 이 역설에 대해 더 깊은 이해를 얻기 위해 들뢰즈가 드는 예를 들어가며 간단하게 정리하면 다음과 같다. 먼저 질에 대해서. 긍정과 부정, 가령 "신은 존재한다"와 "신은 존재하지 않는다"는 동일한 의미를 지닌다. 의미는 지시되는 것의 실존과 무관하게 자립적으로 존재하기 때문이다. 양에 대해서. "모든 인간은 하얗다", "어떤 인간도 하얗지 않다", "어떤 인간은 하얗지 않다"와 같은 의미는 긍정과 부정은 물론 전칭과 특칭과 단칭에도 관여하지 않고 존재한다. 관계에 대해서. 의미는 관계가 역이 되어도 동일하게 머물러 있다. 관계는 의미가 생성의 모든 역설을 부상시키는 한에서 항상 양 방향으로 확립된다. 즉, 의미는 양 방향의 관계로 발현하는 것이지 하나의 좋은 방향의 관계로 발현하는 것은 아니다. 가령 "내가 보다 젊고 그러면서 보다 늙다"는 동시적인 것도 아니고 동일한 것에 관계하는 것도 아니다. 그러나 "내가 보다 젊게 되고 그러면서 보다 늙게 된다"는 동시적인 것이고 동일한 것에 관계한다. 들뢰즈는 캐럴의 『실비와 브루노』에서 "모든 사람들이 실비를 사랑할 것이다"라는 명제가 새겨진 붉은 보석과 "실비는 모든 사람들을 사랑할 것이다"라는 명제가 새겨진 푸른 보석은 단 하나의 동일한 보석의 두 측면이어서, 생성의 법칙을 따른다면 이 보석 그 자체를 선호할 수밖에 없다고 말한다. 이 예에서 단 하나의 동일한 보석은 의미이고, 붉은 보석과 푸른 보석은 양 방향의 관계이다.[28]

이 역설은 들뢰즈의 의미를 이해하는 관건이 되는 것이기에 다른 예를 들어 더 보충하면 다음과 같다. 0도는 임계점이다. 녹는 점이기도 하고 어는 점이기도 하다. 녹는 점과 어는 점 이 두 점은 방향이 한 쪽으로 나 있는 일방향의 점이지만, 다시 말해 녹는 점은 녹는 방향으로, 어는 점은 어는 방향으로 나 있는 일방향의 점이지만, 임계점은 방향이 양쪽으로 나 있는 양방향의 점이다. 그렇기에 임계점은 현재로 집결하는 시간 곧 크로노스의 시간에 있는 것이 아니라 과거와 미래가 현재를 무한히 분할하면서 양쪽으로 뻗어나가는 아이온의 시간에 있다.[29] 또 다른 예. 우리 마음은 수시로 애愛와 증憎이

---

28) 질 들뢰즈, 위의 책, 94쪽; Gilles Deleuze, 위의 책, 31쪽.

29) "예컨대 순수 생성의 측면에서 보았을 때 0°C라는 임계점은 물의 녹는 점도 어는 점도 가리키지 않는다. 양자 모두가 임계 문턱이 결정적인 방향에서 교차됨에 따라 일어나는 현실적 생성들(액체 되기 또는 고체 되기)이기 때문이다. 반면 순수 생성은 두 방향을 동시에 포함한다. 그것은 현실적으로는 결코 일어나지 않는, 다만 항상 도래하고 있고 또 항상 지나간 "녹는-어는 사건이다". 마누엘 데란다 지음, 이정우·김영범 옮김, 『강도

교차한다. 애가 증이 되고 증이 애가 되는 교차점 역시 임계점이다.
이 임계점에서 어떤 때는 애가 일어나고 어떤 때는 증이 일어난다.
애가 일어날 때는 애가 판명하고 증이 모호하다. 애와 증의 강도의
차이 때문이다.30) 또 이 교차점은 부단히 차이가 생성되는 지점이다.
증이 일어날 때는 애가 일어날 때와는 다른 특이점과 접속한다. 가령
잠을 잘 못 자서 몸이 불편할 때라든가 술을 먹은 다음날 숙취로
인해 몸이 불편할 때, 혹은 할 일이 있는데 아직 안 하고 있거나
하는 데 잘 안 풀릴 때 등의 몸 또는 마음의 계열들, 이 계열들의
항들과 접속할 때는 증이 일어난다. 그러나 증이 지속되지 않고 애가
곧이어 일어날 수 있다. 휴식을 취하거나 약을 먹거나 좌선을 하거나
해서 몸이 편안해지거나, 할 일을 미루지 않고 하거나 하는 일이
잘 풀릴 때 애가 이어서 일어날 수 있다. 애의 강도가 증의 강도를
누르거나 삭여버린 것이다.31)

의 철학과 잠재성의 철학: 잠재성에서 현실성으로』, 그린비, 2009.

30) "예를 들어, 사랑과 미움의 강도들의 관계는 어떤 것이 다른 것을 감싸느냐에 따라
변화한다(그러므로 다른 모든 것들의 포함관계가 변한다). 이 변화는 현실적으로 동일
화 가능한 상황에 수반되는 감각 작용 속에서 사랑과 미움의 현실적인 표현에 동반한다.
이것은 명석하고 애매한 이념들—사랑하게 됨과 미워하게 됨, 그리고 모든 다른 됨들—
의 관계들의 변이에 대한 표현이다. 그는 다른 사람을 사랑한다(감각 작용). 사랑은
이제 나를 통해 다르게 표현된다—그 강도는 미움의 강도에 의해 지배된다(강도). 나는
사랑의 이념을 더 이상 견지할 수 없으며 상처받지 않는 미움을 선호하게 되었다. 그러
나 미움이 없는 사랑은 있을 수 없으며 사랑이 없는 미움 역시 있을 수 없다(이념-문제)"
또, "사태는 단지 다소간 명석하고 다소간 애매할 뿐이다. 그의 방법에 따르면, 우리는
결코 사태에 대한 진실한 이해에 도달하지 못한다. 왜냐하면 사태가 명석하게 드러날수
록 그것은 애매함으로 사라져 들어가기 때문이다. ⋯ 어떤 사태가 다른 사태들이 앞으로
올 수 있도록 하기 위하여 배경으로 사라져야만 한다는 의미에서, 어떤 사태의 애매함은
다른 사태들의 명석함의 원인이다." 제임스 윌리엄스 지음, 신지영 옮김, 『들뢰즈의
차이와 반복: 해설과 비판』, 라움, 2010.

31) "관계들의 강도들은 의미의 영역에서 변화하지만, 관계들 그 자체는 영원하다." James
Williams, Gilles Deleuze's Logic of Sense: A Critical Introduction and Guide, Edinburgh:
Edinburgh University Press, 2009, 4쪽.

양상에 대해서. 의미는 지시되는 대상의 가능성, 현실성, 필연성에 관여하지 않는다. 의미/사건은 운명적이기 때문이다. 우선, 의미는 가능성과 현실성의 양상을 띠지 않는다. 의미는 언제나 도달해 있고 언제나 사라지는 아이온의 시간에 있기 때문이다. 즉, 과거와 미래로 현재를 무한하게 분할하기 때문이다. 만약 의미가 미래에서 가능성의 양상을, 과거에서 현실성의 양상을 띤다면, 의미는 가능적인 동시에 현실적이어야 한다. 의미는 과거의 현실성과 미래의 가능성으로 크로노스의 시간 속에서 분화되는 것이 아니기 때문이다. 다음으로, 의미는 필연성의 양상을 띠는 것도 아니다. 필연성은 미래를 언표하는 명제에 모순율을 적용하는 데에 기초한다. 모순율은 한편으로는 지시작용의 실현의 불가능성에 관련되고, 다른 한편으로는 함의작용의 최소의 조건에 관련된다. 하지만 의미는 지시작용의 지시관계, 함의작용의 포섭관계에 관여하지 않기에, 의미는 모순율에 좌우되지 않고, 따라서 필연성의 양상을 띨 수 없다.[32]

들뢰즈는 이 중성의 역설을 본질의 제3 지위의 역설로 부르기도 한다. 들뢰즈는 중세 아랍의 철학적 아비첸나Avicenna를 인용하면서 본질을 세 가지 유형의 본질로 나누고 있다. 첫째 함의작용과 관련해서 함의되는 것으로서의 보편적 본질, 곧 마히야, 둘째 지시작용과 관련해서 지시되는 것으로서의 개별적 본질 곧 후위야, 셋째, 의미로서의 본질, 표현되는 것으로서의 본질이다. 필자 생각에 들뢰즈는 아마도 보편적 본질과 개별적 본질은 형용사 또는 명사로, 의미로서의 본질은 동사로 표현하고 싶어했을 것이다. 예를 들어, "장미는 붉다"에서 붉음은 보편적 본질, "이 장미는 붉다"에서 붉음은 개체적 본질, "이

---

32) 질 들뢰즈, 앞의 책, 94~95쪽; Gilles Deleuze, 앞의 책, 33~43쪽.

장미는 붉다"에서 붉음이 붉게-됨의 붉음일 때 이 붉게-됨이 의미로서의 본질이다. 의미로서의 본질은 붉게-됨 곧 생성이고, 생성이기에 이 붉음과 달리 포착될 수 없다. 그래서 들뢰즈는, "의미는 이러한 보편적인 것과 개별적인 것, 일반적인 것과 특수한 것, 사적인 것과 공적인 것, 개인적인 것과 집단적인 것이라는 모든 대립적인 규정에 관여하지 않는다"[33]고 말한다.

이 의미의 중성을 보여주기에 알맞은 화두는 『무문관』 제43칙 「수산죽비首山竹篦」이다.

본칙:

수산화상은 죽비를 들어 문하의 대중에게 보이며 말했다. 여러분이 만약 죽비라고 한다면 촉대하는 것이요, 죽비라 하지 않는다면 배역하는 것이다. 그대들 말해보아라. 무엇이라 하겠는가?[34]

수산이 죽비를 들어 올리고 무엇이라 부르겠는가 하고 물었을 뿐 '이것'이란 말을 쓰지 않았음에 유의할 필요가 있다. 죽비를 들면서 '이것'이란 말을 넣어 "이것을 무엇이라 부르겠는가?" 하고 물었다면, 수산은 자신이 질문하고자 하는 의도를 스스로 어기게 된다. '이것'이 지시사로 쓰여 들어올린 죽비를 지칭하게 되기 때문이다. 그런데 수산은 들어올린 죽비가 그 어떤 이름으로도 지시될 수 없음을 보이고자 했다. 만약 이런 목적으로 '이것'이란 말을 썼다면, '이것'은

---

33) 질 들뢰즈, 위의 책, 96쪽; Gilles Deleuze, 위의 책, 35쪽.
34) 『대정신수대장경』 48권, 298쪽 중단. 首山和尙, 拈竹篦示衆云, "汝等諸人, 若喚作竹篦, 則觸; 不喚作竹篦, 則背. 汝諸人且道! 喚作甚麼?

지시사가 아니라 비의어이다. 따라서 수산은 '이것'이란 말을 써서 오히려 "이것은 죽비이다", "이것은 죽비가 아니다"를 타파하고자 의도하고 있는 셈이다. 사물 x에 대응하면서 죽비는 말 x가 되었다. 무문의 평창과 송을 보면 이 점을 다시 확인할 수 있다.

본칙:

죽비라고 하면 촉대하는 것이고, 죽비가 아니라고 하면 배역하는 것이다.[35] 말이 있어서도 안 되고 말이 없어서도 안 된다. 빨리 말하라, 빨리 말하라.[36]

송:

죽비를 들어 죽일까 살릴까의 명령을 행했다. 배역이냐 촉대이냐로 수없이 공격받으면 불타도 조사도 살려달라고 빌 것이네.[37]

---

35) '촉대'는 촉觸을, '배역'은 배背를 번역한 것이다. 촉과 배를 한데 묶어 '배촉관背觸關'이라 하는데, 일종의 딜레마이다. 나가르주나는 『중론』에서 딜레마를 자주 사용한다. 다음과 같은 송이 좋은 예이다. 『중론』 「감과 옴을 관찰함」(관거래품)이란 이름의 제2장의 제8송이다(나가르주나 지음, 박인성 옮김, 『중론』, 주민출판사, 2001).

gantā na gacchati tāvadagantā naiva gacchati /
anyo ganturagantuśca kastṛtīyo hi gacchati //
우선, 가는 자는 가지 않네. 가지 않는 자는 가지 않네.
가는 자와 가지 않는 자 이외의 어떤 제3자가 가겠는가? (8)

간다면 가는 자가 가거나 가지 않는 자가 간다. 반론자의 배중율에 의거할 때 가는 자와 가지 않는 자가 존재할 뿐이지 이 두 사람 이외의 제3자는 존재하지 않는다. 그런데 만약 가는 자가 간다고 한다면, 가는 자의 감과 간다의 감 이렇게 두 감이 있게 되고, 두 가는 자가 있게 된다. 그러므로 가는 자는 가지 않는다. 만약 가지 않는 자가 간다고 한다면, 가지 않는 자는 감을 떠난 자인데 어떻게 가겠는가? 나가르주나의 딜레마는 이렇듯 반론자의 견해를 타파하면서 공성을 드러내 보인다면, 화두의 배촉관은 물음을 일으키는 자를 곧바로 역설적 심급 x에 앉게 하는 데 중점이 놓인다고 할 수 있다.

36) 『대정신수대장경』 48권, 293쪽 중단. 喚作竹篦, 則觸; 不喚作竹篦, 則背. 不得有語, 不得無語. 速道! 速道!

37) 『대정신수대장경』 48권, 298쪽 중단. 拈起竹篦 行殺活令 背觸交馳 佛祖乞命.

역설적 심급 x는 말을 하려 해도 말할 수 없는 자리, 심로心路가 끊어진 자리 즉 공성空性이다. 그런데 이 화두는 제40칙과 비교하며 볼 때 수산이 죽비를 드는 일은 들뢰즈의 셋째 의미의 중성을 말하는 화두가 될 수 있다. 제40칙 「적도정병趯倒淨瓶」을 보자.

본칙:

위산 화상은 처음 백장의 문하에서 전좌의 일을 하고 있었다. 백장은 대위산의 주인을 선정하고자 했다. 그래서 수좌와 더불어 (위산에게도) 대중을 향해 뭔가 한 구씩 말하게 하여 "뛰어난 자가 맡는 것이 좋겠다"고 했다. 그래서 백장은 정병을 땅 바닥에 놓고는 문제를 냈다. "정병이라 불러서는 안 된다. 너희는 무엇이라 부르겠느냐?" 그러자 수좌가 "나무말뚝이라 불러서는 안 됩니다." 하고 대답했다. 백장은 이번에는 위산에게 물었다. 그러자 위산은 정병을 차 넘어뜨리고는 나가버렸다. 백장은 웃으며 "제일좌는 도리어 촌놈에게 졌구만" 하고 말했다. 그래서 위산을 개산으로 임명했다.[38]

백장은 문제를 내면서 동시에 해답을 제시하고 있다. 정병을 앞에 두고 정병이라 부르지 말자고 말하고 있기 때문이다. "무엇이라 부르겠느냐?" 하고 묻지만 사실 정병은 물론이고 그 어떤 이름으로도 불릴 수 없음을 암시하고 있다. 백장의 물음에 수좌는 "나무말뚝이라 불러서는 안 됩니다" 하고 답했다. 이 나무말뚝은 아마도 정병과

---

38) 위의 책, 298쪽 상단. 潙山和尚, 始在百丈會中, 充典座. 百丈將選大潙主人. 乃請同首座對衆下語, 出格者可往. 百丈遂拈淨瓶置地上, 設問云, "不得喚作淨瓶. 汝喚作甚麼?" 首座乃云, "不可喚作木[木*突]也." 百丈卻問於山. 山乃趯倒淨瓶而去. 百丈笑云, "第一座輸卻山子也." 因命之爲開山.

유사하게 생긴 물건이었을 것이다. 우리는 우리가 전혀 본 적이 없는 물건을 대할 때 이미 경험한 바 있는 물건을 떠올리면서 이름 붙이고자 하는 것처럼 수좌는 자신이 경험한 바 있는 정병과 비슷한 물건의 이름인 나무말뚝을 대면서 "나무말뚝이라 불러서는 안 됩니다." 하고 답했을 것이다. 백장이 "무엇이라 부르겠는가?" 하고 물었기 때문에 정병과 유사한 다른 물건의 이름을 들어 "나무말뚝이다." 하고 대답했을 법도 한데 수좌는 "나무말뚝이라 부르지 않습니다." 하고 대답했다. 수좌의 "나무말뚝이 아니다"는 백장의 "정병이 아니다"의 이 '아니다'에 걸려들었다. "나무말뚝이다" 하고 말하면 '이다'에 걸려들기 때문에 백장을 따라 "나무말뚝이 아니다" 하고 말했지만, 도리어 '아니다'에 걸려든 것이다. 백장은 정병이라고 부를 수 없을 때 다른 무엇의 이름으로도 부를 수 없다는 대답을 듣고 싶었을 것이다. 이다와 아니다 혹은 있다와 없다를 벗어나려면 앞에 놓여 있는, 지칭할 수 있는 물건을 치워버려야 한다.[39) 그래서 위산은 이것을 차 쓰러뜨렸다. 이다와 아니다를 차버린 셈이다.

제43칙 「수산죽비」와 제40칙 「적도정병」의 차이는 제43칙에는 지시할 수 있는 죽비라는 물건이 남아 있지만, 제40칙에는 지시할 수 있는 정병이라는 물건이 남아 있지 않다는 점이다. '정병을 듦'이라는 사건/의미는 지칭될 수 있는 정병에 존재하는 것이 아니다.

백장이 문제를 냈는가, 앞에 놓여 있는 '이것'이 문제를 냈는가? 선에서는 속도가 중요하다. 머뭇거리면 할이나 방이 들어간다. 위산은 할이나 방을 하듯이 조금도 머뭇거리지 않고 정병을 차버려서,

---

39) 선사들은 의미가 함의작용에 가리는 것을 막기 위해, 즉 함의작용에서 벗어나기 위해 재빨리 가까이에 보이는 물건을 가리키거나, 이 물건을 없애버리기도 한다. 질 들뢰즈, 앞의 책, 240쪽과 Gilles Deleuze, 앞의 책, 135쪽을 볼 것.

있지도 않고 없지도 않은 앞의 '이것'이 문제를 내고 물음을 일으킨다는 것을 보여주었다. '이것'은 지금 이야기를 나누고 있는 여러분과 나에 앞서 있다.

4) 부조리한 것의 역설 혹은 불가능한 대상의 역설

무한퇴행에서 추출해낸 의미는 부정과 긍정, 수동과 능동에 영향을 받지 않는다는, 계열을 무한퇴행하게 하면서도 이 퇴행으로부터 독립해서 동일하게 존속한다는 역설은, 의미는 질, 양, 관계, 양상의 관점에서 서로 대립하는 명제들에서도 동일하게 존속한다는 역설을 불러왔다. 그런데 이 역설들로부터 또 다른 역설이 생겨난다. 모순적 대상을 지시하는 명제는 그 자체 하나의 의미를 지닌다는 역설이다. 앞의 두 역설이 현실적인 것, 가능한 것에 국한돼 있다면, 이 역설은 불가능한 것으로까지 확장된 것이다.

이 역설에서 우선 지시작용은 어떠한 경우에도 실현되지 않는다. 가령 둥근 삼각형이라는 말을 들으면 둥글면서 삼각형이다 하며 무슨 말인지 알아듣지만, 말에 대응하는 사물을 지시할 수는 없다. 즉 무의미하다. 또한 이러한 명제는 상위의 유형 하에 규정하는, 실현의 가능성의 종류를 규정하는 어떠한 함의작용도 지니지 않는다. 즉 부조리하다. 지시작용이 실현되지 않는다는 점에서 무의미하고, 함의작용이 실현되지 않는다는 점에서 부조리하다.

둥근 사각형, 연장 없는 물질, 영원한 운동체, 골짜기 없는 산 등 불가능한 대상은 고향이 없는 대상으로, 존재의 외측에 있지만 외측에서는 명확하고 판명한 위치를 지니고 있다.[40] 그 대상들은 열외존재에 속하고, 사태에서는 실현되지 않는, 이념적인 순수사건에

속한다.[41)]

이 불가능한 대상의 역설은 무문관 제38칙 「우과창령^{牛過窗欞}」 화두가 말하고자 하는 것이리라.

본칙:

오조법연이 말했다. "예를 들어, 물소가 격자창을 빠져나가는 것과 같다. 머리와 뿔과 네 다리는 다 빠져나가는데 왜 꼬리는 빠져나가지 못하는가?"[42)]

일방향, 좋은 의미, 양식에 따른다면, 몸통이 빠져나가면 꼬리도 빠져나가야 한다. 꼬리는 몸통의 부분이기 때문이다. 그런데 이 화두에서 몸통은 빠져나갔는데 꼬리는 빠져나가지 못했다고 이야기하고 있다. 몸통이 꼬리가 되고 꼬리가 몸통이 되는 셈이다. 큰 것이 작은 것으로 바뀌고 작은 것이 큰 것으로 바뀌었다. 전체가 부분이 되고 부분이 전체가 되었다. 혹은, 꼬리 없는 몸통, 몸통 없는 꼬리를 말하는 셈이다. 마치 들뢰즈가 불가능한 대상의 예를 들고 있는 골짜기 없는 산처럼. 지시작용으로 보나, 함의작용으로 보나 이런 대상은 불가능한 대상이다.

---

40) "순수 대상은 존재와 비존재를 넘어서 있다. 존재와 비존재는 이 순수 대상에 외적이다. 한 대상이 존재하느냐 존재하지 않느냐는 이 대상이 무엇임을 결정하는 데에는 아무런 차이가 없다. 순수 대상은 열외존재자^{außerseiend}로, 혹은 열외존재^{Außersein}를 갖는 것으로 언급된다. 이 순수 대상은 '외부'에 놓여 있다." Findlay, J. N., *MEINONG's Theory of Objects and Values*, Oxford Universtity Press, 1963.

41) 질 들뢰즈, 앞의 책, 96~97쪽; Gilles Deleuze, 앞의 책, 35쪽.

42) 『대정신수대장경』 48권, 297쪽 하단. 五祖曰, "譬如水牯牛過窗櫺. 頭角四蹄都過了, 因甚麽尾巴過不得?"

4. 무의미와 무문관의 화두

1) 비의어와 혼성어

들뢰즈는 루이스 캐롤의 저작들에서 세 유형의 비의어를 뽑아낸
다. 첫째는 축약하는 말이고, 둘째는 순환하는 말이고, 셋째는 선언
적選言的인 말이다. 화두는 이런 비의어의 성격과 직접 맞닿아 있기에
들뢰즈의 설명을 잘 살펴볼 필요가 있다. 첫째 축약하는 말. 축약하
는 말은 한 단일한 발음 불가능한 음절로 명제 전체의 의미를 담는
다. 들뢰즈는 캐롤의 『실비와 브루노』에 나오는 y'reince라는 말을
들고 있다. y'reince는 Your royal Highness를 축약한 말이다. Your
royal Highness라는 명제 전체의 의미를 한 단일한 음절인 y'reince로
명명하고 있는 것이다. 단음절이라 하더라도 만약 발음 가능한 단음
절로 축약된다면, 명제의 총체적 의미를 담지 못하고 다른 명제의
지시작용을 받게 될 것이다. 이 첫 번째 유형의 비의어는 한 단일한
계열과 관련해서 잇따름의 종합을 형성한다.[43]

그런데 계열은 최소한 두 계열을 형성하게 되어 있다. 그래서 들뢰
즈는 둘째 순환하는 말이 이러한 두 계열, 즉 이질적 명제들의 두
계열 혹은 명제들의 차원들의 두 계열의 연언을 형성하는 공존의
종합 곧 연언적 종합을 행한다고 말하면서, 이 순환하는 말의 예로
'Snark'를 든다. 'Snark'란 말은 명제의 두 차원 즉 지시적 차원과
표현적 차원을 통해 순회한다. 그러나 엄격히 말해 'Snark'는 빈 말을
지시하는 이름이지 순회하는 말이 아니다. 왜냐하면, 순회하는 말은

---

43) 질 들뢰즈, 앞의 책, 109쪽; Gilles Deleuze, 앞의 책, 43쪽.

본성상 빈 말이기에 무상함과 자리바꿈을 지칭하는 이름들에 의해 호명되기 때문이다. 'Phlizz'가 또 이런 이름에 속한다고 볼 수 있다. 환상적 동물 'Snark'가 보이는 것이 아니듯이, 아무 맛도 나지 않는 과일 'Phlizz'는 소멸하는 어떤 것에 대한 의성어에 가깝기에 순환하는 말을 지시하는 기능을 갖는다. 또, 순회하는 말은 'aliquid', 'cela', 'chose', 'truc', 'machin', 'it', 'gadget', 'whachamacallit' 등과 같은 무규정적 이름들에 의해 호명된다. 가령 여기서 'cela'는 어떤 사물』을 지시하는 말이 아니라, 역설적 심급 x를 지칭하는 말이다. 앞에서 본『무문관』제43칙「수산죽비」에서 만약 수산이 죽비를 들고 '이것'이라고 지칭했다면 바로 '이것'이 무규정적 이름의 또 다른 예가 될 것이다. 이 '이것'은 눈에 보이는 사물 죽비를 지시하는 것이 아니라 역설적 심급 x를 지칭하는 말이기 때문이다.

셋째 선언적選言的인 말. 수렴하고 공명하는 두 계열을 분기하게 하는 말이다. 혼성어 중에 이렇게 두 계열을 분기하게 하는 기능을 갖고 있는 혼성어가 선언적인 혼성어이다. 들뢰즈는 이 선언적 혼성어를 새로운 종류의 비의어로 본다. 대립과 부정을 통하지 않는, 비논리적 양립불가능성, 공불가능성 등 계열의 소통과 발산을 수립하는 데 있어서 이 혼성어가 갖는 역할은 아주 중요하다. 이 글에서 화두가 순회하는 말에 닿아 있는 데에 그치지 않고 이러한 선언적 혼성어에도 맞닿아 있을 가능성을 들뢰즈가 논급하는 파초혜청의 화두를 깊게 이해하고자 하기 때문에, 이 선언적 혼성어라는 비의어를 잘 살펴볼 필요가 있다.

혼성어는 몇 낱말들을 축약해서 몇 의미를 감싸안는다. 이러한 성격의 혼성어들 중 어떤 조합을 이루는 혼성어가 본질적으로 선언적 혼성어를 이루는가를 들뢰즈는 'Snark'라는 말에서 시작해서

'Jabberwock', 이어서 'frumious'라는 혼성어를 분석하고 있다. 'Snark'
는 빈 말을 지칭하는 비의어이긴 하나, 'shark+snake'의 복합으로
이해될 때 환상적인 복합적 동물을 지칭하는 말이 되어 비의어의 성격
을 잃게 된다. 이런 점에서 'Snark'는 내용과 기능이 일치하지 않는다.
내용으로 보면 복합적 동물을 지칭하지만, 기능으로 보면 두 이질적
계열들을 내포하기 때문이다. 내용과 기능 둘 중에서 하나는 동물에
관한 것이고, 다른 하나는 비물체적 의미에 관한 것이다. 따라서 스나
크가 빈 말을 지칭하는 기능을 수행하는 것은 혼성어의 측면이 아니
다. 즉, 'shark+snake'로 이해될 때가 아니다. 그래서 들뢰즈는 내용과
기능이 일치하는 말로 'Jabberwock'를 소개한다. 'Jabberwock' 역시
환상적 동물이지만, 'Snark'와 달리 내용과 기능이 일치하는 혼성어
이다. 이 말은 새싹이나 열매를 의미하는 'wocer' 또는 'wocor'과,
열변을 토하고 활기차고 수다스러운 토론을 표현하는 'jabber'로 조
합되어 있으므로, 식용 가능하고 지시 가능한 대상들의 식물적 유래
의 계열과, 표현 가능한 의미들의 언어적 증식의 계열을 내포하고
있다고 말할 수 있다.44) 하지만 이 말은 지시 가능한 대상들의 계열
과 표현 가능한 의미들의 계열의 무한한 분기를 내포하고 있지는
않다. 무한한 분기를 내포하려면, 혼성어를 이루는 낱말들의 조합
이 불균형, 비평형 등의 성격을 띠고 있어야 한다. 들뢰즈는 이런
혼성어의 예로 'frumious'를 든다. 'frumious'는 'fuming'과 'furious'의
혼성어이다. 조금이라도 'fuming' 쪽으로 기운다면 우리는 이 말을
'fuming-furious'로 이해할 것이고, 만약 조금이라도 'furious' 쪽으로
기운다면 'furious-fuming'으로 이해할 것이다.45) 선언選言은 'fuming'과

---

44) 질 들뢰즈, 앞의 책, 111쪽; Gilles Deleuze, 앞의 책, 45쪽.

'furious' 사이에 존재하는 것이 아니라, 'fuming-furious'와 'furious-
fuming' 사이에 존재한다. 'fuming-and-furious'가 현행할 때는 'furious-
and-fuming'이 잠재되어 있고, 'furious-and-fuming'이 현행할 때는
'fuming-and-furious'가 잠재되어 있다. 들뢰즈는 이러한 선언적 혼
성어도 무의미로 본다.

이렇게 해서 우리는 들뢰즈를 따라 비의어 순회하는 말은 임자
없는 빈 자리의 한 계열과, 자리 없는 임자의 다른 한 계열이라는
두 이질적 계열들을 내포하거나 병렬시키는 연언적 종합을 수행하
고, 비의어 혼성어는 이 공존하는 계열들이 무한히 분기하게 하는
선언적 종합을 수행한다고 요약할 수 있겠다.

2) 무의미와 부조리

무의미는 의미의 부재를 뜻하지 않는다. 앞에서 의미의 역설을
논할 때 무한퇴행의 역설을 만난 적이 있다. 이렇게 의미가 무한퇴행
의 역설을 이루는 것은 나는 내가 말하는 어떤 것의 의미를 말할
수 없다는 데에 있다. 즉, 어떤 것과 그것의 의미를 동시에 말할 수
없다는 데에 있다. 이름에서 이름으로 이어지는 무한퇴행의 역설은
한 단일한 계열로 형성되어 있는 것이 아니라, 실제로는 지시작용과
표현, 지시된 것과 의미 등으로 해명될 수 있는 다양한 계열들로
이루어져 있다. 그런데 어떻게 이렇게 수렴하고 발산하는 두 이질적
계열의 다양한 분화가 이루어질 수 있을까? 또, 계열을 이루는 항들
이 서로 자리바꿈할 수 있는 것일까? 이 물음에 답하려면, 계열들의

---

45) 질 들뢰즈, 위의 책, 112~113쪽; Gilles Deleuze, 위의 책, 46쪽.

다른 항들과 관련해서 상대적 위치를 점하는 의미들의 절대적 위치에 대해 고려하지 않을 수 없다. 이 절대적 위치는 이질적 계열들의 항들이 부단히 자리바꿈하면서 계열들이 무한하게 분기하기에 선험적으로 의미에 앞서 있지만 경험적으로 의미와 함께하는 무의미와 관련해서 성립한다. 그런데 두 이질적 계열의 한 계열은 말이고 다른 한 계열은 사물이다. 이 두 계열의 항들이 자리바꿈하려면 두 계열의 항들을 순회하는 무언가가 있어야 한다. 이 무언가는 말이자 사물인 역설적 심급 x 곧 무의미이다.

두 가지 층위의 무의미를 생각해볼 수 있다. 첫째 일차적 층위의 무의미. 'Snark' 같은 비의어가 지시하는 빈 말이다. 빈 말은 역설적 심급의 말이다. 역설적 심급은 말이자 사물이기에 역설적 심급의 말도 또한 사물을 지시하는 특성이 있다. 다시 말해, 역설적 심급의 말은 자신이 표현하는 것을 지시하고, 자신이 지시하는 것을 표현한다.[46] 즉, 무의미는 그 자신의 의미를 말하는 이름이다.[47] 다른 이름에 의지하지 않고 자신의 의미를 스스로 표현하는 말이다. 이 무의미는 퇴행적 종합 'regressive synthesis'을 수행한다. 둘째, 이차적 층위의 무의미. 'frumious'와 같은 혼성어가 지시하는 무의미이다. 이 혼성어는 양자택일의 원리에 의해 두 관계항을 형성한다. 'frumious' = 'fuming-and-furious' 또는 'furious-and-fuming'. 이 말의 각 잠재적 관계항은 다른 관계항의 의미를 지시하거나, 또는 역으로 그것을 지시하는 다른 부분을 표현한다. 다시 말해, 'frumious'의 한 관계항인 'fuming-and-furious'는 다른 관계항인 'furious-and-fuming'의 의

---

46) 질 들뢰즈, 위의 책, 144쪽; Gilles Deleuze, 위의 책, 67쪽.
47) 질 들뢰즈, 위의 책, 145쪽; Gilles Deleuze, 위의 책, 67쪽.

미를 지시하고, 이때 동시에 'furious-and-fuming'은 다른 관계항인 'fuming-and-furious'를 표현한다. 이 말 전체로 보면 그 자신의 의미를 말하는 것이고, 따라서 첫 번째 형태와는 다른 종류의 무의미이다.[48] 이 무의미는 선언적 종합disjunctive synthesis을 수행한다.

무의미의 퇴행적 법칙은 한 이름의 의미가 다른 이름에 의해 지시될 때 계기하는 상이한 정도의 이름들은 함의작용의 관점에서 볼 때 상이한 유형의 부류들, 속성들과 관계를 맺는다. 함의작용의 규정은 이름과 명제를 개념, 속성, 부류와 관계를 맺게 한다. 모든 속성들은 이 속성들이 관계를 맺고 있는 속성들이나 개체들보다 상위의 유형에 속해야 하고, 모든 부류들은 이 부류들이 포함하는 대상들보다 상위의 유형에 속해야 한다. 따라서 한 부류는 그 자체의 성원일 수 없으며, 다른 유형의 성원을 포함할 수 없다. 그런데 여기서 무의미에 대응하는 한 형태의 부조리가 발생할 수 있다. 이 부조리는 함의작용을 박탈당하고 역설을 구성한다. 그 자체를 요소로서 포함하는 집합, 전제로 하고 있는 집합을 분할하는 요소가 그러하다. 따라서 부조리는 형식적 수준의 혼란이다.[49]

3) 『무문관』 제18칙과 제26칙

『무문관』의 화두들에는 무의미와 부조리를 이야기하기 위해 여러 비의어가 등장한다. 무의미를 이야기하는 화두의 예로 『무문관』 제18칙을, 부조리를 이야기하는 화두의 예로 제26칙을 골라보았다. 먼

---

48) 질 들뢰즈 지음, 위의 책, 145쪽; Gilles Deleuze, 위의 책, 67쪽.
49) 질 들뢰즈 지음, 위의 책, 147쪽; Gilles Deleuze, 위의 책, 68~69쪽.

저 제18칙 「동산삼근洞山三斤」이다.

본칙:

동산화상은 한 스님이 "부처란 무엇입니까?" 하고 묻자, "마삼근이다" 하고 말했다.50)

송:

마삼근이 돌연히 나왔으나 말도 친근하고 뜻도 친근하다.

쫓아와서 시是와 비非를 말하는 사람 바로 이 사람이 시와 비에 처해 있는 사람.51)

　"(부처는) 마삼근이다"에서 마삼근은 비의어이자 혼성어이다. 두 이질적 계열들을 순회하는 역설적 심급을 지시한다는 점에서는 비의어이고, 승복 한 벌을 만드는 옷감인 마삼근이 청정한 수행자의 환유가 된다는 점에서는 혼성어이다. 그러므로 마삼근은 앞에서 든 세 유형의 비의어 'Snark', 'Jabberwock', 'frumious' 중 'Snark(shark + snake)'와 유사하다고 할 수 있다. "(부처는) 마삼근이다" 하자마자 부처는 아무 규정을 받지 않는 빈 말이 되고, 이후 마삼근이 청정한 수행자의 환유로 이해되기 때문이다.

　부처가 마삼근에 접속되는 "(부처는) 마삼근이다"에서 '임' 곧 존재는 "부처가 왜 마삼근일까?" 하는 물음을 일게 하는 문제적 성격을 띠게 된다. 의미의 사건이다. 그러므로 이 존재는 비존재와 대립하는

---

50)『대정신수대장경』 48권, 295쪽 중단. 洞山和尚, 因僧問"如何是佛?", 山云, "麻三斤".
51) 위의 책, 突出麻三斤 言親意更親 來說是非者 便是是非人.

존재가 아니다. 마치 "개에게도 불성이 있습니까?" 하는 물음에 조주가 "무"라고 답했을 때 이 무가 유와 대립하는 무가 아니듯이.

학승은 아마도 "부처는 번뇌를 끊어 해탈을 이룬 자이다" 등과 같은 답이 나오리라 예상했을 것이다. 그러나 이러한 '임' 곧 '존재'는 번뇌를 끊지 못한 자를 배척하는 '존재'이다. 즉, 존재가 비존재를 배척하게 되어 묻는 자가 존재의 집착과 비존재의 집착에 젖어 왔음을 내보이게 된다. 양변을 벗어난 부처가 오히려 양변에 사로잡혀 있음을 보여주는 셈이다. 무문이 송에서 "시是와 비非를 말하는 사람이 사람이야말로 시와 비에 처해 있는 사람이다" 하고 말할 때, 이런 뜻을 담고 있는 것이리라. 학승이 부처이다, 아니다 하며 존재와 비존재의 집착에 처해 왔기 때문에, 스승인 동산한테 "부처란 무엇입니까?" 하고 물었다는 이야기.

『무문관』에는 이와 유사한 화두가 더 나온다. 먼저 제21칙 「운문시궐雲門屎橛」이다.

본칙:
운문은 한 학승이 "부처란 무엇입니까?" 하고 묻자, "똥막대기이다" 하고 말했다.[52]

송:
번쩍이는 번갯불 바위를 칠 때 튀기는 불똥
눈을 깜박일 때 이미 스쳐 지나갔네.[53]

---

52) 위의 책, 295쪽 하단. 雲門, 因僧問"如何是佛?". 門云, "乾屎橛".
53) 위의 책, 295쪽 하단. 閃電光 擊石火 眨得眼 已蹉過.

"(부처는) 똥막대기이다"에서 똥막대기 역시 비의어이다. "(부처는) 똥막대기이다" 하는 말을 듣는 찰나 학승이 이미 알고 있던 부처의 모든 규정들이 삭제된다. 이 임 곧 존재는 이렇듯 찰나의 사건이다. 이처럼 찰나의 사건은 가장 가까이에 있기에 가장 보기가 어렵다. 무문은 마삼근과 간시궐을 통해 이러한 의미/사건의 성격을 잘 보여 주고 있는데, 마삼근 화두에서는 이를 "마삼근이 돌연히 나왔으나 말도 친근하고 뜻도 친근하다."로, 간시궐 화두에서는 "눈을 깜박일 때 이미 스쳐 지나갔네"로 표현했다. 마삼근과 간시궐이라는 의미/사건은 가장 가까이에 있기에, 가장 친근하기에 보기 어렵고, 한 순간 일어났다 사라지는 것이고 한 순간 모였다 흩어지는 것이기에 보기 어렵다. 이처럼 마삼근과 간시궐은 똑같이 부처를 빈 말로 만드는 비의어이면서도, 마삼근은 청정을, 간시궐은 염오를 상징한다는 점에서 서로 다르다. 그러나 청정이든 염오든 부처 이후에 오는 것이다. 따라서 우리는 부처 이후에 청정과 염오로 향하지 않는 화두를 찾아야 한다. 이 화두는 『무문관』 제37칙 「정전백수庭前柏樹」이다.

본칙:
조주는 한 학승이 "조사 달마대사가 서쪽에서 온 뜻이 무엇입니까?" 하고 묻자 "뜰앞의 잣나무" 하고 말했다.[54]

'뜰앞의 잣나무'란 말을 듣는 순간 학승은 "왜 부처가 뜰앞의 잣나무일까?" 하고 의문을 내면서 부처가 되는 자리에 바로 앉게 된다. 의문이 의문을 끌어오면서 의문이 계속되는 힘을 기르게 되겠지만,

---

54) 위의 책, 297쪽 하단. 趙州, 因僧問, "如何是祖師西來意?", 州云, "庭前柏樹子".

답을 구하지 못했기에 부처가 되는 자리에 있음을 아직 알아차리지 못한다. 함의작용이 해체되는 부조리를 겪으면서도 여전히 뜰앞의 잣나무를 가리키고 있기 때문이다.

마삼근이 청정한 신체, 간시궐이 염오의 신체를 상징하듯이 정전백수자(뜰앞의 잣나무)가 무언가를 상징한다고 볼 수는 없을 것이다. 이런 점에서 제37칙 「정전백수」는 빈 말을 지시하는 비의어의 성격을 가장 잘 보여주는 화두라 할 수 있다.

이제까지 들뢰즈가 말하는 무의미를 화두를 통해 확인하기 위해 『무문관』의 세 화두, 마삼근, 간시궐, 정전백수자를 검토해보았다. 다음은 부조리의 화두를 살펴보아야 할 차례이다. 앞에서 의미의 네 가지 역설 중 마지막 역설과 관련된 화두 제38칙 「우과창령」이 이 경우에도 해당하겠지만, 다른 화두를 들어 보이겠다. 제26칙 「이승권렴二僧卷簾」이다.

본칙:
청량의 대법안은 학승들이 정찬하기 전에 참구하러 들어왔기에, 손으로 발을 가리켰다. 그때 두 스님이 함께 가서 발을 걷어올렸다. 법안이 말했다. "한 사람은 얻었고 한 사람은 잃었다."[55]

평창:
자, 말해보라. 누가 얻었고 누가 잃었는지를. 만약 여기서 일척안一隻眼을

---

55) 위의 책, 296쪽 중단. 淸凉大法眼, 因僧齋前上參, 眼以手指簾. 時有二僧, 同去卷簾. 眼曰, "一得一失".

붙일 수 있다면, 청량 국사가 실착한 곳을 알게 될 것이다. 그건 그렇다 치고, 얻고 잃음을 상량商量하는 일을 피하지 않으면 안 된다.56)

송:
(발을) 걷어 올리면 밝디밝은 드넓은 하늘이지만, 드넓은 하늘도 나의 종지에 들어맞지 않네.
하늘에서 고스란히 (발을) 아래로 내려 면면밀밀한들 어찌 바람이 통하지 않겠는가?57)

법안은 그저 발을 가리켰을 뿐이다. 그런데 두 학인이 모두 발을 걷어올리자 한 학인은 얻었고, 한 학인은 잃었다고 했다. 이때 어느 한 학인을 지칭해 얻었다거나 잃었다고 하는 것이 아니다. 그러나 분명 둘 중 한 학인은 얻었거나 잃었다. 한 사람은 얻었고 한 사람은 잃었다고 말한다고 해서 법안이 두 학인 중 한 사람을 나무라는 것이 아니다. 두 학인 중 한 사람을 지적해서 얻었다거나 잃었다고 말한다면, 한 사람은 얻게 되고 다른 한 사람은 잃게 된다. 얻음은 긍정이 되고 잃음은 부정이 된다. 그러나 법안의 얻음과 잃음은 긍정과 부정이 아니다. 얻음과 잃음의 관계는 '출렁임'의 관계이다. 한 쪽이 올라가면 동시에 다른 한 쪽은 내려가고, 한 쪽이 내려가면 다른 한 쪽은 올라간다. 들뢰즈가 이질적 계열들 사이에는 "한 계열이 다른 한 계열 위로 올라가거나 다른 한 계열 아래로 내려가는 이중적 미끄러

---

56) 위의 책, 296쪽 중단. 且道是誰得誰失! 若向者裏, 著得一隻眼, 便知淸涼國師敗關處. 然雖如是, 切忌向得失裏商量.

57) 위의 책, 296쪽 중단. 卷起明明徹太空 太空猶未合吾宗 爭似從空都放下 綿綿密密不通風.

짐이 존재한다"[58]고 한 말은 이 '출렁임'을 잘 보여준다. 따라서 '발을 손으로 가리킴'—조주의 무이다!—는 동시적인 관계의 얻음과 잃음으로 짜여 있다는 점을 간파해낼 수 있다. 이는 들뢰즈가 언급한 파초혜청의 주장자 화두가 담고 있는 의미와 유사하다. 또 제11칙「주감암주州勘庵主」의 의미와도 유사하다. 바로 아래에서 파초혜청의 주장자 화두를 다룰 때 제11칙을 같이 들어 보이면서 이 얻음과 잃음의 의미를 더 궁구해보겠다.

그런데 과연 이 화두가 지시작용의 무의미뿐만 아니라 함의작용의 부조리도 담고 있을까? 무문의 송을 따르면, 이 화두는 열어도 다 열리지 않는 일이 없고, 닫아도 다 닫히는 일이 없다는 점을, 다시 말해 열어도 닫힘이 있고, 닫아도 열림이 있다는 뜻을 담고 있다는 점을 이야기한다. 열림은 열림이고, 닫힘은 닫힘일 때 열림과 닫힘은 한 방향으로 나 있는 것이지만, 열림에 닫힘이 있고 닫힘에 열림이 있다고 함으로써 일방향의 논리적 포섭관계를 양쪽으로 향하게 해 무너뜨린다는 점에서 함의작용의 부조리를 담고 있다고 볼 수 있다.

5. 파초혜청의 화두: 『무문관』 제44칙 「파초주장」

이제까지 『무문관』의 여러 화두들을 들뢰즈의 '의미의 논리'를 따라가며 적용해 왔다. 이제 들뢰즈가 해설하고 있는 신라 스님 파초혜청의 화두를 맞이할 차례이다.

---

58) 질 들뢰즈, 앞의 책, 103쪽; Gilles Deleuze, 앞의 책, 39~40쪽.

1) 들뢰즈의 풀이

『의미의 논리』 계열19 「익살」에서 들뢰즈는 파초혜청의 화두를 말라르메, 크뤼시포스의 말과 함께 거론하며 해설하고 있다.

사건이란 형태[색色]와 공성의 동일함[색즉시공色卽是空]이다. 사건은 지시되는 것으로서의 대상이 아니라, 표현되는 또는 표현될 수 있는 대상이지만, 결코 현재하지 않는 것이며, 언제나 이미 지나간 것이자 아직 오지 않은 것이다. 이것은, 가령 말라르메에게 있어서 그 자체의 부재 또는 폐기에 상당하는 대상이다. 왜냐하면 그에게 이 폐기abdicatio는 바로 순수 대사건dedicatio으로서의 공성 안에서의 위치이기 때문이다. 선禪에서 이렇게 말한다. "그대가 하나의 주장자를 가지고 있다면, 나는 그대에게 주장자를 주겠노라. 그대가 주장자를 가지고 있지 않다면, 나는 그대에게서 주장자를 빼앗겠노라." 또는 크뤼시포스가 말하듯이, "만약 네가 무언가를 잃어버리지 않았다면, 너는 그것을 가지고 있다. 너는 뿔을 잃어버리지 않았다. 그러므로 너는 뿔을 가지고 있다." 부정은 더 이상 부정적인 것을 표현하지 않으며, 단지 순수한 표현 가능한 것만을 그 외짝인 두 반쪽들과 더불어 이끌어낼 뿐이니, 이 두 반쪽 중 한 쪽은 언제나 다른 한 쪽이 결여해 있다. 과잉에 의해 결핍이 될 때 동시에 그 자체의 결여에 의해 과잉이 되기 때문이다(사물=x에 대한 말=x).59)

---

59) 질 들뢰즈, 위의 책, 242쪽 필자 수정; Gilles Deleuze, 위의 책, 136~137쪽. 밑줄친 부분은 원서에 "L'événement, c'est l'identité de la forme et du vide"(Deleuze, Gilles, *Logique du Sens*, Paris: Les Éditions de Minuit, 1969, 162쪽)로 되어 있다. 이 문장의 "l'identité de la forme et du vide(형태와 공성의 동일함)"은 우리가 많이 들어 알고 있는 『반야심경』의 "색즉시공色卽是空(색이 곧 공성이다)"을 번역한 것으로 보아야 한다. 구미권에서 '색rūpa' 은 보통 'form'(형태, 모양)으로, 공성śūnyatā은 한때 'voidness'로 번역되어 왔다. '색즉시

소멸된 함의작용과 상실된 지시작용을 가로지르면서 공성은 오직 그 장소만을 가지는 곳에서, 그 자체의 무의미로 이루어지는 의미의 혹은 사건의 장소이다. 공성은 그 자체 역설적 요소, 표면의 무의미이고, 의미로서의 사건을 분출하게 하는, 언제나 자리옮김하는 우발점이다. "해탈해야 할 생사의 윤회도 없고, 도달해야 할 무상無上의 지혜도 없다."60)

파초의 "주장자를 가지고 있지 않다"와 크뤼시포스의 "뿔을 잃어버리지 않다"에 나오는 부정은 긍정과 대립하는, 긍정을 배제하는 부정적인 것이 아니다. 먼저 파초의 주장자. 그대에게 주장자가 있다면 할 때의 있음, 그대에게 주장자가 없다면 할 때의 없음은 서로를 배제하고 배척하는 있음과 없음이다. 양식과 상식[공통감]의 관점에서는, 주장자가 없다면 주어서 있게 하고 주장자가 있다면 빼앗아서 없게 해야 한다. 일방향이다. 있음과 없음이 평형, 균형, 대칭을 이루고 있는 것이다. 그러나 이렇게 되면 있음은 계속 있음으로, 없음은 계속 없음으로 남게 된다. 차이를 찾아볼 수 없는 있음의 동일성, 없음의 비동일성이다. 그러나 실상은 이렇게 평형, 균형, 대칭을 이루고 있는 것이 아니다. 있음을 있게 하고, 없음을 없게 할 때 있음은 있게 됨으로 화하고, 없음은 없게 됨으로 화한다. 양방향의 생성이다. 다음에 크뤼시포스의 뿔. 뿔을 잃어버리지 않음과 가지고 있음은

공'을 사건 자체로 본다면, '색즉시공'은 우리가 앞에서 마조의 공안을 해독할 때 만난 "즉심즉불" 곧 "마음이 곧 부처이다", 또 조주의 공안을 해독할 때 만난 "부처가 곧 번뇌이고, 번뇌가 곧 부처이다"와 동일한 것이다. 이렇듯 들뢰즈는 선사들과 함께하고 있다.

60) 질 들뢰즈, 위의 책, 243쪽 필자 수정; Gilles Deleuze, 위의 책, 137쪽. 이 대목에서 들뢰즈는 불교 경전의 한 문구, "해탈해야 할 생사 윤회도 없고, 도달해야 할 무상無上의 지혜도 없다."를 인용하고 있다. "Il n'y a pas de cycle de la naissance et de la mort auquel il faut échapper, ni de connaissane supreme a atteindre."(Deleuze, Gilles, 위의 원서, 162쪽).

동일한 것의 반복 같아 보인다. 그러나 여기서 눈여겨보아 할 것은 잃어버리지 않음은 가지고 있음의 의미의 다른 표현이 됨으로써 가지고 있음을 풍요롭게 한다는 점이다. 다시 말해, 가지고 있음과 잃어버림은 서로 대립하고 있지 않다는 점이다. 서로 대립하는 것은 가지고 있음과 가지고 있지 않음이지 가지고 있음과 잃어버림이 아니다. 그렇기에 잃어버리지 않음이란 부정은 가지고 있음과 연언적 계열을 이루어 수렴하는 동시에 선언적 계열을 이루어 발산한다. 결국 파초의 주장자 화두든, 크뤼시포스의 뿔 이야기이든 부정이 부정적인 것을 뜻하지 않고 비논리적 양립 가능성과 양립 불가능성을 이루어 부단히 수렴하고 발산하는 계열들을 이야기하는 것이다.

들뢰즈는 말라르메의 부재 또는 폐기를 '공성 안에서의 위치'라고 말했다. 이 부재 또는 폐기는 이 아래에서 들뢰즈가 "부정은 부정적인 것을 표현하지 않는다" 하고 말할 때의 부정이다. 이 부정은 엄격히 말해 『무문관』 제1칙 「조주구자」의 "무"와 동일한 것이다.

2) 무문혜개의 풀이

무문혜개의 평창과 송을 읽으면서 이 점을 다른 각도에서 확인해 보도록 하자.

본칙:
파초화상은 문하의 대중들에게 말했다. "그대들에게 주장자가 있다면 그대들에게 주장자를 주겠노라. 그대들에게 주장자가 없다면 그대들에게서 주장자를 빼앗겠노라."[61]

평창:

주장자의 도움을 받아 다리가 끊어진 강을 건너고, 주장자와 함께 달이 없는 마을로 돌아간다. 만약 이것을 주장자라 부른다면, 지옥에 떨어지는 것이 화살과 같다.62)

송:

제방의 깊음과 얕음은 모두 손 안에 있을지니,
하늘을 떠받치고 땅을 디디며 가는 곳마다 종풍을 휘두르네.63)

선에서 주장자는 스승이 제자들을 지도할 때 사용하는 용구들 중의 하나이다. 진리를 상징한다. 만약 이 주장자를 주장자로 부른다면, 이 주장자에 의탁해서 강의 깊이를 재며 강을 건너고, 땅의 높낮이를 재며 마을로 돌아갈 수 있을 것이다. 그러나 이런 주장자로는 다리가 끊어진 강을 건너고, 달이 없는 마을로 돌아갈 수 없다. 무문은 다리가 끊어진 강, 달이 없는 마을에 주장자를 놓으며 진리로서의 주장자를 번쩍 들어올리고 있다.

무문은 이 화두에 앞선 화두 제11칙 「주감암주州勘庵主」의 평창과 송에서 동일하게 보이는 것도 실제로는 주主와 빈賓으로 계열화되어 있다는 점을 평창과 송 모두에서 잘 풀어내고 있다.

---

61) 『대정신수대장경』 48권, 298쪽 중단. 芭蕉和尙示衆云. 爾有拄杖子. 我與爾拄杖子. 爾無拄杖子. 我奪爾拄杖子.

62) 위의 책, 298쪽 중단. 扶過斷橋水 伴歸無月村 若喚作拄杖 入地獄如箭.

63) 위의 책, 298쪽 중하단. 諸方深與淺 都在掌握中 撑天幷拄地 隨處振宗風.

본칙:

조주는 한 암주의 처소로 가서 "계시는가, 계시는가? 하고 물었다. 암주
는 주먹을 들었다. 조주는 "물이 얕아서 배를 댈 곳이 없구나" 하고는
바로 가버렸다. 또 스님은 다른 한 암주의 처소로 가서 "계시는가, 계시
는가?" 하고 말했다. 이 암주 또한 주먹을 들었다. 조주는 "능히 놓아주
기도 하고 능히 빼앗기도 하며, 능히 죽이기도 하고 능히 살리기도 하는
구나." 하고는 바로 절을 올렸다.[64)

평창:

똑같이 주먹을 들었는데, 무엇 때문에 한 쪽은 긍정하고 다른 한 쪽은
긍정하지 않았는가? 자, 말해보거라. 어디에 문제점이 있는가? 만약 여
기서 일전어—轉語를 할 수 있다면, 조주의 말이 탁월하다는 것을 알고서
붙들어 일으키는 것도 내버려두어 넘어지는 것도 그야말로 자유로울 것
이다. 그건 그렇지만, 조주가 두 암주에게 간파당했으니 어찌하면 좋을
까? 만약 두 암주에게 우열이 있다고 말한다면 선을 참구하는 눈을 아직
갖추지 못한 것이고, 또 우열이 없다고 말한다면 선을 참구하는 눈을
아직 갖추지 못한 것이다.[65)

송:

눈은 유성 기세는 번쩍이는 번개

---

64) 위의 책, 294쪽 중단. 趙州到一庵主處問"有麼有麼?" 主豎起拳頭. 州云, "水淺, 不是泊舡處",
便行. 又到一庵主處云, "有麼有麼?" 主亦豎起拳頭. 州云, "能縱能奪, 能殺能活". 便作禮.
65) 위의 책, 294쪽 중단. 一般豎起拳頭, 爲甚麼肯一箇, 不肯一箇? 且道! 誵訛在甚處. 若向者裏
下得一轉語, 便見趙州舌頭無骨, 扶起放倒得大自在. 雖然如是. 爭奈趙州卻被二庵主勘破. 若
道二庵主有優劣. 未具參學眼. 若道無優劣. 亦未具參學眼.

살인도요 활인검이로다.[66]

파초혜청의 화두를 다시 적어보겠다. "그대들에게 주장자가 있다면 그대들에게 주장자를 주겠노라. 그대들에게 주장자가 없다면 그대들에게서 주장자를 빼앗겠노라." 주장자가 없다고 할 때 이 없음 곧 비존재는 있음 곧 존재의 부정이다. 존재와 비존재라는 양변 곧 양 극단에 걸려 있는 것이다. 그래서 파초는 이 학인으로 하여금 양변에서 벗어나게 하기 위해 있다면 주겠고 없다면 빼앗겠다고 했다. 이렇게 빼앗음을 받는 '없음'은 이제 상대적인 부정 곧 부정적인 것이 아니게 된다. 표현 가능한 의미를 풀어놓게 하는 것이다. 이렇게 해서 의미는 주장자가 있다면 주겠다는 계열에서는 과잉으로, 주장자가 없다면 빼앗겠다는 계열에서는 결핍으로 나타나게 된다.

기표 계열의 과잉과 기의 계열의 결핍은 기표의 우등과 기의의 열등을 말하는 것이 아니다. 주장자가 있으면 주겠다는 계열과 주장자가 없으면 빼앗겠다는 계열의 있음과 없음이 서로 번갈아 가며 주主와 빈賓이 된다. 우열 곧 우등과 열등, 다시 말해 긍정과 부정은 이러한 계열화에서는 성립하지 않는다. 계열화의 계열들의 항들은 서로 주와 빈이 되어 부단히 자기바꿈하며 수렴하고 발산할 뿐이다. 무문혜개는 송에 나오는 살인도와 활인검은 이러한 주와 빈이다. 계열화되지 않는다는 것은 하나의 계열로 고정화되어 있다는 것, 혹은 서로 다른 계열들이 평형을 이루고 있다는 것이다. 평형을 이루고자 하는 계열들은 발산하지 않고 부단히 하나의 계열로 수렴되고 고착되는 경향을 띠게 된다.

---

66) 위의 책, 294쪽 중단. 眼流星 機掣電 殺人刀 活人劍.

5. 맺기

의미는 생성 중인 사건이기에 역설의 관점에서 이해될 때 가장 잘 포착될 수 있다. 들뢰즈는 의미가 계열화할 때 의미의 역설이 발생한다는 점을 간취하고 이 역설을 명확히 드러내기 위해 계열화로부터 의미를 떼어내어 불모의 이중화 등의 역설을 찾아내고 단계별로 이를 규정해 갔다. 화두도 또한 역설로 이루어져 있기에 들뢰즈가 전개하는 의미의 역설들에 맞추어 파악될 때 가장 잘 이해될 수 있으므로, 먼저 의미의 네 역설들을 들뢰즈가 서술하는 순서대로 이해해 가면서 『무문관』의 화두들에 적용해보았다. 의미의 네 가지 역설 중 첫째 무한퇴행의 역설의 예로는 제8칙 「조주세발趙州洗鉢」을, 둘째 불모의 이중화의 역설의 예로는 제5칙 「향엄상수香嚴上樹」를, 셋째 중성의 역설의 예로는 제43칙 「수산죽비首山竹篦」와 제40칙 적도정병趯倒淨瓶」을, 넷째 부조리한 것의 역설의 예로는 제38칙 「우과창령牛過窓櫺」을 들고 이 화두들을 분석해보았다. 의미가 역설로 이해될 때 가장 잘 포착되는 것은 의미가 무의미와 부조리에 자리잡고 있기 때문이다. 그래서 무의미의 예로는 제18칙 「동산삼근洞山三斤」, 제21칙 「운문시궐雲門屎橛」, 제37칙 「정전백수庭前柏樹」를, 부조리의 예로는 제26칙 「이승권렴二僧卷簾」을 들어 이 화두들을 분석해보았다. 마지막으로 제44칙 「파초주장芭蕉拄杖」을 들어 들뢰즈의 풀이와 무문혜개의 풀이를 맞추어 보고, 이와 유사한 화두 제11칙 「주감암주州勘庵主」를 들어 무문혜개의 풀이를 보강했다.

『무문관』의 화두들을 들뢰즈의 '의미의 논리'에 의거해서 분석한 결과 실질적인 성과를 얻게 되었다. 『무문관』의 화두들은 전반적으로 역설적 심급을 이야기하면서도 어느 측면을 강조하느냐에 따라 차이를 보인다는 점을 알게 되었다. 가령 역설적 심급 x를 이야기하는 화두(제5칙 「향엄상수」), 역설적 심급 x 중 말 x를 이야기하는 화두(제18칙 「동산삼근」), 사물 x를 이야기하는 화두(제43칙 「수산죽비」)로 구분될 수 있다. 또 무의미와 의미의 구조를 이야기하는 화두(제44칙 「파초주장」), 무의미와 부조리를 이야기하는 화두(제26칙 「이승권렴」) 등으로 구분될 수 있다. 화두들을 더 세분하려면, 화두들은 대체로 개체화와 인격화를 타파해서 역설적 심급으로 향하는 반현실화(反現實化)를 추구하기 때문에, 개체화와 인격화 과정에서 나타나는 현상들, 가령 들뢰즈가 『차이와 반복』에서 논급하는 개념의 동일성, 판단의 유비, 술어의 대립, 감각된 것의 유사성 같은 용어들을67) 더 끌어들여 분석할 필요가 있다.

들뢰즈의 의미의 논리를 편편이 흩어져 있는 화두들에 적용해서 이를 유형화하고 학적 체계 속에 편입시키는 작업이 성공리에 수행될 수 있다면, 간화선 수행자들이 대의단을 형성하기 위해 쓰이는 이 화두들이 선사들의 탁월한 철학적 상상력의 산물임을 더 명확히 드러낼 수 있을 것이다. 이런 식으로 화두를 철학적으로 해명하는 작업은 또한 들뢰즈 철학과 선불교의 상통하는 관계를 언어의 장벽을 넘어 드러내어 현대 서양철학과 동양철학이 이미 서로 만나고 있었음을 확인하는 한 예를 보여주는 일이 될 것이다. 또 무엇보다도, 이렇게 상호간의 소통이 확인될 때 이는 들뢰즈 철학을 비롯한 서양철학이 놓치고 있었던 수행의 기초를 서양철학에 마련해주는 기회가 될 수 있을 것이다. 나는 들뢰즈 철학이 정치철학이나 예술철학으로 크게 기여를 해 왔고 앞으로도 그러하리라고 믿지만, 선불교

---

67) 질 들뢰즈 지음, 김상환 옮김, 『차이와 반복』, 민음사, 2004, 100쪽.

를 위시한 불교가 말하는 마음을 닦는 수행을 받아들일 때 더 탄탄하게 도약할 수 있으리라 생각한다. 이 점에 대해 좀 더 덧붙이겠다.

유식학의 용어로 말하면, 『무문관』의 화두들은 변계소집성을 끊어 바로 원성실성에 도달하고자 하는 출세간으로 향하는 성격을 갖는다면, 『의미의 논리』에 나타난 들뢰즈의 의미의 논리는 화두처럼 출세간으로 향하는 성격을 가지면서도 동시에 세간으로 향하는 경향을 갖고 있다고 말할 수 있겠다. 다시 말해, 들뢰즈의 의미의 논리는 의미가 단순히 무의미로 향하는 출세간적 성격을 지닐 뿐만 아니라, 의미가 그때마다의 무의미에 자리잡으면서 새롭게 발현하는 세간적 성격을 지닌다. 하지만 들뢰즈 철학 역시 다른 서양철학과 마찬가지로 번뇌장을 끊음의 의미가 무엇인가에 대해서, 또 마음의 고요함을 유지하게 하는 사마타가 무엇인가에 대해서 아무 말도 하지 않는다. 『무문관』의 화두들은 간화선 수행의 화두로 사용되는데, 그 목적은 「조주구자」 화두에 대한 무문혜개의 평창에서 보았듯이, 역설을 이루고 있는 화두를 붙잡고 있음으로써 화두삼매에 도달하는 과정에서 제6의식에서 일어나는 번뇌[68]를 끊을 수 있고 망상妄想의 지견知見에서 벗어날 수 있게 한다는 점에 있다. 들뢰즈는 잠재적 이념들의 다양체인 의미들을 통해[69] 번뇌가 정서의 이름으로 어떻게 발생하는지 탁월하게 설명하지만, 번뇌를 끊는다는 것이 무엇을 의미하는지 또 어떻게 끊을 수 있는지에 대해서는 아무 말도 하지 않는

---

68) 아집과 법집에 상응하는 제6의식에서 번뇌가 일어나면, 제6의식과 함께하는 봄 등의 전5식이 물들게 된다. 봄 곧 안식에서 번뇌가 일어나는 것은 아니다. 그런데 의문 역시 제6의식에서 일어나는 것이므로 이를 지속적으로 잡고 있게 되면 번뇌가 생할 틈이 없게 된다.

69) "의미는 잠재적 이념들의 다양체에 상응하고, 그리고 잠재적 이념들에서, 또 이 이념들의 현실화에서 표현되는 강도들에 상응한다." James Williams, 앞의 책, 31쪽.

다. 하지만 다른 문화적 전통에 있는 철학을 한 문화적 전통에 있는 철학의 다른 관점에 서서 일방적으로 비판하는 것은 서로에게 유용하지 않다. 서로 다른 전통에 있는 철학들에서 서로에게 부족한 것들을 발견할 때 서로가 서로에게 큰 도움을 준다는 것은 굳이 말할 필요도 없으리라.

참고문헌

『한국불교전서』 제5책.

『대정신수대장경』 제48권.

김공연 편역·보주, 『조주록』, 경서원, 1989.

대한불교조계종 불학연구소·전국선원수좌회, 『간화선』, 조계종출판사, 2005.

나가르주나 지음, 박인성 옮김, 『중론』, 주민출판사, 2001.

마누엘 데란다 지음, 이정우·김영범 옮김, 『강도의 철학과 잠재성의 철학: 잠재성에서 현실성으로』, 그린비, 2009.

만송행수 편저, 혜원 역해, 『종용록』, 김영사, 2018.

무문혜개 지음, 정성본 역주, 『무문관』, 한국선문화연구원, 2009.

무비 스님, 『임제록 강설』, 불광출판사, 2005.

박인성, 『법상종 논사들의 유식사분의 해석』, 도서출판b, 2015.

백련선서간행회 역, 『벽암록』 상, 장경각, 1993.

백련선서간행회 역, 『벽암록』 중, 장경각, 1993.

백련선서간행회 역, 『벽암록』 하, 장경각, 1993.

백련선서간행회 역, 『조주록』, 장경각, 2003.

백련선서간행회 역, 『종용록』 상, 장경각, 1993.

백련선서간행회 역, 『종용록』 중, 장경각, 1993.

백련선서간행회 역, 『종용록』 하, 장경각, 1993.

석지현 편저, 『벽암록 속어낱말 사전』, 민족사, 2007.

석지현 편저, 『종용록 어휘사전』, 민족사, 2015.

설두중현 지음, 이인혜 옮김, 『송고백칙』, 도피안사, 2005.

안동림 역주, 『벽암록』, 현암사, 2003.

안재철·수암 공저, 『무문관』, 운주사, 2014.

운허용하, 『불교사전』, 동국역경원, 1985.

원오극근 저, 석지현 역주 해설, 『벽암록』 1, 민족사, 2007.

원오극근 저, 석지현 역주 해설, 『벽암록』 2, 민족사, 2007.

원오극근 저, 석지현 역주 해설, 『벽암록』 3, 민족사, 2007.

원오극근 저, 석지현 역주 해설, 『벽암록』 4, 민족사, 2007.

원오극근 저, 정성본 역해, 『벽암록』, 한국선문화연구원, 2006.

원오극근 편저, 혜원 역해, 『벽암록』, 김영사, 2021.

월암, 『간화정로』, 현대북스, 2006.

월암, 『돈오선』, 클리어마인드, 2009

월운 감수, 이철교·일지·신규탁 편찬, 『선학사전』, 불지사, 1995.

인경 스님, 『쟁점으로 살펴보는 간화선』, 명상상담연구원, 2011.

정성본, 『선의 역사와 사상』, 불교시대사, 2000.

정성본, 『간화선의 이론과 실제』, 동국대학교출판부, 2007.

제임스 윌리엄스 지음, 신지영 옮김, 『들뢰즈의 차이와 반복: 해설과 비판』,
    라움, 2010.

조 휴즈 지음, 박인성 옮김, 『들뢰즈와 재현의 발생』, 도서출판b, 2021.

조 휴즈 지음, 황혜령 옮김, 『들뢰즈의 차이와 반복 입문』, 서광사, 2014.

질 들뢰즈 지음, 김상환 옮김, 『차이와 반복』, 민음사, 2004.

질 들뢰즈 지음, 이정우 옮김, 『의미의 논리』, 한길사, 1999.

천동정각 송고·만송행수 평창, 석지현 역주·해설,『종용록』1, 민족사, 2015.
천동정각 송고·만송행수 평창, 석지현 역주·해설,『종용록』2, 민족사, 2015.
천동정각 송고·만송행수 평창, 석지현 역주·해설,『종용록』3, 민족사, 2015.
천동정각 송고·만송행수 평창, 석지현 역주·해설,『종용록』4, 민족사, 2015.
추월용민·추월진인 저, 혜원 역,『선어록 읽는 방법』, 운주사, 1995.
혜심·각운 지음, 김월운 옮김,『선문염송·염송설화』1, 동국역경원, 2005.
혜심·각운 지음, 김월운 옮김,『선문염송·염송설화』2, 동국역경원, 2005.
혜심·각운 지음, 김월운 옮김,『선문염송·염송설화』3, 동국역경원, 2005.
혜심·각운 지음, 김월운 옮김,『선문염송·염송설화』4, 동국역경원, 2005.

Deleuze, Gilles, *Différence et répétition*, Paris: Presses Universitaires de France, 1968.

Deleuze, Gilles, *Difference and Repetition*, translated by Paul Patton, London: The Athlone Press, 1994.

Deleuze, Gilles, *Logique du Sens*, Paris: Les Éditions de Minuit, 1969.

Deleuze, Gilles, *The Logic of Sense*, translated by Mark Lester with Charles Stivale, New York: Columbia University Press, 1990.

Findlay, J. N., *MEINONG's Theory of Objects and Values*, Oxford Universtity Press, 1963.

Hughes, Joe, *Deleuze and the Genesis of Representation*, London: Continuum, 2008.

Hughes, Joe, *Deleuze's Difference and Repetition: A Reader's Guide*, London: Bloomsbury, 2013.

Jon Roffe, *The Works of Gilles Deleuze*, Ⅰ, re. press Melbourne, 2020.

Kōun Yamada, *The Gateless Gate: The Classic Book of Zen Koans*, translated by Kōun Yamada, Boston: Wisdom Publications, 2004.

Smith, Daniel W., *Essays on Deleuze*, Edinburgh: Edinburgh University Press, 2012.

DĪGHA NĪKĀYA, II, Pali Text Society, 1903.

SAṂYUTTA-NIKĀYA VOL. II, Pali Text Society, 1888.

The Book of Equanimity: illuminating classic zen koans, translated by Gerry Shishin Wick, Boston: Wisdom Publication, 2005.

The Blue Cliff Record, BDK English Tripiṭaka 75, translated by Thomas Cleary, Berkeley: Numata Center for Buddhist Translation and Research, 1998.

The Blue Cliff Record, translated by Thomas Cleary, Boulder: Shambhala Pulications, Inc., 1977.

The Secret of the Blue Cliff Record, translated by Thomas Cleary, Boston: Shambhala Pulications, Inc., 2000.

Williams, James, *Gilles Deleuze's Logic of Sense: A Critical Introduction and Guide*, Edinburgh: Edinburgh University Press, 2009.

Zenkei Shibayma, *The Gateless Barrier: Zen Comments on the Mumokan*, translated by Sumiko Kudo, Boston: Shambhala, 2000.